Dr. iur. Max Hauser

Menschenrechte im Sowjetsystem

Europäische Hochschulschriften

European University Papers
Publications Universitaires Européennes

Reihe II

Rechtswissenschaft

Série II Series II

Sciences juridiques
Law

Bd./Vol. 66

Dr. iur. Max Hauser

Menschenrechte
im Sowjetsystem

Herbert Lang Bern
Peter Lang Frankfurt/M.
1975

Dr. iur. Max Hauser

Menschenrechte im Sowjetsystem

Herbert Lang Bern
Peter Lang Frankfurt/M.
1975

2. unveränderte Auflage

ISBN 3 261 00852 0

Druck: fotokop wilhelm weihert KG, Darmstadt

INHALTSVERZEICHNIS

3. Kapitel
Persönliche Freiheitsrechte

4. Kapitel
Politische Rechte

LITERATURVERZEICHNIS

Aleksandrov, N.G.: Lehrbuch des sowjetischen Arbeitsrechts, Berlin/Ost 1952.

Aleksandrov, N.G.: Sovetskoe trudovoe pravo (Sowjetisches Arbeitsrecht), Moskau 1959.

Anaskin, G.Z.: O svobode sovesti i sobljudenii zakonodatel`stva o religioznych kul`tach, (Die Gewissensfreiheit und die Beachtung der Gesetzgebung über die religiösen Kulte), in: SGiP Nr. 1/1965, S. 39-45.

Animisova, T.B.: O formach sovetskoj federacii (Die Formen der sowjetischen Föderation), in: Političeskoe samoobrazovanie Nr. 2/1965, S. 60 ff.

Antimonov, B. / Fleišic, E.: Proekt Osnov graždanskogo zakonodatel`stva (Projekt der Grundlagen der Zivilgesetzgebung), in: SJ Nr. 8/1960, S. 4-6.

Beér, János: Az államigazgatási aktusok bírói felalvizsgálatának államjogi és államigazgatási-jogi problémai (Staatsanwaltliche und verwaltungsrechtliche Probleme der richterlichen Ueberprüfung von Verwaltungsakten), in: Jogtudományi közlöny, Bp. Nr. 1-2/1958, S. 25 ff.

____________ Bol`šaja sovetskaja Enciklopedia (BSE) (Grosse Sowjetenzyklopädie), 2. Ausg.

Borisov, B.M. / Svinarenko, A.N.: Voprosy partijnoj raboty (Fragen der Parteiarbeit), Moskau 1957, S. 255.

Braude, I.D.: Pravovye voprosy žiliščno- i dačnostroitel`noj kooperacii (Rechtsfragen der Wohnbaugenossenschaft), in: SJ Nr. 6/1960, S. 12-16.

Briem, Efraim: Kommunismus und Religion in der Sowjetunion, Basel s.a.

Bruk, V.: O raznych formach gosudarstvennogo kapitalizma (Verschiedene Formen des Staatskapitalismus), in: Kommunist Moldavii Nr. 8/1960, S. 59 ff.

Brunner, Georg: Die Grundrechte im Sowjetsystem, Köln 1963.

Brunner, Georg: Zur Wirksamkeit der Grundrechte in Osteuropa, Berichte des Bundesinstituts für ostwissenschaftliche und internationale Studien, Nr. 49/1969.

Calamandrei, P. / Barile, P.: Die Grundfreiheiten in Italien, in: Bettermann/Neumann/Nipperdey, Die Grundrechte, 1. Bd., 2. Halbbd., S. 659 ff.

Cral, Vilmos: Die Freiheitsrechte und das Aktionsprogramm, in: Új szó, Pressburg 15.5.1968, S. 5.

Csanádi, Gy.: Das Eigentumsrecht im ungarischen Zivilgesetzbuch, in: Das Ungarische Zivilgesetzbuch in fünf Studien, Budapest 1963, S. 113 ff.

Djilas, Milovan: Die unvollkommene Gesellschaft, Wien-München-Zürich 1969.

Engels, Friedrich: Hrn. Eugen Dührings Umwälzung der Wissenschaft ("Antidühring"), Moskau 1946.

Eörsi, Gyula: A Magyar jog fejlödésének elvi kérdései népi demokráciánk első tíz évében (Die grundsätzlichen Fragen der Entwicklung des ungarischen Rechts im Verlauf der zehn ersten Jahre unserer Volksdemokratie), in: Jogtudományi közlöny Nr. 6/1955.

Fleiner, F. / Giacometti, Z.: Schweizerisches Bundesstaatsrecht, Zürich (Nachdruck) 1965.

Galenko, P.V.: Stroitel`stvo socialističeskoj ekonomiki v Pol`skoj Narodnoj Respublike (Aufbau der sozialistischen Wirtschaft in der Polnischen Volksrepublik), Moskau 1954.

__________ Gazdasági és pénzügyi jogi alapismeretek (Wirtschaftliche und finanzielle Grundkenntnisse), Bd. 2 Munkajog (Arbeitsrecht), Budapest 1951.

Geilke, Georg: Einführung in das Sowjetrecht, Darmstadt 1966.

Genkin, D.M.: Sowjetisches Zivilrecht, Berlin/Ost 1953.

Gincburg, Leonid: Aktualne zagadnienia radzieckiego prawa pracy (Aktuelle Probleme des sowjetischen Arbeitsrechts), in: Państwo i prawo Nr. 12/1965, S. 875 ff.

Glezerman, G.: Klassy i ich interesy v socialističeskom obščestve (Die Klassen und ihre Interessen in der sozialistischen Gesellschaft), in: Političeskoe samoobrazovanie Nr. 10/1966, S. 29-37.

Graefrath, Bernhard: Die Vereinten Nationen und die Menschenrechte, Berlin 1956.

Grassi, Mario: Die Rechtsstellung des Individuums im Völkerrecht, Diss. Winterthur 1955.

__________ Graždanskij Kodeks RSFSR, (ZGB der RSFSR), Moskau 1965.

__________ Grundlagen des Marxismus-Leninismus, Lehrbuch, Berlin 1960.

Gsovski, V. / Grzybowski, K.: Government, Law and Courts in the Soviet Union and Eastern Europe, Bd. 1 und 2, London 1959.

_____________ Hatályos anyagi büntetőjogi szabályok havatalos összeállitása (Amtliche Zusammenstellung der gültigen materiellen strafrechtlichen Vorschriften), Bp. 1958.

Hazard, J. N.: Die Bürgerrechte in der Sowjetunion, in: Bettermann/Neumann/ Nipperdey, Die Grundrechte 1. Bd. 2. Halbbd., S. 971 ff.

Hojda, Josef: Kommuniste a bezpartijni (Die Kommunisten und die Parteilosen), in: Život strany, Prag Nr. 12/1965, S. 723 ff.

Huber, Hans: Die Grundrechte in der Schweiz, in: Bettermann/Neumann/Nipperdey, Die Grundrechte, Berlin 1966, 1. Bd. 1. Halbbd., S. 175 ff.

Huber, Hans: Die Garantie der individuellen Verfassungsrechte, in: Verhandlungen des schweizerischen Juristenvereins 1936, Basel 1936, S. 1a ff.

Imboden, Max: Politische Systeme - Staatsformen, Basel-Stuttgart, 1964.

Imboden, Max: Schweizerische Verwaltungsrechtsprechung, Basel-Stuttgart 1964.

_____________ Istorija sovetskoj konstitucija 1917-1956 (Geschichte der sowjetischen Verfassung 1917-1956), Moskau 1957.

Ivin, Daniel: Revolution und Evolution in Jugoslawien, Bern 1968.

Jakubovskaja, S. I.: Sovetskaja istoriografija obrazovanija SSSR (Die sowjetische Geschichtsschreibung über die Errichtung der UdSSR), in: Voprosy istorii Nr. 12/ 1962, S. 3 ff.

Jaroszynski, Maurycy: Reprezentatiwność rad narodowych (Der repräsentative Charakter der Volksräte), in: Państwo i prawo Nr. 7/1960, S. 3 ff.

Jodkovskij, A. N.: Nacionalizacija v evropejskich stranach narodnoj demokracii (Die Nationalisierung in den europäischen Ländern der Volksdemokratie), Moskau 1956.

_____________ Juridičeskij slovar' (Juristisches Wörterbuch), Moskau 1956.

Kaminskaja, V. I.: Schutz der Rechte und der gesetzlichen Interessen der Staatsbürger im Strafprozessrecht, in: SGiP Nr. 10/1968, S. 28 ff.

_____________ Katalog der Unrechte, Berlin, s. a.

Kemenes, B.: Die prinzipiellen Grundlagen des Vertragssystems im Ungarischen

Zivilgesetzbuch, in: Das Ungarische Zivilgesetzbuch in fünf Studien, Bp. 1963, S. 187 ff.

Kern, Eduard: Schutz des Lebens, der Freiheit und des Heims, in: Neumann/ Nipperdey/Scheuner, Die Grundrechte, Bd. 2, Berlin 1954, S. 51 ff.

Klibanov, A. / Mitrodin, L.: Kommunističeskoe vospitanie i bor`ba protiv religioznogo sektanstva (Kommunistische Erziehung und der Kampf gegen das religiöse Sektierertum), in: Kommunist Nr. 2/1961, S. 60 ff.

Knapp, Viktor: Die Regulierung der Eigentumsverhältnisse in der neuen Verfassung der Tschechoslowakischen Sozialistischen Republik, in: Vestnik Moskovskogo Universiteta, serija X. Pravo, Moskau Nr. 4/1961, S. 11-19.

Kobec, N.: Strogo sobljudat` zakonodatel`stvo o trudoustrojstve i uvel`nenii nesoveršennoletnich (Die Arbeitsgesetzgebung für Minderjährige und die gesetzlichen Vorschriften über die Entlassung von Minderjährigen streng einhalten), in: SJ Nr. 19/1965, S. 4 f.

Koči, J. / Zubina, M.: Zahumenkové hospodárstvi a jeho vyhledý (Die Nebenwirtschaft und ihre Entwicklung), Prag 1960.

______________ Kommentarij k ugolovnogo kodeksu RSFSR 1960 g. (Kommentar zum StGB der RSFSR von 1960), Leningrad 1962.

______________ Kommentarij k graždanskomu kodeksu (GK) RSFSR (Kommentar zum ZGB der RSFSR), Moskau 1966.

______________ Kommunističeskoe partija i sovetskoe pravitel`stvo o religii (Die KP und die Sowjetregierung über die Religion), Moskau 1959.

Konstantinov, D.V.: Pravoslavnaja molodež v bor`be za Cerkov v SSSR (Die rechtgläubige Jugend im Kampf für die Kirche in der UdSSR), München, s.a.

______________ Konstitucija i osnovnye zakonodatel`nye akty Vengerskoj Narodnoj Respubliki (Die Verfassung und die wichtigsten Rechtsnormen der Ungarischen Volksrepublik), Moskau 1954.

______________ Konstitucija Čechoslovackoj socialističeskoj Respubliki, Moskau 1961.

Kurantov, A. / Sumarev, P.: Die atheistische Propaganda und die Formung der wissenschaftlichen Weltanschauung, in: Nauka i religija, Moskau Nr. 1/1968, S. 50 ff.

László, Béla: A magánkisiparosok 1960. évi összeirása (Die Konskription der privaten Kleingewerbetreibenden im Jahre 1960), in: Statisztikai szemle, Bp.

Nr. 1/1961, S. 71-77.

Lenin, W. I.: Sočinenija (Werke), 4. Ausg., Moskau.

______________ Lenin o pečati (Lenin über die Presse), Moskau 1959.

Lipin, V.: Kto ne rabotaet tot ne est` (Wer nicht arbeitet, soll auch nicht essen), in: Kommunist sovetskoj Latvii Nr. 11/1960, S. 79-81.

Loviant, F. M. / Paškov, A. S.: Trudovoe pravo (Arbeitsrecht), in: 40 let sovetskogo prava, Moskau 1957, Bd. 1.

Magnickaja, E. V.: Trudovoj dogovor i voprosy raspredelenija rabočej sily (Der Arbeitsvertrag und die Fragen der Verteilung der Arbeitskräfte), in: Vestnik leningradskogo universiteta Nr. 23 Serija Ekonomiki Filosofii i prava, Heft Nr. 4/ 1964, S. 108 ff.

______________ (A) Magyar Népköztársaság Polgári Törvénykönyve (Das ZGB der ungarischen Volksrepublik), Bp. 1959.

Manelis, B. L.: Edinstvo suvereniteta Sojuza SSR i suverenitet sojuznich respublik v period razvernutogo stroitel`stva kommunizma (Die Einheit der Souveränität der Union der Sozialistischen Sowjetrepubliken und die Souveränität der Unionsrepubliken in der Periode des entfalteten Aufbaus des Kommunismus), in: SGiP Nr. 7/1964, S. 17 ff.

Martschenko, Anatolij: Meine Aussagen, Frankfurt/Main 1969.

Maurach, Reinhart: Handbuch der Sowjetverfassung, München 1955.

Medve, Zsigmond: A tsz-be bevitt földek tulajdoni viszonyai (Eigentumsverhältnisse der in die LPG eingebrachten Felder), in: Jogtudományi közlöny Nr. 4/ 1956, S. 213.

Mehnert, Klaus: Der Sowjetmensch, Frankfurt/Main 1961.

Merkulov, A.: Rumynija na puti stroitel`stva ekonomičeskich osnov socializma (Rumänien auf dem Weg des Aufbaus der wirtschaftlichen Grundlagen des Sozialismus), Moskau 1954.

Mezöfy, László: Das Eigentum in Ungarn, in: Das Eigentum im Ostblock, Berlin-Zehlendorf-West 1958, S. 77 ff.

Moravia, Alberto: Eine russische Reise, Wien-München-Basel 1959.

Müller-Römer, Dietrich: Die Grundrechte in Mitteldeutschland, Köln 1965.

Muravev, E.F. / Dimitriev, Ju.: O konkretnosti v izučenii i preodolenii religioznich perežitikov (Die Anschaulichkeit im Studium und in der Ueberwindung der religiösen Ueberreste), in: Voprosy filosofii Nr. 8/1961, S. 144 ff.

Novickij, V.: Graždanskoe zakonodatel'stvo SSSR i sojuznich respublik (Die zivilrechtliche Gesetzgebung der UdSSR und der Unionsrepubliken), Moskau 1957.

Oestreich, Gerhard: Die Entwicklung der Menschenrechte und Grundfreiheiten, in: Die Grundrechte, Berlin 1966, Bd. 1/1, S. 1 ff.

______________ Osnovnye zakonodatel'nye akty po agrarnam preobrazovanijam v zarubežnich socialističeskich stranach (Die wichtigsten Rechtsnormen über die Umgestaltung der Agrarverhältnisse in den ausländischen sozialistischen Ländern), Moskau 1958.

Partsch, Karl Josef: Die Rechte und Freiheiten der europäischen Menschenrechtskonvention, in: Die Grundrechte, Berlin 1966, S. 235 ff.

Patrzalek, Aleksander: Instytucie prawa wyborezego Polskiej Rzeczypospolitej Ludowej (Das Institut des Wahlrechts der Polnischen Volksrepublik), Warschau 1963.

Pfuhl, Eberhard: Begriff und Stellung des Eigentums in der Sowjetunion, in: Das Eigentum im Ostblock, Berlin-Zehlendorf-West 1958, S. 25 ff.

Piatkowski, Józef: Rozdrobnienie gospodarst rolnych a prawo spadkowe (Verparzellierung der landwirtschaftlichen Betriebe und das Erbrecht), in: Państwo i prawo Nr. 4/1960, S. 661-678.

Pikler, Kornél: A levéltitok mint alapjog (Das Briefgeheimnis als Grundrecht), in: Jogtudományi közlöny Nr. 1-2/1961, S. 37 ff.

Piontkovskij, A.A.: Ukreplenie socialističeskoj zakonnosti i osnovnye voprosy učenija o sostave prestuplenija (Die Festigung der sozialistischen Gesetzlichkeit und die grundlegenden Fragen der Lehre über den Tatbestand des Verbrechens), in: SGiP Nr. 6/1954, S. 68 ff.

Rabinovič, N.: Streitfragen des Erbrechts, in: SJ Nr. 6/1960, S. 55 ff.

______________ Rechtsstaatlichkeit und Menschenrechte, Grundsätze und Definitionen, Internationale Juristen-Kommission, Genf 1967.

______________ Report on the Situation of Nationalities in the Autonomous Province of Vojvodina, Federal Union of European Nationalities (FUEN) Relighed, Rungsted Kyst 1966.

Révész, László: Die Verletzung der Freiheitsrechte in der gewöhnlichen StPO, in:

Imre Nagy, zur politischen und rechtlichen Bedeutung seiner Ermordung, Bern 1959.

Révész, László: Mieter und Wohnung im Ostblock, Bern 1963.

Révész, László: Friedliche Koexistenz? Olten 1964.

Révész, László: Das gefährdete Einfamilienhaus in der UdSSR, in: Osteuropa Nr. 4/1964, S. 267 ff.

Révész, László: Die Kolchosen in der Sowjetunion, in: Jahrbuch des Deutsch-Ungarischen Kulturkreis e.V., Mainz 1965, S. 23 ff.

Révész, László: Recht und Sozialnorm, in: Studies in Soviet Thought, Fribourg, V, 1/2 1965, S. 12 ff.

Révész, László: Der sozialistische Parlamentarismus in Polen, in: Zeitschrift für Ostforschung, Nr. 3/1967, S. 453 ff.

Révész, László: Justiz im Ostblock, Köln 1967.

Révész, László: 50 Jahre Weltkommunismus. Die Rolle der KPdSU, Bern 1967.

Révész, László: Der politische Begriff der Freiheit, in: Studies in Soviet Thought, Fribourg, VIII/1968, S. 157 ff.

Révész, László: Die Frau im Sowjetreich, Bern 1969.

Révész, László: Criminal Justice in Hungary after the Revolt, N.Y. 1959.

__________ Rocznik statystyczny (Statistisches Jahrbuch), Warschau 1961.

__________ Rocznik polityczny i gospodarczy (Politisches und wirtschaftliches Jahrbuch), Warschau 1967.

Roth, Lothar: Staatsauffassung und Grundrechte in der Union der Sozialistischen Sowjetrepubliken, Diss. Köln 1965.

Ruskol, A.A. / Liskovec, B.A.: Nekotorye voprosy vozniknovenija i razvitija kolchoznogo prava (Einige Fragen der Entstehung und Entwicklung des Kolchosrechts), in: Voprosy sovetskogo socialističeskogo prava, Moskau 1958, S. 131 ff.

Salwa, Z. / Schubert, W.: Die Arbeitsdisziplin, in: Zasady prawa pracy (Grundsätze des Arbeitsrechts), Warschau 1957, S. 109.

Sandmeier, Rudolf: Rund um die Universale Erklärung der Menschenrechte der Vereinten Nationen, Bern-München 1963.

_______________ Sbornik Zakonov SSSR i Ukazov Prezidiuma Verchovnogo Soveta SSSR (Sammlung der Gesetze der UdSSR und der Ukase des Präsidiums des Obersten Sowjets der UdSSR), 1938-1967, Moskau 1968.

_______________ SBZ von A-Z, Bonn 1960.

Šargorodskij, M.D. / Sluckij, I.I. / Belaev, N.A.: Sovetskoe ugolovnoe pravo (Sowjetisches Strafrecht), Bes. Teil, Leningrad 1959.

Scheffler, Erna: Ehe und Familie, in: Neumann/Nipperdey/Scheuner, Die Grundrechte, Berlin 1960, Bd. 4, 1. Halbbd., S. 245 ff.

Scholler: Die Freiheit des Gewissens, Berlin 1958, Schriften zum öffentlichen Recht, Bd. 2.

Schulz, Werner: Das Eigentumsrecht der übrigen südosteuropäischen Volksdemokratien, in: Das Eigentum im Ostblock, Berlin-Zehlendorf-West 1958, S. 85 ff.

Schultz, Lothar: Probleme des Selbstbestimmungsrechts der Völker im tschechoslowakischen Staatsrecht, in: Das Selbstbestimmungsrecht der Völker in Osteuropa und China, Köln 1968, S. 75 ff.

Semenov, P.S.: Suverenitet sovetskoj nacii (Die Souveränität der sowjetischen Völker), in: Voprosy istorii, Moskau Nr. 12/1965, S. 22 ff.

_______________ Seminar on the Multi-National Society, Ljubljana 8-21 June, 1965, United Nations, N.Y. 1965.

Seress, Imre: Népi demokráciánk földtulajdoni viszonyairól (Ueber die Boden-Eigentumsverhältnisse unserer Volksdemokratie), in: Jogtudományi közlöny Nr. 10/1955, S. 602.

Šlijepčevič, D.: Die bulgarische orthodoxe Kirche 1944-1956, München 1957.

Stalin, J.W.: Anarchismus oder Sozialismus, in: Werke Bd. 1, Berlin 1951, S. 257 ff.

_______________ Statisticka ročenka Respubliki Československé 1958 (Statistisches Jahrbuch der Tschechoslowakischen Republik 1958), Prag 1959.

Staroščiak, Jerzy / Iserzon, Emanuel: Prawo administracyjne w zarysie (Abriss des Verwaltungsrechts), Warschau 1959.

Studenikin, S.S. / Wlassow, W.A. / Jewtischijew, I.I.: Sowjetisches Verwaltungsrecht, Berlin 1954.

Szikra, János: Die Rechtsentwicklung in der Sowjetunion, in: Schriftenreihe des

Schweizerischen Ostinstitutes, Heft 10, Bern 1961, S. 3 ff.

Tadesvosjan, V.: Was gibt es Neues in der Gesetzgebung über Ehe und Familie, in: Političeskoe samoobrazovanie, Moskau Nr. 10/1968, S. 102 ff.

Tancer, V.K.: Die Gewissensfreiheit in der Sowjetunion, eine wichtige Errungenschaft des Oktobers, in: Filosofskie nauki, Moskau Nr. 1/1968, S. 23 ff.

Thomson, Rüdiger: Das persönliche Eigentum im Recht der UdSSR, in: Das Eigentum im Ostblock, Berlin-Zehlendorf-West 1958, S. 51 ff.

Tocqueville, Alexis de: Die Demokratie in Amerika, Frankfurt/Main 1956.

Truhlař, Oldřich / Novotný, Emil: Slučovani JZD-dalši etapa rozvoje našeho zemedelstvi (Zusammenlegung der einheitlichen LPGs ist die weitere Etappe der Entwicklung unserer Landwirtschaft), in: Nová mysl Nr. 11/1960, S. 209.

Truchnin, N.: Imuščestvennye razdely i vydely v kol`choznom dvore (Vermögensteilung und Anteile im Kolchoshof), in: SJ Nr. 6/1960, S. 43-45.

Tuor, Peter: Das Schweizerische Zivilgesetzbuch, Zürich 1965.

Umanskij, J.A.: Sovetskoe gosudarstvennoe pravo (Sowjetisches Staatsrecht), Moskau 1960.

Uschakow, Alexander: Das Selbstbestimmungsrecht aus polnischer Sicht, in: Das Selbstbestimmungsrecht, herausgegeben von Boris Meissner, Köln 1968, S. 35 f.

Valev, E.B.: Bolgarija. Ekonomiko-geografičeskaja charakteristika (Bulgarien. Eine wirtschaftlich-geographische Charakteristik), Moskau 1957.

Vasenina, Z.: Sel`skij schod (Die Dorfversammlung), in: Kommunist Estonii, Tallin, Nr. 10/1961, S. 81 ff.

Veiter, Theodor: Die Rechtsstellung der sorbischen Volksgruppe in der "DDR", in: Selbstbestimmungsrecht, Köln 1968, S. 188 ff.

______________ (Die) Verfassungen der europäischen Länder der Volksdemokratien, Berlin s.a.

______________ (Die) Verfassung der Sozialistischen Republik Rumänien, in: Die Wahrheit, Bukarest, 1.7.1965, S. 1-2.

______________ Verfassung der Deutschen Demokratischen Republik, Dokumente, Kommentar, 2 Bde. Berlin 1969.

Vetö, Ludwig: Vom Aufbau der Kirche in Ungarn, Berlin/Ost 1955.

Vida, Ferenc: Az itélkezés eszmei szinvonalának emelése és a perek ostálytartalmának vizsgaláta (Die Hebung des ideellen Niveaus der Rechtsprechung und die Prüfung des Klasseninhaltes der Prozesse), in: Jogtudományi közlöny, Bp. Nr. 7/ 1956, S. 413.

Világhy, Miklós: Polgári jog (Zivilrecht), Teil II: Tulajdonjog (Eigentumsrecht), Budapest 1955.

Vološin, N. P.: Das persönliche Eigentumsrecht in Bezug auf den Kolchoshof, in: SGiP Nr. 3/1959.

Weltner, Andor: Magyar munkajog (Ungarisches Arbeitsrecht), Bp. 1958.

Winkler, Martin: Slavische Geisteswelt, Bd. 1, Baden-Baden 1955.

Zalán, K.: Hauptprobleme des Erbrechts im Ungarischen Zivilgesetzbuch, in: Das Ungarische Zivilgesetzbuch in fünf Studien, Bp. 1963, S. 319 ff.

Zlatopol'skij, D. L.: Gosudarstvennoe ustrojstvo SSSR (Der Staatsaufbau der UdSSR), Moskau 1960.

ABKUERZUNGEN:

SGiP = Sovetskoe Gosudarstvo i Pravo (Sowjetstaat und Recht)
SJ = Sovetskaja Justicija (Sowjetjustiz)

ERSTER TEIL

EINFUEHRUNG

§ 1 DIE BEDEUTUNG DER MENSCHENRECHTE

I. Rechtsstaatlichkeit und Menschenrechte

"Ich bin der Meinung, dass man an irgend einer Stelle immer eine staatliche Gewalt einsetzen muss, die allen andern übergeordnet ist, aber ich sehe darin eine Gefahr für die Freiheit, wenn diese Gewalt auf kein Hindernis stösst, das ihren Gang aufhalten und ihr Zeit geben kann, sich selbst zu mässigen" (1).

Die Anforderungen, die an einen Rechtsstaat gestellt werden, sind die Legitimität des Regierungssystems (im Einklang mit dem Willen des Volkes), die rechtliche Legitimierung der Staatsmacht, d.h. die Bestimmung und Orientierung der Staatstätigkeit durch das Recht, der Konstitutionalismus (normative Verfassung), die Gewaltenteilung, die Gesetzmässigkeit der Verwaltung und der Bestand eines qualifizierten Rechtsschutzes durch eine Verwaltungs- und Verfassungsgerichtsbarkeit. Vor allem aber beruht die Rechtsstaatlichkeit auf der Auffassung von der Gerechtigkeit und auf der rechtlichen Begrenzung des Staates durch Grund- oder Menschenrechte, zum Schutz der menschlichen Person, ihrer Würde und freien Entfaltung (2).

Die Menschenrechte (Freiheitsrechte) stehen dem Menschen als Träger des Menschseins zu, es sind Rechte, die zum Wesen des Menschen von Natur gehören, die dem Menschen angeboren sind. Diese natürlichen Rechte sind unveräusserlich und unabdingbar (3), mit ihrem Besitz oder Verlust steht und fällt die menschliche Persönlichkeit, sie drücken den Wert und die Würde des Menschen aus.

Als Grundrechte sollen die Menschenrechte heute aber dem Bürger nicht nur eine staatsfreie Sphäre gewähren, sondern auch den Schutz des sozial Schwachen vor dem Starken mit Hilfe der Gemeinschaft zum Inhalt haben (4).

Aus der ursprünglichen Trias der Grundrechte (Leben, Freiheit und Eigentum) wurden weitere nichtklassische Rechte abgeleitet und heute werden im Rechtsstaat auch soziale Rechte garantiert, was die Entwicklungsdynamik des Rechtsstaates beweist. Damit ist aber ein gewisses Spannungsverhältnis unvermeidbar, da einerseits die Staatsgewalt durch die Gewährleistung der Menschenrechte reduziert werden soll, andererseits aber die sozialen Rechte als Verpflichtungen an den Staat die Ausdehnung der Wohlfahrtsaufgaben und damit der staatlichen Einflusssphäre bewirken (Verwaltungsstaat).

II. Die Entwicklung der Menschenrechte

Die Grundrechte sind ein Ausdruck des ewigen Prozesses "the man versus the state" (5). Im Lauf der Geschichte war die Menschheit ständig im Kampf um die

Freiheit.

Die Verbriefung dieser Freiheitsrechte in der Konstitution - als Fragment schon bei Aristoteles, der den Anspruch auf ein vom Recht verbürgtes Eigenleben gegenüber der Polis forderte, vorhanden (6) - ist erst ein Ergebnis des Mittelalters und der Neuzeit. Die Menschen- und Grundrechte sind ein Ergebnis des Kampfes zwischen dem Adel und der absoluten Macht des Monarchen im Feudalstaat, dessen lehensrechtliche Herrschaftsverträge die Vorläufer der modernen Verfassungen sind.

An den Anfang der Grundrechtskodifikationen pflegt man die Magna Charta von 1215 zu stellen, die den König verpflichtete, keinen freien Mann ohne Urteil in Haft zu nehmen. Diese Grundrechte, deren Verbriefung eine Folge des Konfliktes zwischen Feudalherren und König im Zeichen der Ausbildung des Staates zum Gesamtkönigtum war, sind noch nicht individuelle Rechte, sondern Pflichten des Königs gegenüber den Privilegierten (7).

Erst im 17. und vor allem im 18. Jahrhundert, zur Zeit der Aufklärung und im Zeichen des Naturrechts bekamen die Menschenrechte ihren spezifischen Charakter, nicht als Gruppeninteressen einer bestimmten Gruppe (Adel), sondern als individuelle Grundrechte, die nun jedem zukommen sollen (8).

Durch die Annahme der Petition of Rights durch Karl I. (1628) und die Habeas-Corpus-Akte und die Declaration of Rights (resp. die Bill of Rights, 1689), die die Petition ergänzten, wurden die Rechte zum ersten Mal zu subjektiven Rechten und Freiheiten des Bürgers (9). Die französische Déclaration des droits de l'homme et du citoyen von 1789 (in die Verfassung von 1791 aufgenommen), ist die erste Kodifizierung der Rechte, die im Kampf um die persönliche Freiheit des Menschen verwirklicht wurden. Die Freiheit war der oberste Grundsatz: Art. 1 erklärte, dass der Mensch frei geboren und gleich an Rechten sei, Art. 2 sah das Ziel aller politischen Gesellschaften in der Erhaltung der natürlichen und unveräusserlichen Rechte des Menschen.

Die Menschenrechte, ursprünglich ausserhalb der Verfassungen in besonderen Erklärungen verbürgt, wurden im Zuge des Rechtspositivismus in die Staatsverfassungen aufgenommen (10). Damit stellte sich die Frage, ob die Aufnahme in das positive Recht genügen kann, den Bestand der Grundrechte gegenüber totalitären Strömungen zu sichern, da die Verwirklichung vom unkontrollierbaren Willen des Staates abhängt.

Der Gedanke, dass eine höhere Quelle (überpositives Recht) gefunden werden muss, die über dem Staat steht und damit die Menschenrechte garantiert und dem Staatswillen entzieht, findet heute Ausdruck in den völkerrechtlichen Regelungen der Menschenrechte (11), mit denen sich die Vereinten Nationen und der Europarat als Weltanliegen befassen. Auch die neue interdisziplinäre Wissenschaft der Friedensforschung weist den Menschenrechten als Voraussetzung des Weltfriedens Wichtigkeit bei.

Die "Allgemeine Erklärung der Menschenrechte" wurde als erste, von einem internationalen Gremium festgelegte Begriffsbestimmung der Rechte des Menschen von der Generalversammlung der UN am 10. Dezember 1948 proklamiert. Dieses Datum wird seither alljährlich als "Tag der Menschenrechte" gefeiert. Die Endziele, die für alle Menschen erreicht werden müssen, kennzeichnet die Deklaration wie folgt: Das Recht auf Leben, Freiheit und persönliche Sicherheit, das Recht auf Bildung, Gleichheit vor dem Gesetz, Freizügigkeit, religiöse Freiheit, freien Zusammenschluss und unbehinderte Information, das Recht auf eine Staatsangehörigkeit, auf Arbeit unter günstigen Bedingungen bei gleichem Lohn für gleiche Leistung und das Recht auf Eheschliessung und Familiengründung und die Gleichberechtigung von Mann und Frau.

Die alten positiven Rechte sollen nun jedem Individuum unabhängig von staatlicher Verleihung und Beschränkung (Art. 2 Erklärung) zukommen und so in subjektiver Hinsicht zu Menschenrechten werden.

Die Unterzeichnung der Allgemeinen Erklärung der Menschenrechte zeigt, dass die Menschenrechte heute nicht nur vom Rechtsstaat, sondern auch von seinem Antipoden, dem sozialistischen Staat, freilich mit andern Vorzeichen, als wichtig angesehen werden.

Die Kontroverse um die Wirksamkeit der Erklärung lässt die verschiedene Interpretation der Grundrechte in Ost und West in kultureller, politischer, philosophischer und rechtlicher Hinsicht offenbar werden: Je nachdem, ob dem Individuum oder dem Kollektiv (Klasse, Gesellschaft, Staat) ein erhöhter Wert beigemessen wird, werden die Grundrechte in den Vordergrund gestellt oder zugunsten der Sozialrechte zurückgedrängt und schliesslich ganz dem Kollektiv geopfert (12).

Obwohl die Allgemeine Erklärung der Menschenrechte in der Präambel als Ideal bezeichnet wird und deshalb unter dem Gesichtspunkt der Souveränität von den meisten Signatarstaaten als umfassende Aufzeichnung der Menschenrechte ohne rechtliche Verbindlichkeit (lex imperfecta), als bloss moralische Verpflichtung angesehen wird (13), soll uns die Konvention und ihre Auslegung durch die Internationale Juristen-Kommission den Massstab liefern, an dem die Konkordanz der Deklaration der Menschenrechte mit der Wirklichkeit in den sozialistischen Staaten überprüft werden soll.

§ 2 DIE MENSCHENRECHTE IM MARXISMUS-LENINISMUS

Um die Grundrechtssituation in den sozialistischen Ländern zu verstehen, ist es unerlässlich, die marxistische Philosophie, die Anthropologie sowie die kommunistische Staats- und Rechtsauffassung in Erinnerung zu rufen. Deshalb seien hier einleitend die Grundzüge der marxistisch-leninistischen Ideologie, soweit sie für das Verständnis der Situation der Menschenrechte in concreto von Bedeutung sind, resümiert.

I. Der dialektische und der historische Materialismus

Die ideelle Grundlage, auf der die sozialistische bzw. kommunistische Staats- und Gesellschaftsordnung beruht, ist die Ideologie des Marxismus und dessen Exegese durch Lenin und die KPdSU.

Das Fundament des Marxismus-Leninismus ist die Philosophie des dialektischen und historischen Materialismus (14).

A. Der philosophische Materialismus und die materialistische Dialektik

Der dialektische Materialismus als Kern der kommunistischen Ideologie ist eine monistische Lehre, die die Materie als das Primäre, das Bewusstsein und das Denken als das Abgeleitete, als Funktion der "hochorganisierten" Materie betrachtet, womit sich der materialistische Monismus gegen den Idealismus stellt, der die subjektive und objektive Seite des Menschen trennt und der eine ausserhalb der Materie und des Menschen stehende Idee (geistiges Prinzip) als Erstursache und Schöpfer (Gott) annimmt. Die Welt ist nach marxistischer Auffassung ewig, autogen und autonom.

Der dialektische Materialismus ist die Lehre von der Bewegung und Entwicklung der Materie (15). Die Dialektik beantwortet die Frage, nach welchen Gesetzmässigkeiten sich die Materie bewegt: "Sie untersucht die allgemeinen Gesetzmässigkeiten jeder Bewegung, Veränderung und Entwicklung. Der allgemeine Charakter der Gesetze der Dialektik besteht darin, dass sie in der Natur und in der Gesellschaft wirken und ihnen auch das Denken unterworfen ist" (16).

Der Grund für die Selbstbewegung und Entwicklung der Materie ist in ihren inneren Widersprüchen zu suchen. Das Einheitliche (Analektisches) spaltet sich in Gegensätze (Dialektisches), die miteinander in Kampf treten. Diese den Dingen wesensmässig immanenten Widersprüche bilden insofern eine Einheit, als sie sich gegenseitig bedingen und durchdringen, andererseits in einem fortwährenden, sich verschärfenden Kampf miteinander stehen (17).

Durch diese inneren Gegensätze, resp. den Kampf dieser Antagonismen, entwickelt sich nach der Lehre von der dialektischen Entwicklung die Materie vom Niederen zum Höheren und negiert und löst das Alte ab zugunsten des Neuen, das, wiederum von ihm immanenten Widersprüchen getrieben, auf höherer Ebene seinerseits der Negation zum Opfer fällt (Prinzip der Negation der Negation) (18).

B. Der historische Materialismus

Der historische Materialismus (materialistische Geschichtsauffassung) bedeutet die Anwendung der Philosophie des dialektischen Materialismus auf die Geschichte (19). Er ist die Theorie von den allgemeinen Gesetzen der gesellschaftlichen Entwicklung (20).

Nach der marxistischen Lehre von Basis und Ueberbau wird die Geschichte der Gesellschaft durch die Produktionsverhältnisse (Basis) bestimmt. Die Basis bestimmt den Ueberbau, d.h. die juristischen, politischen, philosophischen, religiösen usw. Verhältnisse. Eine Aenderung der Basis hat demzufolge auch eine Veränderung des Ueberbaus zur Folge. Zwischen beiden besteht aber eine Wechselwirkung, indem der Ueberbau seinerseits die Entwicklung der Basis beschleunigen soll.

Im Lauf der Geschichte entstand ein Widerspruch zwischen den Produktionskräften und den Produktionsverhältnissen, was zum Kampf antagonistischer Klassen (Klassenkampf) und schlussendlich zu einer neuen Gesellschaftsordnung führe. So wie die Materie sich in einem unaufhaltsamen Entwicklungsprozess von niederen zu höheren Formen wandelt, so soll sich auch die Gesellschaft nach einer Gesetzmässigkeit zu vollkommeneren sozialen Ordnungen entwickeln. Die Etappen der Entwicklung der menschlichen Gesellschaft sieht der Marxist folgendermassen: Die Urgesellschaft, in der es kein Privateigentum gab, wurde durch die Sklavenhalterordnung, die Privateigentum nicht nur an den Produktionsmitteln, sondern auch an den Produzenten (Sklaven) begründete, abgelöst. Im Kampf mit dem Feudalismus, dessen Grundlage das Eigentum am Produktionsmittel Boden war, bildete sich eine neue Gesellschaftsordnung, die Bourgeoisie und schliesslich der Kapitalismus, dessen Produktionsverhältnisse zur Ausbeutung der Werktätigen führte. Der Imperialismus als höchste Entwicklungsform des Kapitalismus soll durch (revolutionäre und evolutionäre) Umgestaltung der Eigentumsverhältnisse zum Sozialismus und schliesslich Kommunismus führen (21).

Die Geschichte stellt sich also nach dieser Auffassung als eine gesetzmässige Notwendigkeit dar, die man nur erkennen, nicht aber ändern könne, wobei man aber betonen muss, dass diese deterministische Geschichtsauffassung nicht besagt, dass sich die Entwicklung eo ipso ohne Handeln des Menschen einstellt. Die Entwicklung, die in diese Richtung tendiert, kann nicht geändert werden, da sie objektiv, d.h. ausserhalb des Menschen, und notwendig ist: sie muss aber erkannt und durch konformes Handeln gefördert werden.

Ein innerer Widerspruch der marxistischen Lehre besteht darin, dass der Kommunismus als ideale Ordnung der Gesellschaft eine Endform sein soll, andererseits die Dialektik aber lehrt, dass es nach dem Prinzip der Negation der Negation im geschichtlichen Entwicklungsprozess keinen Stillstand gibt. Die fortwährende Veränderung der Gesellschaftsformen würde sich somit auch auf die kommunistische Gesellschaftsordnung beziehen, die von einer höheren abgelöst werden müsste. Der Kommunismus wird aber als Endzustand, als Klimax in der Entwicklung, als endgültig Seiendes aufgefasst. Entweder ist das kommunistische Modell nach der Dialektik Werdendes und muss demzufolge vom neuen Werdenden abgelöst werden, womit es keine Synthese darstellen könnte, oder es wird als Seiendes, d.h. als einzig unveränderbares Ideal gedacht, auf das hin sich das Werdende orientiert, ohne es aber jemals zu verwirklichen.

II. Die kommunistische Konzeption des Menschen (Anthropologie)

Im Rechtsstaat sind die Menschenrechte subjektive Rechte (Berechtigungen), die nicht von der Staatsmacht verliehen werden, sondern ihren Ursprung im menschlichen Wesen, in der Natur des Menschen haben: Der Mensch erwirbt sie eo ipso mit der Geburt. Die Anerkennung der Menschenrechte erfordert also die Anerkennung des Menschen als seins- und wertautonome sittliche Person (22).

Demgegenüber steht in der kommunistischen Konzeption des Menschen, die sich auf den sozialistischen Humanismus gründet, die Gesellschaftlichkeit ("zoon politikon") und die Geschichtlichkeit des Menschen im Vordergrund. Der Mensch und sein Bewusstsein sind das Produkt der Umweltsbedingungen, des Milieus und der gesellschaftlichen Verhältnisse.
Aufbauend auf der Evolutionstheorie Darwins, nach der sich die organische und anorganische Natur als unaufhaltsam fortschreitender Entwicklungsvorgang darstellt, hat der Mensch nach Engels durch den aufrechten Gang und letztlich durch die Arbeit jene Eigenschaften erworben, die ihn vom Tier unterscheiden. Die Befähigung zur Arbeit unterscheidet somit den Menschen vom Tier, oder, um mit Freud zu sprechen: Die Ursache der menschlichen Zivilisation und Kultur ist im Triebverzicht (Hemmungen) zu suchen.

Wie schon erwähnt, entstand nach marxistischer Auffassung durch das Privateigentum an den Produktionsmitteln ein Widerspruch zwischen den Produktionskräften und den Produktionsverhältnissen, der zur Ausbeutung und zum Kampf antagonistischer Klassen führte. Das Privateigentum bewirkte die Zerstörung der ursprünglichen Identität von Mensch und Gesellschaft und führte zur Entfremdung des Menschen von der Gemeinschaft.

Nach Marx ist der Mensch im Westen ein egoistischer, "auf sich, auf sein Privatinteresse und seine Privatwillkür zurückgezogenes und vom Gemeinwesen abgesondertes Individuum" (23). Diesem egozentrischen Einzelwesen will der Marxismus den neuen, kollektivistischen, von der Entfremdung befreiten Menschen gegenüberstellen. Der Einzelmensch wird also in Bezug auf die Gesellschaft relativiert, er wird verstanden nicht als Individuum, sondern als Menschheit in ihm (24). Er wird reduziert auf den Nutzwert für den Staat (staatliches Gut) (25).

Diese Wertvorstellung vom kollektivistisch integrierten Menschen nähert sich so der faschistischen Theorie Roccos, nach der das Individuum vom Staat nur respektiert wird, wenn es der totalitären Staatsraison dient. In letzter Konsequenz ist das Individuum ein Instrument, das vom Staat ausgemerzt werden kann und muss, wenn es sich als (für die Gesellschaft) unnütz erweist (26), da die Begriffe der Sittlichkeit, Ethik usw. keine ausserpositive Wertautonomie haben und je nach den gesellschaftlichen Verhältnissen veränderbar sind. Als sittlich gilt im sozialistischen Staat, was den Aufbau des Kommunismus fördert, als unsittlich, was ihn hindert.

Im Sozialismus bzw. Kommunismus besitzt der Mensch folglich keine Seinsautonomie, er ist ein unselbständiger Teil des Kollektivs. Der Mensch als Träger geistig-sittlicher Werte, die ihn dem Staat gegenüber unantastbar machen, weicht der Auffassung vom Menschen, der kollektiven Eigenwert nur insofern besitzt, als er in die Gesellschaft integriert ist und der Schutz nur im Hinblick auf das zu erreichende Ziel beanspruchen kann. Die Frage nach dem Selbstzweck und der Würde des Menschen muss im sozialistischen Staat negativ beantwortet werden, deshalb kann der Mensch auch keine Wertautonomie besitzen (27): Was nicht existent ist, kann auch keinen Wert für sich haben. Wo die Seinsautonomie des Menschen verneint wird, muss auch die Wertautonomie negiert werden.

Eine Folge der Konzeption des Menschen als Teil des Kollektivs, dem nur bedingte Wert- und Seinsautonomie in Relation zur Gemeinschaft zukommt, ist die Idee der Interessenidentität, die schon bei Rousseau im Contrat social auftaucht: Die Diskrepanz zwischen Individual- und Gemeinschaftswille (volonté générale) wird negiert, da beide (im Grunde) identisch seien. Rousseau fordert die Selbstpreisgabe und die Selbstverleugnung zugunsten des Kollektivs ("aliénation totale") (28).

Das Spannungsverhältnis zwischen Individuum und Gesellschaft ist in jeder Staats- und Gesellschaftsordnung vorhanden, im Rechtsstaat an der Oberfläche, im Totalitarismus latent. Dieser Dualismus, der Bedingung für die Existenz und die Evolution zugleich (Weiterentwicklung, die sich am Ideal der Gerechtigkeit orientiert) des Rechtsstaates ist, wird im Osten als typische Erscheinung des Kapitalismus hingestellt, die für den Kommunismus, wo der Mensch immer mehr seinen gesellschaftlichen Interessen entsprechend lebe, frei und freiwillig für den Fortschritt eintrete, keine Berechtigung habe.

Die Annäherung der Persönlichkeit an die Gesellschaft bewirkt die Aufgabe der Persönlichkeit zugunsten des Kollektivs: Das Individuum kann im Kollektivismus nur solche Ideen haben, die mit der Gesellschaft im Einklang stehen. Das Erkennen der gesellschaftlichen Interessen wiederum ist Privileg der "bewusstesten und fortschrittlichsten" Bürger, die die Avantgarde bilden und sich in der Partei zusammenschliessen (Art. 126 Verf. UdSSR), womit die führende Rolle der Partei in Staat und Gesellschaft zum tragenden Pfeiler des sozialistischen Staates wird.

Den Widerspruch zwischen der These der Interessenidentität und der Forderung, dass die persönlichen Interessen im Konfliktsfall den gesellschaftlichen Interessen untergeordnet werden müssen, wird dialektisch aufgelöst, indem der Widerstreit der Interessen als Ursache dafür angesehen wird, dass der Mensch sein eigenes Interesse nicht richtig zu erkennen vermöge. Es bedürfe deshalb einer weitern Erziehung, um ihm bewusst zu machen, was ihm (und damit der Gesellschaft) zum Wohle gereiche (29).

Das Ziel des sozialistischen Humanismus ist also der kollektivistische Mensch, der frei und freiwillig nach seinen Fähigkeiten arbeitet, als Entgelt dafür soll er vom Gesellschaftsfonds nach seinen (rationellen) Bedürfnissen materielle und immaterielle Güter erhalten (Kommunismus). Solange dieser (utopische) Zustand noch nicht erreicht ist, soll durch Erziehung die kommunistische Wertethik im (noch) "unreifen" Ueber-Ich des Individuums (vermittelst staatlichen Zwangs oder gesellschaftlicher "Ueberzeugung") institutionalisiert werden, um den Menschen nach Wegfall des gesellschaftlichen Zwanges, resp. nach Absterben von Staat und Recht zu befähigen, "... sich in allem einzig von seinen Ueberzeugungen und der Erkenntnis seiner moralischen Pflicht leiten zu lassen" (30).

Der Kommunismus will also nichts anderes, als den unvermeidlichen Antagonismus zwischen dem Es (d.h. hier der menschlichen Natur) und dem (durch gesellschaftliche Zwänge institutionalisierten) Ueber-Ich auflösen.

III. Der Begriff der Freiheit

Allen Grundrechten immanent ist der Begriff der Freiheit. Ein Grundrecht bedeutet letztlich immer Freiheit von oder zu etwas. Um deshalb das Wesen der Grundrechte im Osten zu verstehen, müssen wir uns kurz dem Begriff der Freiheit, so wie er von den Marxisten verstanden wird, zuwenden.

Freiheit bedeutet für den Marxisten eine in Erkenntnis der objektiven Notwendigkeit vorzunehmende Wahl unter mehreren Möglichkeiten (31). Freiheit ist "bewusst gewordene Notwendigkeit" (Plechanow) (32), die Einsicht, dass der Mensch der materiellen Kausalität zu gehorchen hat. Der Mensch ist also nach marxistischer Auffassung erst völlig frei, wenn er sich für den Sozialismus und Kommunismus entscheidet, da die Entwicklung der Gesellschaft in diese Richtung ein objektives, d.h. ausserhalb des Menschen stehendes Gesetz ist (33). Der Begriff der Freiheit umfasst nach Kerimow folgende Elemente: 1. Die Erkenntnis der Notwendigkeit, 2. das der erkannten Notwendigkeit entsprechende Handeln und 3. das Handeln aufgrund der erkannten Notwendigkeit im Interesse der Gesellschaft (34).

Eng im Zusammenhang mit dem Begriff der Freiheit steht auch die Willensfreiheit.

Da die Entwicklungsdynamik der Gesellschaft hin zum Sozialismus und Kommunismus eine objektive Gesetzmässigkeit darstellt, ist die marxistisch-leninistische Theorie deterministisch, lehnt aber einen "totalen Determinismus" ab: sie befürwortet die Willensfreiheit, betont jedoch ihre Verbundenheit mit der Notwendigkeit (35). Ohne Einsicht in die Notwendigkeit kann der Wille wohl frei sein, er ist aber "blind" und kann nicht zur wirklichen Entscheidungs- und Handlungsfreiheit führen. Das Handeln des Menschen ist umso freier, je mehr Verständnis er für die gesellschaftlichen Bewegungen hat, je mehr sich der Wille und das Handeln mit der objektiven Notwendigkeit decken.

Im Marxismus-Leninismus muss unterschieden werden zwischen Freiheit der werktätigen Klasse und Freiheit der Klassenfeinde und innerhalb der sozialistischen Gesellschaft zwischen Freiheit des Individuums und Freiheit der Gesellschaft.

Die Freiheit und Demokratie im allgemeinen werden abgelehnt, es gibt für den Marxisten nur Freiheit und Demokratie der Bourgeoisie auf der einen und sozialistische Demokratie und Freiheit auf der andern Seite. Freiheit kann also nur immer für eine bestimmte Klasse und nicht allgemein bestehen (36). Der materialistische Freiheits- und Gleichheitsbegriff beschränkt die Freiheit im Interesse der künftig zu erreichenden vollen Freiheit der klassenlosen Gesellschaft, wie die ältern Verfassungen der Volksdemokratien, die noch im Zeichen der Periode des Klassenkampfes entstanden sind, deutlich machen.

So wie es Freiheit erst nach der Ueberwindung des Klassenstaates und der gesellschaftlichen Antagonismen gibt, so besteht auch für das Individuum "Freiheit" erst nach der Auflösung der (durch die Residuen der kapitalistischen Vergangenheit bedingten) Diskrepanz zwischen Individual- und Sozialinteressen. So wie nach Freud der Mensch die primäre Triebbefriedigung im Interesse eines von ihm als höher bewerteten "Glückes" (Zivilisation) hintanstellte (Sublimierung), so soll der einzelne im Sozialismus seinen Wunsch nach Freiheit und Gleichheit "sublimieren" zugunsten der (zu erreichenden) vollen Freiheit in der klassenlosen Gesellschaft, wo individuelle und gesellschaftliche Freiheit eine Einheit und damit das "Glück" des Menschen bilden sollen.

Nach dem Gesagten wird es klar, dass es im Sozialismus resp. Kommunismus nicht Freiheit vom Staat und von der Gemeinschaft, sondern nur die Freiheit zum Staat, zum Gemeinwesen, resp. die Freiheit zum Aufbau des Sozialismus-Kommunismus geben kann.

Freiheit und Gleichheit des Menschen lassen sich nicht von selbst verwirklichen, da Freiheit und Gleichheit wegen des unvermeidbaren natürlichen Aggressionstriebes des Menschen (Mitscherlich) sich nicht decken, sondern in Widerspruch zueinander stehen. Freiheit schliesst eine Gleichheit im Grunde genommen aus, deshalb muss die Gleichheit institutionalisiert werden. Die Schwierigkeit besteht darin, eine vernünftige Proportionalität zwischen Individualinteressen (Freiheit) und Sozialinteressen des Gemeinwesens (Gleichheit) herzustellen. Die Erweiterung der einen Sphäre bewirkt notgedrungen eine Einschränkung der andern. Deshalb ist es Aufgabe des Rechtsstaates, die Sphären durch die Verfassung genau abzugrenzen, wozu die institutionalisierten Grundrechte dienen sollen.

Wenn der extreme Liberalismus zum Nachteil für die Gemeinschaft, d.h. für die Gleichheit wurde, so verfällt der Kommunismus ins andere Extrem und betont die Gemeinschaftsinteressen zum Nachteil des Individuums, die gewaltsame Verwirklichung des Gleichheits- (besser: Gleichmacherei-) Gedankens, die Selbstentäusserung und die Preisgabe des Menschen als Einzelwesen und seiner vielfältigen Interessen zugunsten einer idealisierten, utopischen Gemeinschaft ohne Antagonismen.

IV. Staat, Recht und Verfassung

A. Der Staat

Der Begriff des Staates ist im Osten untrennbar mit den Begriffen Klasse und Klassenkampf verbunden (37).

In der klassenlosen Urgemeinschaft soll es keinen Staat gegeben haben. Durch die Entstehung des Privateigentums und der damit verbundenen Ungleichheit habe sich die Gesellschaft in antagonistische Klassen gespalten, wobei eine Minderheit dank eines Zwangsapparates (Armee, Beamte) ihre Herrschaft aufgerichtet habe. So sei der Staat entstanden, "... der eine Maschine zur Aufrechterhaltung der Herrschaft einer Klasse über eine andere ist" (38). Der Staat ist also für die herrschende Klasse ein Instrument der Unterdrückung (Unterdrückungsfunktion), eine Form der Herrschaft einer Minderheit über eine Mehrheit oder umgekehrt.

Der Staat wird verstanden als Reflex der etablierten Machtpositionen, der die Sicherung und Perpetuierung der Macht (39), resp. der bestehenden Eigentumsverhältnisse zum Inhalt hat. Auch nach der sozialistischen Revolution, die eine Umkehrung der Klassengegensätze bewirkt (40), behält der Staat seinen Charakter als Instrument bei und dient der Klassenherrschaft (Diktatur des Proletariates). Der Staat ist auch hier Klassenstaat und dient (nun) der Unterdrückung der "ausbeutenden Klassen". Im Gegensatz zum bürgerlichen Staat soll aber dieser Klassenstaat eine Herrschaft der Mehrheit (der Werktätigen) über die Minderheit sein. Die historisch notwendige proletarische Demokratie verlange die Unterdrückung der Freiheit der Klassenfeinde, um den Uebergang vom Kapitalismus zum Kommunismus zu gewährleisten.

Mit dem Uebergang der Produktionsmittel in die Hände des Volkes, resp. der Werktätigen, d.h. mit der Aenderung der ökonomischen Verhältnisse (Basis) sollte nach Marx auch der Ueberbau, der Staat, absterben und dem Vollkommunismus Platz machen, wo es weder Staat noch Recht geben soll. (Wir sprechen deshalb immer von sozialistischem Staat, einen kommunistischen Staat gibt es nicht, dies wäre ein Widerspruch in sich selbst.)

Da der Staat nach marxistisch-leninistischer Rechtsauffassung ein Instrument einer Klasse ist, muss sich die herrschende Klasse folglich die Perpetuierung ihrer Macht in Staat und Gesellschaft sichern: Dieser Sicherung dient die Partei. Die Parteiführung in Staat und Gesellschaft wird konstitutionell verankert (vgl. Art. 126 Verf. UdSSR). Der Staat kann also im Sozialismus nicht souverän sein, souverän ist nur die Partei, die hier nicht pars, sondern alles ist (41). Der Staat ist vielmehr ein Instrument der Partei, die eine totalitäre und exklusive Herrschaftseinheit (42) darstellt: Die Macht liegt nicht bei den Regierungsleuten, sondern bei den Parteifunktionären.

Die Lehre von der Gewaltenteilung (Montesquieu), die im Westen ein Korrektiv zur Souveränitätslehre darstellt (43), wird im Osten abgelehnt und weicht der Gewaltenkonzentration.

B. Die Verfassung

Bei der Beurteilung der von der Verfassung ausgesprochenen Grundrechte muss man sich vor Augen halten, dass - wie am Beispiel des Freiheitsbegriffes dargelegt wurde - ein äusserlich identischer Rechtsbegriff im Marxismus einen völlig andern, der rechtsstaatlichen Interpretation entgegengesetzte Bedeutung haben kann. Ein und derselbe Rechtsbegriff kann also einen vollkommen andern Inhalt aufweisen oder zugleich ein Mehrfaches bedeuten, was auch von der sowjetischen Jurisprudenz zugegeben wird. Im sozialistischen Staat werden somit Recht und Verfassung, um einen Ausdruck des Verteidigers in Dostojewskijs "Brüder Karamasow" (4. Teil, 12. Buch) zu gebrauchen, zu einem "Stab mit zwei Enden".

Ein Charakteristikum der sozialistischen Rechtswirklichkeit ist deshalb eine auffallende Diskrepanz zwischen Verfassung und Verfassungswirklichkeit. Dieser Widerspruch kann nur (dialektisch) aufgelöst werden, wenn man sich mit der grundlegend andersartigen Auffassung von der Funktion der Verfassung im sozialistischen Staat vertraut macht: Im Westen ist die Demokratie die Erfüllung des Verfassungsstaates, das sozialistisch-kommunistische Modell will ihn überwinden (44). Die Verfassung ist hier nicht tragende Kraft des Staates, sondern hat eine dienende Rolle: sie ist ein Element des Ueberbaus, Ausdruck des Willens der herrschenden Klasse und soll die Diktatur der Klasse sichern. Der Wille der herrschenden Klasse, resp. der Werktätigen wird aber im Sozialismus durch die Einheitspartei repräsentiert: Die Verfassung dient folglich dazu, die führende Rolle der Partei in Staat und Gesellschaft zu verankern. Ueber diese innere monistische Staatsstruktur soll das äussere Verfassungskleid hinwegtäuschen, das teils ein propagandistisches, teils aber auch ein kompensatorisches (45) Bild der Gegenwart zeichnen soll: Die Verfassung ist so auch Abglanz der erstrebten idealen Zukunft, das Bild der besseren Welt. Der utopische Idealismus, im Grunde eine versteckte Metaphysik, lebt in zwei Welten, im "Diesseits" und im "Jenseits", die kommunistische Lehre weist deshalb einen Januskopf auf (46): sie gebraucht einmal einen Begriff im Sinne der klassenkämpferischen Gegenwart, ein andermal in Bezug auf die idealisierte Zukunft. Diese doppelten Inhalte ein und desselben Begriffes in Recht und Verfassung müssen deshalb auseinandergehalten werden, um die Diskrepanz zwischen Verfassung und Verfassungswirklichkeit auflösen zu können.

Im Sozialismus werden also die verfassungsrechtlichen Werte des Rechtsstaates umgedeutet: 1. Der Verfassungsstaat setzt die Volksherrschaft voraus, die Gesamtheit als legitimierende Autorität, statt dessen erfolgt im sozialistischen Staat die Legitimation der Macht nicht durch das Volk, sondern durch eine Klasse. 2. Der Staat als souveräne Ordnung wird zum parteigebundenen Werkzeug. 3. Die Struktur des Staates, die im Westen differenziert und pluralistisch ist, ist hier monistisch, zentralistisch und von oben nach unten "auf"gebaut. 4. Die Verfassung ist nicht wirklichkeitsbezogen, sondern ein kompensatorisches Bild. 5. Die ideale Rechtfertigung der politischen Ordnung wird in die Utopie verlagert (47).

C. Das sozialistische Recht

1. Die kommunistische Rechtsauffassung im allgemeinen

Das Recht ist ein Derivat des Staates und ein Element des Ueberbaus, obwohl nach Marx das Recht sowohl zur Basis als auch zum Ueberbau gerechnet werden könnte (48).

Wie alle andern Erscheinungen im Klassenstaat, so ist auch das Recht eine Klassenerscheinung. Das Recht ist folglich Klassenrecht und hat parteilich zu sein. Der Grundsatz "ubi societas, ibi ius" wird im Marxismus nicht anerkannt. Das Recht als Klassenerscheinung, das nach dem Zerfall der Urgemeinschaft in antagonistische Klassen entstand und (wie das Privateigentum) die Macht der Besitzenden über die Besitzlosen sichern soll, ist ein historischer Begriff, der mit der Auflösung der Antagonismen wieder verschwinden soll (49). Die Existenz des Staates und damit des Rechts ist also verbunden mit der Klassengesellschaft: Der Staat ist Klassenstaat, das Recht Klassenrecht.

Das Recht als Element des Ueberbaus soll der Basis dienen (dienende Rolle des Rechts) und auf sie zurückwirken, es soll den Uebergang zum Kommunismus beschleunigen helfen. In der Wirklichkeit kommt trotz Verkündung der Einheit von Theorie und Praxis (50) der Primat nicht der Praxis (Basis), sondern dem Ueberbau, also dem Recht zu. Die Diskrepanz zwischen Theorie und Praxis wird mit der Komplexität des Uebergangs zum Vollkommunismus begründet (51).

2. Die Theorie des Volksstaates

Obwohl nach der Oktoberrevolution das Privateigentum an den Produktionsmitteln abgeschafft wurde und seit 1936 in der UdSSR keine "antagonistischen" Klassen mehr bestehen, ist der Staat nicht abgestorben, er wurde unter Stalin im Gegenteil immer stärker, was mit der äusseren kapitalistischen Umkreisung begründet wurde. Die Idee des Staates wurde daher auf die äussere Verteidigungsfunktion verlagert (52). Seit dem XXII. Parteikongress wird erklärt, dass der Staat neben der Unterdrückungsfunktion auch Verteidigungsfunktion habe, erst im Vollkommunismus werde der Staat verschwinden. Chruschtschow, der Vater des "Wohlstandskommunismus" (Meissner) lancierte die Theorie vom Volksstaat (Staat des gesamten Volkes) als Zwischenstufe zwischen Sozialismus und Kommunismus. Damit negiert die kommunistische Lehre die von ihr selbst als wesensmässig bezeichneten Voraussetzungen und Merkmale des Staates, und "rückt das Ende des Staates in eschatologische Ferne" (53). Die Existenz des Staates wird, trotz Theorie, als Dauerzustand gerechtfertigt, denn die These vom freien Volksstaat widerspricht den "Klassikern": Engels erklärte im "Antidühring", ein Staat könne weder frei sein, noch über den Klassen stehen, also zum gesamten Volk gehören (54). Die Lehre vom Volksstaat wird denn auch innerhalb des Sozialismus kritisiert, besonders von China, das die These vom Klassencharakter des Staates und des Rechts bis zu ihrem Absterben beibehält. Jugoslawien lehnt die chinesische Theorie der Stärkung des Staates und des Rechts vor dem Absterben ab und beschränkt die Rolle derselben.

3. Die Annäherung von Recht und Moral

Seit 1962 wird auch der Rechtsbegriff neu definiert. Das Axiom des Zusammenhanges von Staat und Recht soll seinen kategorischen Gehalt verlieren. Während das Recht im Westen als Instrument der Minderheit angesehen wird, das dazu diene, den Willen der Minderheit der Mehrheit aufzuoktroyieren (Klassengehalt des Rechts), soll nun im Osten das Recht den Willen des gesamten Volkes zum Ausdruck bringen (55) (Mehrheitswille).

So wie der Staat nun nicht mehr Gewaltorgan der herrschenden Klasse, sondern des gesamten Volkes sei und in Richtung Vergesellschaftung und Selbstverwaltung tendiere, so solle auch das Recht Recht des gesamten Volkes sein, ein "Halbrecht", das zum Uebergang der Rechtsnormen in Sozialnormen (bzw. in Normen der kommunistischen Moral) beitragen, d.h. die Annäherung und Verschmelzung von Recht und Moral fördern soll. Auch die Grundrechte sollen zu Sozialnormen werden (56).

Das Recht soll parallel mit dem gesamten Ueberbau seinen politischen Charakter verlieren. Die Garantie für die Einhaltung der Rechtsnormen wird stufenweise vom staatlichen Zwang auf die moralische Ueberzeugung verschoben (gesellschaftliches Bewusstsein), das die Ueberreste der Vergangenheit (Verbrechertum, Religion, Nationalismus usw.) bekämpfen soll (57). Recht und Moral sollen also identisch werden, die Rolle des Rechts soll die kommunistische Moral übernehmen.

Das Recht steht folglich heute nicht mehr im Zeichen des Klassenkampfes, sondern soll die Harmonie der Beziehungen der Werktätigen untereinander sichern (Klassenregulator), wobei man aber die These von der Interessenidentität von Individuum und Gesellschaft immer im Auge behalten muss. (Aus diesem Grund wird auch im sozialistischen Recht die aus dem römischen Recht stammende Unterscheidung zwischen öffentlichem und privatem Recht (Ulpian) nicht gemacht.)

Die Theorie des Staates und des Rechts des gesamten Volkes steht im Zusammenhang mit der Erscheinung der Uebertragung von Staatsfunktionen auf Gesellschaftsorgane (58), die aber wie der Staat dem demokratischen Zentralismus und dem Parteieinfluss unterstehen. Diese Uebertragung soll, zusammen mit den Sozialnormen, deren Anwendung Sache der Gesellschaftsorgane ist, die Entwicklung zur kommunistischen gesellschaftlichen Selbstverwaltung beschleunigen.

Unter Sozialnormen versteht man die von den Gesellschaftsorganen erlassenen oder entwickelten Verhaltensnormen des sozialistischen bzw. kommunistischen Zusammenlebens, die sich auf das Bewusstsein des Volkes stützen und durch gesellschaftliche Massnahmen garantiert werden (59). Rechtsnormen sollen immer mehr als kommunistische Moral anerkannt und eingehalten und damit also im Bewusstsein der Menschen institutionalisiert werden.

Der Widerspruch, der sich daraus ergibt, dass einerseits die Rückwirkung des Rechts (Ueberbau) auf die Basis erweitert wird, um die Entwicklung der Basis zu fördern, andererseits aber das Recht seinen politischen Charakter verlieren und sich in Sozialnorm verwandeln soll, wird dialektisch gelöst: Das Recht werde, indem es von den Gesellschaftsorganen angewandt und auf dem Wege der Billigung zugleich Norm der kommunistischen Moral werde, noch gestärkt.

Der Unterschied zwischen Recht und Sozialnorm einerseits und diesen Begriffen und der Moral andererseits ist qualitativer Natur: Je nachdem Verhaltensnormen sich als Recht oder als Sozialnorm (Unterbegriffe) geben, werden sie entweder vermittelst rechtlichen (strafrechtliche Sanktion, Administrativmassnahmen) oder gesellschaftlichen Zwanges (Ueberzeugung) durchgesetzt. Beide, Recht und Sozialnorm, werden aber von der Moral (Oberbegriff), die eine Verhaltensregel ohne Sanktion (lex imperfecta) ist, bestimmt und sollen letztlich in ihr aufgehen. Die Moral soll dann im Bewusstsein ("Gewissen") des einzelnen verankert und freiwillig eingehalten werden. Recht und Sozialnorm (= Normen des sozialistischen Zusammenlebens) sind Derivate der kommunistischen Moral, wobei das Recht als die der Diktatur des Prolateriates und des Sozialismus, die Sozialnorm als die dem Volksstaat und die Moral als die dem Kommunismus adäquate Form der Normen angesehen werden kann.

Zwischen Recht und Sozialnorm besteht eine Wechselwirkung: Nicht nur sollen Rechts- zu Sozialnormen werden, sondern umgekehrt kann eine Sozialnorm dank ihrer Allgemeinverbindlichkeit ("Gewohnheitsrecht") zur Rechtsnorm werden, da die Staatsorgane eine Sozialnorm, in der der Wille des Volkes, d.h. der Partei, zum Ausdruck kommt, auch ohne Gesetzesänderung als Rechtsnorm ansehen müssen (60).

Als Beispiel für eine Sozialnorm kann die vom Kameradschafts"gericht" (ein Gesellschaftsorgan!) entwickelte These angesehen werden, wonach eine Person, die sich im Privatleben von "den Ueberresten der Vergangenheit" nicht befreien kann, nicht als Leiter oder Erzieher anderer Werktätiger wirken kann (61).

Trotz "Uebertragung von Staatsfunktionen auf die Gesellschaft", kann so die Verwaltungswillkür aufrechterhalten werden, da die Gesellschaftsorgane nicht an Recht und Gesetz gebunden sind; so wird der gesellschaftlichen Diskriminierung (wenn die Moral im Bewusstsein der Bevölkerung einmal institutionalisiert ist) der Weg geebnet. Das Recht büsst somit hier eine wesentliche Funktion ein: Der Schutz des Bürgers auch vor privater und gesellschaftlicher Willkür (Drittwirkung der Grundrechte).

V. Das Wesen der Grundrechte

Die verschiedene Konzeption der Grundrechte in Ost und West ist ein Ausdruck des Kampfes zwischen der individualistischen und der kollektivistischen Ordnung. Dass im Osten der Kollektivismus überwiegt und das Individuum in den Hintergrund tritt, dürfte nicht zuletzt seine Ursache darin haben, dass in Russland, anders als in Westeuropa, keine Rezeption des betont individualistischen römischen Rechts stattgefunden hat.

Vordringliches Anliegen der Revolution war nicht die Gewährleistung institutioneller Grundrechte, sondern die Ueberführung der Produktionsmittel in das Staatseigentum und die Entmachtung der Bourgeoisie als Klasse. Die erste Verfassung der RSFSR von 1918 beschränkte denn auch die Rechte auf die Angehörigen der werktätigen Klasse: "Von den Interessen der Arbeiterklasse geleitet, entzieht die RSFSR bestimmten Personen bestimmte Gruppen von Rechten, die von ihnen zum Schaden der Interessen der sozialistischen Revolution ausgenutzt werden" (Art. 23). Die Verfassung war also eine Art permanente Notstandsgesetzgebung.

Diese Unterscheidung zwischen Werktätigen und Nichtwerktätigen, die auch heute noch zum Teil in den volksdemokratischen Verfassungen gemacht wird, wurde erst in der Verfassung von 1936 fallen gelassen, da die Beschränkung infolge der Liquidierung der Ausbeuterklassen praktisch bedeutungslos geworden war.

Grundrechte wurden erst in die (jetzt gültige) stalinsche Verfassung von 1936 aufgenommen, die Bedeutung der Grundrechte war aber zu Stalins Zeiten minim, erst heute kommt ihnen eine erhöhte Bedeutung zu, und die Frage der Gewährleistung der Grundrechte wird nun auch im Osten aktuell (62).

Der Grund für die mangelnde Beachtung der Grundrechte im Osten liegt an der in Russland fehlenden rechtsstaatlichen Tradition, vor allem aber in der marxistischen Ideologie: Marx lehnte die Menschenrechte als Rechte des auf sich selbst beschränkten Individuums ab (63). Charakteristisch für die bürgerliche Grundrechtskonzeption sei, "... dass die sogenannten Menschenrechte ... nichts anderes sind als die Rechte des Mitglieds der bürgerlichen Gesellschaft, d.h. des egoistischen Menschen, des vom Menschen und vom Gemeinwesen getrennten Menschen" (64). Hinter den unveräusserlichen und unverletzlichen Menschenrechten verberge sich die Allmacht des Kapitals, die den Individualismus zum Leitprinzip der Gesellschaft erhebe (65).

Im Gegensatz dazu wird im Marxismus der Mensch als Gattungswesen aufgefasst, das seine volle Freiheit und die Entfaltung seiner Persönlichkeit nur in der Integrierung in die Gemeinschaft finden könne und nicht in der Entfremdung von der Gesellschaft: Die Konzeption der Grundrechte im sozialistischen Staat habe nicht die Freiheit des abgesonderten Individuums zum Ziel, sondern diene der Verbindung des Menschen mit dem Menschen, der Gemeinsamkeit des Handelns der Mitglieder zum Wohle der Allgemeinheit wie der einzelnen. Die Freiheit des Menschen könne nicht in der Isolierung des einzelnen (also gewissermassen als Sonderlingsschicksal), sondern nur durch tätige Mitwirkung bei der Gestaltung der Gesellschaft verwirklicht werden (66).

Den bürgerlichen Menschenrechten liege das Privateigentum und damit die Ausbeutung zugrunde, diese Konzeption sei deshalb überholt und habe seine Rolle gespielt im Kampf des Bürgertums gegen den Feudalismus und die absolute Monarchie: "Heute dienen die Verfassungen imperialistischer Staaten samt ihren Proklamationen der Freiheit und der Rechte des Menschen der Bemäntelung der historisch überlebten Herrschaft des Kapitals, der Verhinderung der objektiv notwendigen Umwälzung der Gesellschaft" (67).

Nach der Basis-Ueberbau-Lehre sind die Freiheitsrechte Elemente des Ueberbaus, sie hängen also zusammen mit den ökonomischen Verhältnissen. Erst nach Abschaffung des Privateigentums an den Produktionsmitteln, der Beseitigung der Ausbeutung und der Aufhebung der Klassenantagonismen könne Freiheit und Gleichheit verwirklicht werden. Dieser Verwirklichung dienten die Grundrechte im Sozialismus, die einen qualitativ neuen Inhalt aufwiesen: Es sind dies die Rechte der Mitgestaltung in Staat und Gesellschaft.

Das Merkmal der traditionellen Grundrechte war (und ist), dass sie an und gegen den Staat gerichtet sind. Es sind überpositive, ausserstaatliche Normen, die die Staatsgewalt begrenzen und die auch gegen den Willen der Mehrheit nicht abänderbar sind. Statt dessen setzt der sozialistische Staat Grenzen nicht sich selbst, sondern dem Bürger. Es besteht für alle Grundrechte eine immanente Schranke: Sie dürfen nicht zum Nachteil der Interessen der Werktätigen und gegen die sozialistische Ordnung ausgeübt werden.

Die Grundrechte werden im Sozialismus umfunktioniert, sie gewähren nur Freiheit im Staat und in der Gesellschaft, nicht vom Staat und von der Gesellschaft: "Der Gedanke einer engen Verbindung von Rechten und Pflichten tritt so stark in den Vordergrund, dass eine unübersehbare Neigung besteht, die Möglichkeit des Einzelnen, von seinen Grundrechten Gebrauch zu machen, in eine Wahrnehmungspflicht umzudeuten. In diesen Umdeutungsvorgang fügt sich dann nahtlos die Forderung ein, von den Grundrechten sei in einem bestimmten Sinne Gebrauch zu machen, nämlich so, dass die individuelle Grundrechtsausübung gleichzeitig den Interessen des Kollektivs dient" (68).

Nach rechtsstaatlicher Konzeption ist die Existenz eines ausserpositiven Rechts Bedingung für die Grundrechte, im Osten wird aber die Existenz ausserpositiver Normen und eines unveränderlichen ewigen Naturrechts negiert. Nach der Dialektik ist auch die Auslegung der Grundrechte ständig veränderbar; es gilt der Primat des objektiven Rechts.

Trotzdem gibt es Normen, die ausserhalb des objektiven Rechts stehen: Es sind dies die Entwicklungsgesetze oder das "Recht der Materie", welche Erscheinungen Brunner "unterpositiv" nennt (69). Aus diesem Grund behauptet Kelsen, dass die marxistische Lehre nichts anderes sei als eine Naturrechtslehre (70), nicht im Sinne eines überpositiven Rechts, das sich aus der menschlichen Natur, aus der Vernunft, aus einer göttlichen Ordnung oder aus einem andern transmateriellen Faktor herleite, sondern ein Naturrecht besonderer Art, das sich nicht an transmateriellen Faktoren, aber an der Materie orientiere. Als überpositiven Bestandteil kann man das Bewusstsein der Partei, an das sich das Recht anzupassen hat, verstehen.

Zusammenfassend lassen sich die Grundrechte im Sozialismus wie folgt charakterisieren:

1. Die Grundrechte werden nicht aus überpositiven, metaphysischen Normen abgeleitet (Naturrecht), sondern sind ein Derivat des objektiven Rechts und hängen mit der ökonomischen Struktur zusammen. Daraus ergibt sich

2. die Elastizität der Grundrechte im Sozialismus, d.h. die Grundrechte sind je nach politisch-ökonomischer Lage verschiedener Auslegung fähig und abänderbar.

3. Nach der traditionellen Auffassung sind die Menschenrechte gegen den Staat gerichtet (status negativus). Sie sind eine Selbstbeschränkung des Staates und sollen die Minderheit vor der den Staatswillen bildenden Mehrheit schützen. Im Sozialismus dagegen sind sie eher Beschränkungen des Bürgers gegenüber dem Staat.

4. Da mit der Abschaffung des Privateigentums an den Produktionsmitteln und dem Verschwinden der Klassenantagonismen kein Spannungsverhältnis zwischen

Individuum und Staat mehr bestehen soll, d.h. die Interessen des Individuums mit denen des Staates resp. der Gesellschaft identisch sein sollen, sind auch die Menschenrechte als klassische Abwehrrechte überflüssig (Fiktion der Interessenidentität). Die Grundrechte stehen nicht dem Einzelwesen, sondern dem Menschen als Gattungswesen zu. Die Seins- und Wertautonomie des Einzelmenschen wird geleugnet. Der Mensch ist Teil des Kollektivs (Gesellschaftlichkeit des Menschen).

5. Die Grundrechte können demnach nur in Uebereinstimmung mit den Interessen der Werktätigen und im Rahmen der sozialistischen Ordnung ausgeübt werden (Gemeinschaftsvorbehalt).

6. Im Vordergrund stehen die sozial-ökonomischen Rechte (Status positivus) und die Mitgestaltungsrechte in Staat und Gesellschaft (status activus), die Freiheit nicht vom Staat, sondern nur zum Staat gewähren. Dies bewirkt die politische Integration des Individuums in das Gemeinwesen im Sinne der marxistischen Ideologie.

7. Die Grundrechte werden umfunktioniert: Rechte und Pflichten bilden eine Einheit, Grundrechte werden in Grundpflichten umfunktioniert (status passivus).

Menschenrechte (im rechtsstaatlichen Sinne) und Sowjetsystem sind ein Widerspruch in sich selbst. Trotzdem versucht man neuerdings, die Grundrechte im traditionellen Sinne über die subjektiven Rechte zu festigen, wobei man sich aber unlösbaren Problemen gegenübersieht, wenn man die materialistische Auffassung der gesellschaftlichen Erscheinungen und andererseits den hohen Wert der Persönlichkeit im Sozialismus miteinander in Einklang bringen will (71).

ZWEITER TEIL

DIE EINZELNEN MENSCHENRECHTE

1. KAPITEL

SOZIAL-OEKONOMISCHE RECHTE

§ 3 DAS RECHT AUF EIGENTUM

I. Das Eigentum als Grundlage der Gesellschafts- und Staatsordnung

Das Recht auf Eigentum ist ein Grundrecht (72), das der Verwirklichung der Persönlichkeit dient. Aneignung resp. Verfügung und Nutzung der materiellen und immateriellen Güter erlauben es dem Menschen, seine persönlichen Bedürfnisse zu befriedigen. In der Allgemeinen Erklärung der Menschenrechte der Vereinten Nationen von 1948 wird das Recht auf Eigentum zum Menschenrecht erklärt (Art. 17 Abs. 1). Das Eigentum darf niemandem willkürlich entzogen werden (Abs. 2). Dies ist ein Ausdruck des Gedankens, dass der moderne Wohlfahrtsstaat, trotz Sozialisierung und Planung, an das Gesetz gebunden ist und nicht willkürlich in den privaten Sektor eingreifen darf (73).

Das Eigentum nimmt deshalb in den Verfassungen und Zivilgesetzbüchern eine zentrale Stellung ein, sowohl in den westlichen als auch in den sozialistischen Ländern (74); das scheidende Kriterium, ob eine Staatsform sozialistisch oder kapitalistisch ist, lässt sich gerade anhand des Eigentumssystems (gesellschaftliches oder Privateigentum) finden.

Die Eigentumsgarantie in den rechtsstaatlichen Verfassungen hat Doppelcharakter: sie ist Institutsgarantie und zugleich ein Freiheitsrecht, das die Verletzung des konkreten Rechts verbietet (75); bei Enteignung oder Eigentumsbeschränkung muss eine Entschädigung gewährt werden (76).

Die Geschichte der Menschheit ist zum grossen Teil charakterisiert durch das Eigentum. Die ursprüngliche Eigentumsform ist wohl das Privateigentum, das zur Entstehung von besitzenden und nichtbesitzenden Klassen führte. Das Lustprinzip (libido) als Lebenszweck des Menschen (77), d.h. das Bestreben, Lust zu suchen und Unlust sich fernzuhalten, äussert sich auch im Eigentumsstreben des Menschen. Das Eigentum, resp. der Besitz und die Verfügung über Eigentumsobjekte dient den Menschen letztlich der Triebbefriedigung und damit ihrem "Glück". So scheint die Gesellschaftsordnung und der Staat seine Ursache im Bestreben des Menschen zu haben, die Eigentumsobjekte (anfänglich wohl überhaupt nur die sexuellen Objekte) gegen den Stärkeren, der sie ihm streitig macht, zu schützen. Aus diesem Grund haben sich die Schwächeren zu einem Gemeinwesen zusammengeschlossen, um die Friedensordnung zu sichern und in den gesicherten und ungestörten Genuss der Eigentumsobjekte zu gelangen. So erscheinen Staat und Recht geradezu als Folgeerscheinungen des Eigentumsstrebens.

Bekanntlich nimmt in der marxistischen Lehre das Eigentum eine zentrale Stellung ein. Für die ganze Gesellschafts-, Rechts- und Wirtschaftsordnung des sozialistischen Staates kommt dem Eigentumsproblem überragende Bedeutung zu (78). Die Forderung nach Abschaffung des Privateigentums findet sich schon bei fast allen Utopisten: Wir erinnern an Plato, der die Idee in seiner Politeia vertrat, an Bacon (Nova Atlantis 1626), Morus (Utopia 1516) und an Campanella (Sonnenstaat 1627). Durch eine Neuordnung der Eigentumsverhältnisse und damit der Staats- und Lebensformen versprach man sich ein glücklicheres Dasein.

Marx und Engels sahen das Grundübel für die sozialen Missstände des 19. Jahrhunderts (Liberalismus) im Privateigentum und in der Arbeitsteilung. Der Arbeiter arbeite nicht so wie der autarke Bauer für sich, er sei am Mehrwert, den er durch seine Arbeitskraft erziele, nicht beteiligt (79) und habe an der Arbeit folglich auch kein Interesse. Die Abschaffung des Privateigentums an den wichtigsten Produktionsmitteln (Boden, Fabriken, Kapital) war deshalb eine der primären Forderungen des Marxismus: "Da sich aber das bürgerliche Recht auf das System des Privateigentums gründet, stärkt die von ihm verkündete Gleichheit dem Wesen der Sache nach lediglich die herrschende Stellung der besitzenden Klassen. Die politischen und rechtlichen Verhältnisse sind folglich von den ökonomischen hervorgebracht und werden von diesen bestimmt" (80). Da nach marxistischer Auffassung der Staat Klassenstaat, d.h. ein Instrument der Herrschaft einer Klasse über eine andere ist, und im Kapitalismus dazu diente, die privilegierte Lage der "beati possidentes" zu stärken und auszubauen, die privilegierte Eigentumslage der Herrschenden zu perpetuieren, soll die Abschaffung des Privateigentums an den Produktionsmitteln zu einer klassenlosen Gesellschaft führen, in der es weder Staat noch Recht geben wird (81), da mit dem Verschwinden des Privateigentums und dem Uebergang zur Vollsozialisierung auch die (klassenbedingten) Antagonismen in der Gesellschaft verschwinden sollen.

Im Sozialismus bzw. Kommunismus wird das Eigentumsproblem hauptsächlich als wirtschaftliches Problem betrachtet; Eigentum bedeutet hier vor allem das Produktionsverhältnis, das entscheidend ist für die Frage des Besitzes und der Verfügung der Produktionsmittel. Im sozialistischen Wirtschaftssystem (kollektivistische Ordnung) liegt die Verfügungsgewalt über das Eigentum nicht beim einzelnen, sondern bei den staatlichen Organen. Die freie Marktwirtschaft (die es praktisch nirgends mehr gibt, wir haben überall Interventionswirtschaft, die eine Mischung zwischen der freien Marktwirtschaft und der kollektivistischen Ordnung darstellt), bildet das Privateigentum die Voraussetzung, in der sozialistischen Wirtschaftsordnung das Staatseigentum, das wiederum eine Planwirtschaft voraussetzt. Mit diesem Wirtschaftsplan sind alle Eigentumsformen verbunden.

Da der sozialistische Staat, wie schon vorab bemerkt werden soll, kein eigentliches Privateigentum (auch ausserhalb der Produktionsmittel) im rechtsstaatlichen Sinn anerkennt und schützt, die ökonomische Grundlage des Staates vielmehr das sozialistische Wirtschaftssystem darstellt, ist es klar, dass auch die rechtsstaatliche Handels- und Gewerbefreiheit (Art. 31 BV) in einer sozialistischen Verfassung nichts zu suchen hat, denn das Recht auf Eigentum hängt mit diesem andern Grundrecht eng zusammen, es ist sowohl eine Ausstrahlung desselben als auch Bedingung für die Handels- und Gewerbefreiheit.

Das Eigentum ist nach der marxistischen Lehre von Basis und Ueberbau bestimmend für die Struktur und den Aufbau der Gesellschafts- und Staatsordnung (82). Bezeichnend dafür ist, dass die Regelung des Eigentums in den sozialistischen Verfassungen sich nicht bei den Grundrechten, sondern im Kapitel über den Gesellschaftsaufbau findet. Da eine Veränderung der Basis eine Aenderung des Ueberbaus bewirkt, wird durch geänderte Produktionsverhältnisse die gesamte Rechts- und Wirtschaftsordnung beeinflusst. Andererseits soll zwischen Ueberbau (Staats- und Gesellschaftsform) und Basis eine Wechselwirkung bestehen: Der Ueberbau soll die Entwicklung der Basis, d.h. die Ablösung des bürgerlichen Eigentums beschleunigen. Wie die Beispiele der ČSSR und Jugoslawien beweisen, ist die Existenz des sozialistischen Staates eng mit den sozialistischen Eigentumsformen verbunden. In Jugoslawien macht sich in letzter Zeit im Zusammenhang mit den Wirtschaftsreformen eine im Vergleich zu den andern Ostländern entgegengesetzte Tendenz bemerkbar: Die rückläufige Tendenz der sozialistischen Eigentumsformen und die durch wirtschaftliche Notwendigkeit bedingte Stärkung des Privateigentums beschleunigt die Entwicklung in Richtung Zerstörung des marxistischen Dogmas als monolithische und monopolistische Ideologie. Parallel mit der dogmenzerstörenden Entwicklung einer Vielfalt von Eigentumsformen breitet sich auch eine pluralistische Staats- und Gesellschaftsordnung vor.

Das Eigentum bestimmt also letztlich die Wirtschaftsform und die Gesellschaftsstruktur in jedem Staat.

II. Das sozialistische Eigentumssystem

Im Gegensatz zum Westen, der einen einheitlichen Begriff des Eigentums kennt (in der Schweiz gibt es z.B. kein spezielles Eigentum des Staates: der Staat ist wie der Private an die Schranken des Eigentums gebunden) (83), ist das Eigentumssystem in den sozialistischen Staaten äusserst vielgestaltig und verworren.

Es existieren verschiedene Formen des Eigentums, die auseinanderzuhalten deshalb wichtig ist, weil sich ein verschieden weitgehender Schutz daran knüpft und auch der Eigentumsinhalt wesentlich differiert. Die Eigentumsformen sind gekennzeichnet durch eine ihnen von Anfang an immanente Objektbegrenzung.

Unser Eigentumsbegriff ist ein anderer als der der Oststaaten. Während unser Eigentum unbeschränkt ist, den vollen Rechtsraum einnimmt (es gibt kein geteiltes Eigentum) und sich nur für eine bestimmte Zeit aufgrund (öffentlich-rechtlicher oder vertraglicher) Einschränkungen zusammenzieht und (nach

DAS SOZIALISTISCHE EIGENTUMSSYSTEM

- SOZIALISTISCHES EIGENTUM
  - STAATSEIGENTUM
    - Boden (UdSSR, Mongolei)
    - Sowchosen
    - Leschosen
    - Industrie, Bank
    - Gewerbe usw.
  - GENOSSENSCHAFTLICH-KOLLEKTIVWIRTSCHAFTLICHES EIGENTUM
    - Kolchosen (LPG)
    - Kooperativen
- INDIVIDUELLES EIGENTUM
  - PERSOENLICHES EIGENTUM
    - Wohnhaus (resp. Stockwerkeigentum)
    - Nebenwirtschaft (d. Angestellten)
    - Nebenwirtschaft des Kolchosbauernhaushaltes (Gesamthandeigentum der Mitglieder)
    - Lohn, Ersparnisse, Güter der Bedarfsbefriedigung
  - PRIVATEIGENTUM
    - NICHTKAPITALISTISCHES
      - Einzelbauer
      - Handwerker (ohne fremde Arbeitskräfte)
    - KAPITALISTISCHES
      - in den VD Unternehmen mit bezahlten Arbeitskräften
      - Boden (vor allem in Polen)

Wegfall der Beschränkungen) wieder ausdehnt (Elastizität des Eigentums), wird das Eigentum in der kommunistischen Rechtslehre als von Anfang an beschränkt angesehen. Sein Inhalt ergibt sich aus der Form des Eigentums. Auch der für uns wesentliche Unterschied zwischen Fahrnis- und Grundeigentum ist dort nicht von Bedeutung. Das Fahrniseigentum ist bei uns umfassend und unbeschränkt, dem Inhalt nach ist es ein ius utendi, fruendi et abutendi. Das Eigentum umfasst alle Befugnisse, die zur Verfügung und Benutzung einer Sache bestehen können, d.h. alle Befugnisse, die die totale Sachherrschaft ausmachen, ausser diejenigen, die ihm durch die Schranken der Rechtsordnung entzogen sind (Art. 641 schw. ZGB). Beim sozialistischen Eigentum hingegen besteht keine Unbeschränktheit: Die Ausübung ist nur im Rahmen des Wirtschaftsplanes zur Befriedigung des Bedarfs erlaubt. Daraus folgt, dass die Nutzung des Eigentums aber nicht nur ein Recht, sondern vielmehr auch eine Pflicht ist.

Dies sei keine Beschränkung, heisst es in der Literatur, sondern ergebe sich aus dem Inhalt des Eigentums (84), "aus der inneren Grenze des Inhaltes des Eigentumsrechtes" (85).

In den sozialistischen Verfassungen werden zwei grundlegende Arten von Eigentum unterschieden (die wiederum ihre Unterarten aufweisen, wie nebenstehende schematische Uebersicht zeigt):

1. Das sozialistische Eigentum, das in das Staatseigentum (Eigentum des Volkes) und in das genossenschaftlich-kollektivwirtschaftliche Eigentum zerfällt, und

2. das individuelle Eigentum, aufgeteilt in das
a) persönliche Eigentum und
b) das Privateigentum.

Im Gegensatz zur wirtschaftlichen Bedeutung, die eine umgekehrte Reihenfolge erfordern würde, betrachten wir primär das individuelle und später das sozialistische Eigentum, das als Gruppeneigentum für die Menschenrechte weniger Bedeutung hat.

A. Das individuelle Eigentum

1. Das Privateigentum

a) Kapitalistisches und nichtkapitalistisches Privateigentum

Der Rechtsbegriff des Privateigentums in den sozialistischen Staaten ist nicht identisch mit unserem Eigentumsbegriff. Unter Privateigentum versteht man im Sozialismus ausschliesslich die private Verfügungsgewalt über Produktionsmittel und Waren. Das Privateigentum ist also schon im Hinblick auf seine Objekte begrenzt. Eine Objektbegrenzung im Hinblick auf Waren ist aber nicht zum vornherein möglich, da persönliches Eigentum (die spezifisch "sozialistische" individuelle Eigentumsform), das nicht der persönlichen Bedarfsbefriedigung dient, seinen Charakter als persönliches Eigentum verliert und zur Ware, d.h. zum Privateigentum wird (86).

Das Privateigentum wird zwar in der UdSSR (noch) konstitutionell garantiert (Art. 9), ist aber seit 1963 verschwunden. Es stellte ein Relikt der NEP-Epoche (1921 - 1928) dar, in der die private Wirtschaft in grossem Umfang wieder zugelassen wurde, nachdem die vorangehenden Jahre unmittelbar nach der Revolution (Kriegskommunismus 1917 - 1921), durch Wirtschaftskrisen gekennzeichnet waren.

Der Marxismus-Leninismus unterscheidet zwischen kapitalistischem und nichtkapitalistischem Privateigentum. Die Verfassung der UdSSR, die aus dem Jahre 1936 datiert, gewährleistet nur das nichtkapitalistische Privateigentum (Art. 9), das in den zwei Formen des Eigentums des Einzelbauern und des Kleingewerbetreibenden (Handwerker) auftritt: "Neben dem sozialistischen Wirtschaftssystem, der in der UdSSR herrschenden Wirtschaftsform, ist die auf persönlicher Arbeit beruhende und eine Ausbeutung fremder Arbeit ausschliessende kleine Privatwirtschaft von Einzelbauern und Kleingewerbetreibenden zugelassen." Die neueren Zivilgesetzbücher der Unionsrepubliken von 1963/64 erwähnen aber, verfassungswidrig, auch das nichtkapitalistische Privateigentum nicht mehr.

Das nichtkapitalistische Privateigentum, das in der Sowjetunion eine historische Erscheinung ist, besteht (resp. bestand) also in der "kleinen" Privatwirtschaft, die ohne Arbeitnehmer (d.h. ohne Zuhilfenahme fremder Arbeitskräfte) betrieben werden darf. Nur diese Form des Privateigentums ist in der Sowjetunion erlaubt.

Hier zeigen sich einige Unterschiede zwischen der sowjetischen und den volksdemokratischen Verfassungen. Im Unterschied zur UdSSR hat das Privateigentum in den Volksdemokratien noch einige Bedeutung als Ueberrest des kapitalistischen Privateigentums: Um das Funktionieren der Staatswirtschaft zu garantieren und Versorungsschwierigkeiten zu begegnen, wird - mit Ausnahme der ČSSR (seit 1960) und Rumäniens (1965) - das (kapitalistische) Privateigentum in den Volksdemokratien noch zugelassen, aber nur im Rahmen des öffentlichen Interesses. Kapitalistisches Privateigentum bedeutet hier die Verfügungsgewalt über Produktionsmittel (Boden, Kapital) und Waren zwecks Betriebs einer Einzelunternehmung, wobei aber - im Unterschied zur UdSSR - fremde Arbeitskräfte bis zu einer durch Gesetz festgelegten Höchstzahl beschäftigt werden dürfen. In Ungarn z.B. dürfen Kleingewerbetreibende unter Vorbehalt einer Sonderbewilligung höchstens drei Arbeiter beschäftigen (87).

Das einzige bedeutende Produktionsmittel, an dem in den Volksdemokratien noch Privateigentum bestehen kann, ist der Boden (88), das (kapitalistische) Privateigentum am Boden wird jedoch höchstens in Polen geduldet. In der UdSSR ist der Boden dagegen Staatsmonopol (Art. 6 Verf.).

Auch in den Volksdemokratien ist das Privateigentum zum Aussterben verurteilt. Der Schutz des Privateigentums wird zwar in den Verfassungen garantiert (89), aber gleichzeitig beschränkt. Art. 10 der bulgarischen Verfassung verleiht z. B. dem durch Arbeit und Sparen erworbenen privaten Eigentum besseren Schutz als dem kapitalistischen. Albanien und Bulgarien erlauben die Nationalisierung des Privateigentums im öffentlichen Interesse (Art. 11 Abs. 4 bzw. Art. 10 Abs. 6 Verf.). Ungarn anerkennt das durch Arbeit erworbene Eigentum, schränkt es aber dadurch ein, dass "durch den Gebrauch des Privateigentums und die private Initiative die Interessen der Gesellschaft nicht verletzt werden dürfen" (§ 8 Abs. 2). Art. 4 Abs. 2 versucht, die kapitalistischen Elemente zu verdrängen, indem der Staat die Pflicht hat, das sozialistische Eigentum zu fördern und zu schützen. Diese Tendenz wird vor allem in der neuen Verfassung der ČSSR von 1960 offenbar. In der alten Verfassung (1948) wurde das Privateigentum im allgemeinen noch genannt und geschützt (§ 9), in der neuen Verfassung aber wird es (zum ersten Mal in den Volksdemokratien) nicht mehr erwähnt. Dies bedeutet einen weiteren Schritt zur Sozialisierung und zum stufenweisen Uebergang zum Sozialismus. Es besteht die Tendenz, das Privateigentum, auch das nichtkapitalistische, völlig auszuschalten. Das kapitalistische Privateigentum wird nur solange widerstrebend geduldet, als es mit dem sozialistischen System vereinbar, die Produktion der Konsumgüter noch knapp ist und die Bedürfnisse noch nicht vollständig aus dem gesellschaftlichen Fonds befriedigt werden können.

b) Beschränkungen des Privateigentums

aa) Im Rechtsstaat

Im Rechtsstaat ist die Eigentumsgarantie eine Wertgarantie. Das Eigentum wird zwar als Bestandesgarantie aufgefasst, aber eine Enteignung ist gegen Entschädigung zulässig (formelle Enteignung). Wenn eine Beschränkung des Eigentums enteignungsähnlich wirkt (materielle Expropriation), dann darf sie nur gegen volle Entschädigung erfolgen (90). Der Beschränkung des Eigentums muss eine Interessenabwägung zwischen privatem und öffentlichem Interesse vorausgehen. Formelle und materielle Enteignung dürfen nach dem im Gesetz festgelegten Verfahren im öffentlichen Interesse (91) und nur gegen volle Entschädigung stattfinden. Eigentumsbeschränkungen sind also nur im öffentlichen Interesse und auf gesetzlicher Grundlage zulässig.

Der Schutz des Privateigentums (auch des nichtkapitalistischen) im Sowjetstaat ist dagegen - wie erwähnt - gering, weil der Staat kein Interesse am Bestand des Privateigentums hat und durch Verfassungsbestimmung sogar verpflichtet ist, das sozialistische Eigentum zu fördern: Normempfänger ist hier nicht nur der Staat, sondern sogar der Bürger (vgl. Art. 10 Abs. 2 Verf. DDR).

bb) Die Beschränkungen in den sozialistischen Staaten

Die gesellschaftlichen (92) Beschränkungen des (kapitalistischen und nichtkapitalistischen) Privateigentums, die sich zum Teil wie erwähnt schon aus den Verfassungen ergeben, kann man wie folgt zusammenfassen:

1. Hinsichtlich des Objekts: Zugelassen ist nur das Privateigentum an den Produktionsmitteln des Einzelbauern und des Kleingewerbetreibenden. Objekt des Privateigentums sind also die Produktionsmittel Grund und Boden und Kapital (resp. die wieder im Betrieb investierten Ersparnisse des Privateigentümers) und Waren (resp. Warenvorräte).

2. Hinsichtlich des Umfanges und der Nutzung: Geschützt wird in der Sowjetunion nur die "kleine" Privatwirtschaft, die "auf persönlicher Arbeit" beruht und unter Ausschluss der "Ausbeutung fremder Arbeit", d.h. ohne Anstellung von Lohnarbeitern, betrieben wird. Die Tätigkeit des Kleinhandwerkers, der praktisch auf Familienbetrieb angewiesen ist, beschränkt sich in der Sowjetunion auf Reparaturarbeiten. In den Volksdemokratien dagegen wird das kapitalistische Privateigentum (noch) zugelassen: Private Gewerbetreibende dürfen Arbeitnehmer (fremde Arbeitskräfte) bis zu einer gewissen Höchstzahl beschäftigen.

3. Aufgrund des "öffentlichen Interesses" ist eine Beschränkung des Privateigentums jederzeit möglich (§8 Abs. 2 Verf. Ungarn).

cc) Die Beschränkungen im einzelnen

α) Das öffentliche Interesse

Art. 14 der neuen DDR-Verfassung erlaubt private Wirtschaftsunternehmen und -einrichtungen unter der Voraussetzung, dass sie gesellschaftliche Bedürfnisse befriedigen, der Erhöhung des Volkswohlstandes und der Mehrung des gesellschaftlichen Reichtums dienen (Abs. 1). Die Annäherung an sozialistische Betriebe wird aber durch Absatz 2 gefördert. Abs. 3 verbietet privatwirtschaftliche Vereinigungen, also Kartelle, Syndikate, Trusts, Monopolverbände und auch sonstige Unternehmervereinigungen, die der Begründung wirtschaftlicher Macht dienen (93).

Im Sowjetstaat kann eine Expropriation, d.h. Requisition (mit Entschädigung) oder Konfiskation (ohne Entschädigung), auch dann erfolgen (zwar auf gesetzlicher Grundlage) (94), wenn das Eigentumsrecht nicht konform den sozialistischen Gesellschaftsinteressen, also gewissermassen rechtsmissbräuchlich, ausgeübt oder nicht genutzt wird (95). Was öffentliches Interesse ist, entscheidet das sozialistische Rechtsbewusstsein (96). Art. 16 (Verf. DDR) stellt den Grundsatz auf, dass Enteignungen nur für gemeinnützige Zwecke auf gesetzlicher Grundlage und gegen angemessene Entschädigung und nur im Falle, dass nicht auf andere Weise die gemeinnützigen Zwecke erstrebt werden können, erfolgen dürfen (97). Auf den ersten Blick scheinen damit alle Forderungen eines rechtsstaatlichen Enteignungsrechtes erfüllt zu sein, wenn man aber bedenkt, dass in Wirklichkeit die kapitalistischen Produktionsverhältnisse durch frühere Enteignungen (Nationalisierung) fast vollständig verschwunden sind, verliert Art. 16 an Bedeutung.

Die Literatur sieht deshalb die Enteignungen im sozialistischen Staat als Ausnahmefall, während im Westen, so wird behauptet, Enteignungen des "verfassungsrechtlich geheiligten" Eigentums massenhaft erfolgten, zwar nicht auf dem Weg der Konfiszierung, sondern in der juristischen Form des Konkurses (Konkurrenzkampf) und der Zins- und Kreditverschuldung (98).

β) Die Einzelbauern und Gewerbetreibenden in der UdSSR

Diese Formen des nichtkapitalistischen Eigentums bildeten in der UdSSR letztlich eine Uebergangserscheinung, da die Beschränkungen so gross waren, dass die konstitutionelle Verankerung (Art. 9) heute bedeutungslos ist. Auch hier wurde dem rechtsstaatlichen Gedanken, wonach ein in der Verfassung garantiertes Recht nicht durch Gesetzesvorschrift illusorisch gemacht werden darf, keine Beachtung geschenkt.

Folgende Zahlen mögen die Entwicklung (resp. das Aussterben) des privatwirtschaftlichen Sektors auf diesem Gebiet illustrieren: Der Anteil der Einzelbauern (odnodvorcy) und privaten Handwerker betrug in der Sowjetunion im Jahre 1926 noch 74,9%, dieser Anteil sank im Jahre 1937 auf 5,5%, 1959 auf 0,3% und 1962 waren es noch 0,1% (99). 1965 wurde der Prozentsatz mit 0,0 angegeben! (100)

Die nicht kollektivierten Einzelbauern sind also in der UdSSR verschwunden. Einzelhöfe gibt es nur noch in entlegenen Gebieten, in denen ein Zusammenschluss zu Kollektiven in Ermangelung einer ausreichenden Anzahl von Gründern nicht möglich ist (101). Da der Boden in der UdSSR Staatseigentum ist, ist der Einzelhöfer auch hier praktisch nur Bewirtschafter des Bodens, der ihm zwar unentgeltlich zur Verfügung gestellt wird, aber durch extrem hohe Steuern wird es ihm verunmöglicht, den gleichen Lebensstandard wie der Kolchosbauer zu erreichen (102).

Ebenso wie die Einzelbauern, so sind auch die privaten Kleingewerbetreibenden in der UdSSR nach 1965 verschwunden. Sie arbeiteten in Heimarbeit oder in Gruppenarbeit (Familienbetrieb) für den Markt (103). Eine private Gewerbetätigkeit ist zwar durch Rechtsnorm erlaubt, beschränkt sich aber in der Praxis auf Reparaturarbeiten, da nur vom Besteller geliefertes Material (Werkvertrag) verwendet werden darf (104).

In der Sowjetunion ist also auch das nichtkapitalistische Privateigentum praktisch völlig verschwunden.

γ) Das private Kleingewerbe in den Volksdemokratien

Das kleine Privatgewerbe teilt das Schicksal der Landwirtschaft und wird nur solange geduldet, als die staatliche Industrie und die Gewerbegenossenschaften nicht in der Lage sind, die Bedürfnisse der Konsumenten zu befriedigen.

In Ungarn gab es 1948 (nach der ersten Nationalisierungswelle) noch 169'329 private Handwerker, 1953 betrug ihre Zahl noch 47'549, 1962 dagegen wieder 71'000 (105). In der ČSSR sank die Zahl der privaten Gewerbetreibenden von 919'970 im Jahre 1930 auf 45'000 im Jahre 1957 (106). Aehnlich entwickelten sich die Verhältnisse auch in Polen (107).

Die Kleinbetriebe wurden bis 1953 fast aufgehoben und durch direkte und indirekte Massnahmen wie Sperrung der Warenvorräte, Meldungspflicht der Vorräte, zentrale Verteilung von Materialien, Bestrafung für die Beschaffung von Material auf dem schwarzen Markt, staatliche Preisbildung, Steuermassnahmen und die Unterstellung unter die Planwirtschaft behindert. So sahen sich die Betriebe vor die Alternative gestellt, auf dem Schwarzmarkt zu kaufen und höhere Preise für ihre Produkte zu verlangen, oder aber in staatliche Betriebe oder Gewerbegenossenschaften einzutreten. Art. 272 des alten ungarischen StGB (108) mag das Risiko illustrieren, dem die privaten Unternehmen durch die Strafbestimmungen ausgesetzt waren: In Ziff. 1 heisst es: "Der preistreibende Missbrauch ... bildet ein Verbrechen und wird mit Kerker von 6 Monaten bis zu 5 Jahren bestraft." Ziff. 2: "Die Strafe ist Kerker von 1-10 Jahren, wenn der Täter ... b) aus dem unbefugten Gewinn wesentlich eine ständige Einnahmequelle zu erhalten versucht hat ... c) mit der Handlung einen beträchtlichen Gewinn erzielt hat oder zu erzielen versuchte oder die Handlung hinsichtlich einer beträchtlichen Menge von Produkten oder Erzeugnissen begangen wurde ... 4. Wer die Interessen der Wirtschaftsordnung durch eine unter Abs. 2 fallende Handlung schwer verletzt hat, wird mit dem Tode bestraft." (Todesstrafe also als Sanktion für ein Delikt, das nicht einmal genügend qualifiziert ist: wann ist eine Verletzung "schwer"?) Alle diese Sanktionen wurden mit obligatorischer Vermögenskonfiskation verbunden.

In letzter Zeit nehmen die Volksdemokratien aber wieder vermehrt Rücksicht auf die Befriedigung der Bedürfnisse der Bevölkerung und befolgen eine liberalere Politik dem privaten Gewerbe gegenüber. Dies gilt vor allem für Ungarn und Polen. Die ungarische GV Nr. 9/1958 erlaubt privaten Gewerbetreibenden höchstens drei fremde Arbeitskräfte, durch Sonderbewilligung der höhern Organe kann diese Zahl bis auf neun Personen erhöht werden (109). Die Gewerbekonzession für das

Kleingewerbe ist aber unübertragbar. In Polen ist die Lage ähnlich wie in Ungarn; zur Förderung des Exportes wird dem Kleingewerbe Unterstützung gewährt, aber der Steuerdruck ist hoch.

δ) Beschränkungen des Grundeigentums in den Volksdemokratien

Das Produktionsmittel Boden kann - im Gegensatz zur UdSSR und zur Mongolei - im Eigentum von Privatpersonen (oder Genossenschaften) stehen (110). Doch spielt heute der Boden als Privateigentum - mit Ausnahme Polens - keine grosse Rolle mehr, da Grund und Boden fast völlig in der Bewirtschaftung der LPG steht. Durch die Kollektivierung des Bodens sollte die Bodenkonzentration im Privateigentum verhindert und der Warencharakter stufenweise abgebaut werden (111). Nach der letzten Kollektivierungswelle (1959/60, ohne Polen), umfasste der private Agrarsektor in den Volksdemokratien folgenden Prozentsatz der gesamten landwirtschaftlichen Nutzfläche (1961): Bulgarien 1%, ČSSR 8,9%, Ungarn 4,4%, Rumänien 5,3%, DDR 5%. In Polen dagegen betrug der sozialistische Sektor nur 13,5%. Die LPG haben am Boden nur Besitz und Nutzung, da der Boden den Genossenschaftsmitgliedern gehört, aber trotzdem kann der Bauer über sein Eigentum nicht verfügen: Es wird ihm nur eine Rente für den eingebrachten Anteil (bis höchstens 15 ha) ausgezahlt (GV Nr. 8/1960, § 3) (112).

Das Privateigentum am Boden wird auch hinsichtlich der Fläche durch Rechtsnormen eingeschränkt: Je nach Beschaffenheit des Bodens beträgt die Höchstgrenze des Bodenbesitzes für Privatpersonen in Ungarn z.B. 20-25 Joch (1 Joch = 0,57 ha), d.h. also 12-15 ha (113). Der Erwerb einer grösseren Fläche (etwa durch Erbschaft) ist nicht möglich, da in diesem Falle der Staat ein Kaufsrecht hat (Erwerbsbeschränkung).

In Bezug auf die Verfügungsbeschränkungen gilt allgemein das Verbot des Kaufs, Verkaufs und der Verpachtung und der Schenkung des Bodens, bzw. wird den entsprechenden Verträgen seitens der zuständigen Behörden die Bestätigung verweigert (114). Polen erlaubt seit 1957 den Kauf und Verkauf von Boden (115), der auch Objekt des Nachlasses sein kann, es bestehen aber hohe Erbschaftssteuern. Ausserdem ist die Zerstückelung der einzelbäuerischen Wirtschaften durch Kauf, Verkauf und Erbfolge untersagt. Nach Möglichkeit wird das landwirtschaftliche Heimwesen einem Nachkommen ungeteilt zugewiesen, der dann die Miterben in Geld abfinden muss. Eine Verpachtung des Bodens ist nur mit Erlaubnis der landwirtschaftlichen Abteilung des örtlichen Rates erlaubt, wobei die Pachtbedingungen vorgeschrieben werden (116). Wenn andererseits der Boden nicht bestellt wird, kann das Exekutivkomitee des Gemeinderates über die Bewirtschaftung auf Kosten des Eigentümers verfügen (117).

Mit Ausnahme Polens kann man also auch auf dem privaten Agrarsektor die gleiche Tendenz wie beim Kleingewerbe feststellen: Das Privateigentum am Boden ist nur eine Uebergangserscheinung und soll (vorausgesetzt, dass in den Volksdemokratien nicht eine ähnliche Entwicklung eintritt wie in Jugoslawien), zugunsten der Vollsozialisierung völlig aufgegeben werden.

ε) Privatautonomie

Das Eigentum (jeglicher Art) wird ferner beschränkt durch die sehr geringe Vertragsfreiheit. Die Privatautonomie ist insofern eingeschränkt, als Privatverträge, die den gesetzlichen Anforderungen oder den staatlichen Interessen nicht genügen, vor den Gerichten keinen Rechtsschutz finden (118). Das ungarische ZGB bestimmt, dass die Vertragsfreiheit nur im Rahmen der gesetzlichen Bestimmungen gilt und dass sie nicht gegen die Gesellschaftsordnung gerichtet werden darf, d.h. der Vertragsinhalt darf nicht den gesellschaftlichen Interessen widersprechen (§ 200 Abs. 2).

ζ) Jugoslawien

Eine interessante Entwicklung im Zusammenhang mit dem Privateigentum ist in Jugoslawien festzustellen. Mit dem Uebergang zur Marktwirtschaft wurde das sozialistische Eigentum geschwächt, wo es nicht rationell war, d.h. "... dort, wo die Verstaatlichung aus ideologischen Vorurteilen oder parasitären Bedürfnissen der politischen Bürokratie durchgedrückt worden war, wo sie also in Wirklichkeit auch nicht sozialistisch war ..." (119). Die Kolchosen zerfielen und das bäuerliche Privateigentum wurde wieder hergestellt. Eine Wiederbelebung des Privateigentums findet sich auch in den Dienstleistungsbetrieben (120).

Diese Tendenz zeigt, dass sich der Sozialismus (vorläufig nur in Jugoslawien) zur Vielfalt der Eigentumsformen entwickelt. Hier hat die Entwicklung zum Privateigentum hin aus wirtschaftlicher Notwendigkeit auf einigen Sektoren bereits eingesetzt, da in Jugoslawien alle Mängel des Kapitalismus, wie Kapitalmangel, Ueberschuldung und Arbeitslosigkeit, auftreten: Die Ironie des Schicksals will es, dass Jugoslawien Arbeitskräfte ins kapitalistische Ausland als Fremdarbeiter exportieren muss! (121)

c) Nationalisierung

aa) Staatskapitalismus und Nationalisierung von Industrie, Bank und Gewerbe

Alle sozialistischen Staaten durchliefen eine Periode des Staatskapitalismus, gekennzeichnet durch die Beschränkung, Ausnützung und sozialistische Umgestaltung der kapitalistischen Wirtschaft. Das vorläufige Ziel war die stufenweise

Nationalisierung der Wirtschaftszweige und die staatliche Lenkung der noch in privater Hand befindlichen Wirtschaftssektoren (122). Diese Wirtschaftsstruktur des Staatskapitalismus war eine Zwischenform zwischen kapitalistischer und sozialistischer Wirtschaft und brachte die Unsicherheit des Privateigentums mit sich, da das Privateigentum überall, wo es im Wege stand, jederzeit abgeschafft werden konnte.

Die nach der Oktoberrevolution durchgeführte Vollsozialisierung bewirkte eine katastrophale Krise, deshalb gelang es Lenin auf dem X. Parteikongress (1921), die Deputierten von der Notwendigkeit einer Liberalisierung zu überzeugen (123), womit die private Initiative wieder zugelassen wurde. Nachdem sich die Wirtschaft nach 1928 wieder erholt hatte, beschloss man neuerdings, dem privaten Eigentum den Kampf anzusagen. Dies zeigt die, je nach politischer und wirtschaftlicher Lage wechselnde Einstellung des sozialistischen Staates dem Eigentum gegenüber deutlich.

In der UdSSR wurde der Boden schon 1918 nationalisiert (124). 1921 war die Nationalisierung der Industrie, der Banken, der Handelsflotte, der Oelindustrie, der Grossbetriebe und der Eisenbahnen vollzogen, in den Volksdemokratien vergleichsweise 1948/49 (125). Am Ende der NEP-Epoche (1929), d.h. dem endgültigen Tod der liberalen Wirtschaftspolitik in der UdSSR, gab es noch 4,5 Millionen Kleingewerbetreibende, 1962 betrug der Prozentsatz der Bauern und Gewerbetreibenden noch 0,1% (126) und nach 1965 ist das private Gewerbe, wie wir schon gesehen haben, völlig verschwunden.

In Polen wurden 1946 die grösseren Industriezweige nationalisiert, 1951 die Banken und Apotheken und 1955 die Reedereien (127). In der ČSSR erfolgte die Nationalisierung im Zeichen der Rassendiskriminierung mit panslawistischem Charakter; so wurde das Eigentum der nichtslawischen Bürger (Deutsche und Ungaren) konfisziert. Nach 1945 wurden durch die Nationalisierungsdekrete Kinos, Gruben, die Schwerindustrie, Zuckerfabriken und die Bierbrauereien ins Staatseigentum überführt (128). Die DDR trieb die Nationalisierung aufgrund der schon von den sowjetischen Militärbehörden erlassenen Befehle voran. Sie erfolgte auch dort mit den Aktiven, nicht aber mit den Passiven (129). Die Verfassung erlaubte zudem die Verstaatlichung jeder Art von Wirtschaftsbetrieben (Art. 20-27) (130). Eine ähnliche Entwicklung, wie sie durch obige Beispiele charakterisiert wurde, machte Rumänien in den Jahren 1946 - 1952 durch (131). Bulgarien konfiszierte 1946 sämtliches Vermögen, das aufgrund von Spekulation oder gesetzwidrig erworben wurde. Dieser Erlass hatte sogar rückwirkende Kraft bis zum 1.1.1935! Als Kriterium für die Vermögenskonfiszierung wurde auch eine volksfeindliche Tätigkeit angesehen. 1951 wurde die allgemeine Nationalisierung auf jedem Gebiet ermöglicht, wenn die Massnahmen durch Gesetzesnorm gedeckt sind (132).

Auch die Kleingewerbetreibenden wurden in den Volksdemokratien, wie schon erwähnt, bis 1953 indirekt beinahe völlig liquidiert, bedingt durch die Steuer- und Preispolitik und durch das System der Material- und Rohstoffverteilung.

Wie wir schon gesehen haben, fordert die rechtsstaatliche Auffassung, dass Enteignungen nur im öffentlichen Interesse (Interessenabwägung) und gegen Entschädigung erfolgen dürfen (133). Die Nationalisierung, die ein origineller Eigentumserwerb des Staates ist (der Staat erwirbt das Eigentum folglich unbelastet), zieht aber im Osten keinerlei Entschädigungspflicht nach sich. Eine Entschädigung wurde in den Volksdemokratien zwar vorgesehen, erfolgte in praxi aber nur an Ausländer und auch hier nur nach langer Zeit und durch diplomatische Vermittlungen. Polen erlaubte eine gewisse Entschädigung in Form einer Rente für bestimmte Kategorien (z.B. Apotheker, wenn sie arbeitsunfähig waren) (134). Die ČSSR zahlte eine Entschädigung nur zugunsten der Slawen, und die DDR als Ausnahme an bekannte Antifaschisten. In Rumänien erfolgte der Schadenersatz in Form von Obligationen. Ungarn sah zuerst eine Entschädigung vor, die Auszahlung wurde aber je nach Tragfähigkeit des Staates (bis 1948 gab es in Ungarn neben der KP noch andere Parteien), hinausgeschoben und 1948 ganz aufgehoben (135).

bb) Die Nationalisierung des Bodens und die Bodenreform

In der UdSSR und Mongolei wurde der Boden wie erwähnt nationalisiert, in den Volksdemokratien wurde dagegen eine Bodenreform durchgeführt.

Ein sowjetisches Dekret (8.11.1917) konfiszierte allen Boden weltlichen und kirchlichen Charakters (Tote Hand) mit totem und lebendem Inventar (136): Der gesamte Bodenbesitz innerhalb der Staatsgrenzen (inkl. Gewässer und Wald), sowie das Erdinnere mit den Bodenschätzen wurde zum gesamtstaatlichen, unveräusserlichen und nicht umsatzfähigen Eigentum des Staates gemacht.

Anders in den Volksdemokratien, deren Bodengesetze sich grundsätzlich von der sowjetischen Regelung unterscheiden. Durch die Bodenreform wurde nur der Grundbesitz, der eine gewisse Fläche überschritt, nationalisiert, während sonst Grund und Boden Objekt des Privateigentums sein kann. Das Privateigentum am Boden in der Landwirtschaft wird vor allem überall dort zugelassen, wo sich ein Grossbetrieb nicht lohnt (also in Berggebieten).

Polen konfiszierte den Boden deutscher und polnischer Bürger deutscher Nationalität (angeblich wegen Vaterlandsverrat) (137). Ein Grundbesitz bis zu 100 ha resp. bis zu 50 ha Ackerland wurde erlaubt. Eine ähnliche Lösung trafen Rumänien (Verstaatlichung des Grundbesitzes über 50 ha) (138) und die ČSSR, wo im übrigen die Nichtslawen enteignet wurden und der Boden an Slawen übereignet wurde (139). Bulgarien erlaubte Bodenbesitz bis höchstens 20 ha (140), Ungarn bis maximal 57 ha (= 100 Joch) (141). In Kuba wurde die Bodenreform vom Mai 1959 als Grundgesetz der Revolution angesehen. Eine Entschädigung wurde nur gezahlt, wenn der Grundbesitz nicht mehr als 400 ha umfasste. Der Boden wurde den Bauern unentgeltlich zugeteilt (142).

Eine Entschädigung für die enteigneten Grundbesitzer wurde überall dort nicht ausgerichtet, wo die Enteignung panslawistischen Charakter hatte, also in Polen und der ČSSR. Ungarn hat auch die Bodenreform anfangs nicht entschädigungslos durchgeführt: Die Frage der Entschädigung wurde im klassenkämpferischen Sinne gelöst, denn angesichts der noch existierenden nichtkommunistischen Parteien musste man die Entschädigung gesetzlich garantieren. Der Widerspruch zwischen Inhalt und Form der rechtlichen Regelung wurde als Folge der konkreten Verhältnisse im Klassenkampf angesehen. Pro forma wurde die Entschädigung zwar garantiert, aber auf einen späteren, unbestimmten Zeitpunkt verschoben, entsprechend der Zahlungsfähigkeit des Staates (143).

d) Die Unsicherheit des Privateigentums

Zusammenfassend lässt sich sagen, dass das Privateigentum, sowohl das kapitalistische (von dem es Ueberreste in den Volksdemokratien gibt), wie das nichtkapitalistische, praktisch keine grosse Bedeutung mehr hat. Das lässt sich am Beispiel des Rückganges der privaten Betriebe in der DDR aufzeigen: Der Anteil am Aufkommen der gesellschaftlichen Gesamtproduktion beläuft sich für die sozialistischen Betriebe auf 86, 8%, für die privaten Betriebe dagegen nur auf 6, 3% (1966), im Jahre 1950 machte der Anteil der Privatbetriebe noch 38, 2% aus (144).

Der Bestand des Privateigentums ist sehr unsicher und wird nur im Rahmen des öffentlichen Interesses zugelassen. Die Unsicherheit wird noch verstärkt durch eine praesumptio iuris: Es gilt die Vermutung des Eigentums zugunsten des Staates, wenn das Eigentum streitig ist. Der Staat kann also Eigentum behaupten, Sache des Bürgers ist es, das Gegenteil zu beweisen, die Beweislast wird also ihm aufgebürdet (145).

2. Das persönliche Eigentum

a) Der Begriff

Art. 10 der sowjetischen Verfassung garantiert das persönliche Eigentum der Bürger, das die spezifische Form des individuellen Eigentums im sozialistischen Eigentumssystem darstellt.

Die Objekte des persönlichen Eigentums werden in den Verfassungen und den ZGB (146) beispielsweise aufgezählt: Selbsterarbeitete Einkünfte (Lohn) und Ersparnisse (Spareinlagen geniessen grossen Schutz, um die Investitionen dem Staat dienstbar zu machen) (147), das Wohnhaus, die häusliche Nebenwirtschaft, Hauswirtschafts- und Haushaltungsgegenstände, Gegenstände des persönlichen Bedarfs und Komforts. Es handelt sich also vor allem um Güter des Alltags und der Bedarfsbefriedigung.

Die wichtigsten Arten des persönlichen Eigentums, auf die wir hier näher eingehen wollen, sind zweifellos das Wohnhaus (Einfamilienhaus) und die Nebenwirtschaft.

b) Abgrenzung Privateigentum - persönliches Eigentum

Die Unterscheidung ist deshalb wichtig, weil sie verschiedene rechtliche Konsequenzen bewirkt. Das persönliche Eigentum ist eine "sozialistische" Eigentumsform, das Privateigentum ein "todgeweihter Ueberrest der kapitalistischen Ordnung" (148). Das persönliche Eigentum wird vom sozialistischen abgeleitet, das Privateigentum nicht.

Die Abgrenzung zwischen Privateigentum und persönlichem Eigentum ist nicht leicht zu treffen. Auch das ungarische ZGB z.B. umschreibt den Begriff des Privateigentums negativ, während das gesellschaftliche und das persönliche Eigentum positiv umschrieben werden (149): Die Güter, die der Befriedigung der persönlichen Bedürfnisse der Bürger unmittelbar dienen oder sie fördern, einschliesslich der Vermögensgegenstände, die den Zwecken der Hilfswirtschaft in der kleinen Hofwirtschaft dienen, sind persönliches Eigentum. Alles, was im individuellen Eigentum steht und nicht persönliches Eigentum ist, wird demnach als Privateigentum angesehen. Das eigentliche Kriterium ist aber doch, ob das Eigentumsobjekt zu einer Ware gemacht wird oder nicht: Gegenstand des Privateigentums kann (in den Volksdemokratien) auch ein Produktionsmittel oder eine andere Sache sein, die der Eigentümer als Ware und nicht zur eigenen Bedarfsbefriedigung gebraucht (150). So enthält das bulgarische Eigentumsgesetz in § 28 Abs. 2 die Bestimmung: "Den Gegenstand des Privateigentums bilden Sachen, die der Eigentümer als Produktionsmittel oder als Ware verwendet" (151).

Der Zweck des persönlichen Eigentums ist also die persönliche Bedarfsbefriedigung für den Eigentümer und seine Familie. Es darf nicht zu Gewinnzwecken "missbraucht" werden. Sobald das Eigentum nicht mehr im Einklang mit diesem Grundsatz steht, wird ihm der Schutz versagt, da es zu einer Ware und damit zum Privateigentum wird und nicht mehr der gesellschaftlichen Bestimmung gemäss gebraucht wird (§ 2 Abs. 2 und § 5 Abs. 2 UZGB).

c) Erscheinungsformen

aa) Das Wohnhaus

α) Die Entwicklung

Nach Art. 10 Verf. und der Gesetzesverordnung vom 26. 8. 1948 (Ukas des Präsidiums des Obersten Sowjets der UdSSR über das Recht der Bürger auf den Bau und Ankauf individueller Wohnhäuser), kann das persönliche Eigentum auch an einem Wohnhaus (Einfamilienhaus) bestehen, was "eine bemerkenswerte Konzession an die Komfortansprüche der neuen Intelligenz" darstellt (152). Das Dekret erlaubte, ein Wohnhaus mit maximal 5 Zimmern zu bauen. Das Gebäude wurde auf einem vom Staat im Baurecht zur Verfügung gestellten Grundstück errichtet (Art. 71 ff. ZGB RSFSR 1922). Dieses Baurecht war ein beschränktes Nutzungs- und Verfügungsrecht, das vererblich und veräusserlich war. Da das Land Staatseigentum ist, entstand so eine Art geteiltes Eigentum. Die frühere Bestimmung, wonach das Haus nach bestimmter Zeit aufgrund des Heimfallrechts ins Staatseigentum überführt wurde (Akzessionsprinzip), wurde nun abgeschafft, da der private Wohnungsbau wegen des Baurechts, das ein befristetes Besitzes-, Nutzungs- und Verfügungsrecht war, nicht benützt wurde: Nach 50-60 Jahren fiel das Haus ohne Entschädigung ins Staatseigentum (Heimfallrecht). Nun hatte der Bauende volles Eigentum am Gebäude. Dieses geteilte Eigentum in seiner ausschliesslichen Form kommt nur in der UdSSR vor.

Die Grösse des Grundstückes wurde auf 300-600 qm in der Stadt und auf 700-1200 qm auf dem Lande festgelegt (153). Die Nutzung des Landes wurde gegen eine Bodenrente überlassen. Ein Ergänzungsukas vom 18. 7. 1958 beschränkte die maximale Wohnfläche auf 60 qm (154).

Nach Gesetz war der Besitz nur eines Hauses erlaubt (155). Aber auch der Bau eines zweiten und dritten Hauses wurde in der Praxis rechtswidrig erlaubt, denn die "neue Klasse", die ihre Stellung zu behaupten verstand, trachtete darnach, ihre Eigentumsverhältnisse zu festigen. So durfte ein zweites Haus auch durch Erbschaft, ferner (nach Gesetzesinterpretation) durch Heirat, Schenkung oder Bau erworben werden. So konnten Bürger, in Verletzung der Gesetzesvorschrift, mehrere Häuser zu Eigentum haben und zu Spekulationszwecken missbrauchen. Die Elite konnte sich mehrere Datschen in der Sommerfrische bauen.

Die Gründe für diese im Vergleich zur Epoche vor 1948 liberale Politik liegen zweifellos in der grossen Wohnungsnot und in dem Bestreben der Grossverdiener, sich eine wertbeständige Kapitalanlage zu schaffen. In der Praxis bestand ein fast freier An- und Verkauf von Hauseigentum, das die einzige sichere Vermögensbildung der "neuen Klasse" darstellt. Vor 1962 wurden im Liegenschaftshandel oft bedeutende Gewinne erzielt: So wurde ein Haus, das zum Preis von 29'000 Rubel gekauft wurde, für 130'000 Rubel weiterverkauft (156). In Georgien verlangten die Freier eines Mädchens von den Schwiegereltern oft zwei Häuser in der Stadt und auf dem Land und 60'000 Rubel (oder 100'000 Rubel ohne Haus) als Mitgift (157). Dank der Wohnungsnot konnte auch mit dem Mietzins spekuliert werden, was ebenfalls der Gesetzgebung widersprach. Die Vermietung war (und ist) nach Gesetz zwar nicht verboten, aber nur im Rahmen der persönlichen Bedürfnisse zulässig, wenn nicht übermässige Einkünfte erzielt werden. Im Falle der gewerbsmässigen Vermietung sollte der Richter diese Verträge für nichtig erklären, die Rechtsliteratur forderte aber die Zulassung solcher Verträge unter gewissen Umständen (158). Oft wurde der Mietzins eines Hauses in Form von Arbeit abbezahlt: Der

Mieter musste gratis ein anderes Grundstück bebauen (159).

Diese Lage auf dem Wohnhaussektor widersprach eindeutig Art. 1 ZGB RSFSR (Missbrauch) und veranlasste den Staat 1960, die private Bautätigkeit durch Einschränkung des Kredites zu drosseln (160), und nunmehr ist erneut Eigentum nur an einem Haus erlaubt (161). 1962 erfolgte der Generalangriff auf das Wohnhaus: Da Art. 25 der Grundlagen der Zivilgesetzgebung von 1961 keine Ausnahmen in Bezug auf die Beschränkung des Hauseigentums vorsieht (Erwerb eines zweiten Hauses durch Eheschliessung, Erbschaft usw.), erliessen verschiedene Republiken Bestimmungen in den eigenen ZGB (162), die dem mehrfachen Eigentümer eine Frist zum Verkauf des zweiten Hauses setzten, ansonst die Häuser enteignet wurden (Art. 107 Abs. 3 ZGB RSFSR 1964). Ohne Entschädigung wurden enteignet: das zweite Haus, das aus nicht erarbeitetem Einkommen erstellte Haus (163), das durch Verletzung der geltenden Vorschriften entstandene Teileigentum am Wohnhaus, das ohne Baubewilligung erstellte Wohnhaus und das Haus, das die für Einfamilienhäuser vorgesehene Maximalfläche überschritt und das der Zweckbestimmung des persönlichen Eigentums widersprechend benutzte Haus (164).

Der freie Verkauf des zweiten Hauses, das etwa durch Erbschaft erworben wird, ist zwar möglich, stösst aber in der Praxis auf grosse Schwierigkeiten, weil eine Sperrfrist von drei Jahren für den Wiederverkauf besteht (165), um Spekulationen zu verhindern, das Haus bewohnt ist und der Mieter nicht ausgewiesen werden kann. Andererseits ist aber die Nutzung des Hauses Pflicht, da sonst das Eigentum entzogen wird.

Der individuelle Wohnungsbau wird zugunsten des genossenschaftlichen eingeschränkt und im Zuge des Aufbaus des Vollkommunismus, der einen gesellschaftlichen Wohnbetrieb vorsieht (166), soll das Einfamilienhaus völlig verschwinden.

In den Volksdemokratien kann man hingegen eine entgegengesetzte Tendenz verfolgen (167). Neben der genossenschaftlichen wird auch die private Bautätigkeit stark gefördert, um der Wohnungsnot zu begegnen.

β) Verfügungs- und Nutzungsbeschränkungen

Die Einschränkungen in Bezug auf Verfügung und Nutzung des persönlichen Eigentums am Wohnhaus sind, wie zum Teil schon bemerkt, beträchtlich. Im wesentlichen wird das Wohnhauseigentum wie folgt beschränkt:

1. In der UdSSR ist der Besitz nur eines Hauses erlaubt (Art. 25/26 Grundlagen ZGB). Da der Verkauf von Liegenschaften in Städten und Gemeinden der Volksdemokratien keiner behördlichen Genehmigung bedarf, ist es zwar möglich, dass hier ein Eigentümer mehrere Häuser besitzen kann. In der Praxis werden Häuser zum grössten Teil aus dem Fonds für privaten Wohnungsbau finanziert. Eine solche Unterstützung wird nur jenen gewährt, die die Wohnung für sich oder ihre

Familie benötigen (168).

2. Die vorgeschriebene Bau- und Wohnfläche, die im Verlauf der Jahre mehrfach geändert wurde, schränkt das Wohnhauseigentum in Bezug auf die Grösse ein: In der UdSSR ist heute eine Wohnfläche von 60 qm erlaubt. In Ungarn kann die Grösse der Wohnfläche durch Rechtsnorm beschränkt werden, (§ 92 Abs. 3 ZGB), eine solche Beschränkung besteht jedoch zur Zeit nicht.

3. Eine Vermietung des Wohnhauses ist in der UdSSR zulässig (169). Eine Beschränkung des Verfügungsrechtes besteht aber dann, wenn die Wohnung der öffentlichen Wohnwirtschaft untersteht, was aber nur für ältere Häuser in Frage kommt (170).

Im Rahmen dieser öffentlichen Wohnwirtschaft besteht Kündigungsschutz für den Mieter. Die "neue Klasse" ist aber hievon selten betroffen, da die neuen Häuser nicht der Wohnwirtschaft unterstehen. Eine Kündigung ist erlaubt, wenn der Mieter mindestens vor einem Jahr ins Haus kam und der Vertrag eine Mietzeit von einem Jahr vorsieht (d.h. die Klausel aufweist, dass der Mieter nach einem Jahr ausziehen muss), und wenn das Gericht findet, dass die Wohnung für den Eigentümer mit Rücksicht auf die Familienmitglieder unbedingt notwendig ist (171). Der Mieter dagegen kann jederzeit kündigen (Art. 329 Abs. 1 ZGB RSFSR).

Dem Mietvertrag muss auch in den Volksdemokratien eine Zuweisung einer Wohnung vorausgehen. Der Inhalt des Mietvertrages ist aber vorgeschrieben (172). Alle Wohnungen - ausser diejenigen der Diplomaten, der Streitkräfte und die Häuser, die nach 1953 erbaut wurden, unterstehen der Wohnwirtschaft (173). Der Eigentümer darf nur über den vorgeschriebenen Wohnraum verfügen, sonst wird eine fremde Person eingewiesen (Art. 3 GV Nr. 15/1957). Eine Familie mit zwei Personen hat in Ungarn z.B. Anspruch auf ein Zimmer, je zwei weitere Personen haben auf ein weiteres Zimmer Anspruch (Art. 12). Beamten, Wissenschaftern und Künstlern wird ausserdem ein Studierzimmer bewilligt. Diese Flächen sind Maximalflächen und ein weiteres Zimmer wird einem Dritten zugewiesen. Der Eigentümer hat in seinem Haus nur ein Wohnrecht, wenn die Wohnung ihm zugewiesen wird (174). So kann der Eigentümer den Mieter und Untermieter kaum loswerden, die Mietzinse werden dazu noch behördlich festgelegt (175). Dies gilt für Ungarn, in den andern Ländern ist aber die Lage ähnlich. In Polen z.B. sind die Verhältnisse noch komplizierter, da die Wohnfläche in Quadratmeter eingeteilt wird: In Warschau hat eine Person Anrecht auf 9 qm Wohnfläche (176). Die ständige und gewerbsmässige Vermietung von Wohnungen kann zu einer Expropriation führen, da das Eigentum in diesem Fall nicht zur persönlichen Befriedigung, sondern zu (verwerflichen) Gewinnzwecken genutzt wird.

4. Die Nutzung des Wohnhauses darf nicht rechtsmissbräuchlich, d.h. nicht im Widerspruch zur sozialökonomischen Zweckbestimmung des Eigentums erfolgen, sonst kann das Haus enteignet werden (z.B. bei Vernachlässigung).

5. Es besteht eine Sperrfrist. Um Spekulationen zu verhindern, bestimmt Art. 238

des ZGB RSFSR wie erwähnt, dass innerhalb dreier Jahre nur ein Wohnhaus veräussert werden darf (177).

Die Institution des privaten Wohnhauses ist - nach anfänglicher Unterstützung durch den Staat - gefährdet und unsicher. Danach wird die Berechtigung des individuellen Wohnhauseigentums im Hinblick auf den Uebergang zum Kommunismus überhaupt in Frage gestellt (178).

Es erhebt sich immerhin die Frage, ob die vermögende Klasse ihren Kampf um die Festigung des persönlichen Eigentums (der sich nicht zuletzt in der Einstellung zum Wohnhaus widerspiegelt), erfolgreich weiterführen kann oder ob schlussendlich das individuelle Wohnhaus zugunsten der kollektiven Wohnblöcke verschwinden soll.

bb) Die Nebenwirtschaft

α) Häusliche Nebenwirtschaft

Eine andere Form des persönlichen Eigentums ist die häusliche Nebenwirtschaft (Art. 10 Verf. UdSSR), die sich aber nur auf Arbeiter und Angestellte und nicht auf die Bauern bezieht.

Die häusliche Nebenwirtschaft umfasst privaten Gartenbau (Schrebergärten) und Viehhaltung (179).

Auch diese Eigentumsform ist infolge der wechselnden Politik unsicher; eine Liberalisierung war hier immer dann festzustellen, wenn die Versorgungslage prekär war (180).

Nachdem nach Stalins Tod die liberalere Politik Chruschtschows eine Ausdehnung der häuslichen Nebenwirtschaft erlaubte ("Jedem Arbeiter die eigene Kuh im Stall") (181), wurde sie später wieder reduziert.

Die Nebenwirtschaft rechtfertigt man in der Literatur nur deshalb, weil noch nicht die volle Bedarfsbefriedigung aus der sozialistischen Produktion erzielt werden kann (182).

Eine Beschränkung der Nebenwirtschaft ist durch Unionsgesetzgebung möglich, indem die Viehhaltung quantitativ beschränkt werden kann (183).

β) Nebenwirtschaft der Kolchosbauern

Wichtiger als die häusliche, ist die Nebenwirtschaft der Kolchosbauern, die in

Art. 7 Abs. 2 der Verf. der UdSSR garantiert wird. Diese Bestimmung stellt einen Spezialfall von Art. 10 (persönliches Eigentum) dar und ist ein wirtschaftliches Grundrecht.

Die bäuerliche Nebenwirtschaft steht nicht im persönlichen Eigentum eines einzelnen, Rechtsträger des Eigentums ist vielmehr der Kollektivbauernhaushalt. Es handelt sich dabei also um Eigentum zu gesamter Hand der Haushaltmitglieder (Art. 27 Grundlagen ZGG), nicht zwingend der Familienmitglieder (184).

Eine Rechtskontinuität lässt sich auch bei dieser Institution feststellen: Die Parallelen zu den Mir-Bauern im Zarismus ist offenkundig: Der Bauer hatte hier das Hofland, d.h. das Grundstück mit dem Wohnhaus und ein Stück Acker- oder Gartenland, zwar nicht im Alleineigentum, aber zu gesamter Hand mit der Hofgemeinschaft inne (185).

Der Kolchosbauernhof hat Anspruch auf eine Nebenwirtschaft, d.h. er hat Besitz und Nutzung am Hofland, das Grundstück selbst steht im Staatseigentum. Persönliches Eigentum (Gesamthandeigentum) besteht jedoch an der Nebenwirtschaft auf dem Hofland: am Wohnhaus, an Nutzvieh, Geflügel und landwirtschaftlichem Kleininventar. Die Nebenwirtschaft gehört einer Arbeits- und Wirtschaftseinheit, gewöhnlich einer Familie. Jedes neue Mitglied der Gemeinschaft muss seine persönlichen Eigentumsobjekte dem Kolchoshof zur kollektiven Nutzung überlassen (186); der Bauer betrachtet aber die Nebenwirtschaft immerhin als sein persönliches Eigentum (vgl. dominium utile im Feudalstaat) und als Hauptquelle seiner Existenz. So ist es nicht verwunderlich, dass die Nebenwirtschaft von den Bauern liebevoller gepflegt wird als die Kolchosfelder, denn bei der konservativen Bauernbevölkerung ist die Abneigung gegen das Kollektiv noch grösser als bei den Arbeitern (187). Der Bauer sucht durch verbotene Zupacht das persönliche Eigentum noch zu vergrössern.

Eine wirtschaftliche Funktion kommt der Nebenwirtschaft auch insofern zu, als sie zur Belebung des freien Marktes beiträgt und bei Lebensmittelknappheit in die Versorgungslücke einspringen kann, denn Ueberschussprodukte können bei staatlichen Ankaufsstellen oder auf dem Kolchosmarkt (freier Markt) frei verkauft werden. Seit 1957 sind die Nebenwirtschaften von der Pflichtablieferung eines Teils der überschüssigen Produkte befreit (188).

Die Grösse der Nebenwirtschaften ist je nach Ort verschieden (zwischen 0,25 und 0,5 ha) (189) und kann nach einem Beschluss des ZK des Unionsministerrates vom 6.3.1953 durch die Kolchosen selbst festgelegt werden (190); dabei sind drei Kriterien zu berücksichtigen: Der Arbeitseinsatz, die Zahl der an der gemeinsamen Arbeit in der Kolchose teilnehmenden Familienmitglieder und die örtlichen Verhältnisse (191). Im persönlichen Eigentum kann der Bauernhaushalt 1 Kuh und 1 Kalb, 1 Färse mit Ferkeln, 10 Schafe oder Ziegen mit Jungtieren, Geflügel und Bienenstöcke halten (Art. 5 Musterkolchosstatut).

In den Volksdemokratien kann man hinsichtlich der Nebenwirtschaft keine einheitliche Politik verfolgen, doch besteht die gleiche Tendenz zur Reduzierung der Hofstatt wie in der UdSSR. Nach 1958 war man bestrebt, die Nebenwirtschaft zu beschränken. Zwischen 1953 und 1958 war die Fläche in der ČSSR ständig im Ansteigen begriffen, ging aber danach wieder zurück (192). Unter Novotný erfolgte ein schärferer Angriff auf die Nebenwirtschaften als selbst in der Sowjetunion und den übrigen Staaten. Die neue tschechische Verfassung von 1960 erwähnt die Nebenwirtschaft auch unter dem Rubrum "persönliches Eigentum" nicht mehr. (Früher wurde die Nebenwirtschaft in der ČSSR - als einzige Ausnahme im Osten - als Privateigentum angesehen.) Zwischen 1961 und 1964 wurde die Nebenwirtschaft in der ČSSR stufenweise eingeschränkt (193).

In Ungarn konnte man eine entgegengesetzte Tendenz feststellen: Die GV Nr. 7/ 1959 bestimmte, dass jedem LPG-Mitglied eine Nebenwirtschaft zugeteilt werden muss (194).

Die Bedeutung der Nebenwirtschaft wird in den Volksdemokratien im allgemeinen betont, aber mit der Stärkung der Kollektivgüter soll sie mit der Zeit ebenfalls an Bedeutung verlieren.

Die Nebenwirtschaften bilden die "Sicherheitsklappe der Agrarproduktion" (195). Je nach Wirtschaftslage werden sie toleriert oder eingeschränkt, was die Unsicherheit auch dieser persönlichen Eigentumsform bewirkt. Die Nebenwirtschaft, die wohl als Anreiz für den Bauern, den Kolchosen beizutreten, gedacht war, sollte nur dem persönlichen Bedarf dienen und nicht zur Hauptwirtschaft werden (196), wobei aber offen zugegeben wird, dass auch dieses Eigentum nur widerwillig geduldet wird. Eine völlige Aufhebung wird aber auf Widerstand stossen, da der Bauer die Nebenwirtschaft als sein persönliches (Allein-) Eigentum betrachtet.

Da die Nebenwirtschaft in der Sowjetunion oft die erlaubte Grösse überschritt und der Kollektivbetrieb vernachlässigt wurde, weil der Bauer vor allem seine Nebenwirtschaft bestellte, wurden vor 1964 gesetzliche Massnahmen zur Beschränkung erlassen. Der Angriff auf die Nebenwirtschaft richtete sich auch gegen die im persönlichen Eigentum stehenden Tiere, da oft mehr Vieh als erlaubt gehalten wurde: In Georgien z.B. besass ein Bauer 636 Schafe anstelle der 40 erlaubten (197). Propaganda und Strafmassnahmen sollten die Verminderung bzw. Abschaffung des Tiereigentums vorantreiben.

Eine Wendung zur neuerlichen Unterstützung der Nebenwirtschaft erfolgte auch in der UdSSR im Jahre 1964 nach Chruschtschows Sturz. Die die Nebenwirtschaft beschränkenden Ukase wurden, offenbar im Zusammenhang mit den wirtschaftlichen Schwierigkeiten, ausser Kraft gesetzt (198).

In der Literatur wird betont, dass der Versuch, die Nebenwirtschaft zu reduzieren oder aufzuheben, den Interessen der Kolchosbauern und auch denjenigen der gesamten Gesellschaft widersprächen, solange die Kolchosen noch nicht in der Lage sind, die Kollektivbauern aus der gmeinsamen Wirtschaft völlig zu versorgen (199).

Die wechselnde Taktik des Marxismus-Leninismus zeigt sich gerade in Bezug auf die Nebenwirtschaft. Sobald Wirtschaftskrisen oder Produktionsschwierigkeiten auftreten, wird sie wieder in grösserem Umfang zugelassen; das Ziel ist und bleibt aber selbstverständlich die Vollsozialisierung. Die Nebenwirtschaft soll reduziert werden auf die Obst- und Blumengärten, die der Verschönerung und der Erholung dienen sollen (200), denn die Konsumenten sollen mit zunehmender Vollsozialisierung immer mehr durch Güter der Sowchosen und Kolchosen befriedigt werden.

Das Institut der Nebenwirtschaft, das zwar verfassungsrechtlich garantiert ist, wird in seinem Wert und Bestand nur wenig geschützt und ist, wie das persönliche Eigentum am Wohnhaus, unsicher.

d) Unsicherheit des persönlichen Eigentums

Auch die dem sozialistischen Eigentumssystem gemässe Form des individuellen Eigentums, das persönliche Eigentum, ist trotz Deklaration in den Grundgesetzen, sowohl in der UdSSR als auch in den Volksdemokratien unsicher.

Die Unsicherheit rührt daher, dass die Eigentumsobjekte nicht zum vornherein feststellbar sind (201). Es muss von Fall zu Fall entschieden werden, "... abhängig davon, ob das Eigentumsobjekt bzw. der Ertrag desselben vollständig zur Befriedigung des Bedarfs des Eigentümers verwendet wird oder nicht ..." (202). Wenn das Eigentum zweckentfremdet wird, kann es zu Privateigentum erklärt werden und seine Existenz unterliegt nun der Klausel des "öffentlichen Interesses".

Eine Verfügung über persönliches Eigentum ist nur im Rahmen des öffentlichen Interesses möglich. Dieser Begriff ist aber undefinierbar und ändert sich den Interessen der Volkswirtschaft entsprechend ständig (203).

Das persönliche Eigentum schliesst eine Gewinn erzielende Nutzung und Spekulation aus: Unter Spekulation versteht das Gesetz Ankauf und Weiterverkauf von Waren und andern Gegenständen mit Profitsucht (Art. 154 StGB RSFSR). Bei geringfügigen Spekulationen wird die Sache den Kameradschaftsgerichten übergeben (in der ČSSR den lokalen Volksgerichten). Werden Konsumgüter für den persönlichen Gebrauch ohne Gewinnabsicht gekauft und nachträglich mit Gewinn weiterverkauft, so liegt im allgemeinen keine Spekulation vor (dolus superveniens non nocet).

Das Ziel des Vollkommunismus besteht darin, die materiellen und geistigen Bedürfnisse der Menschen aus gesellschaftlichen Fonds zu decken. Geld wird überflüssig, jeder darf frei benutzen, aber nicht verkaufen (204). Die Konsumgüter sollen jedermann nach dem <u>rationellen</u> Bedarf zugeteilt werden (205). Strumilin behauptet, dass die Begriffe "mein" und "dein" ihre Bedeutung verlieren werden; Waren, Geldersparnisse und die Geldverhältnisse überhaupt würden verschwinden. Es sollen Kommunen und Standardhäuser errichtet werden, wo mehrere Menschen in einer Wohn-, Verwaltungs- und Arbeitseinheit wohnen sollen (206). Diese utopischen Kommunen lassen an die "Phalangen" eines Fourier und an die abschrekkende Vision denken, die Luzifer in Imre Madáchs "Tragödie des Menschen" Adam erblicken lässt (12. Bild, Im Phalanster).

Das persönliche Eigentum ist ein ständig zusammenschrumpfender Kreis, das Tempo der Reduzierung ist aber langsamer als beim Privateigentum. Demgegenüber möchte "die neue Klasse" das persönliche Eigentum ins Privateigentum umwandeln. Auch in den Volksdemokratien besteht die Tendenz, das Eigentum zugunsten der Elite zu festigen.

In der Sowjetgesellschaft ist demzufolge eine Polarisierung feststellbar: Die Lage der neuen Klasse wird gefestigt, während die Interessen der niederen Gesellschaftsschichten (z. B. Kolchosbauern) preisgegeben werden (207).

B. Das sozialistische Eigentum

1. Der Begriff

Die im Hinblick auf die Menschenrechte weniger bedeutende, aber im sozialistischen Wirtschaftssystem wichtigste Eigentumsform ist das sozialistische Eigentum, das wiederum zerfällt in das Staatseigentum (Gemeingut des Volkes) und in das genossenschaftlich-kollektivwirtschaftliche Eigentum (Art. 5 Verf. UdSSR).

Das Eigentum an Produktionsmitteln und Produktionsinstrumenten kann nur ein sozialistisches sein (Art. 4 Verf.). Die wichtigsten Produktionsmittel bilden Staatseigentum (Nationalvermögen), die Träger des genossenschaftlichen Eigentums sind Genossenschaften und Kollektivwirtschaften, die eine Uebergangserscheinung darstellen, die mit der Umwandlung ins Staatseigentum verschwinden soll. Die Unterscheidung Staats- und genossenschaftliches Eigentum ist deshalb nicht real (208), bei den Genossenschaften handelt es sich eher um mittelbare Staatsbetriebe.

2. Staatseigentum (Gesamtgesellschaftliches Volkseigentum)

a) Res extra commercium in der UdSSR (Staatsmonopol)

Art. 6 der Verfassung nennt die Objekte, die Staatseigentum sind: Grund und Boden, die Bodenschätze, die Gewässer (ohne Rücksicht auf den Umfang) (209), Nutzungsrechte der Fischerei, Werke, Fabriken, Gruben und Bergwerke, Waldungen (210), die Verkehrs- und Nachrichtenmittel, die Banken, Sowchosen (sovetskoe chozjajstvo = Staatsgüter) und die MTS (211). Die Sowchosen sind wie die Kolchosen (kollektivnoe chozjajstvo) juristische Personen. Das Nutzungsland wird zu unbeschränkter Dauer zugewiesen. Die Produktionsmittel und Produkte sind aber unmittelbar Staatsvermögen.

Diese Eigentumsobjekte bilden den einheitlichen Nationalfonds, der nicht zweckentfremdet, d.h. veräussert und belastet werden darf (vgl. etwa bei uns den Begriff des Verwaltungsvermögens): Es handelt sich dabei also um res extra commercium. Eine Uebertragung des Vermögens wird als Verteilung der Verwaltung des Staatseigentums angesehen.

Aufgrund der territorialen Staatshoheit gehen die in Art. 6 genannten Eigentumsobjekte ipso iure ins Staatseigentum über; bei einem Gebietszuwachs der UdSSR braucht es deshalb keine Nationalisierungsakte (212).

b) Die Volksdemokratien

Im Gegensatz zur UdSSR, wo für die einmal ins Staatseigentum gelangten Eigentumsobjekte ein Belastungs- und Veräusserungsverbot gilt (vgl. Tote Hand der Kirche), gibt es in den Volksdemokratien kein Staatsmonopol auf gewisse Vermögensobjekte. Staatsreserveland wird oft den LPG zur Nutzung überlassen oder verkauft (213).

Der Boden ist in der Mehrheit in den Volksdemokratien nicht genossenschaftliches Eigentum, sondern Eigentum des Staates oder der Genossenschaftsmitglieder: Die Genossenschaft hat nur den Besitz und die Nutzung. Der Bauer könnte also theoretisch nach dem Grundsatz "nemo plus iuris transferre potest quam ipse habet" verfügen, er erhält aber in der Praxis wie erwähnt für sein Eigentum bloss eine Rente (214). Allerdings geht man heute dazu über, die Bodenanteile der LPG-Bauern in aller Stille im Grundbuch als LPG-Eigentum einzutragen.

3. Das genossenschaftlich-kollektivwirtschaftliche Eigentum

Die zweite und "weniger entwickelte" Form des sozialistischen Eigentums stellt, wie schon bemerkt, eine Uebergangserscheinung zwischen privatem (resp. persönlichem) und staatlichem Eigentum dar. Rechtlich gesehen ist das genossenschaftliche Eigentum vom Staatseigentum getrennt, die Genossenschaft erscheint zwar als Eigentumsträger, aber andererseits ist es auch nicht Privatvermögen, denn der Staat lenkt und kontrolliert die Genossenschaft aufgrund der Planwirtschaft (215). Eigentumsobjekte sind das Betriebsvermögen und (in den Volksdemokratien) Grund und Boden, der aber in der UdSSR nur zur Nutzung überlassen wird.

Nach der Liquidierung von 6,5 Millionen Kulaken (Grossbauern) (216) in der UdSSR, wurde der "freiwillige" Beitritt zur Kollektivwirtschaft forciert und die Bauern in den Kolchosen (Artel`), die später in die Sowchosen überführt werden sollen, zusammengeschlossen.

Nach sowjetischer Lehre beruhen die Kolchosen auf dem freiwilligen Zusammenschluss der Bauern. Diese Freiwilligkeit ist aber seit der Zwangskollektivierung (1929 - 33) eine leere Phrase (217). Die Artel` (= Genossenschaft, in der UdSSR Kolchos, in den Volksdemokratien LPG genannt) ist eine landwirtschaftliche Genossenschaft mit juristischer Persönlichkeit, die im Rahmen des Musterstatutes ein eigenes Kolchosstatut hat, das die Beziehungen zwischen den Mitgliedern und der Genossenschaft regelt.

Im Gegensatz zur Kommune, die eine Totalsozialisierung der Produktionsmittel bedeutete, lässt also die Artel` oder der Kolchos eine Teilung der Vermögensobjekte zu: die Grundproduktionsmittel (Art. 7 Abs. 1 Verf.) sind vergesellschaftlicht, daneben werden aber den Bauern eine Nebenwirtschaft und Hofland überlassen (218).

Die Kolchosen sind mittelbare staatliche Regiebetriebe in der juristischen Form der Genossenschaft (219), die dem Wirtschaftsplan (Soll, Normerfüllung) untergeordnet sind. Bis 1958 hatten sie Naturalabgaben (bis 1956 auch aus der Nebenwirtschaft) an den Staat abzuliefern, den Rest konnten sie an ihre Mitglieder, je nach Arbeitstagen (Trudoden` ), abgeben. Der Lohn der Kolchosbauern wurde früher teils in bar, teils in natura ausbezahlt, der Trudoden` wird aber heute immer mehr abgeschafft und der Bauer bekommt einen Monatslohn als Vorschuss, wobei die endgültige Abrechnung am Jahresende erfolgt (220).

Die Kolchosen sollen - stufenweise - in Sowchosen umgewandelt werden, wobei der unteilbare Kolchosfonds jedoch nicht Eigentum der Kolchosmitglieder wird, sondern auf den Sowchos übergeht (221).

4. Beschränkungen des genossenschaftlich-kollektivwirtschaftlichen Eigentums

Das genossenschaftliche Eigentum wird stark beschränkt und die Produktion der Planwirtschaft unterstellt: Staatliche und gesellschaftliche Organe leiten und kontrollieren die Kolchosen, die eigentlich "getarnte Staatsgüter" sind (222).

Subjekt des genossenschaftlichen Eigentums ist die Genossenschaft, das einzelne Mitglied hat - anders als in den Volksdemokratien - keinen Anteil am Vermögen, das ein gesondertes Genossenschaftsvermögen ist. Die grundlegenden Produktionsmittel verbleiben im Staatseigentum, was auch hier die Unsicherheit der Eigentumsverhältnisse bewirkt. Genossenschaftseigentum sind die gesellschaftlichen Betriebe mit lebendem und totem Inventar, die Gebäude und die Produkte (Art. 7 Abs. 1 Verf.).

Eine gewisse Verfügung über den Produktionsertrag des Kolchos ist nach Abschaffung der obligatorischen Ablieferungspflicht (1958) zwar möglich, aber erst nachdem die in den Kontraktationsverträgen vorgesehenen Produkte dem Staat "verkauft" wurden. Eine freie Verfügung über Eigentumsobjekte ist nicht möglich, da dies die Vertragsfreiheit voraussetzt, die es im sozialistischen Rechtssystem nicht gibt, obwohl einige Länder die Vertragsfreiheit garantieren (223). Eine Aufnahme dieses Prinzips ins Gesetz ist wertlos, da es weitgehenden Beschränkungen unterliegt. Die Vertragssubjekte werden durch ministerielle Verträge vorgeschrieben. Die Betriebe sind verpflichtet, die Verträge mit vorbenannten "Vertragsparteien" abzuschliessen. Es sind dies Muster- oder Typenverträge mit dem Ziel, den Vertragsinhalt an den Wirtschaftsplan anzupassen. Auch für die genossenschaftlichen Organisationen gibt es folglich keine Vertragsfreiheit. Die vertragliche Regelung über den Ankauf der Kolchosprodukte durch den Staat unterliegt dem sog. Kontraktationssystem, das dem Plan unterstellt ist. Die wesentlichen Elemente des "Vertrages" werden zwingend vorgeschrieben, nur die "accidentalia" werden im konkreten Vertrag präzisiert (224). Bis 1958 gab es zwei Formen für die staatliche Erfassung der Agrarprodukte: Die Pflichtablieferung (fast unentgeltlich) und die Kontraktation (Vorverkaufsvertrag) zu einem höhern Preis. Beide waren geplant. Nach Abschaffung der Ablieferungspflicht (1958) wurde die Kontraktation (System der Vorverträge) ausgedehnt. Die Inhaltselemente dieser Verträge werden zum voraus bestimmt, d.h. es wird von oben vorgeschrieben, was und wieviel der Kolchos kontraktieren bzw. dem Staat "verkaufen" muss. Die Aufstaffelung der Planaufgaben erfolgt - wie üblich - von oben nach unten (vom Planungskomitee bis zum Kolchos), wobei die konkreten Aufgaben vom Bezirkssowjet verteilt werden. Der Kolchos darf über seine Produkte verfügen, wenn die Verkaufsaufgaben erfüllt sind. Die Planung umfasste bis Ende 1953 Saatfläche, Viehbestand, Hektarenerträge usw. Seit Ende 1953 bzw. 1954 werden aber nur noch Quantum und Sortiment der dem Staat zu verkaufenden Produkte vorgeschrieben. Eigentlich hat sich jedoch im Vergleich zu früher die Lage kaum geändert, da die Verträge planmässig und von oben vorgeschrieben sind und die Einmischung der Bezirkssowjets in die Produktionstätigkeit der Kolchosen weiterhin erfolgt.

Die Verfügung über die vom Vorvertrag ausgenommenen Produkte wird erschwert durch die Tendenz, den freien Kolchosmarkt, der 1932 eingeführt wurde, zu beschränken und abzuschaffen. Um die Planmässigkeit des freien Handels zu festigen, wurde 1961 die Institution des Kommissionshandels geschaffen, der den Kolchoshandel mit überschüssigen Waren ersetzen sollte, aber schon 1964 wurde die Bedeutung des Kolchosmarktes wieder grösser (225).

Die Kolchosen haben die Maschinen der früheren (staatlichen) MTS auf vertraglicher Basis übernommen, sie können aber über diese Maschinen nicht frei verfügen, da die Bestimmung, wonach das Kolchoseigentum auf die Stufe des allvölkischen Eigentums zu heben sei, conditio sine qua non des Vertrages war (226).

5. Die Ueberführung des genossenschaftlichen Eigentums ins Eigentum des gesamten Volkes

Die relative Unabhängigkeit der Genossenschaften und Kollektivbetriebe wird durch die Tendenz der Umwandlung in Sowchosen (Staatsbetriebe) gefährdet.

Wie wir schon gesehen haben, stellt das genossenschaftliche Eigentum nur eine Uebergangserscheinung dar im Zuge der Entwicklung zum Staatseigentum. Diese Entwicklung wird erleichtert durch die Verschuldung der Kolchosen, die nicht rentabel sind. Ueberdies ist der Boden Staatseigentum und es besteht kein einheitlicher genossenschaftlicher Eigentumsfonds (227). Der juristische Begriff des unteilbaren Kolchosfonds ist umstritten. Strumilin sieht darin eine Uebergangsform zwischen Kolchos- und Staatseigentum, andere behaupten Kolchoseigentum, das aber dem Staatseigentum näher stehe (228).

Ein Verkauf des Grundkapitals ist nicht möglich, da es unteilbar ist, es kann also nicht ins persönliche Eigentum überführt werden. Die unteilbaren Fonds, die zur Annäherung ans Staatseigentum dienen, werden begreiflicherweise vom Staat gefördert. Ueberhaupt macht sich im sozialistischen Eigentumssystem die Tendenz bemerkbar, zu verhindern, dass eine "höhere" Eigentumsform d.h. eine Eigentumsform, die gesamteigentümerischen Charakter aufweist, wieder in eine "weniger entwickelte" umgewandelt wird.

Die staatliche Preisbildung und Preispolitik bewirken eine derartige Lenkung, dass sich die Kolchosen "freiwillig" in Sowchosen zusammenschliessen. Auf administrativem Weg werden sie "auf Wunsch" in Sowchosen umgewandelt (229). Eine weitere Möglichkeit besteht darin, dass die Kolchosen "stufenweise in die entwickeltere Form des Eigentums hinüberwachsen" (230). Durch die Annäherung beider Eigentumsformen, die beschleunigt wird durch die Zusammenlegung von Kolchosen bzw. gemeinsamen Betrieben von Kolchosen und Sowchosen, die Einschaltung der Kolchosen in die planmässige sozialistische Reproduktion, durch die Gründung von Kolchosvereinigungen, nimmt der unteilbare Kolchosfonds ständig zu, und das Arbeits- und Lohnsystem wird demjenigen der Sowchosen angepasst (231).

Die gleiche Entwicklung kann man auch auf dem Gebiet des Gewerbewesens finden: Es besteht die Tendenz, die Gewerbegenossenschaften in staatliche Industriebetriebe umzuwandeln. In den Volksdemokratien ist dieser Prozess (noch) unbekannt, aber in der ČSSR fördert man die Zusammenlegung der Gewerbegenossenschaften und der LPG schon seit 1960 (232).

Diese ganze Entwicklung ist verfassungswidrig, da nach Art. 8 der Verfassung der UdSSR der Boden den Kollektivwirtschaften "für ewig" und "urkundlich" zu unentgeltlicher und unbefristeter Nutzung zugesichert wird.

C. Die Nutzung des Eigentums als Pflicht

Das Eigentum jeder Art wird in den Volkswirtschaftsplan einbezogen, was zur Folge hat, dass man unter Nutzung nicht so sehr ein Recht des Eigentümers, als vielmehr eine Pflicht versteht. "Nutzung heisst die Verwendung einer Sache zum Zwecke der Erfüllung der Planaufgaben, zum Zwecke der Befriedigung dieser oder jener Bedürfnisse ... In der sozialistischen Planwirtschaft ist die Nutzung einer Sache nicht nur eine Befugnis der sozialistischen Organisationen, sondern vor allem ihre Pflicht. Die Nutzung selbst erfolgt entsprechend dem Plan ... es ist zulässig, dass persönliche Eigentümer ihre Sache nutzen, um Erträge zu erzielen, jedoch nur unter der Voraussetzung, dass eine derartige Nutzung nicht zur Ausbeutung anderer Personen führt, keine Spekulation darstellt und nicht zur systematischen Verwendung der Sachen zur Erzielung von solchen Erträgen wird, die nicht auf Arbeit beruhen" (233).

Die zweck- und gesetzeswidrige Nutzung persönlichen Eigentums kann zur Entziehung führen, wie Art. 1 ZGB der RSFSR von 1922 erläuterte. Dieser Grundsatz wurde in Art. 5 der neuen Grundlagen der ZGG von 1961 aufgenommen: "Die bürgerlichen Rechte werden durch das Gesetz geschützt, es sei denn, sie werden im Widerspruch zu ihrer sozialökonomischen Zweckbestimmung ausgeübt." (Also Rechtsmissbrauch für nicht gesellschaftskonforme Zwecke.) Diese Bestimmung eröffnet den Behörden ein weites Betätigungsfeld auf dem Gebiet der (im Rechtsstaat zu verwerfenden) Motivforschung.

Als Missbrauch des Nutzungsrechtes gilt z. B. die Verpachtung oder Aneignung von Kolchosfeldern. Ein Haus kann enteignet werden, wenn es vernachlässigt wird. Eine Staatsanleihe, die zu Spekulationszwecken erworben wird, ist nichtig. Die ständige und gewerbsmässige Vermietung von Autos oder Wohnhäusern kann dazu führen, dass die Objekte unter Berufung auf Art. 1 ZGB enteignet werden (234).

Auch in den Volksdemokratien ist Nutzung eher Pflicht als Recht. Verlassene Wirtschaftsobjekte werden in Polen ohne Entschädigung vom Staat übernommen (235). In Ungarn werden Privatverträge, die einen zweckwidrigen Gebrauch des Eigentumsobjekts vorsehen, nicht anerkannt.

Zur Illustrierung, was als Rechtsmissbrauch auf dem Gebiet des persönlichen Eigentums gilt, sei ein Beispiel aus Ungarn angeführt: Ein Eigentümer lieh seinen Privatwagen an eine Drittperson aus und verlangte - laut Vertrag - 2000 Forint für die Leihe. Der Entlehner zahlte aber dem Eigentümer nur 1000 ft., weshalb sich der Eigentümer an das Gericht wandte. Das Gericht hiess die Schuld von 1000 ft. (für Abnützung usw.) gut, wandte im übrigen die Klage aber ab. Der Staatsanwalt erhob hierauf im Interesse der Gesetzlichkeit Beschwerde und wurde geschützt, weil der Wagen zu Erwerbszwecken missbraucht worden sei und nach Art. 202 Abs. 2 ZGB der Vertrag ungültig und die Summe von 2000 ft. dem Staat zu zahlen sei (Art. 237 Abs. 1). Das Oberste Gericht hiess dieses Urteil gut (236).

Das Prinzip der rei acquisitae gilt also nicht im sozialistischen Recht. Rechtmässig erworbene Objekte können durch eine vorschriftswidrige Nutzung verloren gehen. In der Presse wird verlangt, dass selbst Rechte, von denen kein Gebrauch gemacht werde, entzogen werden sollten (237).

D. Zusammenfassung

Die Charakterzüge des sozialistisch-kommunistischen Eigentumssystems lassen sich wie folgt zusammenfassen:

1. Der Eigentumsbegriff ist nicht einheitlich, sondern der Inhalt als Funktion des Eigentums (Besitz, Nutzung und Verfügung) ändert sich, abhängig a) von den Objekten des Eigentums (Produktionsmittel, Konsumgüter), b) vom Eigentümer (Staat, Genossenschaft, gesellschaftliche Organisation, Privatperson) und c) von der Art der Nutzung (persönliche, kollektive Nutzung, bzw. Ausbeutung von fremden Arbeitskräften).

2. Alle Inhaltselemente jeder Eigentumsform sind mit dem Wirtschaftsplan aufs engste verbunden (Art. 11 der Verf. der UdSSR lautet: "Das Wirtschaftsleben wird durch den staatlichen Volkswirtschaftsplan ... bestimmt und gelenkt"). Die Abhängigkeit bzw. Verbundenheit ist natürlicherweise beim persönlichen Eigentum am geringsten.

3. Das Eigentumsrecht bzw. Eigentumssystem wird durch eine Entwicklungsdynamik (238) charakterisiert: a) Die Formen des sozialistischen Eigentums werden stufenweise durch "gegenseitige Annäherung" ins Eigentum des gesamten Volkes umgewandelt. Diese Entwicklungstendenz wurde in den Artikeln 21-24 der Grundlagen der ZGG von 1961 (239) verankert. b) Das Privateigentum wird auch in den Volksdemokratien stufenweise vollständig verschwinden, inbegriffen das nichtkapitalistische Privateigentum. Diese Entwicklungstendenz beweisen die gesetzlichen Bestimmungen: Die erste tschechoslowakische Verfassung von 1948 garantierte und schützte noch das Privateigentum, ohne Rücksicht darauf, ob es sich um kapitalistisches oder nichtkapitalistisches Privateigentum handelte (§ 9). In der zweiten Verfassung von 1960 wird das Privateigentum nurmehr "erlaubt", aber auch dies gilt nur für das nichtkapitalistische, d.h. für die kleine Privatwirtschaft (Art. 9). Die zivilrechtlichen Grundlagen und die einzelnen ZGB der Republiken der UdSSR nehmen keinen Bezug mehr auf das nichtkapitalistische Privateigentum (240). Es liegt auf der Hand, dass auch diese Form des Privateigentums zum "Absterben" verurteilt ist.

4. Der Begriff des persönlichen Eigentums ist unsicher und schwankend: a) es wird beschränkt auf Konsumgüter, b) es darf nicht als Quelle nichterarbeiteten Einkommens dienen (Art. 25 Grundlagen ZGG), c) sein Kreis wird ständig eingeschränkt und zwar in dem Masse, als immer mehr persönliche Bedürfnisse vom Sozialfonds befriedigt werden (241), d) es darf nicht ein gewisses Quantum

überschreiten (3 kg Zucker sind z.B. persönliches Eigentum, 150 kg aber privates, denn nicht das ganze Quantum wird zur Deckung persönlicher Bedürfnisse gebraucht. Ein Doppelzentner Mehl ist in Friedenszeiten persönliches Eigentum, in Kriegszeiten und in Zeiten von Hungersnot aber Privateigentum) (242).

5. Das Eigentumsrecht der Volksdemokratien weist nur unwesentliche Unterschiede auf, die aber nur vorübergehenden Charakter haben. Als Prinzip gilt Staatseigentum, das aber aus wirtschaftlichen Erwägungen heraus in der Praxis durchbrochen wird.

III. Der zivil- und strafrechtliche Schutz des Eigentums

A. Unterschiedlicher Schutz

Das Gesetz schützt alle Eigentumsarten, in den Volksdemokratien selbst das kapitalistische Privateigentum. Die einzelnen Eigentumsformen werden aber unterschiedlich stark geschützt, wobei ein absteigendes Gefälle vom staatlichen zum persönlichen und Privateigentum besteht (243). Zwischen genossenschaftlichem und Volkseigentum besteht nur ein gradueller Unterschied, indem die Sorgfaltspflicht hier nur für den Genossenschafter, sonst für den Bürger, die Genossenschafter und die staatlichen Stellen gilt.

B. Der zivilrechtliche Schutz (Besitz und Besitzesschutz)

Der Eigentümer wird geschützt durch die rei vindicatio, die aber an den (oft schwierigen) Beweis des Eigentums geknüpft ist. Deshalb können petitorium und possessorium, die auf dem Besitz, resp. dem (besseren) Recht zum Besitz basieren, meist wirksameren und rascheren Rechtsschutz gewähren als die Eigentumsklage.

Der Begriff des Besitzes, unter dem wir die tatsächliche Gewalt über eine Sache verstehen, ist in der Sowjetunion gegenstandslos, da sich kein Rechtsschutz daran knüpft (244). Das bulgarische (§ 86) und das tschechoslowakische ZGB (§ 143) anerkennen nur den Eigenbesitzer als Besitzer, jeder andere ist Detentor. Nur das ungarische ZGB nennt jeden Besitzer, der die Sache in der Gewalt hält.

Der Besitzesbegriff ist in den sozialistischen Ländern kontrovers und wird in der juristischen Literatur nicht eingehend behandelt. Wenediktow (245) weist darauf hin, dass das sowjetische ZGB das petitorium (Besitzesrechtsklage) nur dem Pfandbesitzer und dem Mieter gewährt, dass aber im Wege der Analogie der Rechtsschutz auch auf andere Rechtssubjekte ausgedehnt werden müsste, und eine allgemeine Form der Klage auf Herausgabe des Vermögensgegenstandes aus fremdem, rechtswidrigem Gewahrsam anerkannt werden sollte. Das sowjetische Recht kennt auch keine besondere Besitzesschutzklage (possessorium, Publiciana in rem actio), d. h. eine Klage, die den Besitz als solchen, ohne Prüfung der wirklichen Eigentumsverhältnisse, schützt. "... Dem sowjetischen Recht ist der Gedanke des Schutzes des Besitzes als solchem, unabhängig davon, ob er gesetzlich oder ungesetzlich ist, fremd." (246)

Der Gedanke, der das Fehlen eines possessoriums rechtfertigt, ist der, dass der Staat nicht einem wider das Recht Besitzenden Schutz gewähren soll, vielleicht sogar gegen den rechtmässigen Eigentümer. Es widerspräche der sozialistischen Gesetzlichkeit, dass der unberechtigte Besitzer geschützt wird (247). Im Gegensatz dazu schützt das schweizerische ZGB den Besitzer (auch den unrechtmässigen), provisorisch mit dem possessorium, da vorläufig der Rechtsfriede (der der Selbsthilfe zuvorkommen soll), den Vorrang vor der Rechtmässigkeit haben soll. Der Gerechtigkeit zum Durchbruch verhilft dann die Besitzes<u>rechts</u>klage.

Bulgarien, die ČSSR und Ungarn kennen indessen ein possessorium bei eigenmächtigem Entzug des Besitzes (248). Durch die, wenn auch beschränkte Anerkennung des possessoriums soll der Schutz vereinfacht werden (beschleunigtes Verfahren oder richterliches Befehlsverfahren) und Eigenmächtigkeit (Selbsthilfe) ausgeschlossen werden. Possessorischer Schutz kommt dem Nichtberechtigten nur provisorisch zu. Auch in Ungarn geschieht dies durch eine einstweilige Verfügung der Gerichte (249).

In den Volksdemokratien gibt es sowohl das petitorium als auch das possessorium, das in Ungarn und der ČSSR vorerst eine Verwaltungsangelegenheit (Exekutivkomitee des örtlichen Rates) ist. Innerhalb dreier Tage wird Bescheid gegeben, d. h. die Störung untersagt oder die Wiederherstellung des Zustandes gefordert, sonst kann der Bürger an das Gericht gelangen.

Csanádi vermutet, dass sich die ungarische Auffassung über den Besitzesschutz (possessorium) durchsetzen wird und so die Unterschiede zwischen der sowjetischen und der volksdemokratischen Regelung verschwinden werden (250).

C. Der strafrechtliche Schutz

Die Unterscheidung zwischen den verschiedenen Eigentumsarten hat auch für das Strafrecht Bedeutung, da der Schutz vor Rechtsgutsverletzungen differiert. Dies sei am Beispiel des Tatbestandes des Diebstahls aufgezeigt, der in den Oststaaten ein sehr häufiges Delikt darstellt: In der ČSSR sind z. B. 20% aller Delikte Diebstähle am sozialistischen Eigentum (251).

Einfacher Diebstahl wurde im StGB der RSFSR von 1926 mit Gefängnis oder Besserungsarbeit bis zu drei Monaten bestraft, 1947 jedoch verschärfte man die Strafen und bestrafte nun Diebstahl am Staatseigentum mit 7-10 Jahren Arbeitslager, verbunden mit fakultativer Vermögenskonfiskation, Diebstahl am genossenschaftlichen Eigentum mit 5-8 Jahren (fakultative Vermögenskonfiskation), Diebstahl an persönlichem Eigentum dagegen "nur" mit 5-6 Jahren Gefängnis ohne Vermögenskonfiskation (252).

Ungarn sieht ebenfalls eine Abstufung je nach Eigentumsform vor (253). Nach dieser Gesetzesverordnung kann eine Person, die aus einem staatlichen Geschäft z. B. Kleider im Wert von 200 ft. (ca. 25 Fr.) entwendet, mit Gefängnis bis zu 5 Jahren bestraft werden, wenn hingegen der Täter das gleiche Diebesgut bei einem Kleinhandwerker stiehlt, nur mit einem Jahr Gefängnis.

Todesstrafe wird verhängt für Inbrandsteckung oder Sprengung von gesellschaftlichem Eigentum, wenn grosser Schaden damit verbunden ist (erfolgsqualifiziertes Delikt) (254). Auch Bulgarien kennt zahlreiche Delikte an gesellschaftlichem Eigentum, die mit der Todesstrafe sanktioniert werden (255).

Die UdSSR und Polen haben mildere Bestimmungen, aber sehen ein beschleunigtes Verfahren vor bei Verletzung des sozialistischen Eigentums. In der UdSSR erwachsen grosse Schwierigkeiten bei der Subsumption der Tat, denn es bestehen vier Kategorien von Diebstählen: Kleindiebstahl (Art. 96 StGB RSFSR), Diebstahl in bedeutendem Umfang (Art. 89-93 Abs. 1-2), in grossem Umfang (Art. 89-93 Abs. 3) und in besonders grossem Umfang (Art. 93 Abs. 1). Dieser letztere Diebstahl wird sanktioniert mit langen Freiheitsstrafen oder mit der Todesstrafe. Kleindiebstähle dagegen können von den Untersuchungsorganen oder den Gerichten den Kameradschaftsgerichten zugewiesen werden (256).

Wie wir aufgezeigt haben, besteht also ein grosser Unterschied, was die Qualifizierung der Tat betrifft, je nachdem, ob es sich um persönliches oder sozialistisches Eigentum handelt. Der Strafrahmen und die Strafmaxima, resp. -minima, lassen den unterschiedlichen Wert erkennen, den man den einzelnen Eigentumsformen als Rechtsgüter im sozialistischen Staat beimisst.

IV. Erbrecht

Das Eigentum gewinnt erst seine volle Bedeutung durch das Erbrecht.

Die Entwicklung des sowjetischen Erbrechts stellt eine noch stärkere Konzession an die zu Einfluss und Vermögen gekommene Apparatschiki-Klasse dar als die Konsolidierung des Eigentums (257).

Das Erbrecht erschien Marx als abergläubische Uebertreibung des Privateigentums selbst (258), und demzufolge wurde im sozialistischen Staat das Erbrecht 1918 ganz abgeschafft (259), im Zuge der Liberalisierung in der NEP-Epoche aber erneut zugelassen (260), doch in engen Grenzen gehalten: Der Nachlass durfte nicht mehr als 10000 Goldrubel betragen, ein superfluum fiel an den Staat. Erbberechtigt waren nur der Ehegatte und die Deszendenten, sowohl aufgrund der gewillkürten (testamentarischen) wie der gesetzlichen Erbfolge (261). 1926 wurde die Wertbegrenzungsklausel abgeschafft und das Erbrecht auf die Verwandten ausgedehnt. Das Erbe wurde aber praktisch durch hohe Erbschaftssteuern (es war eine Progressivsteuer bis zu 90% vorgesehen), nutzlos gemacht (262). Die Jahre 1943 und 45 brachten den vorläufigen Abschluss dieser Entwicklung und eine endgültige Stärkung des Erbrechts: Die Erbschaftssteuer wurde abgeschafft, aber vom Nachlass wurde eine Gebühr von 10% des Nachlasswertes abgezogen; der Kreis der Intestaterben wurde vermehrt und das Repräsentationsrecht eingeführt (263).

Die Grundlagen der Zivilgesetzgebung der UdSSR und der Unionsrepubliken vom 8.12.1961 (in Kraft seit 1. Mai 1962) (264), brachten eine weitere Ausdehnung des gesetzlichen Erbrechts. Die Rechtsliteratur befürwortete sogar eine Ausdehnung des Erbrechts auf die Geschwisterkinder auf Kosten des Staates (265).

Gegenstand des Erbrechts kann nur sein, was unter der verfassungsrechtlichen Eigentumsgarantie steht, also Objekte des persönlichen Eigentums (Arbeitseinkünfte, Ersparnisse, Wohnhaus, Eigentumswohnung, die häusliche Nebenwirtschaft, z.B. Vieh und Haushaltgegenstände (266), schuldrechtliche Forderungen, Autorenhonorare, Erfinderrechte u.a. (267). Nach dem Verfassungstext stehen auch das Betriebsinventar des Einzelbauern und des Kleingewerbetreibenden (nichtkapitalistisches Privateigentum) unter der Eigentumsgarantie, das Eigentum des Einzelbauern wird aber im neuen ZGB nicht mehr erwähnt, im Gegensatz zum Handwerker, der den Schutz des persönlichen Eigentums geniesst (Art. 115).

Die gesetzlichen Erben sind in zwei Ordnungen (Klassen) eingeteilt (Art. 532 ZGB und Art. 118 Grundlagen ZGG), wobei die Erben der zweiten Ordnung nur zum Zuge kommen, wenn keine Erben erster Ordnung vorhanden sind, wenn die zuerst berufenen Erben ausschlagen oder durch Testament enterbt werden (Art. 532 Abs. 4 ZGB). Zur ersten Klasse gehören: die Nachkommen (inbegriffen die Adoptivkinder) - die unehelichen Kinder sind den ehelichen völlig gleichgestellt - (Art. 16 Grundlagen) und die Kinder, die erst nach dem Tode des Erblassers geboren werden, ferner der Ehegatte, der in registrierter Ehe lebte (Art. 253), die Eltern und die Adoptiveltern (Art. 532 Abs. 2 ZGB). Die zweite Ordnung bilden die Geschwister und die Grosseltern (Art. 532 Abs. 3 ZGB). Zum Kreis der gesetzlichen Erben gehören auch diejenigen arbeitsunfähigen Personen, die vom Verstorbenen während des letzten Jahres vor dem Tod unterstützt wurden (Art. 532 Abs. 5 ZGB). Sie erben gleichberechtigt mit den andern Erben derjenigen Klasse, die zum Zuge kommt. Innerhalb der Klassen erben die Berufenen zu gleichen Teilen (Art. 532 Abs. 1).

Diese Regelung gilt für die RSFSR, die im Anschluss an die Grundlagengesetzgebung der Union das Erbrecht in Abschnitt VII im neuen ZGB vom 11.6.1964 regelte. Das Erbrecht der andern Republiken weicht nur insofern von dem russischen ab, als der Gesetzgeber der einzelnen Republiken ermächtigt ist, den Kreis der gesetzlichen Erben zu erweitern (Art. 118 Abs. 3 Grundlagen ZGG).

Durch Testament (268) kann der Erblasser sein Vermögen oder einen Teil jeder beliebigen natürlichen oder juristischen Person vermachen, ungeachtet, ob sie zu den Intestaterben gehört oder nicht (Art. 534 ZGB). Er kann gesetzliche Erben enterben (Art. 534 Abs. 2), unter Beachtung des Noterbrechts freilich, das den unmündigen oder arbeitsunfähigen Kindern, dem nicht erwerbsfähigen Ehegatten, den Eltern und Unterhaltsberechtigten einen Pflichtteil von 2/3 des Intestatteils zusichert (Art. 535 ZGB).

Ein Erbrecht des Staates besteht nur in den Fällen, wo keine gesetzlichen oder eingesetzten Erben vorhanden sind, alle Erben ausschlagen oder vom Erblasser enterbt worden sind oder wenn der Staat als Rechtsnachfolger eingesetzt wird (Art. 552).

Ein Repräsentationsrecht besteht nur für die Kinder im Falle des Vorabsterbens ihrer Eltern (also für Enkel und Urenkel des Erblassers) (269).

Eine Sonderbestimmung gilt für das bäuerliche Erbrecht der Kolchosmitglieder in Bezug auf die Nebenwirtschaft (Art. 560 ZGB): Beim Tode eines Mitglieds verbleibt dessen Anteil den übrigen Mitgliedern zu gemeinsamer Nutzung. Es tritt also Akkreszenz der übrigen Familienmitglieder am Gemeineigentum des Kolchoshaushaltes ein, während sich der (beim Tod des Erblassers noch nicht gezahlte) Lohn nach dem gemeinen Erbrecht vererbt, da nur der Hof und die Nebenwirtschaft (wie im zaristischen Russland) (270), im kollektiven Eigentum stehen (271).

Die Beschränkungen des sowjetischen Erbrechts ergeben sich durch:

1. Die Objektbegrenzung: Gegenstand des Erbrechts kann nur persönliches Eigentum sein (272), wozu auch das Eigentum des Kleinhandwerkers zählt (Art. 115 ZGB). Eine Beschränkung hinsichtlich des Objekts besteht insofern, als "gewöhnliche Haushaltobjekte" nur jenen Personen, die mit dem Erblasser während mindestens einem Jahr vor dem Tod im gemeinsamen Haushalt gelebt haben, vererbt werden können (Art. 533 ZGB). Die Auslegung ist aber sehr labil und die Literatur fordert die Aufhebung dieser Bestimmung.

2. Das den Nachlass bildende persönliche Eigentum muss der Bedarfsbefriedigung des Bürgers dienen und

3. nicht den gesellschaftlichen Interessen (d.h. den Regeln des sozialistischen Zusammenlebens und der kommunistischen Moral) widersprechen (Art. 5 ZGB).

4. Praktisch gibt es auch eine mit dem Konsumcharakter des persönlichen Eigentums verbundene quantitative Beschränkung (Eigentum an zwei Wohnhäusern ist nicht erlaubt, das zweite muss verkauft werden).

5. Das Erbrecht wird ferner beschränkt durch das (allerdings wenig ausgeprägte) Pflichtteilsrecht (Art. 535 ZGB) und

6. durch die Bestimmung, wonach Kirchen und religiöse Vereinigungen nicht Rechtsnachfolger sein können (273).

7. Erbverträge werden nicht anerkannt (in Ungarn nur im Zusammenhang mit Unterhalts- oder Leibrentenverträgen (274).

Das Erbrecht der Volksdemokratien ist im wesentlichen gleich wie das sowjetische. Im Gegensatz zur UdSSR kann aber in den Volksdemokratien auch ein Produktionsmittel (z. B. Boden) Gegenstand des Nachlasses sein, allerdings nur in den vom Gesetzgeber vorgeschriebenen Grenzen (275). Die Grundstücke (und Wohnhäuser) müssen aber der Befriedigung der Wohnbedürfnisse des Eigentümers und seiner Familienangehörigen dienen (276). In Polen wird das Erbrecht am Boden durch "das öffentliche Interesse", das in der Praxis extensiv ausgelegt wird, stark eingeschränkt, so dass dem Eigentümer oft nur noch die nuda proprietas bleibt (d.h. er hat nur noch die Lasten). Die Zerstückelung der Einzelbauernhöfe durch Erbrecht ist nicht gestattet (277).

Auch die neue Verfassung der DDR garantiert das Erbrecht des persönlichen Eigentums in Art. 11 Abs. 1 unter der einschränkenden Bestimmung des Abs. 3, der das Eigentum nur schützt, wenn sein Gebrauch nicht den Interessen der Gesellschaft zuwiderläuft (278).

Das volksdemokratische Pflichtteilsrecht ist im Gegensatz zur UdSSR erweitert: Das ungarische ZGB gibt den Nachkommen, den Eltern und dem Ehegatten ein unabdingbares Recht auf den Pflichtteil, der die Hälfte des Intestaterbteils ausmacht (279). Auch die DDR sichert den Nachkommen und dem Ehegatten den Pflichtteil des Nachlasses, da ein Ausschluss der nächsten Familienangehörigen den "Interessen der Gesellschaft", unter dessen Vorbehalt das Erbrecht garantiert wird, zuwiderlaufen würde (280).

Gsovskij bemerkt (281), dass die Sowjetunion einige Prinzipien des Sozialismus habe opfern müssen, um sich an der Macht zu halten. Dies ist richtig, wenn man bedenkt, dass die am Anfang erfolgte Abolition des Erbrechts wieder allmählich rückgängig gemacht wurde. Marx sah das Erbrecht aber nicht als Grundlage des (abzuschaffenden) Privateigentums, wie sein utopistischer Vorgänger Saint-Simon (282), sondern als Folge dieser Wirtschaftsstruktur, deshalb ist es verständlich, dass nicht in erster Linie die Abschaffung des Erbrechts von entscheidender Bedeutung ist, sondern die Ausschaltung des Privateigentums an den Produktionsmitteln.

Das Erbrecht gilt nun als eines der unveräusserlichen Rechte der Persönlichkeit (283): "Die Garantie des Erbrechts durch die Verfassung ergibt sich aus der gesellschaftlichen Anerkennung der Persönlichkeit des Bürgers und des Interesses ihrer Familien" (284). Diese Auffassung kommt der Tendenz der "neuen Klasse" entgegen, ihr Eigentum und damit auch das Erbrecht zu erweitern und zu sichern.

Angesichts der unsichern Stellung auch des verfassungsrechtlich garantierten persönlichen Eigentums, hat das sozialistische Erbrecht aber niemals die gleiche Bedeutung, die ihm im Westen zukommt, auch wenn Form und Inhalt wenig differieren.

§ 4 DAS RECHT AUF ARBEIT

I. Das Prinzip

"Die wirtschaftlichen, sozialen und kulturellen Rechte des Menschen, wie sie auch in der Allgemeinen Erklärung der Menschenrechte niedergelegt sind, umfassen das Recht auf Arbeit, das Recht auf freie Berufswahl, das Recht auf den Schutz gegen Arbeitslosigkeit, das Recht auf angemessene und befriedigende Arbeitsbedingungen und eine Entlohnung, die dem Arbeitnehmer und seiner Familie eine der menschlichen Würde entsprechende Existenz sichert ..." (285)

Das Recht auf Arbeit wurde, von Ausnahmen abgesehen (286), einzig in den sozialistischen Staaten als Grundrecht in die Verfassungen aufgenommen, da in einem Land mit liberaler Marktstruktur das Recht auf Arbeit mehr ein Prinzip als ein Recht bleibt, und eine Vollbeschäftigung nicht gesetzlich garantiert werden kann (287). Die Verwirklichung dieses Grundrechtes ist nur möglich in einem wirtschaftlichen System, das die Vollbeschäftigung rechtlich garantiert, d.h. im sozialistischen Wirtschaftssystem, wo der Hauptarbeitgeber der Staat ist.

II. Recht und Pflicht (Arbeitszwang)

Die Freiheit der Arbeit sei das Mittel zur Befreiung des Menschen und deshalb ein Menschenrecht, dessen Abschaffung zur zweiten Leibeigenschaft führe, so meinte Engels (288).

Der Sozialismus bzw. Kommunismus verkündet die totale Freiheit der Arbeit, dies bedeutet aber eine von der Ausbeutung des privaten Kapitals befreite Tätigkeit und das Recht auf Arbeit, auf bezahlten Urlaub und auf einen der Arbeit entsprechenden Lohn (289).

In allen Grundgesetzen und Arbeitsgesetzbüchern der sozialistischen Länder wird das Recht auf Arbeit garantiert (290). Das Recht auf Arbeit, das in Art. 118 des sowjetischen Grundgesetzes garantiert wird, darf aber nicht isoliert für sich, sondern nur in Verbindung mit Art. 12 der Verfassung, der die Arbeitspflicht und die Grundsätze des Leistungslohnes zum Inhalt hat, betrachtet werden: "Die Arbeit ist in der UdSSR Pflicht und Ehrensache eines jeden arbeitsfähigen Bürgers, nach dem Grundsatz: 'wer nicht arbeitet, soll auch nicht essen'." Die Formulierung erinnert an das biblische Wort: "Wenn jemand nicht arbeiten will, soll er auch nicht essen" (291). Der zweite Absatz von Art. 12 verpflichtet jeden, nach seinen Fähigkeiten zu arbeiten und billigt jedem Entlöhnung nach Massgabe seiner Leistung zu.

Sowohl Art. 12 als auch Art. 118 bedingen zu ihrer Verwirklichung notgedrungen den Ausschluss der Freiheit der Berufswahl und des Arbeitsplatzes, die Einschränkung des eigenmächtigen Stellenwechsels und die Bindung an den Arbeitsplatz.

Art. 12 ist demnach eine Ergänzung des Art. 118 und gibt dem Staat die gesellschaftliche (öffentlich-rechtliche) Grundlage, die Arbeit als Grundpflicht des Bürgers auszugestalten (292): "Das Recht auf Arbeit und die Pflicht zur Arbeit bilden eine Einheit" (Art. 24 Abs. 3 Verf. DDR).

III. Der Kampf gegen die "Schmarotzer"

Obwohl die Verfassungsartikel die Arbeit als Grundpflicht des Bürgers erklären, existieren keine Rechtsnormen, die die Arbeit unmittelbar zur Pflicht machen. Die Arbeit wird lediglich als moralische Pflicht eines jeden arbeitsfähigen Bürgers angesehen. Art. 12 ist also eine lex imperfecta (293).

Da aber die verfassungsrechtlichen Grundrechte im Sowjetsystem nicht primär subjektive Rechte des Bürgers gegenüber dem Staat, sondern vielmehr auch Rechte des Staates gegenüber dem Bürger darstellen, werden die Grundrechte, die nach rechtsstaatlicher Theorie gegen den Staat gerichtet sind und zur Verteidigung der Rechtsgutsphäre des Menschen dienen, in Grundpflichten umfunktioniert: Arbeitseinstellung und Müssiggang werden so zu einem verfassungswidrigen Verhalten. In Art. 12 sieht man daher eine Ermächtigungsnorm für den Gesetzgeber, um gegen die sog. "Schmarotzer", die nicht arbeiten, vorzugehen. Moralische Verhaltensregeln werden so in Rechtsnormen umfunktioniert. So konnten früher auf Grund der Parasitengesetzgebung (294) Bürger, die sich einer gemeinnützigen Arbeit entzogen oder nur zum Schein arbeiteten und von arbeitslosem Einkommen lebten, sogar durch Beschluss eines Gesellschaftsgerichtes (Staatsbürgerversammlungen) auf dem "Verwaltungsweg", ohne Beachtung der strafrechtlichen Vorschriften zum Schutz des Angeschuldigten, zu 2-5 Jahren Deportation verurteilt werden (295).

Seit 1964 sind die Fälle der Parasitengesetzgebung den Gesellschaftsgerichten entzogen und dem Volksgericht und dem Exekutivkomitee der Sowjets zugewiesen. Eine Verbannung darf nur vom Volksgericht ausgesprochen werden gegen Einwohner der Städte Leningrad und Moskau. Im übrigen können Arbeitsscheue, die sich trotz Verwarnung und Fristansetzung der Arbeit entziehen, durch die Lokalbehörden zwangsweise zur Arbeit geführt werden, wobei der Arbeitsplatz innerhalb des Wohnortes liegen soll. Wenn die betreffende Person der Forderung nicht nachkommt, kann sie zur Besserungsarbeit mit 10% Lohnkürzung oder, wenn auch diese Massnahme erfolglos bleibt, zu Freiheitsentzug nach Art. 28 StGB RSFSR verurteilt werden (296).

Der Begriff des Schmarotzers wird in den Gesetzen nicht einheitlich definiert. Kriterien sind z.B. Faulheit, wer keine Arbeit leistet oder wer gut leben und wenig arbeiten will! (297)

Der Gefahr, als Schmarotzer verurteilt zu werden, entzieht man sich aber nicht schon dadurch, dass man irgendeine Tätigkeit ausübt, denn eine Beschäftigung wird erst zur Arbeit, wenn sie direkt oder indirekt mit der Planwirtschaft zusammenhängt. So kann auch eine "privatunternehmerische Tätigkeit" bestraft werden (298).

Auch in den Volksdemokratien wird der Kampf gegen die Schmarotzer intensiviert. Der Schmarotzer wird als Bummler, der nur ca. 10-15 Tage im Monat arbeitet, definiert (299).

Dass gegen Leute, die sich weigern, sich in den allgemeinen Arbeitsprozess einschalten zu lassen, mit aller Strenge und Rücksichtslosigkeit vorgegangen wird, zeigt der Ukas vom 5.10.1956 über die Eingliederung der nomadisierenden Zigeuner (300): Die freiheitsliebenden Zigeuner, die trotz Verbot ein Nomadenleben führen, werden zur Sesshaftigkeit und zur geregelten Arbeit gezwungen (Art. 1 und 2).

Das Grundrecht auf Arbeit erscheint so als "getreuliches Abbild der sowjetischen Konzeption des Menschen, nach der der Mensch lebt, um zu arbeiten, nach der der Mensch nur ökonomisch-funktionellen Wert hat und einem Produktionsinstrument gleichkommt" (301)

IV. Die Ablehnung des Streikrechts

Schon die Auffassung, dass die Arbeit eine Grundpflicht ist, schliesst a priori das Streikrecht aus.

Das Streikrecht der Werktätigen wird als Mittel des Klassenkampfes (302) nur in den kapitalistischen Ländern anerkannt. Der Streik ist ein Instrument der sozialistischen Revolution (303): Die allgemeine Streikbewegung soll in die Revolution hinüberwachsen (304). In der "Charta der Gewerkschaftsrechte" vom 14.12. 1954 des Weltgewerkschaftsbundes, der unter sowjetischer Führung steht, wird dem Streikrecht in den kapitalistischen Ländern ein ganzes Kapitel gewidmet: Dem Werktätigen jeden Berufes wird das Grundrecht, ohne jede Beschränkung in den Streik zu treten, zugebilligt (305). Aber nur im Klassenkampf ist der Streik ein erlaubtes und sogar erwünschtes Mittel. In der Sowjetunion, so wird behauptet (306), sei die sozialwirtschaftliche Grundlage des Streiks liquidiert worden, da es im Sozialismus keine Ausbeutung des Menschen durch den Menschen gebe. Die Arbeit im Sozialismus sei nicht mehr lästiger Zwang, Dienst für fremde Profitinteressen und zur Erhaltung der Existenz notwendige Entäusserung der Persönlichkeit, sondern ehrenvolle Aufgabe, um den gesellschaftlichen Reichtum zu mehren, der jedem zugute komme (307). Im Sozialismus sei der Streik auch sinnlos, da sich die Produktionsstätten im gesellschaftlichen

Eigentum der Werktätigen befänden und niemand gegen sich selbst streiken könne. Durch den Streik im sozialistischen Staat werde zudem nicht der Kapitalist (da es im allgemeinen keine privaten Unternehmer gibt) geschädigt, sondern die ganze Gesellschaft und damit der streikende Arbeiter selbst, weil der sozialistische Aufbau und die Erhöhung des Sozialproduktes nur dann gewährleistet sei, wenn vom Recht auf Arbeit Gebrauch gemacht werde (308).

Aehnliche Argumente (wenn auch mit umgekehrter Zielsetzung), werden auch bei andern Institutionen ins Feld geführt: Im bürgerlichen Staat wird z.B. die Zensur, die die Pressefreiheit verletzt, bekämpft, im Sozialismus dagegen wird sie aufrechterhalten, da das Grundrecht der Pressefreiheit im Sozialismus eine völlig andere Funktion habe (309).

Obwohl im sozialistischen Staat angeblich keine gesellschaftlichen Antagonismen einem Streik Vorschub leisten, kommt es trotzdem zur Unzufriedenheit der Arbeiter, die mit Recht bessere Arbeitsbedingungen fordern (Streik in Ungarn 1956, Kasachstan 1959). Gerade im sozialistischen Wirtschaftssystem wäre aber das Streikrecht (wie auch das Recht auf freie Gewerkschaftsbildung) eine Notwendigkeit, da der Arbeiter dem einzigen Arbeitgeber, dem Staat, der über alle Mittel zur Unterdrückung der Streiks verfügt, bedingungslos ausgeliefert ist.

In der Sowjetunion wurde der Streik sofort nach 1917 verboten, und die allgemeine Arbeitspflicht eingeführt (310). Streik wird als Arbeitsversäumnis (Sabotage) und damit als staatsfeindliches Delikt aufgefasst (311). Auch beim Streikverbot stützt man sich auf die Verfassung, nämlich auf Art. 130, der den Bürger zur Wahrung der Arbeitsdisziplin und zur Erfüllung der gesellschaftlichen Pflichten, die ihm das sozialistische Gemeinschaftsleben auferlegt, anhält.

In den Volksdemokratien, wo 1945-47 noch ein grosser privater Wirtschaftssektor existierte, wurde das Streikrecht anfangs garantiert, später aber, parallel mit dem Verschwinden der Privatwirtschaft, wurde der Streik zu einem schweren Delikt, das mit Freiheitsentzug geahndet wurde. Während der ungarischen Revolution von 1956 wurde auch im Hinblick auf den Generalstreik der Aufständischen vom Präsidialrat ein Sonderverfahren (beschleunigtes Verfahren) eingeführt, in dem die Todesstrafe ausgesprochen werden konnte (312).

Trotz der Tendenz zur Liberalisierung des Arbeitsrechtes in den letzten Jahren, sehen die StGB der Oststaaten immer noch schwere Sanktionen gegen Streikende vor: In der Sowjetunion und Ungarn wird Streik als Schädlingstätigkeit aufgefasst (vreditel`stvo) (313), dies ist eine Handlung, die auf die Schwächung des Sowjetstaates gerichtet ist. Das Delikt, das die Hinderung der Tätigkeit der Industrie, des Verkehrs und der Landwirtschaft usw. bewirkt, bzw. sich gegen Betriebe und Institutionen richtet (Art. 6 Abs. 1), kann durch Tun oder Unterlassen begangen werden: Unterlassen bedeutet hier Nichterfüllen oder unrichtiges Erfüllen dienstlicher Verpflichtungen (314). Tatbestandselement ist ferner die antisowjetische Absicht, d.h. der Täter muss den sozialgefährlichen Charakter seines Verhaltens erkennen, wobei als Motive feindselige Einstellung gegen die Sowjetmacht, Gewinnsucht usw. angeführt werden (315). Die Sanktionen sind Freiheitsentzug von 8-15 (!) Jahren, sowie Konfiskation des ganzen Vermögens und (fakultativ) Verschickung von 2-5 Jahren (Art. 6 Abs. 2). Qualifiziert wird das Delikt, wenn durch die Schädlingstätigkeit sozialistisches Eigentum zerstört wird (Diversion) (Art. 5 Unionsgesetz, bzw. Art. 68 StGB RSFSR 1960). Das Gesetz sieht hiefür einen Strafrahmen von 8-15 Jahren (oder Todesstrafe) mit Vermögensentzug vor (Art. 5 Abs. 2).

Auch das ungarische StGB von 1961 (in Kraft seit Juni 1962) bestraft die Schädlingstätigkeit, wenn bedeutende Nachteile damit verbunden sind, mit 5-12 Jahren, in besonders schweren Fällen mit 10-15 Jahren Freiheitsentzug oder mit dem Tod, verbunden mit der Vermögenskonfiskation (Art. 124). Aehnliche Sanktionen sieht auch das StGB der ČSSR vom 29.11.1961, das noch strenger ist, als das sowjetische und ungarische, vor (Art. 95 ff.).

V. Die Regelung der sozialistischen Arbeitsdisziplin

Nach Lenins Meinung (316) sollte eine neue Arbeitsmoral und -disziplin Hand in Hand gehen mit der Erkenntnis des Arbeiters, dass seine Arbeit eine gesellschaftliche Bedeutung habe. Während sich in der kommunistischen Gesellschaft die Bürger bei der Arbeit von moralischen Impulsen leiten lassen (sollen), muss die Arbeitsdisziplin im Stadium des Sozialismus noch mit materiellen Mitteln (Entlohnung nach Arbeitsleistung usw.) und durch Zwangsmassnahmen aufrechterhalten werden (317).

Die Rechte und Pflichten des Arbeitnehmers im allgemeinen sind in den AGB geregelt (318). Die Kompetenz zur Grundlagengesetzgebung auf dem Gebiet des Arbeitsrechts liegt bei der Union (Art. 14 t Verf. UdSSR), während die einzelnen Republiken die entsprechenden AGB erlassen. Das AGB der RSFSR von 1922 wurde von den übrigen Republiken übernommen, doch seit 1927 wurden diese Bestimmungen durch Bundesgesetze ausgehöhlt und verändert. Es handelt sich also nicht mehr um eine blosse Normativgesetzgebung des Bundes (319).

Die Einzelheiten über die Arbeitsbedingungen und das Verhältnis Arbeitgeber-Arbeitnehmer werden meist in Kollektivverträgen festgelegt, die von den unabhängigen (in der Praxis aber der Partei unterstellten) Gewerkschaften (320) abgeschlossen werden und mehr die Interessen des Arbeitgebers (Plansoll) und des Staates als diejenigen des Arbeitnehmers wahrnehmen.

Da der Arbeitgeber praktisch ausschliesslich der sozialistische Wirtschaftssektor ist, dienen die Arbeitsrechtsnormen vor allem zur Festigung des sozialistischen Eigentums und der Erfüllung des Wirtschaftsplanes: Die Erfüllung der Wirtschaftspläne aber bedingt eine eingehende Regelung der Arbeitsdisziplin, deren Normen inhuman sind, da die Interessen der Werktätigen und der Betriebe oft divergieren (321). Beim Arbeitgeber werden mehr die Rechte, beim Arbeiter dagegen die Pflichten betont (322).

Arbeitsdisziplin bedeutet im einzelnen:

1. Die Einhaltung der für alle Staatsbürger vorgeschriebenen Arbeitszeiten,
2. die Erfüllung der Leistungsnormen,
3. die Einhaltung der Vorschriften bezüglich der Arbeitshygiene,
4. die Achtung vor dem sozialistischen Eigentum und
5. die gegenseitige Unterstützung und Hilfe (323).

Der Erlass des Präsidiums des Obersten Sowjets der Sowjetunion vom 26.6.1940, der 16 Jahre in Kraft war, sah folgende für den Arbeitnehmer ungünstige Massnahmen vor: Bei Verletzung der Arbeitsdisziplin konnte gegen den Arbeitnehmer, der zum ersten Mal ohne triftigen Grund die Arbeit versäumte, bis zu 6 Monaten Erziehungsarbeit am Arbeitsplatz angeordnet werden (Art. 30 StGB RSFSR 1926), wobei ihm 25% des Lohnes abgezogen wurden. Als Versäumnis galt eine Verspätung von mehr als 20 Minuten oder drei kleinere Verspätungen während zweier Monate und Betrunkenheit während der Arbeit. Arbeitgeber, die solche Arbeitnehmer, die die Arbeitsdisziplin verletzten, nicht vorschriftsgemäss dem Gericht übergaben, machten sich selbst strafbar (324).

Der Ukas vom 25.4.1956 (325) ersetzte die strafrechtlichen Sanktionen durch disziplinarische Massnahmen (Art. 7a) oder Verfügungen des Kameradschaftsgerichtes (Art. 7c Abs. 2). Folgende Sanktionen sind vorgesehen: Lohnreduzierung, Kürzung der Prämien (Bonussystem), Entlassung und Eintragung ins Arbeitsbuch, Einschränkung der sozialen Rechte wie Urlaub, Krankengeld und Pension (Art. 7a-c). Wenn der betroffene Arbeitnehmer eine neue Arbeitsstelle antritt, werden ihm diese Rechte nach 6 Monaten Arbeit am neuen Arbeitsplatz wieder zuerkannt (Art. 7c Abs. 1).

In den Volksdemokratien wird die Verletzung der Arbeitsdisziplin meist als Disziplinarvergehen angesehen, aber es ist auch eine strafrechtliche Sanktion denkbar, da das Vergehen leicht als Plandelikt aufgefasst werden kann. Die Beurteilung, ob ein Straf- oder Disziplinarverfahren angestrengt werden soll, ist Sache der Betriebsleitung (326).

VI. Die Entlöhnung

In der kommunistischen Gesellschaftsordnung soll dank Ueberproduktion eine freie Verteilung der Produkte jedem erlauben, nach seinen Bedürfnissen zu leben. Die Arbeit soll unentgeltlich für die Gesellschaft geleistet werden, die Gesellschaft wiederum soll die Menschen unentgeltlich mit materiellen und geistigen Gütern versorgen (327). Solange dieser (utopische) Zustand noch nicht erreicht ist, also im Uebergangsstadium vom Sozialismus zum Kommunismus (Art. 1 der Verf. UdSSR spricht denn auch nicht von kommunistischem, sondern von sozialistischem Staat), arbeitet der Mensch nicht aufgrund moralischer Impulse, sondern er muss zur Arbeit erzogen werden (328), wozu nicht zuletzt die Entlöhnung als Anreiz dient, die nach dem Leistungsprinzip erfolgt (329), d.h. der Arbeitnehmer soll nach Qualität und Quantität seiner Arbeit entlohnt werden (Art. 118 Verf.).

Das Prinzip "gleicher Lohn für gleiche Arbeit" ist jedoch nicht vollständig verwirklicht. Die geleistete Arbeit wird je nach ihrer gesellschaftlichen Bedeutung unterschiedlich eingeschätzt, und es kann vorkommen, dass ein Instruktor in der landwirtschaftlichen Abteilung des Bezirkskomitees der Partei mehr verdient als ein Instruktor in einem Bezirkssowjet, obwohl er die gleiche Arbeit leistet. So wird der Verfassungsgrundsatz, der gleichen Lohn für gleiche Arbeit fordert, auf den Kopf gestellt, da gewissen Branchen der Volkswirtschaft Priorität zukommt, was mit ein wesentlicher Grund für die Fluktuation der Arbeitskräfte ist.

Art. 118 Abs. 1 und Art. 12 Abs. 2 bieten die verfassungsmässige Grundlage für den Leistungslohn, der zur Normsteigerung und zu Leistungswettbewerben missbraucht wird.

Wie auch die übrigen Einzelheiten des Arbeitsverhältnisses, wird auch der Lohn in Kollektivverträgen festgelegt; da aber die Gewerkschaften der Partei untergeordnet sind, und so als Hilfsorgane der Betriebsleiter fungieren, wird diese Festsetzung zu einer reinen Formsache.

Die Entlöhnung erfolgt meistens nach dem Akkordsystem. Für Leistungen, die über den Normen liegen, erhält der Angestellte jedoch Prämien (Bonussystem) zusätzlich zum Grundgehalt (330). So bewirkt das Leistungsprinzip grosse Lohnspannen. Während das Durchschnittseinkommen der Arbeiter und Angestellten in der Sowjetunion im Jahre 1967 monatlich umgerechnet bei 277 DM (in der DDR 543) (331) lag, können in angesehenen Berufen (Wissenschafter, Künstler) Spitzengehälter erzielt werden, die das Zehnfache oder mehr ausmachen (332).

VII. Die Kündigung

Die Planwirtschaft bedingt den Kampf gegen die Fluktuation der Arbeitskräfte und die Bindung der Werktätigen an den Arbeitsplatz. So wird den Gewerkschaften und den Gerichten die Aufgabe zugeteilt, gegen den eigenmächtigen Fortgang anzukämpfen.

Vor 1956 bestand ein Widerspruch zwischen dem AGB und den einzelnen Rechtsnormen: Das Recht auf Kündigung wurde zwar im AGB der RSFSR vom 9.11.1922 anerkannt (Art. 46), aber im Ukas über den Uebergang auf den Achtstundentag (333) wurde der eigenmächtige Fortgang verboten (Art. 3). Der eigenmächtige Fortgang (d.h. die einseitige Kündigung) oder der Uebergang in einen andern Betrieb musste durch den Werkdirektor oder den Unternehmungsleiter bewilligt werden. Dem Gesuch auf Entlassung musste nur bei Invalidität des Arbeitnehmers stattgegeben werden. Eigenmächtiger Fortgang ohne Erlaubnis zog Gefängnisstrafen von 2-4 Monaten nach sich (334). So wurde die freie Wahl des Arbeitsplatzes, im Widerspruch zum AGB, durch Verordnung verunmöglicht.

Ein Ukas vom 25.3.1956 (335) anerkennt nun das Recht auf Kündigung ausdrücklich (Art. 5). Die strafrechtlichen Sanktionen bei eigenmächtigem Fortgang wurden aufgehoben (Art. 1). Für die Kündigung besteht für beide Vertragspartner eine zweiwöchige Frist (Art. 5). Es wird unterschieden zwischen eigenmächtigem Fortgang und Fortgang in Uebereinstimmung mit der Betriebsleitung. Im ersten Fall sind mit der Kündigung gewisse Nachteile verbunden, da der Weggang im sog. obligatorischen Arbeitsbuch vermerkt wird, was die Kündigung praktisch wiederum erschwert (336).

Die Kündigung seitens der Betriebsleitung wurde - im Unterschied zu früher - erschwert: Eine Entlassung kann nur in Uebereinstimmung mit dem Betriebskomitee der Gewerkschaften ausgesprochen werden (337).

Die Lage in den Volksdemokratien wurde durch die Tatsache bestimmt, dass am Anfang der Entwicklung noch ein grosser privater Wirtschaftssektor bestand und demzufolge das Kündigungsrecht beibehalten wurde, während mit der Zeit, parallel mit dem Verschwinden der Privatunternehmungen, das Recht auf Kündigung eingeschränkt wurde.

In den Jahren 1949-1956 konnte nach sowjetischem Muster dem Arbeitnehmer praktisch ohne Beschränkung gekündigt werden, während bei der Kündigung des Arbeitnehmers andererseits vorher die Zustimmung der Betriebsleitung eingeholt werden musste (338), wenn der Arbeitnehmer nicht riskieren wollte, wegen eigenmächtigem Fortgang bestraft zu werden.

Seit 1956 kann nun der Arbeitnehmer ebenfalls innerhalb einer Frist von 14 Tagen kündigen; das Arbeitsamt kann aber, je nach Wirtschaftsplan, die Zustimmung für einen neuen Arbeitsplatz verweigern. Der Arbeitnehmer wird dadurch geschützt, dass eine Kündigung seitens des Betriebsinhabers der Zustimmung der zuständigen betrieblichen Gewerkschaftsleitung bedarf und nur aus den im Gesetz aufgezählten Gründen möglich ist (339). Andererseits kann dem Arbeitnehmer jederzeit aus politischen Gründen gekündigt werden: Wenn der Arbeiter die sozialistische Arbeitsdisziplin oder die staatsbürgerlichen Pflichten verletzt, kann er fristlos entlassen werden (340).

Durch die Zulassung der Kündigung wurden der sowjetischen und volksdemokratischen Wirtschaft grosse Schäden zugefügt: Schlecht bezahlte Arbeitskräfte fluktuieren von einer Arbeitsstelle zur andern.

Dieser Fluktuation der Arbeitskräfte sucht man mit juristischen und gesellschaftlichen Massnahmen zu begegnen: Arbeitnehmern, die ununterbrochen in demselben Betrieb arbeiten, werden je nach Dienstjahren Lohnergänzungen zugesprochen. Nach zweijähriger ununterbrochener Tätigkeit im gleichen Betrieb erhält der Arbeiter zusätzliche Ferien. Auch in Bezug auf die Krankengelder wird auf die Kontinuität geachtet. Der treue Arbeiter erhält zusätzliche Renten und wird bei der Zuteilung der Wohnungen und bei der Einweisung in Sanatorien und Erholungsheime privilegiert.

Eine weitere Einschränkung der Fluktuation wird dadurch erreicht, dass die Absolventen der Schulen während 4 Jahren in jenem Betrieb arbeiten müssen, in dem sie aufgrund der planmässigen Arbeitszuteilung eine Arbeitsstelle erhielten (341).

Wichtiger als die eben erwähnten juristischen sind aber die gesellschaftlichen Massnahmen zur Bekämpfung der Fluktuation: In den sowjetischen Betrieben wurden auf Initiative der Gewerkschaften besondere gesellschaftliche Kommissionen für die Aufnahme und Entlassung von Werktätigen gegründet. Diese Kommissionen, die das Kollektiv festigen sollen, untersuchen die Motive des Arbeitnehmers, der den Betrieb verlassen will, und können das Gesuch bewilligen oder ablehnen (342). Wenn die Kommission den Fortgang ablehnt, ist der Werktätige an seinen Arbeitsplatz gebunden wie der Bauer im Feudalismus an den Grundbesitz gebunden war. Bummler erhalten keine Wohnungen und Prämien; die versäumten Arbeitstage werden ihnen von den Ferien abgezogen. Oft werden Betriebswohnungen unter der Bedingung zugeteilt, dass der betreffende Mieter mindestens 5 Jahre im gleichen Betrieb arbeitet (343).

So umgeht man die juristisch eindeutige Regelung in Bezug auf die Kündigung durch gesellschaftliche Massnahmen, die eine indirekte Bindung an den Betrieb zur Folge haben.

Durch verschiedene Massnahmen suchte man auch in den Volksdemokratien die grosse Landflucht im Laufe der zweiten Kollektivierungswelle (1959/60) einzudämmen. In der Praxis kommt es vor, dass sich der örtliche Rat oder die LPG weigert, das Arbeitsbuch auszuhändigen, das für die Arbeitsaufnahme im neuen Betrieb unerlässlich ist (344), obwohl dies dem Gesetz widerspricht.

In der LPG kann oft während des Winters keine Arbeit verrichtet werden, trotzdem hindert die LPG nicht selten die Abwanderung in die Industrie (345). Das Arbeitsamt verweigert die Vermittlung einer neuen Arbeitsstelle, wenn ihr keine Bestätigung des örtlichen Rates vorgelegt wird, die besagt, dass in der betreffenden Ortschaft kein Mangel an Arbeitskräften besteht (346). Eine Bestätigung hierüber erfolgt andererseits erst, wenn eine entsprechende Erklärung der LPG vorliegt.

Der Arbeiter, der eigenmächtig kündigt, darf am neuen Arbeitsplatz während 6 Monaten keinen höhern Lohn als im verlassenen Betrieb beziehen (347).

Seit 1956 besteht also in allen sozialistischen Staaten Kündigungsfreiheit, aber durch verschiedene Massnahmen (juristische und gesellschaftliche) versucht man trotzdem, den Werktätigen an den Betrieb zu binden.

VIII. Abkommandierungen

Eine Einschränkung der Freiheit der Arbeitsplatzwahl und der Berufswahl, sowie der Kündigung erfolgt durch das System der sog. Abkommandierungen. Nach Stalins Tod wurden zwar die Zwangsmassnahmen (Mobilisierungen), die durch Ukas vom 2.10.1940 ("Ueber die staatlichen Arbeitsreserven") (348) eingeführt wurden, um den Bedarf an Arbeitskräften in den planmässig geförderten Betrieben und in gewissen Gebieten zu decken, aufgehoben (349); dennoch gibt es auch heute direkte und indirekte Massnahmen, die die Freiheit der Arbeitsplatzwahl verletzen.

A. Indirekte Beschränkungen

Heute ergreift man indirekte, gesellschaftliche Mittel, um die Jugend nach Zentralasien, nach dem ferner Osten und nach Sibirien abzukommandieren: Die Mitglieder des Komsomol werden angeworben und aufgefordert, sich "freiwillig" zur Umsiedlung zu melden (komsomol`skie putevki). Das Präsidium der Komsomolversammlung liest öffentlich die Liste mit den Namen derjenigen Mitglieder vor, denen eine Empfehlung für eine solche Abkommandierung (putevka) gegeben wird. Darauf erklären die "Erwählten" ihre Bereitschaft, die Arbeit dort, wo es notwendig ist, aufzunehmen (350). So wandern alljährlich 100 - 150000 Jugendliche im Rahmen des gesellschaftlichen Aufgebotes (obščestvennyj prizyv) nach dem Osten, vor allem nach dem Neuland in Kasachstan, in das Altajgrenzgebiet, nach Usbekistan, Turkmenistan, Tadschikistan und Kirgisien (351).

B. Direkte Beschränkungen

Eine weitere Verletzung der Freiheit der Arbeitsplatzwahl bedeutet die Abkommandierung der Absolventen der Handwerks-, Eisenbahn-, Werks- und Fabriksschulen. Die Absolventen werden für 4 Jahre mobilisiert, damit der Nachwuchs an qualifizierten Facharbeitern in Industrie und Verkehr sichergestellt werden kann (352).

Diese Bestimmung wurde auf die Absolventen der Hoch- und Mittelschulen ausgedehnt. Vorgesehen ist eine obligatorische Dienstzeit von 2-4 Jahren nach Abschluss der Studien. Während dieser Zeit besteht keine einseitige Kündigungsmöglichkeit. Das Abschlussdiplom der Schule wird erst nach einjähriger Dienstzeit ausgehändigt. Die Kommissionen, die für die Verteilung der jungen Spezialisten verantwortlich sind, sollen "nach Möglichkeit" die Wünsche der jungen

Leute berücksichtigen (353). Trotzdem berichtet die Presse, dass die Hochschulabsolventen es oft vorziehen, in der Grossstadt als Kellner oder Verkäufer zu arbeiten, anstatt als Richter oder Anwalt in entlegene Gebiete abkommandiert zu werden (354).

In den Volksdemokratien ist das Problem der Abkommandierungen nicht so aktuell, da es keine grossen unbebauten Flächen zu kultivieren gilt. Aber auch hier werden die jungen Akademiker abkommandiert. Wer der Abkommandierung nicht Folge leistet, würde als Deserteur bestraft (355).

Durch das System der Abkommandierungen wird die Autonomie der Vertragsparteien verletzt, obwohl Art. 9 der Grundlagen der ZGG vom 8.12.1961 (356) zum Inhalt der Rechtsfähigkeit des Bürgers auch die freie Wahl des Berufes zählt. Im Parteiprogramm der KPdSU wird jedem eine gleiche und freie Berufswahl, (freilich) unter Berücksichtigung der Interessen der Gesellschaft garantiert (357). Die Einschränkungen werden wie bei allen Grundrechten auch hier im Interesse der Gesellschaft als notwendig erachtet, da die Ueberreste der Vergangenheit im Bewusstsein der Menschen auf die Berufswahl einen grossen Einfluss ausübten (358).

IX. Ergebnisse

Das Recht auf Arbeit, das als Errungenschaft des sozialistischen Staates gepriesen wird (359), erweist sich eher als eine Pflicht als ein Recht.

Das Recht auf Arbeit bedeutet im einzelnen in den sozialistischen Ländern die Befreiung des Werktätigen von der Ausbeutung des Privatkapitals, die Aufhebung des Privateigentums an den Produktionsmitteln und die gleiche Verpflichtung aller Bürger, gemäss ihren Fähigkeiten zu arbeiten sowie das Recht, nach Massgabe ihrer geleisteten Arbeit entlöhnt zu werden.

Nach 1956 war eine gewisse Liberalisierung auf dem Gebiet des Arbeitsrechts festzustellen: Während es unter Stalin noch verboten war, den Arbeitsplatz eigenmächtig zu wechseln, wird die Kündigung heute überall anerkannt; Arbeitsvertragsverletzungen seitens des Arbeitnehmers ziehen nicht mehr strafrechtliche Sanktionen nach sich, sondern werden disziplinarisch geahndet.

In letzter Zeit besteht aber wieder die Tendenz, die frühere starre Regelung zu übernehmen, wie das neue AGB der ČSSR von 1970 beweist. Juristisch eindeutige Regelungen werden durch gesellschaftliche Massnahmen umgangen, um die Arbeiter an den Betrieb zu binden und der Landflucht entgegenzutreten.

Durch die Aufnahme des Rechts auf Arbeit in den Grundrechtskatalog erscheint das Recht als subjektives Recht des Bürgers, dessen Verwirklichung aber andererseits die Beschränkung anderer Rechte, wie der Freiheit der Berufswahl, des Arbeitsplatzwechsels und allgemein der Vertragsfreiheit mit sich bringt. Da der

Bürger nicht die Freiheit hat, zu entscheiden, ob er vom Recht auf Arbeit Gebrauch machen will oder nicht, sondern im Gegenteil das Recht in eine Pflicht zur Arbeit umschlägt (360), wird der subjektive Charakter dieses Grundrechts völlig eliminiert.

Alle diese Beschränkungen erweisen sich als logische Folge der sozialistischen Wirtschaftsordnung, die durch staatliche Wirtschaftslenkung (Art. 4 Verf. UdSSR) und das sozialistische Eigentum, d.h. durch die Abschaffung des Privateigentums an den Produktionsmitteln (Art. 4) garantiert wird (361).

2. KAPITEL

GLEICHHEITSRECHTE

§ 5 GLEICHBERECHTIGUNG

I. Die Gleichberechtigung als Klassenbegriff

Die Signatarstaaten der Allgemeinen Menschenrechtserklärung der Vereinten Nationen anerkennen die Gleichheit der Menschen auf allen Lebensgebieten, ungeachtet ihrer Herkunft, Rasse, Religion, politischen Ueberzeugung oder ihres Geschlechts als Ausdruck der Freiheit und der menschlichen Würde (362).

Die Gleichberechtigung ist nach Marx jedoch klassengebunden, eine ungleiche Behandlung durch die Rechtsordnung gleicht die Ungleichheit, die durch die Klassenzugehörigkeit der Menschen bedingt ist, wieder aus (363). Um alle sozialen Missstände zu beseitigen, müsse das Recht nicht gleich, sondern ungleich konzipiert sein (364). Dies sei kein Verstoss gegen die formale Gerechtigkeit, da die sozialen Unterschiede verschieden bewertet würden.

Der Klassencharakter der gesamten staatlichen und gesellschaftlichen Ordnung entspricht der marxistisch-leninistischen Auffassung vom sozialistischen Humanismus: Dies ist ein Klassenbegriff und verlangt den Kampf gegen die "fremden Klassen" (365). Der positive praktische Humanismus steht im Gegensatz zum abstrakten bürgerlichen Humanismus und verlangt revolutionäre Handlungen und die Beseitigung all dessen, was dem Aufbau der neuen Ordnung entgegensteht. Die Unterscheidung nach der sozialen Herkunft der Staatsbürger bildet die grundlegende These des sozialistischen Humanismus.

In allen sozialistischen Verfassungen wird die Gleichberechtigung deklariert (366). Im Widerspruch dazu enthalten die volksdemokratischen Grundgesetze aber direkte oder indirekte Hinweise auf die Unterdrückung oder allmähliche Beschränkung und Liquidierung der sog. "ausbeutenden Klassen" (367). Wenn nach Stalin in der Sowjetunion viele Beschränkungen, die die Gleichheit verletzten, aufgehoben wurden, so ist dies nicht einer liberalisierenden Tendenz zuzuschreiben, sondern dem Umstand zu verdanken, dass diese Beschränkungen in der Praxis sinnlos wurden, nachdem in der UdSSR alle fremden Klassen liquidiert waren.

In den Volksdemokratien, die sich noch im Stadium der Diktatur des Proletariates befinden, ist im Gegensatz zur UdSSR der Klassenkampf bis zu einem gewissen Grade noch aktuell. Der Staat ist nach marxistischer Auffassung ein Instrument der Klassenherrschaft. Von einer Gleichberechtigung aller Bürger ohne

Unterschied vor dem Gesetz und vor dem Richter kann deshalb in einem Klassenstaat nicht die Rede sein, solange die "feindlichen Klassen" existieren, da der historische Materialismus sich zum Determinismus bekennt: die Einstellung des Menschen, seine Ideen und Handlungen werden durch das Milieu, durch die materiellen Umweltsbedingungen seines Lebens bestimmt (368). Der Richter ist im Klassenstaat durch den dialektischen und historischen Materialismus folglich zur Klassenjustiz gezwungen. Die ganze Strafjustiz steht - solange die "feindlichen Klassen" bestehen - im Zeichen der Klassenjustiz; der Klassenkampf in der Rechtsprechung ist die konstitutionelle Aufgabe der Gerichte.

Die Verwirklichung der Freiheit und Demokratie im allgemeinen käme der Forderung gleich, Rechte für die Bourgeoisie und den Faschismus einzuführen, erklärte János Kádár anlässlich der Gründung des KISZ (Ungarischer Kommunistischer Jugendbund) 1957 (369). Die Verteidigung der demokratischen Rechte könne nur in der Weise gesichert werden, dass den Feinden der Volksrepublik keine Rechte eingeräumt würden (370). Freiheit und Demokratie gelten nur für das "Volk", nicht für die "Feinde des Volkes". Dies wurde im polnischen Parteiblatt im Zeitpunkt der Liberalisierung geschrieben (371).

Der Begriff der Gleichberechtigung ist also klassengebunden und wird aufgefasst als Gleichheit für die Mitglieder der gleichen Klasse. Die Gleichberechtigung wird nur in Bezug auf die Klassenzugehörigkeit garantiert: In den meisten volksdemokratischen Verfassungen werden konsequent die Begriffe "Volk" und "werktätiges Volk" bzw. "Staatsbürger" und "Werktätige" unterschieden. Diese politisch und juristisch bedeutsame Unterscheidung wird in der sowjetischen und der DDR-Verfassung nicht gemacht. Die staatsbürgerlichen Rechte und Pflichten werden hier für die "Bürger" (372) gewährt, eine Ausnahmestellung nimmt die Rede-, Presse- und Versammlungsfreiheit ein: sie wird in der UdSSR zwar allen Bürgern gewährt, die materiellen Voraussetzungen für die Ausübung der Rechte sind aber nur den Werktätigen (nicht den Bürgern!) zugesichert (Art. 125).

Am deutlichsten wird der Grundsatz der Rechtsgleichheit in der ungarischen Verfassung von 1949 verletzt, die gewisse Rechte nur den Werktätigen, nicht aber den Staatsbürgern zubilligt. Von allen Bürgern wird die Erfüllung der staatsbürgerlichen Pflichten verlangt (§ 59: Schutz des Volkseigentums, Erweiterung der wirtschaftlichen Macht des Staates, § 60: allgemeine Wehrpflicht, § 61: Verteidigung des Vaterlandes), ein Teil der staatsbürgerlichen Rechte aber wird nur für die Werktätigen und nicht für alle Bürger garantiert (§ 46: Recht auf Erholung, § 47: Gesundheitsschutz, § 48: Bildung, § 55: Rede-, Presse- und Vereinsfreiheit, § 56: Vereinigungsfreiheit, § 58: die Grundrechte im allgemeinen). Von den Bürgerrechten werden nur das Recht auf Arbeit (§ 45), das aber vielmehr eine Pflicht denn ein Recht darstellt, die Gleichberechtigung im allgemeinen (§ 49), sowie die Gewissensfreiheit (§ 54) allen Bürgern zuerkannt.

Im Strafrecht wirkt sich die Unterscheidung zwischen "Werktätigen" und "Bürgern" derart aus, dass die Gesellschaftsgefährlichkeit der Klassenfeinde und ihrer Nachkommen a priori höher bewertet wird als die der andern Staatsbürger.

Die Klassenzugehörigkeit wird heute (vor allem in den Volksdemokratien) noch als mildernder bzw. erschwerender Umstand privilegiert resp. qualifiziert (373).

Obwohl sich also die Unterscheidung zwischen Werktätigen und Nichtwerktätigen in der Praxis auswirkt, wird der Inhalt des Begriffs juristisch nicht klar definiert. Man überlässt dies der von der Partei bestimmten politischen Linie und den Anweisungen der Obersten Gerichte an die untern. Dieser, je nach wirtschaftlich-politischer Lage sich ändernde Begriff lässt folglich einen weiten Ermessensraum für Diskriminierungen.

Auf Grund der Klassenpolitik können unzählige Beispiele für die unterschiedliche Stellung der Bürger angeführt werden. So geniessen Werktätige z.B. ein Bildungsmonopol. In Polen gilt für die Aufnahmeprüfungen in die Universitäten und Hochschulen das Punktsystem: Schüler, die gute Noten im letzten und im Maturitätszeugnis aufweisen und eine Empfehlung von der Schule vorweisen, erhalten drei Punkte; Kandidaten, deren Eltern oder Vormünder Arbeiter oder Bauern sind, bekommen ebenfalls drei Punkte (374). Dieses System gilt - als eine Selbstverständlichkeit - auch heute noch.

Die verfassungsrechtliche Zusicherung des Rechtes auf Arbeit hatte z.B. in Ungarn für Andersdenkende praktisch keinen grossen Wert, da das ungarische AGB bestimmte, dass Werktätige, die eine gegenüber der Staats- und Gesellschaftsordnung feindliche Einstellung haben oder die Regeln der sozialistischen Moral verletzen, disziplinarisch bestraft werden können. Eine anständige Arbeit bedingte also eine nach aussen zur Schau getragene politische Ueberzeugung (375).

Die Divergenz zwischen dem Gleichberechtigungsgrundsatz der Menschenrechtskonvention und den Verfassungen der Volksdemokratien wird durch die Dialektik gerechtfertigt: Gleichberechtigung bedeute nicht die gleiche juristische Stellung aller Staatsbürger ohne Rücksicht auf ihre Klassenzugehörigkeit und den Klassencharakter ihrer Handlungen. Dies widerspreche dem Klassenstaat. Gleichberechtigung bedeute vielmehr gleiche juristische Lage für die Angehörigen der gleichen Klasse, nicht aber die Gleichheit der verschiedenen Klassen und Angehörigen der verschiedenen gesellschaftlichen Klassen (376). Die Einschränkungen der Gleichheitsrechte werden damit erklärt, dass das Recht den Interessen der sozialistischen Gesellschaft untergeordnet werden müsse. Auch die Rechtsanwendung habe sich nach sozialistischen und politischen Gesichtspunkten zu richten: Das Verhältnis zwischen sozialistischer Gesetzlichkeit und dem Prinzip der Gleichheit vor dem Gesetz bedeutet in den sozialistischen Staaten eine elastische Anwendung dieses Prinzips. Die soziale Lage sowie die individuellen Eigenschaften dieser oder jener Person sind zu berücksichtigen. Dies sei notwendig, damit das sozialistische Recht seine Funktion erfüllen könne.

Heute ist allerdings die Klassenjustiz und die damit verbundene Unterscheidung der Bürger nach ihrer sozialen Herkunft, mit Ausnahme von Polen und Albanien (377), nicht mehr aktuell, da vor allem in der UdSSR der Kampf nicht mehr gegen die (vernichtete) "Ausbeuterklasse", sondern gegen die Ueberreste der kapitalistischen Vergangenheit geführt wird: Gegen Nationalismus, Religion, Verbrechertum, gegen Spekulanten, Parasiten, Schmarotzer, Nomaden, Rowdys und Diebe am sozialistischen Eigentum. Die Klassenkampftheorie kann aber aufgrund veränderter politischer Verhältnisse wieder aktuell werden, wie die Beispiele Albanien und China zeigen. China und mit ihm die andern asiatischen Volksdemokratien Korea und Vietnam, sowie Albanien lehnen die sowjetische Theorie des Volksstaates ab und betonen, dass sich der Klassenkampf bis zuletzt, d.h. bis zum Absterben des Staates, zuspitze.

II. Die Vorrangstellung der KP und die Kaderpolitik

Die sowjetische und die in den 60er Jahren erlassenen volksdemokratischen Verfassungen (ČSSR, DDR, Rumänien) unterscheiden sich von den andern dadurch, dass sie allen Bürgern auf allen Gebieten die Gleichberechtigung zuerkennen (378); es muss aber betont werden, dass die Einschränkung der Rechtsgleichheit für die "ausbeutenden Klassen", zumal in der Sowjetunion, nicht mehr aktuell ist, da diese Klassen hier liquidiert wurden (vgl. z.B. den Kampf gegen die Kulaken in der UdSSR).

Eine andere, grundlegende, indirekte Beschränkung der Gleichberechtigung ergibt sich aber bereits aus den Verfassungen selbst: Der Primat der Partei und die Sonderstellung der Parteileute (379). Diese beiden Privilegien wirken sich wiederum auf die Gleichheit im Wahlrecht aus.

In Art. 123 der Verfassung der UdSSR zeigt sich ein Widerspruch zwischen Verfassung und Verfassungswirklichkeit. Art. 123 verbietet zwar eine Privilegierung einzelner Staatsbürger aufgrund der Rassenzugehörigkeit oder der Nationalität und postuliert die Gleichberechtigung auf allen Gebieten des wirtschaftlichen, politischen, staatlichen, gesellschaftlichen und kulturellen Lebens, Art. 126 weist aber auf die Privilegierung einer einzelnen Organisation, nämlich der KP, auf die führende und kontrollierende Rolle der Parteimitglieder und der Partei hin (380): "Die aktivsten und bewusstesten Bürger" bilden nach Art. 126 den "leitenden Kern" des Staates und der Gesellschaft. Es besteht also eine Kollision zwischen Art. 123 und 126.

Die Leitung und Kontrolle des Staates wird ermöglicht durch das Parteimonopol und die Kaderpolitik, die bewirkt, dass in leitenden Organen zwischen Partei und Staat oft Personalunion besteht (381).

Der Kaderpolitik liegen die sog. Nomenklaturlisten zugrunde, die Namen der für die einzelnen Posten in Staat und Wirtschaft vorgesehenen Personen enthalten (382). In erster Linie wird dabei die politische Einstellung des Bürgers geprüft, erst zweitrangig kommen fachliche Bildung und Fähigkeit in Betracht. Infolge der Kaderpolitik wird das Postulat des Rechtsstaates, dass jeder die gleichen Chancen haben soll, aufzusteigen, verletzt, indem leitende Posten in der Praxis nur Parteimitglieder erhalten. So entsteht eine Kluft zwischen den Mitgliedern der Partei und den übrigen Staatsbürgern.

Dieses Monopol der Partei stützt sich nicht auf Rechtsnormen, sondern auf das Parteistatut und die Parteibeschlüsse.

Die Nomenklaturlisten verletzen aber nicht nur die Gleichberechtigung der Bürger, sondern auch die Gleichheit der Mitglieder innerhalb der Partei. Die Gleichberechtigung der Parteimitglieder wurde nicht in den Statuten verankert, da diese innere Parteidemokratie dem Beschluss des ZK der KPdSU des Jahres 1946 über die Aufstellung der Nomenklaturlisten widersprechen würde. Nur indirekt wird im Parteistatut darauf hingewiesen, dass die Parteigesetze für alle ohne Rücksicht auf ihre Verdienste und ihre Stellungen gelten. Statt Gleichberechtigung herrscht innerhalb der Partei aber eine strenge Hierarchie; die Nomenklaturlisten werden oft schon Jahre voraus zusammengestellt, was von der offiziellen Parteipresse kritisiert wird (383).

Die Lage in den Volksdemokratien ist ähnlich: Hier wehren sich oft die ungebildeten Parteileute dagegen, dass fähige, aber parteilose Leute Posten erhalten (384). Parteileute verlangen, dass die Funktionen aufgrund früherer Verdienste und nicht nach Fähigkeiten verliehen werden. So werden oft Parteilose nicht angestellt, auch wenn die Anstellung im Interesse der Partei wäre (385). In der ČSSR sind nur 5,9% der LPG Parteimitglieder, die aber trotzdem Leiter der Genossenschaft sind. So ergeben sich Vorteile für eine kleine Elite, obwohl die Mitgliedschaft an und für sich keinen Anspruch auf einen führenden Posten gibt (386). Deshalb tritt der Bürger oftmals einzig aus materiellen Erwägungen in die Partei ein.

Innerhalb der Partei besteht ein Kampf unter den Parteimitgliedern um die führenden Nomenklatur-Posten, da die Personen, die auf der Liste figurieren, nicht nur ein Monopol auf gewisse Stellungen und Ränge haben, sondern auch gewisse materielle Vorteile beanspruchen können: So kommt diesen Spitzenfunktionären spezielle Spitalbehandlung zu, sie haben ein Recht auf eine grössere Wohnung, auf eigene Erholungsheime, sie verfügen über Dienstwagen mit Chauffeur, sie können auch in speziellen Geschäften billiger (z. B. auch Mangelware) einkaufen usw. (387).

Seit 1961, so bemerkt die sowjetische Rechtsliteratur, befinde sich die Sowjetunion in einem Uebergangsstadium zwischen der Diktatur des Proletariates und dem Vollkommunismus (388). Diese Uebergangsperiode sei gekennzeichnet durch die Idee des Staates des gesamten Volkes, der Demokratie des gesamten Volkes, die die Klassendemokratie abgelöst habe. Der Staat sei nicht mehr Organ einer Klasse, sondern des gesamten Volkes, da es keine antagonistischen Klassen mehr gebe. Die Staatsführung nehme aber weiterhin die Arbeiterklasse wahr. So könne auch der Volksstaat seinen Klassencharakter nicht vollständig verlieren, weil die Interessen des Volkes mit denen der Arbeiterklasse identisch seien. Die Interessen des Volkes, resp. der Arbeiterklasse werden aber nach wie vor von der KP vertreten, weshalb auch nicht zu erwarten ist, dass die KP mit dem "Absterben des Staates" resp. mit dem Uebergang zum Vollkommunismus, an Bedeutung verlieren wird. Im Gegenteil scheint die führende Rolle infolge der Umwandlung von einer Elite- in eine Massenpartei noch weiter verstärkt zu werden, und somit kann von Gleichberechtigung selbst in der Sowjetunion, wo die durch den Klassenkampf bedingten Einschränkungen für gewisse Staatsbürger nun im Gesamtvolksstaat überwunden sein sollen, auch in Zukunft wohl nicht gesprochen werden.

III. Die strafrechtliche Privilegierung der Parteimitglieder

Durchbrochen wird das Gleichheitsprinzip auch durch die strafrechtliche Sonderstellung der Parteimitglieder, im Vergleich zu den andern Staatsbürgern.

Art. 5 der Grundlagen über die Gerichtsverfassung der UdSSR und der Republiken vom 25.12.1958 (389), als Ausfluss von Art. 123 der Verfassung, verkündet die Gleichheit der Bürger vor dem Gesetz und dem Richter, ungeachtet ihrer sozialen und amtlichen Stellung. Dem widerspricht, dass die Kommunisten als die "aktivsten und zielbewusstesten" Staatsbürger gewisse Privilegien, vor allem im Strafprozess geniessen, womit dem "neuen Adel" ähnliche Privilegien wie dem feudalen Adel des Mittelalters zugesichert werden (390). Lenin forderte, dass die Kommunisten strenger bestraft werden müssten als die übrigen Bürger (391), seitdem aber die KP nicht mehr eine Elitepartei, sondern Massenpartei ist, muss das Parteimitglied bevor es bestraft werden kann, zuerst aus der Partei ausgeschlossen werden, weil eine strafrechtliche Verfolgung der Parteimitglieder sich schlecht mit der Idee der avantgardistischen Stellung der Kommunisten in der Gesellschaft vereinbaren liesse. Andererseits musste die Partei einen "Immunitätskreis" für seine Mitglieder schaffen, damit Handlungen, die die Partei von ihren Mitgliedern fordert, nicht gesetzeswidrig erscheinen (392).

Die privilegierte Stellung der Parteimitglieder beruht auch hier nicht auf Rechtsnorm, sondern auf Parteibeschlüssen. Art. 12 des Statuts der KPdSU vom 31.10. 1961 bestimmt: "Wenn sich ein Parteimitglied eine strafbare Handlung zuschulden kommen lässt, wird es aus der Partei ausgeschlossen und in Uebereinstimmung mit den Gesetzen zur Verantwortung gezogen."

Um die Strafverfolgung einleiten zu können, muss also der Täter erst aus der Partei ausgeschlossen werden, und erst danach kann das Gericht gegen ihn vorgehen. Die Parteimitgliedschaft gewährt ihm eine gewisse Immunität. Das Untersuchungsorgan der Verfolgungsbehörde unterrichtet die Partei, wenn ein Mitglied eines Deliktes beschuldigt wird. Die Partei entscheidet anhand der Voruntersuchung oder auch ohne eine solche, ob die Handlung ein Delikt im strafrechtlichen Sinne oder nur einen Verstoss gegen die Parteidisziplin darstellt. Wenn nach Meinung der Partei kein nennenswertes Delikt vorliegt, so ordnet es die Einstellung der Untersuchung an.

Diese Niederschlagung des Verfahrens ist vergleichbar mit der Abolition durch politische Behörden. Durch die Parteigerichtsbarkeit wird der Kreis der Privilegierten immer weiter ausgedehnt.

Neuerdings werden aber in dieser Beziehung Konzessionen an die Gerichtsbehörden gemacht: falls ausreichende Gründe vorliegen, ist die Frage der Parteimitgliedschaft gewöhnlich vor dem Gerichtsverfahren, in einzelnen Fällen jedoch erst nach Abschluss der Voruntersuchung oder des Ermittlungsverfahrens zu entscheiden. Die Parteibehörden sollen also das Ermittlungsverfahren zulassen (393), das mit Parteierlaubnis ohne vorgängige Prüfung der Mitgliedschaft in Gang gesetzt werden kann.

Wenn ein Delikt vorliegt, kann die Partei ein Verfahren bewilligen, vor allem bei kleineren Delikten, die das Ansehen der Partei nicht berühren, oder das Verfahren einstellen lassen, endgültig, wenn kein Ausschluss aus der Partei erfolgt, oder suspensiv bis zur Bestätigung des Ausschlusses aus der Partei durch die höhern Parteiorgane. Ein Parteiausschluss ist aber eher selten (394), und das Verfahren kompliziert: Nach Art. 16 des Statuts wird dabei folgendermassen vorgegangen: Die Mitgliederversammlung hat mit 2/3 Mehr über den Ausschluss zu befinden. Dieser Beschluss wird dem Bezirks- oder Stadtkomitee der Partei unterbreitet und muss von diesem bestätigt werden. Ferner ist - besonders im Falle der Berufung - die Zustimmung des Gebietskomitees oder des ZK der KP der betreffenden Unionsrepublik (bei Republiken ohne Gebietseinteilung) einzuholen (395).

Dank dieser strafrechtlichen "Immunität" sehen die Parteimitglieder im Parteibuch einen Freipass und glauben, sich alles erlauben zu können (396). Ein strafrechtlich relevantes Verhalten eines Bürgers, der Parteimitglied ist, kann möglicherweise nur eine Disziplinarstrafe zur Folge haben, während der parteilose Staatsbürger für das gleiche Delikt eine Freiheitsstrafe abbüssen muss.

Auch in den Volksdemokratien sind Parteimitglieder aufgrund früherer Verdienste strafrechtlich und moralisch immun (397). Auf die Frage von Posener Arbeitern im Juni 1957, ob die Leute des Staatssicherheitsdienstes, die während der Voruntersuchungen die Beschuldigten gefoltert haben, zur Verantwortung gezogen würden, antwortete der Parteichef (nicht der Justizminister!) Gomulka, dass diese Funktionäre <u>politisch</u> zur Verantwortung gezogen würden (d.h. also von der Partei), da es sich hier um politische Verbrechen handle (398). Dazu muss bemerkt werden, dass nach kommunistischer Rechtslehre nur die im Kampf gegen den Klassenfeind verübten Verbrechen als politische Verbrechen angesehen werden. Deshalb behauptet die sowjetische Literatur, dass es - im Unterschied zu den Volksdemokratien - wo der Klassenkampf noch aktuell ist, in der UdSSR keine politischen Häftlinge mehr gebe (399).

Wie wir gesehen haben, ist für eine strafrechtliche Verfolgung eines Mitgliedes der KP der vorherige Auschluss aus der Partei Voraussetzung. Diese strafrechtliche Immunität und die Möglichkeit der Abolition eines Gerichtsverfahrens bewirken, dass gesetzeswidrige Parteianweisungen dem Strafprozess (und auch der Oeffentlichkeit!) entzogen werden können. Umgekehrt sind aber auch Fälle bekannt, in denen ein in Ungnade gefallenes Parteimitglied ausgeschlossen wird und dem Gericht, das sich den erfundenen Anschuldigungen zu beugen hat, ausgeliefert wird (400).

Solange die strafrechtliche Relevanz von Taten, die von Parteimitgliedern verübt werden, nicht durch ein unabhängiges Gericht, sondern nach Gutdünken (d.h. je nach Nützlichkeit der Mitglieder für die KP) durch dieselben Instanzen entschieden wird, und solange die verfassungswidrigen Privilegien einer Eliteminderheit bestehen, bleibt die Zusicherung der Gleichheit vor dem Gesetz und dem Richter (selbst wenn man die Klassengebundenheit der Gleichheit ausklammert), eine leere Deklaration.

IV. Die Sozialgefährlichkeit (401)

Die Verfassungsartikel, die eine Beschränkung der Gleichberechtigung des Klassenfeindes verlangen, stehen im Widerspruch zu den StPO, die die Gleichheit vor dem Gesetz postulieren (402). Wenn auch die Klassenjustiz heute im allgemeinen beseitigt ist, so schliesst doch der Begriff der Sozialgefährlichkeit prinzipiell die Gleichheit vor dem Gesetz aus.

Sozialgefährlichkeit ist eine Klassenerscheinung und ein historisches Phänomen, das sich je nach den jeweiligen historischen Bedingungen, entsprechend den Interessen des Volkes (resp. der Partei), ändert (403). Sie war und ist teilweise auch heute noch das wichtigste Verbrechensmerkmal: "Die Sozialgefährlichkeit ist das allgemeine politische Kriterium eines Verbrechens" (404), mit dessen Mittel eine elastische Rechtsanwendung verwirklicht werden soll. Die konkrete Lage und die sozial-ökonomischen Zusammenhänge sind bei der Beurteilung eines Tatbestandes zu berücksichtigen. Die Rechtsprechung wird so zum Politikum.

Seit der Justizreform von 1958 bemüht man sich, in der UdSSR die Sozialgefährlichkeit und die Tatbestandsmässigkeit miteinander zu verbinden (405). Eine Tat wird heute zum strafbaren Tatbestand, wenn zwei Kriterien gegeben sind: Verwirklichung der im Gesetz genannten Tatbestandselemente und die konkrete Gefährlichkeit der Tat für die Gesellschaft. Früher war es möglich, aufgrund der subjektiven Sozialgefährlichkeit zu verurteilen, heute wird nur noch auf die objektive Sozialgefährlichkeit, d.h. die konkrete Gesellschaftsgefahr der Tat abgestellt, während die subjektive Sozialgefährlichkeit des Täters vom Richter im Rahmen seines Ermessens bei der Strafzumessung berücksichtigt werden muss. Die Strafgesetzgebung (406) schreibt dem Richter vor, das Urteil bzw. die Strafe nach dem Charakter und dem Grad der Sozialgefährlichkeit der strafbaren Handlung (objektive Sozialgefährlichkeit) und des Angeklagten (subjektive Sozialgefährlichkeit) zu bemessen.

Die Idee der Gleichheit vor dem Gesetz wird verwirklicht, indem Gleiches gleich und Ungleiches ungleich behandelt wird. Im Rechtsstaat gilt als Kriterium für die richterliche Beurteilung einer Straftat (und damit für die Strafzumessung innerhalb des Strafrahmens) die Schuld des Täters, die aber im sozialistischen Strafprozess der Sozialgefährlichkeit untergeordnet ist. Damit kommt man zu einer Umkehrung des Schuldprinzips. Während im Rechtsstaat der Richter den Täter nach seiner Schuld, nach dem Grad der Vorwerfbarkeit seiner Tat bestrafen soll und damit den Gleichheitsgedanken verwirklichen soll, wurde bzw. wird im Osten der "sozialgefährliche Täter", der doch nach der marxistischen deterministischen Auffassung einem "nichtfortschrittlichen" und "reaktionären" Milieu entstammt, entgegen dem Schuldprinzip strenger bestraft als der "Werktätige", der aufgrund seiner "Einsicht in die objektive Notwendigkeit" in der Lage sein sollte, die "Sozialgefährlichkeit" seines Verhaltens zu erkennen. Seine Schuld sollte also schwerer wiegen.

In Wirklichkeit unterscheidet sich der Begriff Sozialgefährlichkeit nicht von der Schuld, sondern ist eine besondere Form der Schuld. Die "Schuld" des sozialgefährlichen Täters besteht zum Teil eo ipso darin, dass er einem "klassenfeindlichen" Milieu entstammt, das seinen Willen im Sinne der Reaktion determiniert; die subjektive Sozialgefährlichkeit erweist sich geradezu als "Lebensführungsschuld". Die subjektive Sozialgefährlichkeit ist nicht ein Begriff, um im Sinne der Gleichheit zu gerechten Urteilen zu kommen, sondern ist im Gegenteil ein Klassenbegriff, mit dem operiert wurde (und noch wird), um die Klassenfeinde wirksamer bekämpfen zu können.

Obwohl die subjektive Sozialgefährlichkeit seit 1958 in der UdSSR ihre primäre Rolle eingebüsst hat, und heute mehr die Schuld als Kriterium eines Deliktes angesehen wird (Schuldprinzip), verhindert die dialektische Anwendung des Begriffes dennoch eine Rechtsprechung im Sinne der rechtsstaatlichen Gleichheit, indem das Strafmass und die Qualifizierung eines Deliktes von politischen Kriterien abhängig gemacht wird. Die Berücksichtigung des Charakters und des sozialen Milieus des Angeklagten dient meist nicht dazu, seine Tat unter dem Gesichtspunkt der mildernden Umstände zu betrachten, sondern wird im Gegenteil dazu missbraucht, politisch Unzuverlässige strenger und Zuverlässige privilegiert zu behandeln.

In den Volksdemokratien ist der Begriff der subjektiven Sozialgefährlichkeit heute noch wichtiger als in der UdSSR, was mit der besonderen politischen Lage zusammenhängt. Erst 1962/63 konnte man die Tendenz beobachten, die Klassenjustiz zu mildern (407).

V. Gleichberechtigung im Wahlrecht

Auch das Wahlverfahren verstösst sowohl in der Sowjetunion als auch in den Volksdemokratien gegen die Gleichberechtigung.

Waren es im zaristischen Russland nationale Gesichtspunkte und der Vermögenszensus, die für das Wahlrecht massgebend waren, entschieden zu Beginn des Sowjetstaates soziale Gesichtspunkte (408), also der politische Zensus über die Ausübung des Stimmrechts.

Das russische Wahlgesetz vom 3.6.1907 sah vier Wahlkurien vor; für die Zugehörigkeit zu einer der Klassen waren die Vermögens- und Einkommensverhältnisse massgebend: In der 4. Kurie entfiel auf 125 000 Arbeiter ein (!) Abgeordneter, während in der 1. Kurie ein Abgeordneter auf 230 Gutsbesitzer entfiel. Nomadisierende Stämme Sibiriens und Zentralasiens, sowie die Gesamtbevölkerung bestimmter nationaler Randbezirke waren vom Wahlrecht überhaupt ausgeschlossen (409). Das Wahlgesetz vom 3.6.1907 wurde durch das Gesetz vom 2.8.1917 kassiert, das ein gleiches Wahlrecht vorsah.

Im Sowjetstaat waren in den ersten zwei Jahrzehnten alle sozialen Gruppen, die infolge ihrer früheren wirtschaftlichen und sozialen Stellung als potentielle Sowjetfeinde galten, vom Wahlrecht ausgeschlossen. Bis 1937 war die vermutete politische Zuverlässigkeit des Wählers ausschlaggebend. Die Arbeiter wurden vor den Bauern bevorzugt, und dem städtischen Proletariat wurde mehr Gewicht verliehen als dem ländlichen. Diese Diffamierung wurde damit begründet, dass es sich bei den Repräsentanten der politischen Organe in der Epoche des Klassenkampfes nicht um eine Volks-, sondern um eine Klassenvertretung gehandelt habe.

Erst nach der Kollektivierung und der Liquidierung der Kulaken wurde das allgemeine und gleiche Wahlrecht in die Verfassung aufgenommen (Art. 134 und 136).

Das allgemeine, direkte und gleiche <u>aktive</u> Wahlrecht unterliegt heute keinen Beschränkungen mehr, doch wird das Prinzip beim <u>passiven</u> Wahlrecht durch das Nominationsmonopol der KP erschüttert. Der wichtigste Wahlprozess ist nicht die Wahl an sich, sondern die Kandidierung und die Nominierung, die ein Recht und eine Pflicht für die entsprechenden Parteiorganisationen ist (Art. 141 Verf.). Das allgemeine Wahlrecht beschränkt sich darauf, die Stimme dem aufgestellten Kandidaten zu geben oder ihn abzulehnen.

Nach einer öffentlichen Diskussion und öffentlicher Stimmabgabe werden die Nominierten von den gesellschaftlichen Organisationen oder von den Werktätigenkollektiven als Kandidaten anerkannt (410). Die Wahl stellt also eigentlich nur eine Bestätigung der nominierten Kandidaten dar. Die Zahl der Mandate stimmt mit derjenigen der Kandidaten überein. Eine Gegenpropaganda oder die Kandidatenstellung durch Private ist nicht zulässig. Dies wird damit begründet, dass ein Kandidat, der nicht von einem Werktätigenkollektiv aufgestellt wird, keine Aussicht auf Erfolg hätte (411). Zwar hat ein einzelner, fraktionsloser Kandidat, der nicht von einer Partei zur Wahl vorgeschlagen wird, auch im Rechtsstaat praktisch keinerlei Chancen, gewählt zu werden, dabei ist aber zu berücksichtigen, dass ein Kandidat die Möglichkeit hat, sich der Partei seiner Wahl anzuschliessen oder eine neue Partei zu gründen, während im Sowjetsystem, wo es keine Vereinsfreiheit im rechtsstaatlichen Sinne gibt, nur <u>eine</u> Interessengruppe, die Einheitspartei, über das Recht zur Kandidatenstellung verfügt.

Der Grundpfeiler der ganzen kommunistischen Staatslehre, die Vormachtstellung der Einheitspartei wird im Sowjetsystem selbstverständlich nicht in Frage gestellt, ja selbst eine Opposition innerhalb der Partei wird eo ipso durch das Parteistatut als Revisionismus angesehen und damit verboten (412), aber am Wahlverfahren, das die Nominierung nur eines Kandidaten erlaubt, wird neuerdings Kritik geübt (413). So verlangte das Aktionsprogramm der KPČ von 1968 eine Demokratisierung des Wahlsystems, wobei die Wähler die Alternative zwischen verschiedenen Kandidaten hätten (414).

Auch in den Volksdemokratien, wo das allgemeine Wahlrecht ebenfalls konstitutionell verankert wurde (415), hat man das sowjetische Wahlverfahren übernommen, das den Missbrauch der Wahlen zu reaktionären Zwecken verhindern soll. Das Wahlrecht dient in praxi nur der Festigung des sozialistischen Regimes, was durch die dialektische Auslegung der Verfassung und durch die Wahlinstruktionen erreicht wird: Das Wahlrecht darf von den Bürgern nicht gegen die Interessen des werktätigen Volkes missbraucht werden (416). Ungarn schliesst die Feinde des werktätigen Volkes und Geisteskranke schon durch Verfassungsbestimmung vom Wahlrecht aus (§ 63 Abs. 2).

Am liberalsten ist das Wahlrecht in Polen, aber auch hier wird es nach den Grundsätzen der Diktatur des Proletariates gehandhabt (417). Im Sinne der Verfassung geniesst nur das "werktätige Volk" politische Rechte. Art. 1 Ziff. 2 der polnischen Verfassung deklariert: "In der Volksrepublik Polen gehört die Macht dem werktätigen Volk in Stadt und Land." Und Art. 2 Ziff. 1 lautet: "Das werktätige Volk übt die Staatsgewalt durch seine Vertreter aus, die in allgemeiner, gleicher, direkter und geheimer Wahl in den Sejm (Parlament) der Volksrepublik Polen und in die Nationalräte gewählt werden." Das passive Wahlrecht wird durch das System der Kandidatenaufstellung beschränkt: Art. 86 der Verfassung (418) gewährt das Recht zur Nominierung nur politischen und gesellschaftlichen Organisationen, die wiederum nur dem werktätigen Volk vorbehalten werden (Art. 72). Eine politische Opposition ist laut polnischer Verfassung (Art. 72 Ziff. 3) verfassungswidrig und mit der sozialistischen Demokratie unvereinbar, da es eine Demokratie für alle nicht geben könne (419).

Gerade die Ereignisse in der CSSR haben bewiesen, dass die Demokratie im Sowjetsystem nicht pluralistischen Charakter hat, sondern als Demokratie für eine gewisse Klasse angesehen wird. Die Garantien für politische Institutionen (und damit auch das Wahlrecht) werden nur im Interesse einer bestimmten Klasse, repräsentiert durch die KP, aufgestellt. Die Partei ist nicht Instrument des Staates, das die Willensbildung des Volkes garantiert, sondern der Staat ist umgekehrt ein Instrument der Klassenherrschaft und somit der Partei (420), die vermittelst des Wahlverfahrens ihre privilegierte Stellung in Staat und Gesellschaft sichert.

VI. Gleichberechtigung der Frau

A. Einleitung

Die Gleichberechtigung der Frau ist zweifellos eine Errungenschaft des Sowjetsystems, die vor allem für die islamischen Gebiete Zentralasien und Transkaukasien von grosser Bedeutung ist (421).

Der gesellschaftliche Fortschritt lasse sich an der gesellschaftlichen Stellung der Frau messen, so behauptete Marx (422). Die Forderung nach Gleichberechtigung der Frau war ein Teilaspekt des Klassenkampfes, dadurch wollte man die doppelte Ausbeutung der Frau, durch den Kapitalisten im Arbeitsverhältnis und durch den Ehemann, bekämpfen (423). Die Frau soll durch die Emanzipation eine selbständige, eigenverantwortliche Stellung in der Gesellschaft einnehmen (424) und durch ihre Arbeit teilhaben an der Produktion und der Mitbestimmung der sozialistischen Gesellschaft, sie soll also in den Arbeitsprozess eingeschaltet werden. Andererseits wollte man den "Versorgungscharakter" der Ehe beseitigen, indem der Frau kein Unterhaltsanspruch gegen den Mann gewährt wird und sie selbst für den Unterhalt aufkommen muss: Die Frau soll nicht ein Faulenzerleben führen und auf die Unterhaltspflicht des Mannes spekulieren.

Die Gleichberechtigung der Frau war ein alter Programmsatz der Revolution und der Reformparteien Russlands vor 1917 (425).

Das konstitutionelle Prinzip der Gleichberechtigung wird in allen sozialistischen Ländern ausgesprochen (426). Art. 122 der Verfassung der UdSSR enthält in Absatz 1 die formelle Regel und in Absatz 2 die materiellen Voraussetzungen zur Verwirklichung des Grundrechts: "Der Frau stehen in der UdSSR auf allen Gebieten des wirtschaftlichen, staatlichen, kulturellen, gesellschaftlichen und politischen Lebens die gleichen Rechte zu wie dem Mann. Die Möglichkeit zur Verwirklichung dieser Rechte wird der Frau dadurch gewährleistet, dass sie dem Manne gleichgestellt ist im Recht auf Arbeit, auf Entlöhnung der Arbeit, auf Sozialversicherung und Bildung, ferner durch staatlichen Schutz der Interessen von Mutter und Kind, durch staatliche Hilfe für kinderreiche und alleinstehende Mütter, durch Gewährung eines vollbezahlten Schwangerschaftsurlaubes, durch das umfassende Netz von Entbindungsheimen, Kinderkrippen und Kindergärten."

Art. 122 wird durch Art. 137 ergänzt, indem der Frau im politischen Bereich das gleiche Wahlrecht zugesichert wird.

Es wird also eine völlige Gleichberechtigung der Frau auf allen Gebieten des sozialen, politischen und wirtschaftlichen Lebens angestrebt.

Es versteht sich von selbst, dass Gleichheit der Frau aber nicht bedeuten kann, dass sie völlig gleiche Rechte und Pflichten wie der Mann hat, dies würde nicht die Verwirklichung der Gleichheitsidee, sondern Gleichmacherei bedeuten. Gleichberechtigung bedeutet die Möglichkeit für die Frau, gleiche Rechte (die zum Ausgleich der natürlichen Ungleichheit aber modifiziert werden müssen) wie der Mann zu beanspruchen, ohne dass dabei das Recht vom Gemeinwesen in eine Pflicht transformiert wird (z. B. Arbeitspflicht). Eine richtig verstandene Gleichheit erfordert, dass der psychischen und biologischen Eigenart der Frau Rechnung getragen wird, umsomehr, als die Frau durch die Einschaltung in den allgemeinen Arbeitsprozess und durch ihre natürliche Aufgabe, die sie als Mutter hat, eine Doppelrolle übernehmen muss, der sie oft nicht gewachsen ist.

Wenn auch durch die grosszügige staatliche Hilfe auf dem Gebiet des Mutter- und Kinderschutzes die gleichberechtigte Mitgestaltung der Frau in Staat, Politik und Wirtschaft gewährleistet werden kann, bleibt doch die Frage offen, inwieweit es wünschenswert ist, die Frau allgemein und vollständig in die industrielle Produktion einzuschalten.

Volle Gleichheit und Entfaltung der Persönlichkeit kann selbstverständlich erst dann verwirklicht werden, wenn die Frau die Möglichkeit (wir sagen nicht die Pflicht!) hat, sich unter entsprechenden Bedingungen, die auf die psychischen und physischen Besonderheiten der Frau Rücksicht nehmen, an der Gestaltung der Gesellschaft und des Staatslebens aktiv zu beteiligen.

B. Mutter- und Kinderschutz

Um die Verwirklichung der Gleichheitsrechte zu gewährleisten, unternimmt der Staat grosse Anstrengungen auf dem Gebiet des Mutter- und Kinderschutzes: Art. 122 Abs. 2 der Verfassung deklariert - wie erwähnt - den staatlichen Schutz der Interessen von Mutter und Kind, die Hilfe für kinderreiche und alleinstehende Mütter, die Gewährung eines vollbezahlten Schwangerschaftsurlaubs und die Schaffung von Entbindungsheimen, Kinderkrippen und -gärten.

Die Mutter hat vor und nach der Geburt Anrecht auf bezahlten Urlaub (Art. 122 Abs. 2 Verf.). Dieser Urlaub steht ihr 56 Tage vor und 56 Tage nach der Niederkunft zu (427). Von Bedeutung ist ferner die Erleichterung des Arbeitsplatzwechsels für Schwangere und Mütter mit bis höchstens einjährigen Kindern (428). In den Eisenbahnen gibt es sogar spezielle Wagen für Mutter und Kind (wagon materi i rebenki), in den Bahnhöfen entsprechende Wartezimmer.

C. Die Gleichberechtigung im Arbeitsrecht

Gerade auf dem Gebiet des Arbeitsrechts lässt sich die Verwirklichung des Gleichheitsgedankens in der Praxis nachprüfen.

Art. 122 der Verfassung wird durch Gesetz präzisiert und konkretisiert, wobei man bemüht ist, bei den Arbeits- und Lebensverhältnissen auf die Besonderheiten der Frau Rücksicht zu nehmen; trotzdem wird diesem Unterschied in der Praxis nicht immer genügend Aufmerksamkeit geschenkt, was unvermeidlich ist, denn die Gleichheit der Frau ist mehr ein Programmsatz, der sich letztlich mit gesetzlichen Mitteln nicht durchsetzen lässt. Zudem ist die Lage der Frau im Arbeitsprozess von wirtschaftlichen Faktoren abhängig: je nachdem, ob dem Staat genügend Arbeitskräfte zur Verfügung stehen oder nicht, wurde schwere physische Frauenarbeit verboten oder erlaubt.

Die Art. 12 und 18 der Verfassung machen zwar keinen Unterschied zwischen Mann und Frau: für die Frau ist die Arbeit genauso eine Pflicht wie für den Mann. In der Praxis wird aber die Bestimmung über die Arbeitspflicht milder gehandhabt, solange die wichtigste Voraussetzung zur Verwirklichung des Rechts auf Arbeit, die gesellschaftliche Sorge für die Kinder, fehlt (429). Zwar unternimmt der Staat - wie erwähnt - grosse Anstrengungen, um die materiellen Voraussetzungen zu schaffen, der Bedarf an Kinderkrippen und Kinderheimen kann infolge des Rückstandes auf dem Gebiet des Bauwesens aber nur zu 20% gedeckt werden. So sind die Frauen, die einer Arbeit nachgehen, gezwungen, ihre Kinder den Grossmüttern anzuvertrauen, die in der russischen Familie (ähnlich wie in Italien) eine grosse Rolle spielen. Die Erziehung der Kinder durch die Grosseltern wird aber vom Staat nicht geschätzt, da die Kinder durch sie mit religiösem Gedankengut vertraut gemacht werden (430).

Durch die (noch) fehlenden materiellen Voraussetzungen bedingt, besteht also in der Praxis keine Arbeitspflicht für die Frau mit kleinen Kindern.

Bei der Regelung der Arbeitsbedingungen ist man bemüht, auf die unterschiedliche biologische und physiologische Beschaffenheit der Frau Rücksicht zu nehmen: Das AGB der RSFSR von 1922 verbietet schwere körperliche und gesundheitsschädliche Arbeit, besonders die Untertagarbeit (Art. 129) und stellt reduzierte Leistungsnormen hinsichtlich der zu verrichtenden körperlichen Arbeit auf (431).

Trotz diesen gesetzlichen Normen werden aber in der Praxis die Verbote oft nicht beachtet, da die Frau wegen des zu geringen Einkommens des Ehemannes verpflichtet ist, mitzuverdienen, infolge der Ueberbelastung durch zusätzliche Hausarbeit aber keine genügende Vorbildung mitbringt und als Hilfsarbeiterin schwere Arbeit, die Männer nicht annehmen wollen, verrichten muss. Zudem bewirkte der Verlust an Arbeitskräften infolge des Krieges (der Frauenüberschuss betrug 1960 annähernd 5%) (432), dass sich der Prozentsatz der Frauen in typischen Männerberufen (z. B. Bauarbeiter) von 1950 an zwar verringerte, aber 1964 immer noch rund 30% ausmachte (433).

So wird die Gleichheit oft zu einer Gleichschaltung (nicht aufgrund von Gesetzesnormen, sondern infolge der objektiven Lebensbedingungen), und zur unterschiedslosen Eingliederung in den Produktionsprozess, wobei zwar gleicher Lohn für die gleiche Arbeit (vgl. Art. 24 Verf. DDR) gezahlt wird, aber die Frau oft unter gleich schweren Bedingungen wie der Mann arbeiten muss.

Die Zahl der berufstätigen Frauen im Vergleich zur gesamten werktätigen Bevölkerung betrug 1964 annähernd 50% (434), wobei aber die leitenden Stellungen im Wirtschaftsleben nur ausnahmsweise Frauen überlassen werden, obwohl die Frauen unter den Spezialisten mit Hochschulbildung stärker vertreten sind als die Männer (58%). Diese Bevorzugung der Männer in Führungsposten hat aber nicht objektive, sondern subjektive Gründe, für die nach der Meinung des ZK der KPdSU die "noch nicht bewältigten Ueberreste der Vergangenheit" verantwortlich gemacht werden (435).

Die Benachteiligung der Frau im Wirtschaftsleben und in der beruflichen Karriere hat einmal objektive Ursachen (wie fehlende Kinderkrippen und die Belastung der Frau durch Hausarbeit), vor allem aber subjektive, da führende Posten in der Praxis selten Frauen überlassen werden: Die Ursachen sind nicht nur in der durch Tradition und Erziehung begründeten Passivität der Frau, sondern vor allem in der natürlichen Aggressivität im Charakter des Mannes zu suchen, der solange keine Frau in führender Position dulden wird, als er die Frau nicht als gleichwertige Persönlichkeit anerkennt. Um diese fundamentale psychologische Tatsache scheint auch der "neue Sowjetmensch" nicht herumzukommen.

D. Die Gleichberechtigung im politischen Leben

Für die Gleichberechtigung der Frau im politischen Leben ist, noch in weiterem Masse als im Berufsleben, die subjektive Einstellung des Bürgers massgebend.

Die KP stellt die volle Gleichberechtigung als Anliegen und Errungenschaft des sozialistischen Systems dar (436), aber gerade in den eigenen Organen wird die Frau offensichtlich übergangen. Der Prozentsatz der weiblichen Mitglieder in der KPdSU betrug 1967 20,9% (437), und in den höhern Partei- und Staatsorganen sind die Frauen noch schlechter vertreten, obwohl sie im allgemeinen ein höheres Bildungsniveau aufweisen als die Männer. Das Sekretariat des ZK der KPdSU umfasst 9 Mitglieder, das Politbüro (Präsidium) des ZK 11 Vollmitglieder und 5 Mitgliedschaftskandidaten, ebenfalls alles Männer. Das ZK der KPdSU zählt 175 Vollmitglieder, wovon nur 4 Frauen und 155 Ersatzmitglieder, darunter 6 Frauen (438).

Die Rechtfertigung der Verletzung der Gleichheit wird etwa damit begründet, dass die Frau konservativer, traditionsverbundener sei und demzufolge die Ueberreste der kapitalistischen Vergangenheit im Bewusstsein der Frau länger haften bleiben als bei den Männern (439).

Als Ausdruck der politischen Gleichberechtigung der Frau wird das aktive und passive Wahlrecht angeführt, das in der sowjetischen Verfassung speziell erwähnt wird (Art. 137). Das Wahlrecht wurde aber schon 1917 von der Provisorischen Regierung unter Kerenskij verwirklicht (440) und stellt nicht eine sowjetische Errungenschaft dar.

Das gleiche Wahlrecht der Frau verliert an Bedeutung, wenn man sich vergegenwärtigt, dass die Kandidatenstellung Parteimonopol ist und infolge der Untervertretung der Frau in der Partei und der negativen Einstellung gegenüber der politischen Tätigkeit der Frau, meist nur männliche Kandidaten nominiert werden (441). In den staatlichen Organen haben die Frauen nur Posten inne, die keinen wesentlichen Einfluss auf die Staatsgeschäfte erlauben: Unter den über 70 Ministern der Union gibt es nur einen einzigen weiblichen Minister, nämlich die Kultusministerin Furzewa, ebenso steht im Ministergremium der RSFSR von 25 Ministern nur eine Frau an der Spitze eines Ministeriums (desjenigen für Sozialversicherung) (442).

Im Obersten Sowjet der Union gibt es 390 Frauen und 1053 Männer-Abgeordnete, in den 15 republikanischen Parlamenten 2317 Frauen und 4887 Männer (443). Die weiblichen Abgeordneten sind aber hier nicht qualifizierte Intellektuelle, sondern meist weniger gebildete oder nicht einmal Parteimitglieder.

Nach der Umorganisation der Staats- und Wirtschaftsverwaltung im Jahre 1962 hat die Zahl der Frauen in der Regierung zugenommen, sie ist aber immer noch sehr gering: In den insgesamt 16 Regierungsorganen (15 republikanische und 1 der Union) gab es unter den insgesamt 503 Regierungsmitgliedern nur 27 Frauen, was einen prozentualen Anteil von 5,3 ausmacht.

E. Die Gleichberechtigung im Familienrecht

Weitgehend verwirklicht ist die Gleichberechtigung auf dem Gebiet der Familie und Ehe, womit die patriarchalische Vorrangstellung des Mannes als Familienoberhaupt beseitigt wurde (444). Die Rechte und Pflichten zwischen den Ehegatten sind gleich verteilt: Für die Kosten der Erziehung der Kinder und des Unterhaltes der Ehegatten hat jeder Partner einen gleichen Anteil beizusteuern. Die Frau hat dabei die Wahl, ob sie den Unterhalt in natura (in Form von Hausarbeit) oder in bar leisten will.

Die Gleichberechtigung der Frau in der Familie kommt besonders darin zum Ausdruck, dass die Frau ohne Einschränkung durch den Mann über die Berufsausübung entscheiden kann (das Verbot des Ehemannes, eine Arbeit anzunehmen, kann im Gegenteil als ehewidriges Verhalten und als Scheidungsgrund angesehen werden) (445), und dass die Vorrechte des Mannes in Bezug auf das Frauenvermögen, die Bestimmung der ehelichen Wohnung und die Erziehung der Kinder aufgehoben sind (446).

F. Die Bedeutung der Gleichberechtigung für die islamischen Gebiete

Besondere Bedeutung hat der Gleichberechtigungsartikel für die islamischen Gebiete der Sowjetunion, wo die Frau im Sinne der patriarchalischen mohammedanischen Anschauungen vom öffentlichen Leben völlig ausgeschlossen war. Auch heute noch gibt es Verfassungsartikel, die die Verhinderung der Emanzipation der Frau unter Strafe stellen: "Der Widerstand gegen die faktische Befreiung der Frauen (Verheiratung Minderjähriger, Brautkauf, die Organisation von Widerstandsleistung gegen die Heranziehung der Frauen zum Unterricht, in die landwirtschaftliche und industrielle Produktion, in die Staatsverwaltung und in das öffentlich-politische Leben) wird vom Gesetz bestraft" (447).

Diese Bestimmungen beweisen, dass es auch heute offensichtlich noch nicht gelungen ist, die Relikte aus der feudalen Zeit vollständig zu beseitigen. So kommen in den asiatischen Gebieten der Sowjetunion noch Brautraub- und -kauf (Kalim), Heiratszwang und Verheiratung minderjähriger Mädchen vor (448).

G. Die Volksdemokratien

Die Lage der Frau in den Volksdemokratien ist im allgemeinen gleich wie in der Sowjetunion. Ein Unterschied besteht lediglich darin, dass der Prozentsatz der werktätigen Frauen im Vergleich zur UdSSR niedriger ist, was einerseits auf subjektive Gründe (konservative Einstellung zur Frauenarbeit), andererseits aber auch auf objektive Gründe (es bestehen zuwenig Kinderhorte, um die Kinder der werktätigen Mütter unterzubringen) zurückgeführt wird (449).

H. Schlussfolgerung

Wie wir gesehen haben, werden grosse Anstrengungen unternommen, um die Gleichheit der Frau auf allen Gebieten zu verwirklichen. Mit Ausnahme des Ehe- und Familienrechtes aber ist die Gleichberechtigung auf dem Gebiet des politischen und des wirtschaftlichen Lebens noch nicht vollständig verwirklicht: Man bemüht sich zwar, durch besondere Schutzvorschriften im AGB die für Frauen adäquaten Arbeitsbedingungen zu schaffen, die die Eingliederung der Frau nicht im Sinne der Gleichmacherei, sondern der wirklichen Gleichberechtigung verwirklichen sollen; durch den Ausbau der Sozialleistungen auf dem Gebiete des Mutter- und Kinderschutzes sollen die materiellen Voraussetzungen zur Verwirklichung des Rechts auf Arbeit geschaffen werden, aber in der Praxis haben bis jetzt die Frauen nur zögernd von der Gleichberechtigung Gebrauch gemacht, "da sie nur zu oft gleiche Arbeit neben den Männern auf Baustellen und Feldern bedeutete, ohne dass sie den gleichen Lohn brachte" (450). Auch im politischen Leben besteht die Gleichberechtigung (vor allem wegen des bestehenden Wahlsystems) nur formal.

Wenn im wirtschaftlichen und politischen Leben die Gleichberechtigung in der Praxis mit dem konstitutionell ausgesprochenen Leitsatz nicht übereinstimmt, so ist dies aber eher auf subjektive als auf objektive Gründe zurückzuführen. Die verfassungsrechtliche Verkündung der Gleichberechtigung lässt sich in der Praxis nicht durchführen, solange die Gesellschaft nicht bereit ist, die Frau als völlig gleichberechtigte und gleichwertige Persönlichkeit im gesellschaftlichen, politischen und wirtschaftlichen Leben zu akzeptieren. Die Gleichberechtigung der Frau ist letztlich ein ausserkonstitutioneller Grundsatz, der nicht durch gesetzliche Normen erzwungen werden kann, sondern sich nur auf dem Weg einer veränderten Einstellung der Frau gegenüber verwirklichen lässt. Diese Einstellung scheint auch heute in der Sowjetunion noch keinesfalls Allgemeingut zu sein.

Andererseits muss aber betont werden, dass gerade die Emanzipation der Frau auf wirtschaftlichem und politischem Gebiet oftmals mit der Verminderung der Privilegien der Frau im gesellschaftlichen Leben einhergeht, wie Mehnert (451) bemerkt: "Ein Preis, den die russische Frau für ihre Gleichberechtigung gezahlt hat, ist der Verzicht auf die Annehmlichkeiten (!) der männlichen Ritterlichkeit."

So könnte man übertrieben formulieren, je mehr Rechte (auf dem politischen und wirtschaftlichen Gebiet) der Frau zugestanden werden, desto weniger Vorrechte hat sie.

VII. Zusammenfassung

Der Gleichheitsgrundsatz, der Willkür sowohl in der Gesetzgebung als auch in der Rechtsanwendung verbietet, soll garantieren, dass die Freiheitsrechte jedermann in gleicher Weise zustehen, er soll die Abschaffung der Herrschaftsrechte, die Gleichheit in Bezug auf Freiheitsbeschränkungen und die politische Freiheit verwirklichen. Der Bürger soll an der Bildung des Staatswillens vermittelst des allgemeinen, gleichen, aktiven und passiven Wahlrechts beteiligt sein und gleiche Aemterfähigkeit besitzen. Die natürlichen Unterschiede der Menschen müssen aber dabei berücksichtigt werden, da sonst Gleichberechtigung in Willkür und Gleichmacherei umschlagen würde. Die Gleichberechtigung verlangt eine verhältnismässige Gleichheit, d.h. gleiche Verhältnisse müssen gleich, ungleiche ungleich behandelt werden.

Anstelle dieser rechtsstaatlichen Gerechtigkeitsideale existiert in den Sowjetstaaten eine an die feudale Gesellschaftsordnung erinnernde Struktur: Der grossen Masse der Staatsbürger steht eine kleine Gruppe des neuen Adels mit einer Elite innerhalb der Partei gegenüber, wobei die Nomenklaturfunktionäre mit dem Hochadel verglichen werden können (452). Die Bekleidung gewisser Positionen ist mit der Zugehörigkeit zu einer bestimmten Gruppe verknüpft. Im Feudalismus wurden die Dienste des Adels in Form von Grundbesitzdonationen vergolten, die Leute der Partei geniessen anstelle der Latifundien privilegierte Stellungen im Staats-, Wirtschafts- und Gesellschaftsleben.

Die "neofeudale" kommunistisch-sozialistische Gesellschaftsordnung bedeutet auch einen Rückfall im Vergleich mit der sozialen Ordnung des zaristischen Russland (453), das sich unter günstigeren Bedingungen zu einer konstitutionellen Monarchie hätte entwickeln können. Die Minderheit der Parteileute übt eine unbeschränkte Herrschaft über Staat und Gesellschaft aus. Wenn im Zarismus für die Unterdrückung der Bevölkerung der "Wille Gottes" als Kriterium galt, so ist es heute die "objektive Gesetzmässigkeit der Entwicklung", die die Herrschaft einer Elite zur "objektiven Notwendigkeit" macht, die man nicht ändern, sondern nur erkennen könne, da sie "objektiv", d.h. ausserhalb des Menschen stehe.

Trotz den Verfassungsartikeln über die Gleichberechtigung werden - in den gleichen Verfassungen - programmatische Erklärungen zugunsten der Einschränkung der Rechte der ehemaligen Ausbeuterklassen und deren Angehörigen abgegeben und andererseits die führende Rolle der Arbeiterklasse betont (454), obwohl die Pariser Friedensverträge von 1947 die ehemaligen Nachfolgestaaten von Hitlerdeutschland (Ungarn, Rumänien und Bulgarien) verpflichteten, die Gleichberechtigung voll, d.h. ohne Rücksicht auf die soziale Herkunft, auf die Vermögenslage und den Beruf, zu garantieren (455).

Auch eine durch Gesetz ausgesprochene Gleichberechtigung sagt nicht viel aus, weil oft die Ausführung von Gesetzen und Verordnungen verweigert wird, wenn sie den Parteibeschlüssen und dem Klassenstandpunkt widersprechen (456).

Mit Ausnahme der Gleichberechtigung der Frau, die einem wirklichen Fortschritt gleichkommt, ist die Gleichberechtigung im rechtsstaatlichen Sinne nicht verwirklicht (457). Durch die Privilegien der Parteimitglieder im Strafrecht und im Wirtschaftsleben, wo nicht Rechtsnormen, sondern die sich langsam Geltung verschaffenden Sozialnormen Andersdenkende von gewissen Posten grundsätzlich ausschliessen (458), durch das alleinige Recht der Partei zur Kandidatennominierung, durch die Begriffe der Sozialgefährlichkeit und der Klassenzugehörigkeit in der Justiz wird die Durchführung des konstitutionell ausgesprochenen Gleichheitssatzes praktisch verunmöglicht.

So scheint die Gleichberechtigung und mit ihr das ganze Grundgesetz nur zum Schutz eines bestimmten Systems aufgestellt zu sein: Das Grundgesetz ist die Verfassung einer bestimmten gesellschaftlichen und wirtschaftlichen Ordnung, nämlich der sozialistisch-kommunistischen.

§ 6 SOUVERAENITAET (Selbstbestimmungsrecht der Völker)

I. Souveränität der Unionsrepubliken

A. Autonomie und Souveränität

Das Selbstbestimmungsrecht der Völker wird von manchen Sowjetautoren als Grundrecht angesehen, obwohl es nicht dem Individuum, sondern einer Gruppe zukommt (459).

Die Sowjetunion ist ein Vielnationalitätenstaat, der in seiner heutigen Struktur am 30.12.1922 entstanden ist (460). Die erste Verfassung der RSFSR von 1918 sah ein föderatives System in Form von autonomen staatlichen Formationen vor. Lenin, der Verfechter der Idee des Föderalismus, betrachtete diese Struktur jedoch nur als Uebergangsform bis zur Verwirklichung des Einheitsstaates (461).

Die These der Souveränität der Nationen wurde nie verwirklicht. Lenin unterschied zwischen "autonomen" staatsbildenden oder souveränen" Nationen, welch letzteren Status Lenin den Völkern des Zarenreiches versprach.

Die "Deklaration über die Rechte der Völker Russlands" von 1917, die "Deklaration der Rechte des werktätigen und ausgebeuteten Volkes" von 1918 und die Verfassung der RSFSR von 1918 lösten die nationale Frage wie folgt:

1. Allen Völkern Russlands wurde Gleichheit und Souveränität zugesichert.
2. Die Rechte der Völker Russlands auf freie Selbstbestimmung bis zur Sezession und Eigenstaatlichkeit wurde anerkannt.
3. Alle nationalen und national-religiösen Privilegien und Beschränkungen sollten aufgehoben werden.
4. Die nationalen Minderheiten und ethnischen Gruppen sollten sich frei entwickeln können (462).

Mit der Zeit wurden diese Grundsätze nicht mehr befolgt. Die geltende Unionsverfassung von 1936 gewährt die Souveränität und das Recht auf freien Austritt (Sezessionsrecht) nur den Unionsrepubliken (Art. 15 bzw. 17). Die früher von Lenin gemachte Unterscheidung zwischen dem Status der Autonomie und der Souveränität wurde aufgegeben und die Souveränität wurde durch die Autonomie ersetzt (463).

In der UdSSR gibt es heute theoretisch vier verschiedene Formen von territorialen Verbänden:

1. Souveräne Formationen (Unionsrepubliken) (Art. 15 Verf.);
2. autonome Republiken (ASSR) (Art. 89);

3. autonome Gebiete, und
4. nationale Kreise.

Autonomie bedeutet die schwächere Form der Selbstbestimmung (464). Verfassungsartikel 89 befasst sich mit der Gebiets- oder Territorialautonomie, d.h. mit den ASSR, Art. 94 mit den autonomen Gebieten; und von der Verfassung nicht genannt werden die nationalen Bezirke (oder Kreise).

Die Zahl der autonomen Formationen in der UdSSR beträgt 53 (die Unionsrepubliken eingerechnet): 15 Unionsrepubliken, 20 autonome Republiken, 8 autonome Gebiete und 10 nationale Kreise, die, wie die autonome Republik Tuva, meist kleine Volksgruppen mit nur 100 000 Einwohnern umfassen, während grosse Gruppen, wie z. B. die deutsche mit 1, 6 Millionen Einwohnern, die polnische (1, 3 Millionen) oder die ungarische (155 000) keine Autonomie besitzen (465).

Die autonomen Sowjetrepubliken werden in der sowjetischen Staatsrechtslehre nicht als blosse Verwaltungsformationen, sondern als Staaten angesehen (466), die zwar nicht wie die Unionsrepubliken bedingte Souveränität geniessen, aber ein eigenes Staatsgebiet, ein Staatsvolk und eine eigene Staatsgewalt haben, sich selbständig ihre Verfassungen geben, die aber von der entsprechenden Unionsrepublik genehmigt werden müssen (Art. 92 Verf.) (467).

Die autonomen Gebiete arbeiten ihr Statut selbst im Rahmen der unionsrepublikanischen Verfassung aus, das vom Obersten Sowjet der Republik bestätigt wird. Die nationalen Kreise haben ein vom Obersten Sowjet der RSFSR verabschiedetes gemeinsames Statut (468).

Die autonomen Republiken sind trotz der drei staatsbildenden Elemente - Gebiet, Volk und Gewalt - die auch die Unionsrepubliken aufweisen, blosse Verwaltungsformationen innerhalb der Unionsrepubliken (469) und besitzen keine administrative und legislative Autonomie innerhalb ihres Zuständigkeitsbereiches, wie die Tabelle über die Kompetenzen aufzeigt. Eine Kompetenzausscheidung zwischen ASSR und der ihr übergeordneten Unionsrepublik ist aber nirgends vorgenommen worden. Eine Bedeutung kommt den autonomen Republiken nur auf dem Gebiet der Sprache und der nationalen Kultur (Unterricht, Presse, Theater) zu (470).

Trotz der verfassungsrechtlichen Zusicherung der Gleichberechtigung der Nationen besteht in der Wirklichkeit eine Hierarchie der Nationen, wobei die Hälfte keine kollektiven Rechte hat.

B. Die Frage der Bundesstaatlichkeit der einzelnen Unionsrepubliken

Art. 15 der sowjetischen Verfassung sichert den einzelnen Unionsrepubliken - wie erwähnt - Souveränität und sogar das Recht auf freien Austritt (Sezessionsrecht) aus der Union zu (Art. 17).

Dieses konstitutionelle Prinzip der Souveränität steht aber im Widerspruch einmal zum Begriff der Unteilbarkeit der Souveränität, zur Parteiführung im Staat, wie sie in Art. 126 der Verfassung verankert ist und zur These des demokratischen Zentralismus.

1. Die Unteilbarkeit der Souveränität

Die Konzeption von Art. 15 der Verfassung (in Verbindung mit Art. 13) will besagen, dass die UdSSR ein Bundesstaat ist, der durch freiwilligen Zusammenschluss gleichberechtigter souveräner Staaten, resp. Republiken entstanden ist. Die Souveränität wird zwar beschränkt durch Art. 14, der eine Kompetenzausscheidung zwischen Union und Unionsrepublik vornimmt, deshalb werden (in der westlichen Literatur) die Republiken als beschränkt souverän angesehen (471). Kann aber ein Staat souverän sein, wenn seine Souveränität beschränkt ist, mit andern Worten, können die Unionsrepubliken als staatliche Gebilde angesehen werden, wenn ein Element der Souveränität fehlt?

Die Merkmale der Eigenstaatlichkeit, resp. der Souveränität sind Staatsgebiet, Staatsvolk und Staatsgewalt. Die eigene Staatsgewalt wird in den Artikeln 57 ff. bzw. 79 ff. der Verfassung zugesprochen (472). Die Grenzen der Republik werden garantiert (Art. 18): das Gebiet der Unionsrepublik ist somit ohne ihre Zustimmung nicht abänderbar; ferner verleiht die Unionsrepublik ihren Bürgern eine eigene Staatsbürgerschaft, die ohne weiteres die Staatsangehörigkeit der Union mit sich bringt (Art. 21) (473).

Die drei staatsbildenden Elemente sind auch hier gegeben, aber in Art. 14 wird die Souveränität dennoch "eingeschränkt". Es wird gesagt, dass die Unionsrepubliken souverän seien, aber die Souveränität ist nicht teilbar, entweder ist ein Staat souverän oder er muss sich, wenn auch nur auf gewissen Gebieten, dem Willen einer übergeordneten staatlichen Formation beugen.

Der sowjetische Souveränitätsbegriff ist nicht einheitlich. Während von kommunistischer Seite an ihn die höchsten Ansprüche gestellt werden, wenn es sich um kapitalistische Länder handelt, genügt in den sozialistischen Ländern der freiwillige Zusammenschluss auf Grund der Gleichberechtigung (Art. 13 und 15 Verf.), wobei auf einen Teil der Souveränität, der zur Verwirklichung der gemeinsamen Aufgaben, der Aussen-, Wehr- und Wirtschaftspolitik dient, verzichtet wird (474). Im Zusammenhang mit der völkerrechtlichen Stellung des Landes wird aber der Begriff der Souveränität extrem individualistisch ausgelegt: Souverän sei ein Staat nur dann, wenn er sich nicht der Mehrheit eines völkerrechtlichen Kollektivs fügen müsse; nur das Prinzip der Einstimmigkeit werde der Souveränität gerecht; weshalb die Sowjetunion in den Vereinten Nationen das Vetorecht durchgesetzt hat.

Nach sowjetischer Auffassung handelt es sich also bei den Unionsrepubliken nicht um souveräne, sondern um beschränkt souveräne Staaten. Die sowjetische Rechtslehre entspricht dabei der schweizerischen Auffassung, die von der Souveränität der einzelnen Kantone ausgeht (Art. 1 und 3 BV). Diese Theorie von der Teilung der Souveränität, die auf Alexis de Tocqueville und Waitz zurückgeht (475), wird aber im allgemeinen abgelehnt (476).

Die Souveränität ist nicht teilbar, und folglich kann ein Bundesstaat, der souverän ist, nicht aus einzelnen souveränen Staaten bestehen, da sie ihre Souveränität zugunsten des Bundes aufgegeben haben. Wenn man auch in der Schweiz die Bundesstaatlichkeit damit retten will, dass man das Kriterium der verfassungsmässig verankerten Mitbestimmung der Kantone an der staatlichen Willensbildung bei der Rechtssetzung heranzieht (die Kantone sind die Kreationsorgane des Bundes) (477), so dürfte dieses Kriterium auf die sowjetischen Republiken nicht zutreffen, da die Bundesstaatlichkeit durch den demokratischen Zentralismus und die Parteiführung in Frage gestellt wird (478).

Sowohl in der Schweiz als auch in der Sowjetunion mag, historisch betrachtet, der Bund aus dem Zusammenschluss souveräner Staaten zu einem Bundesstaat entstanden sein, in der Folge wurde aber die Souveränität nach und nach aufgegeben (479), da die Verfassungen der einzelnen Republiken bzw. Kantone der Bundesverfassung nicht widersprechen dürfen. Immerhin können die Kantone ihre Regierungsform im Rahmen republikanischer Grundsätze selbst bestimmen (Art. 6 Abs. 2b BV), was den Unionsrepubliken selbstverständlich versagt bleibt.

Auch der offenbar auf die Eigenstaatlichkeit hinweisende Art. 17, der den Republiken den freien Austritt aus der Union zusichert, entbehrt, wie wir noch sehen werden, jeder realen Grundlage.

In Art. 146 könnte man ein Recht zur Kompetenzkompetenz der Unionsrepubliken sehen, die bei einer Verfassungsänderung mitwirken, die Kompetenzen zwischen Union und Republik neu zu verteilen, da aber in der Praxis eine Verfassungsänderung nicht nach dem Procedere des Art. 146 (in Form eines Gesetzes: zakon), sondern im Wege der Ukasgesetzgebung (ukaz), die vom Präsidium des Obersten Sowjets erlassen wird, vorgegangen wird, und der Oberste Sowjet den Erlass nur noch bestätigt (480), fällt auch dieses Kriterium, das eine gewisse Eigenständigkeit im Sinne der schweizerischen Rechtslehre befürworten würde, dahin. Auch fehlt es an klaren Kompetenzausscheidungen und an einem verfassungsmässigen Schutz gegen Uebergriffe der Union in die Kompetenz der Republiken (481).

Zwei Kriterien stossen die Theorie vom Bundesstaat jedoch eindeutig um: Die zentralisierte Parteiführung und der demokratische Zentralismus (absolute und relative Zentralisation).

2. Die Parteiführung

Die konstitutionell verankerte Parteiführung (482) schliesst die Souveränität der

Unionsrepubliken und der grossen Nationen aus, da das nationale Prinzip dem Klassenprinzip untergeordnet wird.

Die Staatsmacht wird den Werktätigen jeder Nationalität, die Leitung des Staates aber nur der Arbeiterklasse zugesichert (483). Dies macht das Wesen der sowjetischen Föderation aus. Nach Lenins Ansicht kann der Staat föderativ organisiert sein, die Partei muss aber immer zentralisiert bleiben. Die Kommunisten der souveränen Republiken forderten 1919 die Autonomie der nationalen Parteien und für die Gesamtpartei einen föderativen Status (484), aber Lenin beharrte auf der Einheit der Partei und lehnte die territoriale Autonomie und die Föderation auf Parteiebene am VIII. Kongress der Russischen KP ab. Die nationalen KP sind demnach Bestandteile der Einheitspartei.

3. Der demokratische Zentralismus und die doppelte Unterordnung

Dieser Grundsatz, der sowohl für die KP als auch für das Staatsrecht und die Staatsverwaltung gilt, bedeutet nach Art. 19 des Parteistatuts von 1961 (485):
1. Die Beschlüsse der höhern Organe sind für die untern unbedingt verbindlich.
2. In dieser Hierarchie besteht eine periodische Rechenschaftspflicht für die untern Organe, die von den obern Instanzen geleitet und kontrolliert werden und laufend über ihre Tätigkeit informiert werden. Die Direktiven des ZK der KP sind für alle untergeordneten Organe verbindlich.
3. Die leitenden Organe sind von unten nach oben wählbar.
4. Straffe Parteidisziplin und Unterordnung der Minderheit unter die Mehrheit.

Als zentralistisch wird die sachliche und personelle Unterordnung der Parteiorgane unter die höhern angesehen, als demokratisch die Wahl, da die leitenden Parteiorgane von oben nach unten gewählt werden. Sie werden zwar vom entsprechenden Parteikongress der Republik usw. gewählt, müssen aber von der Bundeszentralstelle bestätigt werden. Die Kandidaten werden von der Exekutive aufgestellt. Das Wahlverfahren ist also ähnlich wie bei den staatlichen Wahlen (486). Das Parteimitglied wählt nur die vorgeschlagenen Delegierten für die Stadt- und andern Organisationen. Die Parteiresolutionen werden seit 1930 immer einstimmig angenommen, da eine Gegenstimme die Parteidisziplin verletzen würde. Die Abstimmung für die Kandidatenstellung ist offen, geheim ist nur der Wahlakt. Die Mitglieder des ZK der KPdSU können, auch wenn sie vom Parteikongress gewählt wurden, durch einfachen Beschluss des ZK ausgeschlossen werden. Das Komitee für die Parteikontrolle wird nicht vom Parteikongress, sondern auf Vorschlag des Präsidiums des ZK (Politbüro) gewählt.

Der demokratische Zentralismus bedeutet im Parteirecht eine Unterordnung unter ein Spitzengremium, das sich in gewissem Rahmen durch Kooptation ergänzt, also in Form eines Zuwahlvorschlages an den Parteikongress (487).

Der Unterschied zwischen bürgerlichem und sowjetischem Föderalismus liegt im demokratischen Zentralismus (488), der die Entscheide der höhern Organe für die untern restlos verbindlich macht und eine strenge Disziplin und Unterordnung verlangt. Alle grundlegenden Probleme werden von den Zentralorganen gelöst, während nur die unwesentlichen Einzelprobleme, aufgrund von Instruktionen und Anordnungen, den untern Organen überlassen bleiben (489) (grundsätzliche und operative Entscheidungen).

In der Staatsverwaltung wird der demokratische Zentralismus mit der doppelten Unterordnung verbunden (dvojnoe podčinenie): Dies bedeutet die horizontale und vertikale Abhängigkeit der Verwaltungsorgane, nämlich die Unterordnung des Verwaltungsorgans unter das einsetzende Organ der Staatsgewalt und unter die höhern Verwaltungsorgane.

Diese doppelte Unterordnung gilt nur für die relativ zentralisierte Verwaltung. Bei den wichtigsten Verwaltungszweigen, die absolut zentralisiert sind, besteht nur eine vertikale Abhängigkeit (490).

Der demokratische Zentralismus - als Grundsatz der marxistisch-leninistischen Staatslehre - garantiere, so heisst es in der juristischen Literatur, die Einheit der Souveränität von Union und Unionsrepubliken, denn die Souveränität dürfe man nicht juristisch, anhand der Kompetenzen prüfen, sondern die Kompetenzen würden konform der jeweiligen Etappe des kommunistischen Aufbaus festgelegt und seien im Zeichen der gegenseitigen Annäherung und Verschmelzung der Sowjetvölker einer ständigen Aenderung unterworfen. Jede Ausweitung der Republikskompetenzen sei mit einer Erweiterung des demokratischen Zentralismus verbunden (491). Die Einheit der Souveränität von Union und Republiken sei eine Gesetzmässigkeit, die dadurch garantiert werde, dass beide dieselbe Quelle, das Volk hätten. Der demokratische Zentralismus habe zur Folge, dass sich die staatliche Struktur auf das Prinzip des Sowjetföderalismus und der sozialistischen "Einheitsstaatlichkeit" (unitarizm) stütze. Schon Lenin sah voraus, dass sich infolge des demokratischen Zentralismus der Vielnationalitätenstaat zu einem demokratisch zentralisierten Einheitsstaat entwickeln würde (492).

C. Verwaltungsstruktur

Es gibt eine zentralisierte, eine dezentralisierte und eine lokale Verwaltung entsprechend den Kompetenzen, die in Bundes-, republikanische und rein republikanische (autonome) Kompetenzen unterteilt werden.

Die zentralisierte Verwaltung zerfällt wiederum in eine absolute und eine relative Zentralisation. Relativ zentralisiert sind die Bundes- und die republikanischen Ministerien, absolut die Bundesministerien als Organe. Die absolute Zentralisation schliesst jeden Einfluss der Republiken aus, und es besteht hier nur eine vertikale Abhängigkeit, also keine doppelte Unterordnung.

	Bundesangelegenheiten							Bundes- und republ. Angelegenheiten							autonome Angelegenheiten						
	/	1922	1924	1936	1954	1963	1965	1919	1922	1924	1936	1954	1963	1965	/		1924	1937	1954	1963	1965
Kriegswesen, Verteidigung		/	/	/				/				/	(/)	/							
Volkswirtschaftsräte								/	/	/											
Eisenbahnen, Verkehr		/	/	/	/	/	/	/					/								
Finanzen								/	/	/	/	/		(/)							
Arbeitsfragen								/	/	/											
Aussenpolitik		/	/	/								/	/	/							
Aussenhandel		/	/	/	/	/	(/)														
Post-Telegraph		(/)	/	(/)	(/)								/	(/)							
Lebensmittel, Ernährung									(/)	/											
Arbeiter-Bauern-Inspektorat									/	/		/									
Landwirtschaft											/	/	/	/		/	/				
Innere Angelegenheiten											/	/				(/)	/				
Bildungswesen																/	/	/	/		
Gesundheit											/	/	/	/		/	/				
Sozialversicherung																/	/	/	/		
Nationale Fragen																/					
Justiz											/	/				/					
Hochseefl., Wassertransporte				/	/	/	/														
Schwerindustrie				/																	
Verteidigungsindustrie				/	/		/														
Lebensmittelindustrie											/	/		/							
Leichtindustrie											/			/							
Holzindustrie											/	/									
Sowchosen											/	/									
Binnenhandel											/	/		/							
Oertl. und Brennstoffindustrie																/	/				
Kommunalwirtschaft																/					
Erfassung (Kom.)					/											/					
Flugzeugindustrie					/		/														
KFV- und Landmaschinen					/		/														
Papier- und Holzverarb. Industrie					/		/														
Hochschulen					/								/	/							
Geologie, Bodenschätze					/									/							
Maschinen- und Apparatebau					/		/														
Erdölindustrie					/																
Radiotechnische Industrie					/		/														
Mittlerer Maschinenbau					/		/														
Werkzeugindustrie					/		/														
Maschinen für Bauwesen					/		/														
Betriebsbau f. Chemie u. Metallurgie					/		/														
Schiffbau					/		/														
Transportmaschinenbau					/		/														
Schwermaschinenbau					/		/														
Chemische Industrie					/																
Kraftwerke					/																
Elektrotechnische Industrie					/							/									
Strassenwesen												/									
Kultur												/	/	/							
Fleisch- und Milchindustrie												/									
Baumaterialienindustrie												/		/							
Konsumgüterindustrie												/									
Fischereiindustrie												/		/							
Bauwesen												/									
Kohlenindustrie												/		/							
Buntmetallurgie												/		/							
Eisenverhüttung												/									
Gasindustrie							/														
Zivilflugwesen							/														
Maschinenbau f. Leichtindustrie							/														
Allgemeiner Maschinenbau							/														
Elektronenindustrie							/														
Elektrotechnische Industrie							/														
Meliorationen, Wasserwirtschaft														/					/		
Montage, Bauarbeiten														/							
Fleisch- und Milchindustrie														/							
Oelgewinnung														/							
Oelverarbeitende Industrie														/							
Schwarzmetallurgie														/							
Energetik, Elektrifizierung														/					/		
Ziviler Wohnungsbau																					

Quellen: 1919: Dekret des Allrussischen Zentralen Exekutivkomitees (VCIK) über den Zusammenschluss der Sowjetrepubliken. (Vgl. Istorija sovetskoj konstitucii (v dokumentach) 1917-1956 (Geschichte der Sowjetverfassung, in Dokumenten 1917-1956), Moskau 1957, S. 207/208.

1922: Vertrag über die Bildung der UdSSR vom 30.12.1922 (Ibid., 394-401).

1924: Verfassung der UdSSR vom 31.1.1924 (Ibid., S. 458-473).

1936: Verfassung der UdSSR vom 5.12.1936 (Ibid., S. 729-746).

1937: Verfassung der RSFSR von 1937 (Ibid., S. 749-771).

1954: Die Verfassung der UdSSR, unter Berücksichtigung der Aenderungen bis zum Tode Stalins. Stand: 1954. (Vgl. Die Verfassungsgesetzgebung des Sowjetstaates, Berlin/Ost, 1954, S. 49-80.)

1963: (Vgl. Vedomosti Verchovnogo Soveta SSSR (Mitteilungsblatt des Obersten Sowjets der UdSSR), Nr. 48/1962, S. 1115; Izvestija, Moskau, 18.1.1963 und 15.3.1963; Vedomosti Verchovnogo Soveta SSSR Nr. 12/1963, S. 277-283, Nr. 1151)

1965: (Pravda 3.10.1965, S. 1)

Dezentralisierte Organe sind die rein republikanischen Ministerien und andere Zentralstellen; Organe der Lokalverwaltung sind die verschiedenen Sowjets (Lokalräte).

Die Bundesministerien leiten das entsprechende Ressort im ganzen Staat durch eigene Bevollmächtigte in den Republiken, die nur dem Zentrum unterstehen. Dadurch, dass die Tätigkeit der Bevollmächtigten vom unionsrepublikanischen Ministerrat koordiniert und überwacht werden soll (493), gewinnt die Unionsrepublik keinen Einfluss auf die Staatsgeschäfte.

Die relative Zentralisation gewährt in praxi kaum mehr Freiheit als die absolute, denn alle Bundes- und republikanischen Organe sind dem demokratischen Zentralismus unterworfen (doppelte Unterordnung).

Die rein republikanischen Kompetenzen sind gering: Wasserwirtschaft, ziviler Wohnungsbau, Kommunalwirtschaft, Bildungswesen, die soziale Fürsorge und die bedeutungslose lokale Industrie. (Vgl. nebenstehende Tabelle.) In den autonomen Republiken fehlt es an dezentralisierten eigenen Kompetenzen.

Die wichtigsten Zweige der Wirtschaftsverwaltung sind relativ oder absolut zentralisiert. Absolut zentralisiert sind das Kredit- und Bankwesen, der Aussenhandel, die meisten Branchen der Kriegs- und Schwerindustrie, während die Leichtindustrie, die Landwirtschaft, die Planung, die Finanzen, die Verteidigung und - merkwürdigerweise - die Aussenpolitik, relativ zentralisiert sind.

Bei der Planung wirkt sich der demokratische Zentralismus in der Weise aus, dass ein Plan, der die Entwicklungstendenz, den Lebensstandard usw. berücksichtigt, von oben vorgeschrieben wird; dann werden die Pläne einzeln von unten nach oben zusammengestellt und wieder von oben nach unten bestätigt (494).

D. Die Gesetzgebungskompetenzen

Die Souveränität der Unionsrepubliken wurde auch auf dem Gebiet der Gesetzgebung praktisch aufgehoben, da sie eine relativ zentralisierte Bundes- und republikanische Kompetenz ist.

Die absolut zentralisierte Gesetzgebung des Obersten Sowjets der Sowjetunion schliesst den direkten Einfluss der Republiken aus. Diese Materien werden durch Unionsgesetz geregelt, vgl. z.B. die Gesetze vom 25.12.1958 über staatsfeindliche Delikte, über die Militärgerichte und das Gerichtsverfahren und das Militärstrafgesetzbuch.

Bei den relativ zentralisierten Angelegenheiten erlässt die Union die Grundlagen der Gesetzgebung, auf dessen Basis die Republiken eigene Gesetzbücher erlassen (495).

Unbedeutende Angelegenheiten lokalen Charakters verbleiben der autonomen Gesetzgebung der Unionsrepubliken.

In der Praxis kann man eine immer stärkere Verschiebung der gesetzgeberischen Kompetenzen in Richtung der Union feststellen: Die Verfassung von 1936 beschnitt die Republikskompetenzen auf dem Gebiet der Gerichtsverfassung und des Gerichtsverfahrens, der Zivil- und Strafgesetzgebung (Art. 14 Ziff. 21), während sie auf diesen Gebieten vorher nur das Recht zur Grundlagengesetzgebung hatte (Art. 1 Ziff. 15 Verf. 1924). Durch Gesetz vom 11. 2. 1957 wurde dieser Zustand allerdings wieder geändert und die Materien der Zivil- und Strafgesetzgebung sowie die Gerichtsverfassung der Union in Form der Grundlagengesetzgebung zuerkannt (Art. 14u).

Folgende Materien sind absolut zentralisiert, also ausschliesslich Unionskompetenzen: Die Regelung der Staatsbürgerschaft, die Strafgesetzgebung über staatsfeindliche Delikte, der Rechtsstatus der Ausländer, das Militärstrafgesetzbuch und die Verfassung der Kriegstribunale (Art. 14 Verf.).

Die Grundlagengesetzgebung steht der Union zu auf den Gebieten der Bodennutzung, der Waldungen und Gewässer (Art. 14q), des Bildungs- und Gesundheitswesens (Art. 14r), der Arbeitsgesetzgebung (Art. 14t), der Gerichtsverfassung, des Gerichtsverfahrens, der Straf- und Zivilgesetzgebung (Art. 14u) und über die Ehe und Familie (Art. 14w). Detaillierte codices und Gesetze sollen, entsprechend den Unionsgrundlagen, die einzelnen Republiken erlassen. Die Grundlagen haben verbindliche Kraft für alle Republiken (Art. 19 Verf.). Bei einem Gesetzeskonflikt, d.h. bei Nichtübereinstimmung zwischen Unions- und Republiksgesetz, geht dasjenige der Union vor: Bundesrecht bricht republikanisches Recht (Art. 20).

Auch für die Gerichte gilt der demokratische Zentralismus. Auf dem Gebiet der Justiz wird die Souveränität der Republiken eingeschränkt, da sie eine relativ zentralisierte Bundes- und republikanische Angelgenheit ist, obwohl sie nach dem Gründungsvertrag der Sowjetunion eine autonome Angelegenheit der Republiken sein sollte.

Bei dieser komplizierten Struktur der Staats- und Wirtschaftsverwaltung ist es nur der Partei möglich, eine einheitliche Leitung zu schaffen.

E. Das Sezessionsrecht

Eine der wichtigsten Ausprägungen der Souveränität stellt nach sowjetischer Ansicht das Sezessionsrecht des Art. 17 Verf. dar, da die Souveränität, die die Unionsrepublik zugunsten von Bundeskompetenzen aufgibt, so wieder vollständig herstellbar sei (496).

Die Unionsrepublik habe das Recht, ohne Bestätigung durch den Bund, auf einfachen Beschluss hin, aus der Union auszutreten. Diese Bestimmung hat aber nur deklarativen, nicht legislativen Charakter, da es in der Union dank der Zentralisation der Partei im Vielvölkerstaat keine Zentrifugalwirkung gibt, und kein Staat jemals den Wunsch äusserte, auszutreten.

Verfassungsartikel 17 sollte gestrichen werden, aber Stalin setzte sich für die Beibehaltung ein, um den freiwilligen Zusammenschluss zu unterstreichen.

Da nur die Staatsgewalt dezentralisiert, die den Staat leitende Partei aber zentralisiert ist, müsste sich eine Republik, die vom Sezessionsrecht Gebrauch machen will, vom System lossagen, was als Gegenrevolution angesehen würde (497). Gegen Bucharin und Rykow wurde ein Hochverratsprozess angestrengt, weil sie angeblich versucht haben, die Ukraine, Weissrussland, Armenien, Georgien und Aserbaidschan von der Sowjetunion zu lösen.

F. Schlussfolgerung

Wenn auch der Staat eine gewisse dezentralisierte Struktur aufweist, so wird diese wieder aufgehoben durch die Zentralisation der KP der UdSSR. Die Zentralisation des Parteiaufbaus beraubt die zur Eigenstaatlichkeit führende dezentralisierte Organisation des Staatsapparates der Unionsrepubliken einer realen Wirklichkeit, deshalb ist die Sowjetunion kein Bundesstaat, sondern ein dezentralisierter Einheitsstaat, oder treffender, eine Zwischenerscheinung aus einem zentralisierten Bundesstaat und einem dezentralisierten Einheitsstaat (498).

II. Souveränität der einzelnen Staaten des sozialistischen Lagers

Dass selbst die Staaten der Volksdemokratien keine Souveränität im völkerrechtlichen Sinne geniessen, haben die Ereignisse in Ungarn 1956 und in der ČSSR 1968 gezeigt.

Die Behauptung, dass die Intervention von fünf Warschaupaktstaaten in die ČSSR dem Begriff der Souveränität und dem Recht der Nationen auf Selbstbestimmung widerspreche, wird von marxistischer Seite mit dem Hinweis abgetan, dass der Begriff der Souveränität, ebenso wie alle Gesetze und Rechtsnormen, dem Klassenkampf und der gesellschaftlichen Entwicklung untergeordnet sei (499).

Der Begriff der Souveränität wird nicht abstrakt, sondern klassengebunden ausgelegt. Obgleich den einzelnen KP der Volksdemokratien die Freiheit zugestanden wird, die Entwicklung ihres Landes zu bestimmen, so heisst das nicht, dass sie das Recht haben, "gegen Sozialismus und die Interessen anderer sozialistischer Länder und gegen die Weltbewegung der Arbeiterschaft" aufzutreten (500). Ein

Staat dürfe sich nicht absondern von den allgemeinen Interessen der sozialistischen Gemeinschaft, ohne den Charakter eines sozialistischen Landes zu verlieren und das unteilbare sozialistische Lager zu gefährden. Dies zu verhindern, sei die Aufgabe der andern sozialistischen Länder (Aggression als Akt der Selbstverteidigung).

Da es im Marxismus-Leninismus kein Recht gibt, das über den Klassen steht, d.h. das nicht im Zusammenhang mit dem Klassenkampf betrachtet wird, würde die nationale Unabhängigkeit eines Staates gerade durch den Status der Neutralität aufgegeben. Der Neutralitätsstatus, wie er 1956 in Ungarn aktuell war, wird vom Marxismus nicht anerkannt, und, so wie es innerstaatlich in der Sowjetunion kein Sezessionsrecht für die Republiken gibt, sowenig existiert das Recht der (rein staatsrechtlich gesehen) souveränen Staaten der Volksdemokratie auf Austritt aus der sozialistischen Gemeinschaft.

Freiheit und damit Souveränität besitzt für die Marxisten nur ein Staat, der die nationalen Interessen dem Ganzen, den Interessen aller Werktätigen unterordnet und der, die objektiven Gesetzmässigkeiten erkennend, den Aufbau des Kommunismus erleichtert.

Die Selbstbestimmung und Souveränität besteht also darin, dass die volksdemokratischen Staaten die "Freiheit" haben, die marxistisch-leninistischen Prinzipien, wie sie von der KPdSU für alle andern KP interpretiert und verbindlich vorgeschrieben werden, in ihrem eigenen Lande anzuwenden.

Diese Unterordnung und Zusammenarbeit im Sinne des sozialistischen Internationalismus mit der Sowjetunion wird sogar in den volksdemokratischen Verfassungen verankert (501).

Auch der Begriff der Souveränität wird also mit den Massstäben des Klassenkampfes gemessen, was völlig verunmöglicht, ihn dem rechtsstaatlichen Begriff des Völkerrechts gegenüberzustellen, ein Vergleich erscheint deshalb müssig.

§ 7 MINDERHEITENSCHUTZ UND GLEICHBERECHTIGUNG DER NATIONALITAETEN

I. Einleitung

Da der Minderheitenschutz nicht ein Recht einer ganzen Volksgruppe ist, wird in der Allgemeinen Erklärung der Menschenrechte nur die Diskriminierung des Individuums verboten (Art. 2 und 7), im Rahmen der Organisation der Vereinten Nationen besteht aber eine Unterkommission für Minderheitenschutz als Organ der Kommission für Menschenrechte.

Die Völkerrechtler, die vom 8. - 22. Juni 1965 in Laibach (Ljubljana) zur Erörterung der multinationalen Gesellschaften zusammenkamen, verlangten:
1. Massnahmen, um die Verwirklichung der Menschenrechte und der grundlegenden Freiheitsrechte für alle Nationen zu garantieren,
2. Massnahmen zur Garantie von besonderen Rechten für die ethnischen, linguistischen und nationalen Gruppen, um die traditionellen Eigenarten und das nationale Selbstbewusstsein aufrechterhalten zu können. Im einzelnen wurde gefordert: Das Recht auf den Sprachgebrauch und die Vereinsbildung, das Recht auf Gründung von autonomen Unterrichtsinstitutionen und die Förderung der eigenen Traditionen, sowie die gleiche Behandlung der wirtschaftlichen Regionen. Ferner verlangte die Mehrheit das Recht für die Nationalitäten, innerhalb des Landes Organisationen zu gründen zwecks politischer Tätigkeit, unter der Bedingung freilich, dass diese Vereinigungen nicht zu subversiver Tätigkeit missbraucht werden. Das Recht auf die Vereinsbildung wird begrifflich erweitert, so dass die Minderheiten und ihre Gruppen, die ausserhalb der Landesgrenzen leben, gemeinsame Organisationen bilden können, um weltweit ihre Kultur zu fördern und zu diesem Zweck Lehrer aus dem Ausland für ihre Schulen (die aber unter der Schulhoheit des betreffenden Staates stehen), zu engagieren (502).

Der Minderheitenschutz ist ein Problem, das seit der Reformation immer mehr Bedeutung erlangt hat. Waren es zu Beginn meist religiöse Minderheiten, die verfolgt wurden, so führte die Bildung der Nationalstaaten dazu, dass nationale Minderheiten und ganze Volksgruppen diskriminiert wurden (503). Zwar gab es im 19. Jahrhundert bereits Nationalitätengesetze (504), die aber vom französischen Volksbegriff des "une et indivisible nation" ausgingen, der die Einheit von Volk und Staat verkündete und dem staatstragenden Volk das Recht gab, die Minderheiten zu assimilieren und zu verdrängen.

Nach dem ersten Weltkrieg wurden zwar die Individualrechte im Versailler Vertrag bzw. in den Pariser Verträgen (St. Germain, Trianon) festgehalten (505), und, als Ersatz für das missachtete Selbstbestimmungsrecht der Völker, wurde ein System des Minderheitenschutzes aufgestellt, für das der Völkerbund die Garantie übernahm. Da es aber an Möglichkeiten fehlte, bei Verletzung der Rechte Sanktionen gegen die fehlbaren Staaten zu ergreifen, blieben die Forderungen der

Verträge nur auf dem Papier bestehen.

Die wichtigsten Vertragspunkte waren: 1. Schutz des Lebens, der Freiheit und freie Ausübung der Religion für alle Bewohner des Staates, 2. Automatischer Erwerb der Staatsbürgerschaft für gewisse Kategorien von Einwohnern, 3. Die Gleichheit der Bürger vor dem Gesetz und in Ausübung der bürgerlichen Rechte und in Bezug auf die Sprache, 4. Versammlungsfreiheit für religiöse und kulturelle Zwecke, 5. Der Staat ist verpflichtet, den muttersprachlichen Unterricht überall da zu garantieren, wo die Minderheit einen beträchtlichen Teil der Bevölkerung ausmacht (506).

Die Minderheitenverträge bzw. die Bestimmungen der Friedensverträge über Minderheitenschutz, die meist dem Besiegten vom Sieger auferlegt wurden, wurden von den Nachfolgestaaten immer restriktiver ausgelegt. Da die Klagen an den Völkerbund wegen Verletzung der Grundrechte als Petitionen aufgefasst wurden und den Völkerbund nicht zum Handeln verpflichteten, wurden die Bestimmungen mit der Zeit bedeutungslos, wie die Diskriminierung der Kroaten und Slowenen durch die Serben in Jugoslawien und der Slowaken in der Tschechoslowakei deutlich machte (507).

Die Friedensverträge, die nach dem zweiten Weltkrieg geschlossen wurden, enthielten, von einigen Ausnahmen abgesehen (508), keine Regelung über den Minderheitenschutz. Die Nationalitätenfrage ist heute speziell ein Problem Osteuropas, da es sich in Westeuropa (wir denken vor allem an den Jura in der Schweiz, die Vallonen und Flamen in Belgien), nicht um Minderheiten, sondern um Streitigkeiten zwischen staatsbildenden Nationen handelt, und diese Frage mit Ausnahme Südtirols und der Basken und Katalonen in Spanien, keine grosse Bedeutung hat.

II. Die Lage in der UdSSR

Nach sowjetischer Ansicht gehören auch die Minderheitenrechte zu den Grundrechten (509). Art. 123 der sowjetischen Verfassung spricht nicht direkt von Gleichberechtigung der Nationalitäten, sondern verbietet lediglich die willkürliche Behandlung der Bürger auf Grund ihrer Rassen- oder Nationalitätszugehörigkeit. Obwohl Art. 123 die Gleichheit des einzelnen Bürgers garantiert und die Gleichberechtigung der Nationalitäten nicht erwähnt, kann man doch in Abs. 2 des Artikels, der die Propagierung nationaler Exklusivität und des Rassenhasses verbietet, eine Grundlage für die Gleichheit, resp. den Schutz der Nationalitäten sehen.

Die nationale Gleichberechtigung gehört zu den ältesten Programmsätzen der revolutionären Parteien Russlands (510). Art. 4 der Deklaration über die Rechte der Völker Russlands vom 2. 11. 1917 und Art. 22 der Verf. der RSFSR vom 10.7.1918 sahen einen föderativen Staatsaufbau und die Selbstbestimmung vor (511). Anfangs war man bemüht, die Idee der Gleichberechtigung zu verwirklichen und aus dem "Völkergefängnis Russland" eine Völkerfamilie Sowjetunion zu schaffen (512). Man suchte die nationale Diffamierung und die Privilegien des Zarismus zu beseitigen (513). Eine positive Regelung wurde aber nicht getroffen, und in der Folge machte sich die Zentrifugalkraft der verschiedenen Nationalitäten bemerkbar, und viele Völker erklärten ihre Unabhängigkeit (Ukraine, Weissrussland) (514).

Wenn auch zu Beginn der grossrussische Chauvinismus verurteilt und gewisse Zugeständnisse an die Nationen gemacht wurden, so wurde doch schon unter Stalin die politische Führungsrolle des Grossrussentums eklatant (515).

Seit 1939 wurde gegen den Gleichheitsgrundsatz verstossen, indem ganze Völker und Minderheiten verfolgt wurden, obwohl die UdSSR das internationale Abkommen zur Verhütung und Bestrafung des Verbrechens des Gruppenmordes (Genocidkonvention) der Vereinten Nationen (von der Vollversammlung am 9.12. 1948 angenommen) unterzeichnet und ratifiziert hat (516). Von 1941 - 1944 wurden ganze Völkerschaften wegen Feindbegünstigung und Kollaboration mit den Deutschen von den Massnahmen Stalins betroffen (517): Die Krimtataren und die Wolgadeutschen, die 1924 je eine eigene autonome Republik mit einer Fläche von 28 000 qkm und 558 000 Einwohnern hatten, wurden nach Kriegsbeginn nach Sibirien und Mittelasien deportiert; die ASSR der Wolgadeutschen wurde aufgelöst. Auch die ASSR der Kalmücken und Kabardino-Balkaren wurden aufgelöst und ihre Bevölkerung deportiert. Das autonome Gebiet der Karatschaier und Tscherkessen wurde 1943 ebenfalls aufgelöst. Die Krim, die zu 25% mit Krimtataren bevölkert war, wurde 1921 zur ASSR erklärt; ebenso erhielt das Gebiet der Tschetscheno-Inguschen 1936 den Status der ASSR. Da die Bevölkerung während des Krieges mit den deutschen Besatzungstruppen fraternisierte, wurde sie 1943/44 vernichtet oder deportiert.

Nach Stalins Tod ergingen verschiedene Erlasse, die eine Wiederherstellung der aufgehobenen nationalen Formationen, sowie die Rehabilitierung der Bevölkerung zum Inhalt hatten (518). Im Unterschied zu den übrigen während der Kriegsjahre deportierten Völkerschaften, denen das Recht auf die Rückkehr in ihre Heimat zugebilligt wurde, konnten die Wolgadeutschen trotz Rehabilitierung bis heute nicht in ihr ursprüngliches Gebiet zurückkehren (519).

Wenn wir von der Liquidierung ganzer Völkerstämme absehen, so ist das Gleichheitsprinzip auf dem Gebiet der Nationalitäten auch heute nicht durchgeführt, da nicht jede Nationalität Autonomie beanspruchen kann. Von den 100 Nationalitäten besitzen etwa die Hälfte keine Autonomie (z.B. die Deutschen, die Polen und Ungarn). Diese Unterscheidung zwischen autonomen und nichtautonomen Gebieten verletzt die Gleichberechtigungsidee.

In der Praxis wird auch heute unter den Republiken die RSFSR und damit das russische Element bevorzugt und begünstigt (520). Obwohl die Sowjetunion offiziell ein Vielvölkerstaat ist, bildet das russische Volk das eigentliche staatsbildende Element, während die andern Völker in den Status einer Minderheit versetzt wurden. Theoretisch wurde zwar die Selbstbestimmung und das Recht zur Sezession vom russischen Reich deklariert, aber in der Praxis konnte dieses Recht nie verwirklicht werden, weil der nationalen Frage im Bolschewismus eine untergeordnete Bedeutung zukommt. In allen Verfassungen (1918, 1924 und 1936) wurde das Sezessionsrecht für die nichtrussischen Völker verankert. Wie schon erwähnt (521), haben diese Artikel jedoch nur theoretische Bedeutung, da dieses Recht im Zuge der Annäherung und Verschmelzung der Nationen (welche Erscheinung den sozialistischen Vielvölkerstaat fördern soll), völlig überspielt wird. Im Staats- und Parteileben gilt der Grundsatz des demokratischen Zentralismus, der die absolute Unterordnung der Minderheit unter die Mehrheit als Ausdruck der Demokratie fordert. Es wird also in principio jeder Minderheitenschutz abgelehnt, denn dadurch würde der demokratische Zentralismus und die Einheit des Sozialismus gefährdet. Die seit Jahren propagierte "gegenseitige Annäherung" der Sowjetvölker bewirkt eine friedliche Ausweitung des russischen Elementes und die forcierte Assimilierung der anderssprachigen Völker. Die Verfassung von 1925 der RSF SR gestattete den völkischen Gruppen, eigene autonome Republiken im Rahmen der UdSSR zu bilden und anerkannte das Recht der nationalen Minderheiten auf den Gebrauch ihrer eigenen Sprache in Kongressen, vor dem Gericht, in der Verwaltung, im öffentlichen Leben und in der Schule (522). Auch heute werden gewisse Minderheitenrechte garantiert, aber diese Garantien auf dem Gebiet der nationalen Kulturen beziehen sich eigentlich nur auf den Gebrauch der eigenen Sprache (523). Man darf nicht übersehen, dass viele Sprachen erst unter der Herrschaft des Sowjetsystems gefördert und zur Schriftsprache wurden (524). Die grössten Nationalitäten haben eine eigene Akademie der Wissenschaften, Zeitungen, Radio und Television, die aber in praxi nur dazu dienen, die einheitliche sozialistische Kultur zu verbreiten.

Wenn die nationalen Gruppen auch auf dem Gebiet der Sprachen besonders gefördert werden, darf man dabei nicht übersehen, dass dies andererseits dazu dient, die Führungsrolle des russischen Volkes zu propagieren (525): Der nationalsprachliche Unterricht und die nationalen Schulen stehen im Dienste der Annäherung und Verschmelzung der Sprachen, die das Fernziel und ebenfalls eine "objektive Gesetzmässigkeit" darstellt.

Die Tendenz, die andern Sprachen zugunsten des Russischen zu verdrängen, zeigen folgende Zahlen: Die UdSSR hatte nach der Volkszählung von 1959 208 Millionen (heute 241 Millionen) Einwohner, wovon 114 Millionen russischer Nationalität. Die russische Sprache als Muttersprache sprachen aber 124 Millionen Einwohner. Von den 1 619 000 Einwohnern deutscher Nationalität gaben bei der Volkszählung 25% Russisch als Muttersprache an. Für die deutsche Minderheit gibt es z.B. nur eine Zeitung, die in Moskau erscheint ("Neues Leben"). Neuerdings werden für die Deutschen nationale Schulen und Lehrkräfte bewilligt (526).

Die Verstreuung der russischen Elemente beschleunigt die Annäherung, nationale Siedlungsgebiete werden internationalisiert. 1926 lebten 5% der Russen ausserhalb der RSFSR, 1959 waren es schon 14,2% (Volkszählung 1959) (527). Verschiedene Nationalitäten sind in ihrem eigenen Gebiet in Minderheit geraten (z.B. die

Kasachen).

Der Marxismus-Leninismus tritt für eine Integration der Sprachen ein, d. h. dem stufenweisen Absterben der kleinen Sprachen, was der Erhebung der russischen Sprache zum gemeinsamen Idiom gleichkommt. Das Forcieren des russischen Sprachunterrichts in den Republiken und die steigende Zahl der Mischehen beschleunigen diese Tendenz noch.

Ob die Achtung der Sitten, der Kultur und der nationalen Würde der nichtrussischen Volksstämme gesichert ist, scheint zweifelhaft. Die Idee einer künstlichen Assimilierung der Sowjetvölker wird zwar offiziell abgelehnt, aber Partei und Staat fordern die Aufhebung der feudalen Ueberreste in Sitten und Gebräuchen, da man den Begriff der nationalen Eigenart nicht auf die Aufrechterhaltung von mittelalterlichen Sitten und Gebräuchen ausdehnen dürfe. So werden Form und Inhalt auseinandergerissen, denn der Kampf gegen die Sitten wird mit der Losung "nationale Form - sozialistischer Inhalt" geführt. Der Inhalt der Vielnationalitätenkultur der UdSSR wurde von der marxistisch-leninistischen Ideologie zum vornherein bestimmt, denn diese nehme auf die gegenseitige Annäherung von nationalen Kulturen und Nationen Bezug. Die Annäherung sei eine objektive Gesetzmässigkeit, die es zu erkennen und durch Gesetz zu verwirklichen gelte. So wird Nationales stufenweise durch Internationales verdrängt.

Die Pflege einer eigenen kulturellen Tradition für die Minderheiten innerhalb der Sowjetunion ist zwar theoretisch möglich, aber die kulturpolitische These der Einheit von Form und Inhalt wirkt sich negativ aus auf die Entwicklung der Nationalitäten und der nationalen Kultur. Die nationale Form muss einen sozialistischen Inhalt aufweisen. Inhalt und Form, die gegenwärtig noch unterschiedlich sind, werden solange in Bewegung sein, bis im Zeichen der Annäherung eine in Inhalt und Form einheitliche sozialistische Kultur der sozialistischen Nationen entsteht.

Diese Tendenz wurde am Seminar über die Probleme der multinationalen Gesellschaften als kultureller Genocid angesehen (528).

III. Die Volksdemokratien

A. Auch in den Volksdemokratien, in denen mit Ausnahme Jugoslawiens und der ČSSR, Statistiken über die Nationalitäten fehlen, ergibt sich eine ähnliche Situation wie in der Sowjetunion.

In allen Staaten ist es erlaubt, kulturelle Organisationen zu bilden. Ein Kontakt mit ausländischen Gruppen allerdings ist nur möglich, wenn damit der "Irredenta" kein Vorschub geleistet wird (vgl. z. B. die Beziehung der Aserbaidschaner in der UdSSR und in Persien) (529). Der sowjetische Delegierte am Seminar in Ljubljana wandte sich gegen die Kontakte der nationalen Minderheiten mit ausländischen Gruppen, da damit die Gesetzmässigkeit der Entwicklung erschwert und die imperialistische Auflockerungspolitik begünstigt werde (530).

B. Der "polnische Oktober" von 1956 brachte eine gewisse Veränderung der Nationalitätenpolitik in Polen mit sich: Soziale und kulturelle Gesellschaften mit eigenen Zeitungen wurden gebildet; im Sejm (Parlament) gibt es eine Kommission, die sich mit Minderheitenfragen auseinandersetzt. Auch der Schulunterricht in der Muttersprache und eigene nationale Schulen sind möglich. 1967 betrug die Mitgliederzahl der sozialen und kulturellen Gesellschaften der Juden 7623, der Deutschen 710, der Weissrussen 5509 und der Litauer 1326 (531).

C. In Rumänien, dessen Verfassung (Art. 82) die Gleichberechtigung der nationalen Minderheiten ausspricht, wurde dem ehemaligen ungarischen Siebenbürgen der Status eines autonomen Gebietes zugesichert, 1961 wurde dies aber wieder rückgängig gemacht (532).

Die KP Rumäniens betrachtete in den 20er Jahren Rumänien als "multinationalen" Staat und forderte für dessen Minderheiten das Selbstbestimmungsrecht bis zur Sezession. Erst 1966 wurde diese These wieder fallen gelassen, ganz im Sinne der marxistisch-leninistischen Theorie, wonach das Selbstbestimmungsrecht der Völker nicht zum Zweck der Zerstückelung der bestehenden Nationalstaaten, sondern im Gegenteil im Hinblick auf die "Befreiung der unterdrückten Völker und ihren Zusammenschluss in souveränen Nationalstaaten" verkündet werde (533).

D. Die tschechoslowakische Verfassung von 1948 enthielt noch keine positivrechtliche Regelung über die Minderheiten, es wurden nur die Individualrechte im Rahmen der Gleichberechtigung anerkannt (534). Erst die neue Verfassung von 1960 garantiert, mit Ausnahme der Deutschen, kulturelle Autonomie für die Nationalitäten (Art. 25), während im Rahmen der in der Praxis nicht geachteten Gleichberechtigung die Individualrechte ohne Rücksicht auf die Nationalität, also auch für die deutschen Minderheiten, garantiert werden (Art. 20). Im Unterschied zu Polen, dessen Staatsangehörigkeitsgesetz von 1962 gleiche Rechte für alle Bürger garantiert (535), wurde die deutsche Minderheit in der ČSSR diskriminiert. Es gibt zwar kulturelle Gesellschaften der nationalen Minderheiten (z.B. Kulturvereine der ungarischen, polnischen und ukrainischen Minoritäten), aber bis zum Herbst 1968 wurden solche Vereinigungen den Deutschen vorenthalten. Parteichef Dubček versuchte, parallel mit der Errichtung des tschechoslowakischen Bundesstaates, die nationalen Forderungen zu berücksichtigen, die schon 1848/49 von den Slowaken, Serben und Rumänen in der österreichisch-ungarischen Monarchie vorgebracht wurden. Das Aktionsprogramm der KPČ vom 19.4.1968 sah als erste Grundlage des Staates sowohl die Gleichberechtigung der Tschechen und Slowaken, als auch die Rechte für die Minderheiten (expressis verbis auch für die Deutschen) (536).

Im Zuge des Demokratisierungsprozesses im Sommer 1968 wurde eine Kommission ins Leben gerufen, um einen Kulturverein der Deutschen vorzubereiten. In der deutschen "Volkszeitung" (Prag) vom 27.9.1968 konnte man lesen: "Wir

Deutschen sollen nun nicht mehr die Aschenbrödelstellung von Nichtgenannten einnehmen, die auf kleinbürgerlich-nationalistischer Einschätzung beruhte, sondern einen gleichberechtigten Platz unter den Völkern und Nationalitätengruppen unserer Republik einnehmen" (537).

So wurde neben dem Gesetz, das ein gleichberechtigtes Zusammenleben der beiden staatsbildenden Elemente der ČSSR (Tschechen und Slowaken) in einer föderativen Republik sichern soll, das neue "Verfassungsgesetz über die Stellung der Nationalitäten in der Tschechoslowakischen Sozialistischen Republik" (in Kraft seit 1.1.1969) verabschiedet (538). Durch dieses Gesetz wurde der frühere Verfassungsartikel 25 aufgehoben (Art. 6). Die deutsche Minorität wird nun in Art. 1 des Gesetzes neben den andern Minderheiten expressis verbis erwähnt. Im einzelnen wird durch dieses Gesetz den Nationalitäten das Recht auf Bildung in der Muttersprache, auf allseitige kulturelle Entfaltung, das Recht, sich ihrer Muttersprache im amtlichen Verkehr in den von der betreffenden Nationalität bewohnten Gebieten zu bedienen, das Recht, sich in nationalen gesellschaftlich-kulturellen Organisationen zusammenzuschliessen und das Recht auf Presse und Information in ihrer Muttersprache zugesichert (Art. 3 Ziff. 1a-e).

Obwohl berechtigte Hoffnung bestand, dass das zweite osteuropäische Nationalitätengesetz im Gegensatz zum ersten, dem ungarischen von 1868, eine Grundlage für eine gerechte Nationalitätenpolitik und für die Lösung des Minderheitenproblems innerhalb der ČSSR darstellen würde, zeigt die Entwicklung von der zweiten Hälfte des Jahres 1969 an leider eine rückläufige Tendenz.

E. In der DDR gibt es eine einzige völkische Minderheit, die Lausitzer Sorben, die nach dem zweiten Weltkrieg mit tschechischer Hilfe einen eigenen sorbischen Staat gründen wollten, was aber auf Schwierigkeiten stiess, weil die Sorben teils in Sachsen, teils in Preussen beheimatet sind. Das Gesetz von 1948 (539) zur Wahrung der Rechte der sorbischen Bevölkerung sichert den Sorben die Rechte der kulturellen Betätigung (Art. 1), das Recht auf ihre Sprache (Art. 3) und eine eigene Schule (Art. 2) zu. Art. 5 sieht die Errichtung eines sorbischen Kultur- und Volksbildungsamtes in Bautzen vor (540).

Diese verfassungsrechtlich verankerte (541) Förderung der sorbischen Gruppe beschränkt sich auch hier auf die Sprachpflege, denn die kommunistische Nationalitätenpolitik verlangt, wie schon bemerkt, sozialistischen Inhalt in nationaler Form (542).

F. Eine positive Ausnahme in Bezug auf die Nationalitätenfrage bildet Jugoslawien unter jenen osteuropäischen Staaten, welche Nationalitätenstaaten bilden. Der Bundesstaat Jugoslawien besteht aus 6 staatsbildenden Nationen, die je zu einer Republik zusammengeschlossen sind: Bosnien und Herzegowina, Kroatien, Mazedonien, Montenegro, Serbien und Slowenien. In der serbischen Republik gibt es zwei autonome Provinzen, die Wojwodina und Kossovo-Metohija (543).

Art. 43 des jugoslawischen Grundgesetzes von 1963 garantiert das Recht der Bürger auf Beibehaltung der Nationalität, das Recht auf eine eigene Kultur, auf den Sprachgebrauch und auf eigene Schulen. Einzelheiten werden in den republikanischen Verfassungen bzw. in den Statuten der autonomen Provinzen geregelt.

Der Staat fördert nach Möglichkeit die Kinderanstalten und die Schulen, die Ausbildung von Lehrern für die Volksschulen und den zweisprachigen Unterricht (544).

Ueber die Zustände in der Wojwodina gibt ein Bericht der Federal Union of European Nationalities, der mit Bewilligung der jugoslawischen Regierung 1965 herausgegeben wurde, Aufschluss (545):

Art. 32 des Statuts der Wojwodina vom 13. April 1963 sichert den Ungarn, Slowaken, Rumänen und Ruthenen und andern Nationalitäten auf allen Gebieten gleiche Rechte und Pflichten zu wie den staatsbildenden Nationen. Interessant ist, dass die deutsche Minderheit nicht erwähnt wird, andererseits aber die Skipetaren, die nur 1900 Seelen zählen, genannt sind. Das Nationalitätenprinzip ist auch im Exekutivrat der Wojwodina vertreten. Die einzelnen Nationalitäten haben, mit Ausnahme der Deutschen, auch eigene Schulen. Eine Benachteiligung sieht die Delegation darin, dass die serbischen Schulen besser eingerichtet sind als die der nationalen Minderheiten.

So ist die Lage der Minderheiten in Jugoslawien im allgemeinen zufriedenstellend. Eine Ausnahme macht hier wie erwähnt die deutsche Minderheit, der man das Eigentum konfiszierte, während den andern Bürgern erlaubt wurde, bis zu 10 ha landwirtschaftlichen Boden zu besitzen (546).

IV. Schlussfolgerung

Der nationale Charakter der einzelnen Minderheiten wird nicht nur durch die Kulturpolitik, sondern auch durch die Industrialisierung gefährdet. Durch die innerstaatliche Migration wird sogar eine völkische Mehrheit in Minderheit versetzt, wie das Beispiel Kasachstan zeigt, wo die Russen zur grössten Nationalität wurden, die grösser ist als die kasachische. Durch die planmässig geförderte Industrialisierung und die Fluktuation der Bevölkerung kann die ethnische Einheit verloren gehen, wie die Beispiele der Magyaren in der ČSSR, in Rumänien und Jugoslawien (oder im Westen Südtirol) zeigen.

Im Gegensatz zum Westen, wo die Nationalitätenfrage zum grossen Teil gelöst ist, gewähren die Staaten des Sowjetsystems den nationalen Minderheiten zwar Rechtsschutz, der sich aber fast nur auf den Gebrauch der Muttersprache beschränkt, da das Minderheitenrecht eingeschränkt wird durch verschiedene Faktoren, wie die natürliche Assimilierung und Fluktuation, die Interdependenz der Völker und vor allem durch die marxistisch-leninistische kulturpolitische These der Annäherung und Verschmelzung. Unter diesem Gesichtspunkt wird auch dem Anschluss der Völker im zaristischen Russland, das die Minderheiten unterdrückte, in der Literatur eine "objektiv fortschrittliche" Bedeutung beigemessen (547). Der Marxismus-Leninismus hat nicht die Förderung der nationalen Eigenarten, die Selbständigkeit, sondern die vollständige politische, kulturelle und soziale Uniformierung, d.h. Gleichschaltung zum Ziel.

Der Sekretär des ZK der KPČ, Čisař, betonte in einer Diskussion mit dem russischen Philosophen und Akademiemitglied Konstantinow über den territorialen Geltungsbereich des Marxismus-Leninismus, dass der Marxismus-Leninismus eine russische Erscheinung darstelle und anderen Verhältnissen und Nationen nicht angepasst werden könne, deshalb könne eine andere Form des Marxismus die Interessen kultureller, wirtschaftlicher und politischer Entwicklung besser berücksichtigen (Nationalkommunismus). Der Leninismus sei die Verallgemeinerung der Erfahrungen und Ideen des russischen Marxismus, die russische Anwendung des Marxismus. Demgegenüber behaupten die russischen Interpreten, dass die leninsche Auslegung eine internationale Lehre (548) und jede andere Auslegung als Revisionismus zu betrachten sei (549).

Eine pluralistische Ideologie und Demokratie wird im Osten nicht geduldet, wie gerade das Beispiel der ČSSR deutlich bewiesen hat (550), da die objektiv-gesetzliche Entwicklung nach kommunistischer Ansicht in Richtung des Sozialismus und Kommunismus verläuft. Diese orthodoxe Auffassung erscheint umso verständlicher, als die Auflösung des monolithischen Ostblockes durch die Bildung des Nationalkommunismus mit der Zeit zum Pluralismus und damit zur Ueberwindung der marxistischen Ideologie führen muss, wie die Beispiele Jugoslawien und ČSSR beweisen.

3. KAPITEL

PERSOENLICHE FREIHEITSRECHTE

§ 8 UNVERLETZLICHKEIT DER PERSON

I. Das Prinzip

Unverletzlichkeit der Person bedeutet das Freisein von physischem oder psychischem Zwang in jeder Form (551). Der Bürger soll vor unberechtigten und willkürlichen Eingriffen, die seine Freiheit und die Entfaltung seiner Persönlichkeit einengen, geschützt werden.

Um die Menschenwürde zu sichern, muss deshalb in einem Rechtsstaat vor allem der Verwaltung und dem Justizwesen, d.h. der unabhängigen, unparteiischen und gerechten Justiz und insbesondere der Lage des Angeklagten im Strafprozess besondere Beachtung geschenkt werden.

Die Unverletzlichkeit der Person wird in allen sozialistischen Verfassungen deklariert (552). Art. 127 der Verfassung der UdSSR lautet: "Den Bürgern der UdSSR wird die Unverletzlichkeit der Person gewährleistet. Niemand kann anders als auf Gerichtsbeschluss oder mit Genehmigung des Staatsanwaltes verhaftet werden."

Es gibt wenige Verfassungsartikel, die im Laufe der Zeit so verschieden ausgelegt wurden wie die Habeas-Corpus-Akte. Auch hier bewirkte die sozialistische Gesetzlichkeit, dass der Verfassungsbestimmung in der Praxis, je nach den politischen Anforderungen, eine wechselnde Auslegung gegeben wurde. Als Beispiel mögen die Säuberungen zu Stalins Zeiten, die willkürlichen Verhaftungen, Deportationen und gesetzeswidrigen Repressalien genügen, von deren Existenz wir seit der Geheimrede Chruschtschows auf dem XX. Parteitag offiziell Kenntnis haben. Die bis 1961 geltende StPO der RSFSR ermöglichte durch Art. 282 willkürliche Urteile: Das Gericht konnte auf ein weiteres Beweisverfahren verzichten, wenn der Angeklagte die Schuld gestand. Chruschtschow wies in seiner Geheimrede 1956 darauf hin, dass die Folge dieser Bestimmung war, dass die Angeklagten gefoltert wurden, bis sie das eingestanden, was der Untersuchungsführer oder die Staatssicherheitspolizei wollte.

Im Zeichen der Entstalinisierung in der Aera der kollektiven Führung und unter Chruschtschow unternahm die Justiz den Versuch, die Gesetzlichkeit und die Rechtssicherheit, und damit auch die persönliche Sicherheit des Bürgers, zu festigen. Die Verfolgung der Personen, die für die Terrorakte der Vergangenheit verantwortlich waren, wurde aber oft mit ebensolchen Mitteln geführt, wie sie von den Stalinisten angewandt wurden (Berijas Anhänger).

Die kommunistische Rechtslehre betrachtet auch die Persönlichkeitsentfaltung, wie sie durch die Rechte der Mitbestimmung und Mitgestaltung, auf Arbeit und Bildung zugesichert wird, als Teilaspekt der Unverletzlichkeit der Person (553). Im Gegensatz zum rechtsstaatlichen Begriff der Unverletzlichkeit, der einen mehr negativen Inhalt hat, gegen staatliche Eingriffe in die Persönlichkeitssphäre abwehrend und passiv auftritt, sieht die kommunistische Lehre, die den Antagonismus Bürger-Staat eliminieren will, die Beeinträchtigung der Persönlichkeit vor allem auch unter dem positiven Aspekt, d.h. nicht nur ein Einbruch in das passive Verhalten des Bürgers (z.B. körperliche Integrität, Intimsphäre) soll geschützt werden, sondern auch das aktive Verhalten, die Teilnahme an der Staatswirklichkeit, soll gesichert werden. Der Rechtsgutkreis des Bürgers wird also weiter gezogen, was aber wiederum dazu führt, die Mitgestaltung des Bürgers zu einer Pflicht auszubauen. Die Erweiterung des Rechtsgüterkreises hat nämlich nur insoweit Gültigkeit, als das aktive Verhalten nicht mit dem Rechtsgut des Staates, d.h. mit den Maximen der kommunistischen Ideologie kollidiert. So kann man die Grundrechte in den sozialistischen Staaten eher als Rechtsgüterschutz des Staates marxistischer Prägung gegenüber den (staatsfeindlichen) Einbrüchen der Bürger verstehen.

II. Die Grundsätze des Strafrechts und des Strafprozesses

A. Die Grundlagengesetzgebung

Seit dem Unionsgesetz über die Festigung der Grundlagen der Strafgesetzgebung und des Strafprozesses vom 25.12.1958 (554), hat sich die Lage auf dem Gebiet des Strafrechts wesentlich gebessert. In der Folge wurden auch in den Republiken neue StGB und StPO erlassen (z.B. das StGB und die StPO der RSFSR vom 27.10. 1960, in Kraft seit 1.1.1961), da die Gesetzgebung auf dem Gebiet des Strafrechts (mit Ausnahme der Staats- und Militärverbrechen) (555), in die Kompetenz der einzelnen Unionsrepubliken fällt; die Union erlässt nur die Grundlagengesetzgebung, die von den Republiken in ihre eigenen codices einbezogen wird.

Ein wesentlicher Fortschritt bedeutet die Tatsache, dass die neuen Bestimmungen im Gegensatz zu früher, jetzt auch für die Organe des Staatssicherheitsdienstes (KGB) (556), die ebenfalls zu den Ermittlungsorganen zählen (Art. 28 Grundlagen StVerf), gelten.

B. Nulla poena und nullum crimen sine lege

Nachdem im sowjetischen Strafrecht das Analogieprinzip, das eine unbeschränkte Ausdehnung der Straftatbestände erlaubte, fallengelassen wurde, gilt nunmehr im Justizstrafrecht ausschliesslich der Grundsatz "nulla poena sine lege" (Gesetzmässigkeitsprinzip) (Art. 4 Grundlagen StVerf). Strafbegründend ist damit nur ein Verhalten, das unter einen im besonderen Teil des StGB genannten Tatbestand subsumiert werden kann.

C. Rückwirkung

Ein Ausfluss des Prinzips "nullum crimen sine lege" ist das Verbot der Rückwirkung der Strafgesetze. Die Nichtrückwirkung des Gesetzes als eine Voraussetzung der Rechtssicherheit wird in Art. 6 Abs. 1 der Grundlagen der Strafrechtsgesetzgebung als Regel aufgestellt. Eine Ausnahme gilt dann, wenn das neue Gesetz ein Delikt nicht mehr unter Strafe stellt, oder wenn es für den Täter das mildere ist (lex mitior) (Art. 6 Abs. 2 Grundlagen StGG).

D. Nulla poena sine culpa (Schuldprinzip)

Das rechtsstaatliche Schuldprinzip, nach dem ein rechtswidriges Verhalten (Tun oder Unterlassen) nur dann strafrechtlich sanktioniert werden kann, wenn es schuldhaft (absichtlich oder fahrlässig) ist, war und ist für das sowjetische Rechtssystem keine Selbstverständlichkeit.

Das Strafrecht, wie es im StGB der RSFSR vom 1.10.1926 kodifiziert wurde, war ein Strafrecht ohne Schuld und Strafe (557). Statt des Schuldkriteriums war die Sozialgefährlichkeit des Täters Voraussetzung der Verurteilung.

Erst die Strafrechtsreform von 1958 bzw. 1961, die mit dem Erlass der Grundlagen der StGG der UdSSR und der Unionsrepubliken vom 25.12.1958 seinen Anfang nahm, brachte die Verwirklichung des Grundsatzes "keine Strafe ohne Schuld". Eine Verurteilung ist nun nur noch möglich, wenn der Täter schuldhaft gehandelt hat (Art. 3 Abs. 1 Grundlagen StGG).

E. Die Sozialgefährlichkeit (558)

"Gesetzesbestimmungen sollen keinen Raum lassen für eine willkürliche Auslegung; sie sollen keine unbestimmten Begriffe enthalten wie ... 'Sozialgefährlichkeit'" (559), da im Strafrecht das Leben oder die Freiheit des Menschen von solchen undefinierbaren Begriffen abhängen könnte.

Eine Verletzung der Rechte des Individuums und eine Durchbrechung des Schuldprinzips erfolgt im sowjetischen Strafrecht aber gerade durch diesen Begriff der Sozial- oder Gesellschaftsgefährlichkeit (Art. 7 Abs. 1 Grundlagen StGG). Da das Strafrecht Klassencharakter hat, ist die Sozialgefährlichkeit ein konstantes

Element eines jeden Deliktes. Eine Strafhandlung wird erst durch die Sozialgefährlichkeit zum Delikt, wie andererseits kein Delikt vorliegt, wenn zwar alle subjektiven und objektiven Tatbestandsmerkmale erfüllt sind, es aber an der Gesellschaftsgefährlichkeit der Tat und (oder) des Täters mangelt (Art. 7 Abs. 2 Grundlagen StGG). Wenn die Tat zur Zeit der gerichtlichen Beurteilung seinen gesellschaftsgefährlichen Charakter verloren hat (Art. 43 Abs. 1 Grundlagen StGG), kann von einer Bestrafung Umgang genommen werden, ebenso wenn der Delinquent ein tadelloses Benehmen oder ein ehrliches Verhältnis zur Arbeit bekundet und somit nicht mehr gesellschaftsgefährlich erscheint (Art. 43 Abs. 2). Hier wird die subjektive Seite der Sozialgefährlichkeit betont. Die subjektive Sozialgefährlichkeit bewirkt also eine Individualisierung der Strafe und schliesst eine gleiche Beurteilung der Delinquenten mit verschiedenem Charakter und Milieu prinzipiell aus (560).

Voraussetzung für die Verurteilung des Täters sind also Schuld und Gesellschaftsgefährlichkeit sowohl der Tat (objektive Sozialgefährlichkeit) als auch des Täters (subjektive Sozialgefährlichkeit).

Trotz der eminenten Wichtigkeit des Begriffes der Sozialgefährlichkeit gibt es keine Definition. Art. 7 Abs. 1 der Grundlagen StGG erwähnt nur die Generalklauseln "Anschläge auf die Gesellschafts- oder Staatsstruktur", das "sozialistische Wirtschaftssystem", das "sozialistische Eigentum" usw.

So hat die sowjetische Strafjustiz etwas Unbeständiges an sich. Durch das Eindringen der Politik in die Justiz wird die Rechtssicherheit untergraben. Durch veränderte Umstände (wie z.B. Eintritt des Delinquenten in die Partei), kann ein Verfahren niedergeschlagen werden (Abolition), wenn das Delikt nicht mehr sozialgefährlich ist (Art. 43 Grundlagen StGG, Art. 50 StGB RSFSR).

Der Begriff der Sozialgefährlichkeit ist eine Waffe gegen den Klassenfeind und führte zugleich zur strafrechtlichen Immunität der Partei- und Staatsfunktionäre (561). Dieser Begriff ist somit ein Mittel, das dem Staat und der Partei die Möglichkeit gibt, je nach Parteibefehl, jedermann zu verurteilen, oder auch der Justiz zu entziehen.

"Wenn die Politik in den Gerichtssaal einzieht, muss die Gerechtigkeit ihn verlassen", und wenn die Gerechtigkeit in der Strafjustiz nicht garantiert wird, ist die persönliche Freiheit und die Sicherheit des Bürgers nicht mehr gewährleistet.

F. Praesumptio boni viri

Die Rechtsstaatlichkeit verlangt, dass jede einer strafbaren Handlung verdächtige Person solange als unschuldig zu gelten hat, bis ihre Schuld in einem öffentlichen und legalen Gerichtsverfahren, in dem alle für ihre Verteidigung nötigen Voraussetzungen gewährleistet sind, nachgewiesen ist (Art. 11 Abs. 1 Erklärung).

Früher wurde dieser Grundsatz in den sozialistischen Staaten als bürgerliches Prinzip abgelehnt. Obgleich die Auffassung, dass die Ermittlungs- resp. Untersuchungsorgane dem Gericht bereits einen Schuldigen übergeben, immer noch von einzelnen Juristen vertreten wird (562), scheint sich doch das Prinzip der Vermutung der Unschuld sowohl in der Sowjetunion als auch in den Volksdemokratien durchgesetzt zu haben (563).

G. Onus probandi

Im Zusammenhang mit der praesumptio boni viri steht auch das Verbot der Ueberbürdung der Beweislast (onus probandi) auf den Angeklagten.

Das rechtsstaatliche Prinzip fordert, dass nicht der Angeklagte seine Unschuld, sondern die Justizbehörde dem Angeklagten die Schuld in jedem einzelnen Falle nachzuweisen hat (564).

Das Verbot der Umkehrung der Beweislast wird in Art. 14 Abs. 2 der Grundlagen StVerf ausdrücklich erwähnt, scheint aber in der UdSSR auch heute keineswegs allgemein beachtet zu werden (565).

H. In dubio pro reo

Art. 14 Abs. 3 Grundlagen StVerf verbietet sowohl den Untersuchungsbehörden als auch dem Gericht expressis verbis, den Angeklagten zu einem Geständnis mittels Drohung oder Gewalt zu bewegen.

Dass in der Vergangenheit Geständniserpressungen und Folterungen während der Voruntersuchung (besonders von den politischen Untersuchungsbehörden) allgemein angewandt wurden, ist zur Genüge bekannt (566). Dieser Tatsache kam die alte StPO der RSFSR entgegen, die in Art. 282 erklärte, dass weitere Beweisverfahren eingestellt werden können, wenn der Beschuldigte ein Geständnis ablegte.

In diesem Zusammenhang ist auch die Inaugural-Disputation im Rahmen der Verleihung der Doktorwürde an einen Kandidaten der juristischen Fakultät der Lomonossow-Universität (Moskau) im Jahre 1956, von der Mehnert berichtet (567), interessant.

Der Kandidat Schalamow stellte den Wert des Geständnisses und des indirekten Beweises im Strafprozess in Frage: "Man darf einen Menschen nicht lediglich auf Grund eines Geständnisses verurteilen." Der indirekte Beweis als Grundlage für einen Schuldspruch wurde sogar als Merkmal der feudalistischen und bürgerlichen Epoche hingestellt, der im sowjetischen Strafrecht nichts zu suchen habe. Im Strafprozess müsse man sich klar äussern, ob etwas bewiesen sei oder nicht.

Diese Forderungen, die über die in der Grundlagengesetzgebung von 1958 kodifizierten Prinzipien hinausgehen (Art. 14 StGG), zeigen doch charakteristisch das seit 1956 erwachte Streben der juristischen Oberschicht nach Rechtssicherheit und Rechtsstaatlichkeit (568).

Da russische Gerichtsurteile in der Regel nicht veröffentlicht werden, ist es schwer, festzustellen, inwieweit diese Forderungen in der Praxis verwirklicht werden.

I. Gerichtsmonopol

Im Jahre 1956 wurden die Sondergerichte und die berüchtigten politischen Sonderverfahren abgeschafft (569).

Im Sonderverfahren war die Stellung des Angeklagten besonders ungünstig. Bei den Delikten der Art. 58 Ziff. 7 und 9 des alten StGB (1922) (Schädlingstätigkeit und gegenrevolutionäre Diversion) wurde das Gerichtsverfahren nach den Art. 471-73 der früheren StPO bestimmt: Die Anklageschrift wurde innert 24 Stunden vor der Hauptverhandlung ausgehändigt. Eine Kassation war nicht möglich (Art. 472). Ein Todesurteil war unmittelbar nach Ablehnung des Gnadengesuches zu vollziehen (Art. 473) (570). Bei Delikten, welche die Bildung von terroristischen Organisationen oder Akten gegen Sowjetfunktionäre zum Inhalt hatten, wurde das Procedere nach der sog. Lex Kirow (so benannt nach dem ermordeten Leningrader Parteikommissär), bestimmt: Das Ermittlungsverfahren musste innert 10 Tagen abgeschlossen werden (Art. 466); innert 24 Stunden wurde die Anklageschrift ausgehändigt (Art. 467). Die Verhandlung wurde unter Ausschluss der Parteien abgehalten (Art. 468). Eine Kassation war auch hier nicht möglich (Art. 469), und das Todesurteil als höchste Strafe hatte sofortige Rechtskraft und wurde unmittelbar nach dem Urteil vollstreckt (Art. 470). Eine Begnadigung war hier ausgeschlossen.

Art. 7 der Grundlagen StVerf garantiert nun das Gerichtsmonopol: Die Rechtsprechung darf nur durch ein ordentliches Gericht erfolgen (571).

Dieser Grundsatz wird aber, wie wir sehen werden, durch das immer stärkere Eindringen der Gesellschaftsgerichtsbarkeit in die Justiz durchbrochen.

J. Grundsatz der Oeffentlichkeit

Die Rechtsstaatlichkeit erfordert, dass Hauptverhandlungen vor den Strafgerichten öffentlich sind. Ausnahmen, die unter besonderen Umständen gerechtfertigt sind, müssen durch Gesetz begründet sein (572).

Obwohl Art. 111 der Verfassung der UdSSR besagt: "Die Verhandlung ist bei allen Gerichten der UdSSR öffentlich, sofern nicht durch das Gesetz Ausnahmen vorgesehen sind ...", wurde in der älteren Rechtslehre der Unterschied zwischen Partei- und Publikumsöffentlichkeit gemacht (573). Diese verfassungswidrige Unterscheidung wird aber heute abgelehnt (574), und Art. 12 Abs. 1 der Grundlagen StVerf, resp. Art. 18 StPO RSFSR betonen das Prinzip der Oeffentlichkeit. Die Urteilsverkündung muss in jedem Fall öffentlich erfolgen (Art. 12 Abs. 3 Grundlagen StVerf). Geschlossene Verhandlungen kann das Gericht anordnen bei Delikten, die von unter Sechzehnjährigen begangen wurden, bei Sexualdelikten und Delikten, welche die Intimsphäre der Beteiligten beeinträchtigen würden (Art. 12 Abs. 2). Wichtiger als diese Ausnahmen sind jedoch die Bestimmungen, wonach vom Prinzip der Oeffentlichkeit abgegangen werden darf, wenn die Interessen des Staates tangiert werden. So kann zur Wahrung von Staatsgeheimnissen die Oeffentlichkeit auf Gerichtsbeschluss hin ausgeschlossen werden, wenn militärische, wirtschaftliche und <u>andere</u> Geheimnisse entgegenstehen (575).

Diese Bestimmungen vermindern den Wert des Oeffentlichkeitsgrundsatzes in der Praxis stark, da in vielen Prozessen die Interessen des Staates tangiert werden, und die Liste der Staatsgeheimnisse von Zeit zu Zeit vom Ministerrat der UdSSR neu zusammengestellt wird.

Die Parteiöffentlichkeit ist ebenfalls nicht voll durchgeführt, da die Gleichberechtigung des Angeschuldigten mit den andern Parteien sich erst im Hauptverfahren verwirklicht (Art. 38 Grundlagen StVerf), und die Anklagepartei (Staatsanwalt) in jedem Verfahrensstadium zwingend anwesend sein muss, während die Anwesenheit des Angeklagten fakultativ ist. (Dies gilt für die vorbereitende Sitzung und das Rechtsmittelverfahren.)

Als Positivum sei erwähnt, dass in den letzten Jahren das Prinzip der Oeffentlichkeit eingehalten wurde, was wesentlich zur Festigung der Gesetzlichkeit des Gerichtsverfahrens beiträgt (576). Es wird betont, dass die Oeffentlichkeit des Gerichtsverfahrens eine Garantie der Volkskontrolle über die Justiz sei. Dieses Eindringen der Volkskontrolle in das Strafrechtsverfahren äussert sich auch in der Tatsache, dass die Teilnahme von Volksbeisitzern an erstinstanzlichen Verhandlungen obligatorisch ist (Art. 9 Abs. 1 Grundlagen StVerf).

K. Die Gesellschaftsgerichtsbarkeit

Das Prinzip "nullum crimen sine lege" und das Gerichtsmonopol werden durchbrochen durch die sog. Gesellschaftsgerichtsbarkeit, d.h. vor allem durch die Institution der Kameradschaftsgerichte.

1. Kameradschaftsgerichte

Die Rechtsunsicherheit wurde gewissermassen durch die Wiedereinführung der sog. Kameradschaftsgerichte verstärkt (577). Diese "Gerichte", die schon im zaristischen Russland Vorbilder hatten (578), sind Gesellschafts"gerichte": Im Zuge des Absterbens des Staates und der Uebertragung von Staatsfunktionen auf die Gesellschaft soll die Justiz solchen Kameradschaftsgerichten übertragen werden (579).

Gesetzesverletzungen fallen in die Kompetenz der Gerichte, die Kameradschaftsgerichte sind nur zuständig für das Bagatellstrafrecht und Verletzungen der kommunistischen Moral, der Normen des sozialistischen Zusammenlebens, wie z. B. Trunkenheit, Arbeitsversäumnis, Belästigung von Frauen, Beleidigung, Wald- und Gartenfrevel, Unterlassen der Nothilfe und allgemeine Tatbestände, die strafrechtlich nicht erfassbar sind (580).

Das Kameradengericht kann keine Strafe aussprechen, sondern trifft "gesellschaftliche Massnahmen", die jedoch unter Umständen ebenfalls eine beträchtliche Rechtsgutverletzung bewirken können: Auflage der Entschuldigung, Verwarnung, Verweis, Busse, Schadenersatz, Exmittierung aus der Wohnung, Antrag auf Aberkennung der Elternrechte, auf Versetzung usw. (581).

Das Prinzip nullum crimen sine lege wird durch die Kameradschaftsgerichte eindeutig verletzt, da hier nicht wie im Strafrecht eine Sanktion auf Grund des im StGB genannten Tatbestandes verhängt wird, sondern die (geringfügige) Sozialgefährlichkeit des Angeschuldigten zur Verurteilung genügt (582). So können einschneidende Massnahmen durch "Verwaltungsorgane" (die Kameradschaftsgerichte sind keine Gerichte, aber auch keine staatlichen Verwaltungsorgane), ohne Urteil und Berufungsmöglichkeit verhängt werden.

2. Staatsbürgerversammlungen

Art. 127 des sowjetischen Grundgesetzes bezieht sich nur auf Verhaftungen, die aufgrund eines Gerichtsbeschlusses oder mit Genehmigung des Staatsanwaltes erfolgen (583).

Die Verbannungsstrafe (Deportation) wurde aber in der Vergangenheit, um nicht als verfassungs- oder gesetzeswidrig zu gelten, oft als "Verwaltungsmassnahme" angeordnet.

Die Forderung nach Rechtsstaatlichkeit führte nach Stalins Tod zu einem Ausbau des Justizwesens, durch das Eindringen der Gesellschaftsgerichtsbarkeit wurde aber die Rechtssicherheit, die nun das ordentliche Verfahren auszeichnete, zum Teil wieder in Frage gestellt. Besonders die sog. "Parasitengesetzgebung" über die

Verstärkung des Kampfes gegen antisoziale und parasitäre Elemente (584), d.h. gegen arbeitsfähige Bürger, die sich weigerten, einer gesellschaftsnützlichen Arbeit nachzugehen oder Einkünfte aus einer nicht regulären Arbeit bezogen (585), verstiess gegen das Prinzip der Unverletzlichkeit der Person.

Solche Parasitengesetze erliessen die Republiken Lettland (12.10.1957), Turkmenistan (23.5.1957), Tadschikistan (21.1.1958), Kasachstan (25.1.1958), Armenien (31.1.1958), Kirgisien (15.1.1959) und die RSFSR (4.5.1961) (586).

Auf Grund dieser Gesetze konnten ad-hoc gebildete Gesellschaftsgerichte, die eine Art Kameradschaftsgerichte darstellen, "parasitäre Elemente" zu 2-5 Jahren Deportation verurteilen (587). Die kompetenten gesellschaftlichen Organisationen in den Republiken Kirgisien, Armenien, Turkmenistan und Georgien waren die Staatsbürgerversammlungen, in der RSFSR (und in den übrigen Republiken seit 1961), sind die Volksgerichte zuständig.

Das Verfahren in Parasitensachen gestaltete sich wie folgt: Ein Deportationsurteil musste von einem Gesellschaftsorgan ausgesprochen werden. Zu diesem Zweck wurde durch die Hausblockkomitees, die für den Schutz der öffentlichen Ordnung besorgt sind (in den Dörfern durch die Lokalsowjets), eine Staatsbürgerversammlung einberufen. Ein Urteil erforderte Stimmenmehr, wobei ein Quorum von mindestens der Hälfte erforderlich war, d.h. mindestens die Hälfte der Hausmieter oder der Dorfbevölkerung musste an der Versammlung anwesend sein. Die Stimmabgabe erfolgte öffentlich. Das Urteil erlangte erst Rechtskraft, wenn es vom Bezirks- bzw. Stadtsowjet bestätigt wurde (588).

Die Instruktion des Ministerrates von Kirgisien über die Anwendung des am 14.1. 1959 erlassenen Gesetzes "Ueber die Erweiterung des Kampfes gegen antisoziale parasitäre Elemente" sah vor, dass die Staatsbürgerversammlung vom Exekutivkomitee des örtlichen Dorfsowjets bzw. von einer gesellschaftlichen Organisation, in der Stadt vom Hausblockkomitee oder von der Kommission für öffentliche Ordnung, anzusetzen sei. Die Versammlung musste innert 10 Tagen nach Eintreffen der Akten einberufen werden. Zur Leitung der Diskussion wurde ein Präsidium von 3-5 Personen aufgestellt. Der Vorsitzende las den Inhalt des Fahndungsmaterials vor und kommentierte. Hierauf folgten die Erklärungen des Angeschuldigten resp. des gesellschaftlichen Verteidigers, der Vertreter der gesellschaftlichen Organisation, also eine Art Staatsanwalt, ist. An der Diskussion konnte jedermann teilnehmen, und die Stimmabgabe erfolgte öffentlich, aber in absentia des Angeklagten. Verantwortlich für das Verfahren waren die Sowjetdelegierten. Von einer Verbannungsstrafe konnte abgesehen werden, wenn der Täter seine Tat bereute und Besserung versprach (Selbstkritik); statt dessen konnte eine Verwarnung oder eine bedingte Strafe ausgesprochen werden. Wenn sich der Angeschuldigte innerhalb dreier Monate nicht besserte, wurde eine neue Versammlung einberufen, die ein schärferes Urteil fällte.

Ein Entscheid der Staatsbürgerversammlungen musste zur Bestätigung dem Sowjet (Exekutivkomitee) unterbreitet werden und zur Vollstreckung an das Ministerium für Schutz der öffentlichen Ordnung weitergeleitet werden. Die Frist zur Erledigung betrug nur 5 Tage.

Die Deportierten arbeiteten entweder in Betrieben oder in Sowchosen, die Kost und Logis besorgten (Verbannung mit Arbeitszwang) (589).

Obwohl die Versammlungen verwaltungsrechtlichen Charakter aufweisen, wurde der Verurteilte in eine Liste aufgenommen, die eine Art "Vorstrafe" entstehen liess. Da das Gericht am Verfahren nicht beteiligt war, konnte höchstens der Staatsanwalt aufgrund seiner Aufgabe, über die Einhaltung der Gesetze zu wachen, eingreifen.

Infolge der Kritik an der Parasitengesetzgebung wies das am 4.5.1961 erlassene Gesetz der RSFSR wesentliche Aenderungen auf (590): Die Kompetenz der Gesellschaftsgerichte wurde eingeschränkt, indem Verbannungsurteile (nach vorgehender Verwarnung) nur von den Volksgerichten (d.h. den Bezirks- oder Stadtgerichten) (591) ausgesprochen werden dürfen. Die Voruntersuchung wird durch die ordentlichen Ermittlungsorgane geführt, das Verfahren steht also unter der Aufsicht des Staatsanwaltes (der bei guter Führung des Verurteilten die Verbannung vorzeitig aufheben kann), d.h. der Beschuldigte hat ein Beschwerderecht, was im Vergleich zum früheren Verfahren einen Fortschritt bedeutet, da die Urteile der Staatsbürgerversammlungen fast keine Möglichkeit der Verteidigung zuliessen, und auch die Bestätigung der Urteile durch den Sowjet eine formale Angelegenheit war, denn es war meist der Sowjet, der die Deportiertenlisten zusammenstellte.

In der Folge erliessen die übrigen Republiken auf Grundlage des Gesetzes der RSFSR im Jahre 1961 neue, ähnliche Parasitengesetze (592).

Eine weitere Aenderung und damit Besserung der Lage der "Parasiten" erfolgte durch das Gesetz der RSFSR vom 20.9.1965, das die Verbannung nur gegenüber den Einwohnern von Moskau und Leningrad und nur aufgrund eines Urteils des Volksgerichtes zulässig erklärt. Die Behandlung der übrigen Fälle der Parasitengesetzgebung wurde den Gesellschaftsgerichten vollständig entzogen und den Exekutivkomitees der Rayon- oder Stadtsowjets der Werktätigendeputierten zugewiesen (593). Die Verbannungsstrafe wurde auf dieser Ebene durch die Institution der zwangsweisen Zuführung zur Arbeit (im Wohngebiet des Angeklagten) oder der Besserungsarbeit ersetzt.

III. Die Lage des Angeklagten im Strafprozess

A. Das Vorverfahren

1. Verfahrensrecht

Dem eigentlichen Strafprozess (Hauptverhandlung) geht das Vorverfahren, das aus dem Ermittlungs- und Untersuchungsverfahren besteht, voraus (Art. 28-35 Grundlagen StrVerf).

Ermittlungsorgane sind vor allem die Miliz, die Kommandanten der Armeeeinheiten und die Sicherheitsorgane (Art. 29 Abs. 1). Die Organe der Voruntersuchung sind die Staatsanwaltschaft, der Untersuchungsführer (sledovatel`) und die Untersuchungsführer des Staatssicherheitsdienstes bei Staatsverbrechen (Art. 28 Abs. 1).

Das Untersuchungsverfahren steht unter der Leitung und Kontrolle des Staatsanwaltes, der nach Abschluss des Vorverfahrens die Anklageschrift zusammenstellt und die Sache dem Gericht, d.h. dem Einzelrichter übergibt, der im Zwischenverfahren entscheidet, ob die Voraussetzungen für die Eröffnung des Hauptverfahrens gegeben sind (Art. 36 Abs. 1).

In gewissen Fällen ist eine Voruntersuchung obligatorisch: so vor allem in politischen Prozessen (Art. 28 Abs. 2) und in Strafverfahren gegen Minderjährige und Gebrechliche (Art. 126 StPO RSFSR).

2. Die Untersuchungshaft und die Rechte des Angeklagten im Vorverfahren

Jeder Mensch hat ein Recht auf Freiheit und Sicherheit, und es darf deshalb niemand willkürlich festgenommen oder verhaftet werden. Die Freiheit darf nur entzogen werden auf Grund eines gesetzlichen Verfahrens. Eine Untersuchungshaft soll nur angeordnet werden, wenn der Festgenommene einer Straftat verdächtig ist. Bei der Festnahme muss der Grund für die Massnahme bekanntgegeben werden (594).

Art. 127 (Verf. UdSSR) besagt: "... Niemand kann anders als auf Gerichtsbeschluss oder mit Genehmigung des Staatsanwaltes verhaftet werden." Diesen Grundsatz wiederholt Art. 6 Abs. 1 der Grundlagen StVerf.

Die Massnahmen, die im Verlaufe des Vorverfahrens gegen den Beschuldigten getroffen werden können und die in seine Freiheitssphäre eingreifen, werden in Art. 33 Abs. 1 der Grundlagen, resp. in Art. 89 StPO RSFSR genannt: Die Verpflichtung des Angeschuldigten, den Wohnort nicht zu verlassen, Bürgschaft, Stellen einer Kaution, Unterstellung unter Polizeiaufsicht und vor allem die Verhaftung.

Eine Verhaftung kann sowohl durch Haftbefehl des Gerichtes, als auch auf Anordnung der Staatsanwaltschaft erfolgen (Art. 127 Verf und Art. 6 Abs. 1 Grundlagen StrVerf). In bestimmten Fällen (z.B. wenn der Täter auf frischer Tat getroffen wird), können auch die Ermittlungsorgane und der Untersuchungsführer eine Haft anordnen (Festnahme) (Art. 32 Abs. 1 Grundlagen StrVerf), in diesem Fall muss aber innert 24 Stunden über die Festnahme ein Protokoll, das die Motive der Festnahme enthält, aufgenommen werden und die Haft dem Staatsanwalt gemeldet werden, der dann über die Aufrechterhaltung entscheidet (Art. 32 Abs. 4).

Die Freiheitsentziehung soll nur in den Fällen erfolgen, wo die öffentliche Sicherheit und das Interesse an einer geordneten Rechtspflege diese Massnahmen erfordern (595). Eine Verhaftung sollte im Sinne des Verhältnismässigkeitsprinzips also nur in Frage kommen, wenn keine andere, mildere Massnahme zum Ziele führt.

Nach sowjetischer Regelung soll der Verdächtigte nur inhaftiert werden, wenn ausreichende Gründe diese Massnahme rechtfertigen, vor allem also bei Kollusionsgefahr oder wenn sich der Angeklagte dem Verfahren zu entziehen sucht (Art. 33 Abs. 1 Grundlagen StrVerf). In Ausnahmefällen kann jedoch ein Beschuldigter ohne Ermittlungsverfahren bis zur Anklageerhebung vorübergehend 10 Tage in Haft genommen werden. Erfolgt innert 10 Tagen keine Anklage, so fällt die Massnahme dahin (Art. 33 Abs. 2). Diese Bestimmung widerspricht zweifellos dem Grundsatz, dass der Festgenommene unverzüglich über die Gründe seiner Festnahme und über die gegen ihn erhobenen Anschuldigungen zu unterrichten ist (596).

In der DDR darf eine Verhaftung nur aufgrund eines schriftlichen Haftbefehls des Richters erfolgen (Art. 100 Abs. 1 Verf). Die Angehörigen sind innert 24 Stunden von der Verhaftung in Kenntnis zu setzen (Abs. 3) (597).

In der Regel darf in der UdSSR eine Untersuchungshaft nur bei Delikten, die eine Freiheitsstrafe als Sanktion nach sich ziehen, angeordnet werden (Art. 34 Abs. 1 Grundlagen StrVerf). Bei einigen Verbrechen (Staats- und Wirtschaftsverbrechen) genügt aber schon die Sozialgefährlichkeit der Tat (nicht des Täters!), um den Angeschuldigten in Haft zu nehmen (Art. 34 Abs. 2), was die Bestimmung von Art. 33 der Grundlagen (gesetzliche Voraussetzungen für die Verhaftung) wieder fragwürdig erscheinen lässt, da aufgrund des vagen Begriffes der Sozialgefährlichkeit willkürliche Festnahmen möglich sind. Sozialgefährlichkeit des <u>Täters</u>, nicht der Tat, liesse sich als Voraussetzung für eine Inhaftierung ohne weiteres rechtfertigen.

Eine Untersuchungshaft kann nur bis zu einer Dauer von zwei Monaten angeordnet werden (Art. 34 Abs. 3). In Ausnahmefällen kann die Dauer von den Gebietsstaatsanwälten bis zu 6 Monaten verlängert werden. Der Generalprokuror (Oberster Staatsanwalt der UdSSR) kann die Frist um weitere drei Monate, also bis zu 9 Monaten, verlängern (Art. 34 Abs. 3).

Diese Bestimmungen können bei Staatsdelikten praktisch umgangen werden mit Hilfe von Art. 133 StrVerf RSFSR, der es dem Obersten Staatsanwalt der RSFSR, dem Obersten Militäranwalt und dem Generalstaatsanwalt der Union erlaubt, die Voruntersuchung unbefristet zu verlängern, so dass also die Dauer der Voruntersuchung über die gesetzlich höchstmögliche Dauer der Haft von 9 Monaten hinausgehen kann, und der Festgenommene demnach nach Gesetz aus der Haft zu entlassen wäre. Tatsächlich wird man aber einen eines Staatsverbrechens Beschuldigten kaum auf freien Fuss setzen. Wenn nun die Gerichte die Anklage zur weiteren Untersuchung an die Staatsanwaltschaft zurückweisen, und die Verlängerung der Haft notwendig erscheint, entscheidet der ranghöhere Staatsanwalt über die Aufrechterhaltung der Haft im Sinne von Art. 97 der StPO der RSFSR: Die Frist wird also unterbrochen und beginnt mit der Rückweisung resp. mit dem Entscheid des Staatsanwaltes neu zu laufen (598), wodurch die Untersuchungshaft unbefristet ausgedehnt werden kann.

Eindeutiger sind dagegen die Bestimmungen der Volksdemokratien: Nach Art. 122 Abs. 2 der ungarischen StPO kann der Generalstaatsanwalt die Untersuchungshaft unbefristet verlängern. Im gleichen Sinne äussert sich Art. 71 der StPO der ČSSR (599).

Ein Mangel des sowjetischen Verfahrens besteht darin, dass die Gerichte von der Voruntersuchung, über die der Staatsanwalt die Aufsicht ausübt, ausgeschlossen sind. So besteht keine gerichtliche Kontrolle, und der Angeklagte ist den Untersuchungsorganen ausgeliefert.

Zwar hat der Festgenommene das Recht, sich zu den erhobenen Beschuldigungen zu äussern, Gesuche zu stellen, gegen die Verhaftung und auch gegen die Handlungen der Untersuchungsbehörden, d.h. gegen den Untersuchungsführer und den Staatsanwalt, dessen Anordnungen für alle Untersuchungsorgane verbindlich sind (Art. 31 Abs. 2 Grundlagen StrVerf), Beschwerde zu führen (600).

Im Gegensatz zur ostdeutschen Regelung, wo die Beschwerdeinstanz das nächsthöhere Gericht ist (601), ist in der Sowjetunion nicht der unabhängige Richter, sondern der nächsthöhere Staatsanwalt zuständig (602). Der Generalstaatsanwalt und die ihm untergeordneten Staatsanwälte sind im Rahmen der allgemeinen und speziellen Aufsicht ebenfalls verpflichtet, die Gesetzlichkeit des Verfahrens zu überwachen und jede gesetzeswidrige Handlung, die die Rechte des Angeklagten verletzt, insbesondere eine Untersuchungshaft, aufzuheben (603). Trotz dieser ausgebauten Gesetzlichkeitsaufsicht und der Beschwerdemöglichkeit, wirkt es sich nachteilig aus, dass es sich hier nicht um eine externe Aufsicht, die allein eine gewisse Objektivität gewährleistet, sondern um eine verwaltungsinterne Kontrolle eines Organs, das selbst mit der Ermittlung betraut ist, handelt.

Im übrigen ist auch hier wieder darauf hinzuweisen, dass die Prokuratur bipolar ist und gleichzeitig die divergierenden staatlichen und die Individualinteressen des Bürgers wahrzunehmen hat. Dieser Widerspruch dürfte sich erst dann auflösen, wenn sich die staatlichen (resp. parteilichen) und die Rechtsschutzinteressen des Bürgers decken, also vor allem bei unbedeutenden unpolitischen Prozessen. Auch die verwaltungsexterne Beschwerdemöglichkeit an ein Gericht, wie dies in der DDR vorgesehen ist, dürfte die Stellung des Angeschuldigten nicht wesentlich verbessern, solange der Staatsanwalt eine solch starke Position innerhalb des Rechtssystems einnimmt, und zumal das Gericht ebenfalls seiner Aufsicht unterworfen ist (604).

Im Vorverfahren unterliegt auch das Recht des Beschuldigten auf Verteidigung Beschränkungen. Der Festgenommene muss in der DDR zwar innert 24 Stunden dem Richter vorgeführt werden (Art. 100 Abs. 1 Verf), der ihm die Motive der Verhaftung mitzuteilen hat. Die Vernehmung durch den Richter soll dem Angeschuldigten ermöglichen, sich zu den erhobenen Beschuldigungen zu äussern und Beweiserhebungen zu beantragen (605). In der UdSSR hat aber der Häftling erst nach Abschluss des Vorverfahrens die Möglichkeit, Einsicht in die Akten zu nehmen (Art. 21 Grundlagen StrVerf). Zwar kann er in jedem Prozessstadium einen Verteidiger beiziehen, aber der Anwalt hat, von einer Ausnahme abgesehen, nicht das Recht, sich in das Vorverfahren einzumischen. Seine Tätigkeit beschränkt sich auf das Hauptverfahren vor dem Gericht.

Die Teilnahme eines Verteidigers im Vorverfahren ist ausnahmsweise zulässig bei Minderjährigen oder Personen, die infolge geistiger oder körperlicher Gebrechlichkeit nicht in der Lage sind, sich ausreichend zu verteidigen (Art. 22 Abs. 2). In allen andern Fällen aber beschränkt sich die Tätigkeit des Verteidigers auf das Gerichtsverfahren selbst. Erst in diesem Stadium erlangt er von den Akten des Ermittlungsverfahrens Kenntnis.

Wie Berichte im offiziellen Organ des Obersten Gerichtes der RSFSR beweisen (606), kommt es in der Praxis vor, dass selbst bei Minderjährigen und Gebrechlichen die Teilnahme des Verteidigers im Ermittlungsverfahren gesetzeswidrig abgelehnt wird, und die Verteidigung wird sogar unter Druck gesetzt, auf die Voruntersuchung zu verzichten (607). Das Oberste Gericht der UdSSR musste in einem Beschluss des Jahres 1963 diese Praxis rügen (608).

Eingriffe in die Integrität des Angeklagten durch Haussuchungen und Korrespondenzbeschlagnahme werden wir im Kapitel Unverletzlichkeit der Wohnung, resp. Brief- und Postgeheimnis behandeln.

Trotz den im Gegensatz zu früher erzielten Fortschritten im Strafverfahren, gibt es im sowjetischen System immer noch Mängel. Die Gerichte werden oft beschuldigt, grundlose Verhaftungen vorzunehmen. Diese Unsicherheit rührt von der Unvollkommenheit der gesetzlichen Bestimmungen und von der langjährig geübten Praxis her. Im Gegensatz zu Stalins Zeiten, wo eine Rechtsbeugung von oben her angeordnet wurde, wird heute der Kampf gegen Missbräuche und grundlose Inhaftierungen gegen die untern Instanzen aber durch Partei und Presse geführt (609).

Es wäre im Interesse des Angeschuldigten nötig, die Lage zu festigen und die Mängel des Vorverfahrens, die sich auf das Gerichtsverfahren auswirken können, im Sinne der Verfassungsbestimmung zu beseitigen.

B. Das Hauptverfahren

1. Das Recht auf Verteidigung

"Neque enim inaudita causa quemquam damnari aequitatis ratio patitur." (610)

Das Recht auf Verteidigung wird von einigen Autoren als Grundrecht angesehen (611). Es ist eine Ausstrahlung der Unverletzlichkeit der Person und des im Rechtsstaat allgemein geltenden Grundsatzes des rechtlichen Gehörs, der verlangt, dass der Bürger angehört wird, bevor eine Sanktion oder eine Massnahme, die seine Rechtsgüter wesentlich beeinträchtigt, getroffen wird.

Das Recht auf Verteidigung umfasst das Recht des Angeklagten, den Inhalt der Anklage zu kennen und Beweise dagegen zu sammeln. Jeder Beschuldigte soll das Recht haben, sich selbst oder durch einen frei gewählten Anwalt zu verteidigen, oder eventuell einen Pflichtverteidiger zu beanspruchen. Der Angeklagte soll in jedem Verfahrensstadium das Recht haben, sich des Beistandes eines Verteidigers zu bedienen und mit ihm frei zu verkehren. Er soll auch genügend Zeit und Gelegenheit haben, seine Verteidigung vorzubereiten. Er soll das Recht haben, Entlastungszeugen laden zu lassen, die in seiner Anwesenheit zu vernehmen sind. Ebenso soll er bei jeder Zeugeneinvernahme oder Verlesung von Beweismaterial durch die Anklage anwesend sein und die Möglichkeit haben, den Zeugen Fragen zu stellen oder stellen zu lassen (612).

In allen Verfassungen und StPO wird das Recht auf Verteidigung garantiert (613), in der Praxis wird aber dieser Grundsatz stark beschränkt.

Zwar ist es dem Angeklagten erlaubt, in jedem Verfahrensstadium sich selbst zu verteidigen oder sich eines Verteidigers zu bedienen (614), also schon mit der Einleitung des Ermittlungsverfahrens, der Anwalt kann sich aber erst in der Hauptverhandlung in das Verfahren einschalten und das Recht auf Akteneinsicht beanspruchen (Art. 22 Abs. 1 Grundlagen StrVerf), da erst hier beide Parteien, Ankläger und Beschuldigter, gleiche Rechte haben (Art. 38). Ein Verteidiger ist überall da zwingend vorgeschrieben, wo der Staat oder die Gesellschaft als Ankläger (durch die Vermittlung des Staatsanwaltes oder des gesellschaftlichen Anklägers) auftritt, ferner bei Gebrechlichen und Minderjährigen und im Falle eines virtuellen Todesurteils (Art. 22 Abs. 4, resp. 49 StPO RSFSR).

Eine Ausnahme vom Grundsatz, dass sich der Verteidiger erst ins Hauptverfahren einmischen kann, ist wie erwähnt, in den Fällen möglich, wo die Beklagten minderjährig oder geistig oder körperlich behindert sind und sich nicht zweckmässig verteidigen können. Hier kann sich der Anwalt schon in das Ermittlungsverfahren einschalten (Art. 22 Abs. 2). In allen andern Fällen aber beschränkt sich seine Tätigkeit auf das Gerichtsverfahren selbst (Art. 19 StPO RSFSR), wie es z.B. die ungarische Verfassung (§ 40 Abs. 2) zum Ausdruck bringt: "Der Angeklagte hat während des gerichtlichen Verfahrens das Recht auf Verteidigung."

Im Gegensatz zum Rechtsstaat, wo die Voruntersuchung ebenfalls von gerichtlichen Behörden (Untersuchungsrichter) durchgeführt wird, ist das Gericht im Sowjetsystem wie erwähnt, von der Voruntersuchung, die vollständig von Verwaltungsbehörden durchgeführt wird, ausgeschlossen. Das Gericht hat immerhin die Möglichkeit, unvollständige oder unrichtige Akten den Untersuchungsbehörden zur Ergänzung zurückzuweisen (Art. 36 Abs. 3 Grundlagen StrVerf).

Die Gleichberechtigung der Parteien im Hauptverfahren, die sich u.a. darin äussert, dass eine Aenderung des Anklageinhaltes nur unter der Voraussetzung möglich ist, dass die Lage des Angeklagten nicht verschlechtert und sein Recht auf Verteidigung nicht beeinträchtigt wird (Art. 42 Abs. 2), wird aber durch die führende Rolle des Staatsanwaltes oft wieder illusorisch gemacht.

Während der Staatsanwalt nach Abschluss des Zwischenverfahrens, in dem der Einzelrichter entscheidet, ob die Voraussetzungen für die Eröffnung des Hauptverfahrens erfüllt sind (Art. 36 Abs. 1), in der "vorbereitenden Sitzung" (rasporjaditel'noe zasedanie) zugegen ist, ist die Anwesenheit des Beschuldigten fakultativ (Art. 36 Abs. 3 und Art. 221 StPO). Der Staatsanwalt, der durch seine Aufsicht das gesamte Vorverfahren beherrscht, kennt also die gesamten Prozessgrundlagen, während der Angeklagte (und sein Verteidiger) erst nach Abschluss des Vorverfahrens sich mit den Akten vertraut machen können (Art. 21 Grundlagen).

Ein weiteres Problem der freien Verteidigung stellt die Doppelrolle des Staatsanwaltes dar: einerseits soll er die Aufsicht und Kontrolle über die Gerichtsverhandlung ausüben (615), andererseits ist er aber als Prozesspartei dem Gericht unterstellt. Da der Richter oft vom Staatsanwalt abhängig ist (616), will er nichts riskieren. Die Staatsanwälte werden oft davor gewarnt, den Gerichten ihre Ansicht, die sie in der Anklageschrift vertreten, aufzuzwingen, aber trotzdem kommen sog. "Anklageurteile" häufig vor.

2. Die Rolle des Anwaltes

Im übrigen wird das Recht auf freie Wahl des Verteidigers durch verschiedene Faktoren ungünstig beeinflusst.

Eine freie Ausübung des Advokatenberufes ist nicht mehr möglich, da die Autonomie der Anwälte aufgehoben wurde. In der Zeit nach der NEP-Epoche wurde der Zusammenschluss der freien Anwälte als individualistisch gebrandmarkt (617). Ein Zusammenschluss der Advokaten erfolgt nun in den sog. Anwaltskollegien (Anwaltskammern), die zwar autonom sind, aber in praxi der Leitung und Kontrolle der zuständigen Sowjets und Justizministerien unterstehen. Die interne Kontrolle in den Anwaltskammern hat aber auch positive Züge, indem sie für die Ausbildung der jungen Anwälte Sorge trägt (618).

Wie der Staatsanwalt, so soll auch der Anwalt eine Doppelfunktion ausüben: Er hat sowohl die Interessen der Gesellschaft, d. h. des Regimes und der Partei, als auch die gesetzlichen Interessen des Mandanten und der Justiz wahrzunehmen (619). Diese Interessenkollision (die Interessen der Gesellschaft und des Mandanten stehen natürlich in krassem Gegensatz), verursacht durch politische und ideologische Implikationen, erschwert die freie Verteidigung erheblich.

Der Anwalt hat den Klienten sozial zu erziehen (!) und im Sinne des dialektischen Materialismus dazu beizutragen, die objektive Wahrheit zu finden: Die Aufgabe des Anwaltes im Sowjetsystem ist demnach: "... die Wahrheit festzustellen und das gerechte Urteil zu finden, das die entscheidende Grundlage für die Erziehung des Straftäters bildet." (620) Er ist also eine Art Verteidigungsfunktionär, der mit den Justizorganen zusammenarbeiten muss, vergleichbar etwa mit unseren Jugendanwälten, die gleichzeitig Ankläger und Verteidiger sind.

Der Anwalt ist nach einzelnen östlichen Advokaturstatuten verpflichtet, die Verteidigung abzulehnen und als Zeuge (!) aufzutreten, wenn er bei politischen Prozessen etwas über den Fall erfährt (621). Das Berufsgeheimnis wird vollends preisgegeben durch die Vorschrift, dass bei Staatsverbrechen der Anwalt sogar zur Anzeige verpflichtet ist (Art. 165 StGB ČSSR).

Das Recht auf die freie Wahl des Verteidigers wird ferner eingeschränkt bei Militär- und Staatsverbrechen. Die Advokatenlisten mit politisch zuverlässigen Fürsprechern, die allein als Verteidiger zugelassen sind, wird in politischen Prozessen von der politischen Polizei aufgestellt. Ebenso gibt es Advokatenlisten für die Militärgerichte (622).

Die Rechtshilfe für den Bürger wird durch die geringe Autorität der Anwälte in der Gerichtspraxis, die mangelhafte fachliche Ausbildung und den Mangel an Juristen, ferner durch die ideologischen Implikationen, denen der Anwalt unterworfen ist, erschwert.

Der Advokat muss sich nicht so sehr für die Interessen seines Klienten, als vielmehr für die Gesamtinteressen der Sowjetjustiz einsetzen (sozialistische Verteidigung). Bei einer Kollision der Interessen gehen diejenigen des Staates vor.

Trotz einiger wesentlicher Neuerungen seit der Justizreform, die die Lage des Angeklagten im Strafprozess verbessert haben, hindert in wichtigen (besonders in politischen) Prozessen die Rechtsstellung der Advokaten eine wirksame Verteidigung. Der Anwalt, der sich energisch für den Mandanten einsetzt, hilft nicht dem Klienten, sondern setzt sich selbst der Gefahr aus, in ein Disziplinarverfahren verwickelt zu werden (623).

So ist der sowjetische Rechtsanwalt im Strafprozess nicht so sehr ein Verteidiger, als vielmehr ein Funktionär wie der Richter oder der Staatsanwalt und wird so zum "Pflichtverteidiger" im schlechtesten Sinne des Wortes (624).

Die gleiche Lage in Bezug auf die Verteidigung findet man auch in den Volksdemokratien (625).

C. Das Rechtsmittelverfahren

1. Das Kassationsverfahren

a) Das Recht auf Berufung

Jedem Verurteilten müssen Rechtsmittel vor einem höhern Gericht gegeben sein (626), um fehlerhafte oder ungerechte Urteile überprüfen zu können (Instanzenzug). Dies ist ein Ausdruck des erweiterten Verteidigungsrechts des Bürgers gegen Willkür einer Gerichtsinstanz.

Vor 1961 war eine Berufung, mit der ein Urteil an ein höheres Gericht weitergezogen werden konnte, in politischen Prozessen, für die ein Sonderverfahren vorgesehen war, nicht möglich (627). Nun ist sowohl in der UdSSR als auch in den Volksdemokratien der Instanzenzug grundsätzlich zugelassen (628).

Art. 44 der Grundlagen StrVerf gibt dem Verurteilten, seinem Verteidiger oder seinem gesetzlichen Vertreter, ferner dem Zivilkläger (Adhäsionsprinzip!) die Aktivlegitimation, das Gerichtsurteil im Kassationsverfahren anzufechten (Kassationsbeschwerde) (Abs. 1). Der Staatsanwalt (prokuror) ist verpflichtet, gegen jedes ungesetzliche und unbegründete Urteil Protest einzulegen (Abs. 2).

Das Rechtsbegehren kann sich auf folgende Beschwerdegründe stützen:

- Einseitigkeit oder Unvollständigkeit der Voruntersuchung oder der gerichtlichen Untersuchung,
- Tatsachenirrtum,
- Rechtswidrigkeit (Verletzung von strafprozessualen Regeln),
- Subsumptionsirrtum (unrichtige Beurteilung des Sachverhalts) und
- Ermessensmissbrauch (Unangemessenheit der durch das Gericht ausgesprochenen Strafe in Bezug auf die Schwere der Straftat und der Persönlichkeit des Ver-

urteilten (Art. 49 Grundlagen StrVerf).

Im Gegensatz zum Verfahren vor der ersten Instanz, wo die Anwesenheit des Angeklagten in der Hauptverhandlung zwingend vorgeschrieben ist (Art. 39), entscheidet im Kassations- und Aufsichtsverfahren das Gericht über die Frage der Zulassung des Angeklagten (Art. 45 Abs. 4), während der Verteidiger an der Verhandlung teilnehmen kann (Abs. 5). Der Angeklagte hat hier also kein Recht zur Vorladung.

Die Kassationsinstanz hat die Möglichkeit, nach Ueberprüfung der Gesetzlichkeit und Begründetheit des erstinstanzlichen Urteils (Art. 45 Abs. 1) das angefochtene Urteil entweder zu bestätigen (unter Abweisung der Kassationsbeschwerde oder des Protestes), es aufzuheben und zur erneuten Ueberprüfung an die Vorinstanz zurückzuweisen (kassatorische Rechtsprechung), es aufzuheben und das Verfahren einzustellen, oder das Urteil abzuändern und in eigener Zuständigkeit neu zu urteilen (reformatorische Rechtsprechung) (Art. 45 Abs. 2).

b) Einschränkung des Rechts auf Berufung

Eine Einschränkung besteht darin, dass das Oberste Gericht oft als erste (und einzige) Instanz tätig ist. Art. 40 StPO RSFSR erlaubt jedem höhern Gericht, jede in die Zuständigkeit der niedern Gerichte fallende Sache an sich zu ziehen und als erste Instanz zu beurteilen. Das Oberste Gericht der RSFSR kann einen Straffall an sich ziehen, wenn er "besonders kompliziert" oder "gesellschaftlich bedeutungsvoll" erscheint (Art. 38 StPO). Massgebend ist dabei nicht so sehr die juristische, als vielmehr die politische "Kompliziertheit" eines Falles. Da das Oberste Gericht hier als erste und letzte Instanz zugleich urteilt, ist eine Berufung eo ipso ausgeschlossen (629). So wird dem Angeklagten gerade in den wichtigsten politischen Prozessen, deren Urteile am schwerwiegendsten in seine Rechtsgüter eingreifen (Todesstrafe, lange Zuchthausstrafen), durch das Recht der Gerichte, eine Sache an sich zu ziehen, praktisch die Möglichkeit, von seinem Recht auf Berufung Gebrauch zu machen, genommen.

Wie in der UdSSR, so kann ein Fall auch in den Volksdemokratien von einem höhern Gericht an sich gezogen und in eigener Kompetenz entschieden werden (630).

Eine weitere einschneidende Beschränkung ergibt sich aus der Tatsache, dass in den Republiken ohne Gebietseinteilung (die drei baltischen Staaten, Moldau und Armenien) das Oberste Gericht bei einer Anzahl Verbrechen (vor allem gegen die Staatssicherheit) als erste und letzte Instanz urteilt (631). Für gewisse Vergehen ist eine Berufung überhaupt ausgeschlossen, selbst, wenn das Volksgericht urteilt: im Verfahren gegen Parasiten und Schmarotzer, das Verwaltungscharakter hat und im beschleunigten Verfahren durchgeführt wird (632).

Anstelle der Berufung besteht die Möglichkeit der Revision, die einen gewissen

Ersatz bietet (633).

2. Das Verfahren zur Ueberprüfung von rechtskräftigen Urteilen

a) Die Wiederaufnahme

Art. 50 der Grundlagen StrVerf erlaubt eine Wiederaufnahme des Verfahrens, wenn nova, die zur Zeit der Beurteilung noch nicht bekannt waren, vorliegen. Dies ist ein ausserordentliches Rechtsmittel.

Die Entscheidung, ob ein rechtskräftiges Urteil wieder aufgenommen werden soll, trifft der Staatsanwalt. Eine Beschwerde gegen die Wiederaufnahme ist an den nächsthöhern Staatsanwalt zu richten (Art. 386 f. StPO RSFSR). Die Frist zur Wiederaufnahme beträgt ein Jahr seit Kenntnis der neuen relevanten Tatsachen (Art. 50 Abs. 2 Grundlagen StrVerf).

Der Satz "auctoritas rei iudicatae praevalet veritati" wird nicht anerkannt, da die Wiederaufnahme zugunsten des Angeklagten jederzeit unbefristet erfolgen kann, zuungunsten des Angeklagten aber eine einjährige Frist besteht (634).

b) Verletzung des Grundsatzes "ne bis in idem" durch die ausserordentliche Revision (peresmotr v porjadke sudebnogo nadzora) (635)

Nach rechtskräftiger Verurteilung oder einem Freispruch darf niemand aufgrund desselben Tatbestandes nochmals strafrechtlich verfolgt werden (ne bis in idem) (636).

Die a.o. Revision ist ein Rechtsmittel im Rahmen der gerichtlichen Aufsichtsfunktion und verletzt diesen Grundsatz (637). Die Revision ist gegen alle gerichtlichen Entscheide, nicht nur gegen die rechtskräftigen Urteile, zulässig (Art. 48 Abs. 1 Grundlagen StrVerf). So weiss man nie, ob ein rechtskräftiges Urteil auch das letzte Wort in der Sache bedeutet; bei Aenderung der politischen Lage kann ein Prozess ex officio wieder aufgerollt werden (638).

Aktiv legitimiert zur a.o. Revision ist ein grosser Personenkreis, u.a. der Generalprokuror, die Staatsanwälte und die Präsidenten der höhern Gerichte (Art. 48 Abs. 2), diese Institution ist somit ein wichtiges Instrument in der Hand des Staates (639). Passiv legitimiert sind die untern Gerichte. Die Frist zur Revision beträgt ein Jahr und beginnt mit dem rechtskräftigen Entscheid zu laufen. <u>Zugunsten</u> des Angeklagten ist die Revision unbefristet zulässig (Art. 48 Abs. 3).

Eine positive Seite der Institution der a. o. Revision besteht darin, dass dadurch in der UdSSR, wo nur das Zweiinstanzensystem besteht, indirekt eine dritte Instanz geschaffen wurde. Wo ein Gericht als einzige Instanz urteilt, ist die Revision praktisch zur zweiten Instanz geworden und hat die Berufung verdrängt (640).

Die Revision, die als Ausnahme gedacht war, ist zur Regel geworden, da sie in der Praxis zugunsten des Angeklagten eingelegt wird.

3. Reformatio in peius

Der Grundsatz des Verbotes der reformatio in peius, nach dem derjenige, der ein Rechtsmittel ergreift, nicht schlechter gestellt werden darf, als vor Einlegung des Rechtsmittels, wird in Art. 46 der Grundlagen StrVerf, freilich nur für das Kassationsverfahren, ausgesprochen (Abs. 1), während er für die a.o. Revision und die Wiederaufnahme nicht gilt (Abs. 2).

Bei der Berufung ist eine reformatio in peius aber dennoch möglich, in dem Falle nämlich, wo die Angelegenheit an die erste Instanz zurückgewiesen wird. Zwar ist ein schärferes Urteil in der zweiten Instanz nach Art. 340/41 der StPO RSFSR nur erlaubt, wenn das Rechtsmittel vom Staatsanwalt eingelegt wird (Protest), aber wenn die zweite Instanz das Urteil kassiert und zur Neubeurteilung an die erste zurückweist, kann das niedere Gericht das Strafmass erhöhen, wenn nach der Aufhebung des Urteils Tatsachen festgestellt werden, die eine qualifiziertere Straftat des Angeklagten beweisen (641).

Der Wert der Berufung wird dadurch stark eingeschränkt, weil die angeklagte Partei oft nicht wagt, Berufung einzulegen.

Für die a.o. Revision gilt dieselbe Regelung wie bei der Berufung, wenn die Sache zur Neubeurteilung zurückgewiesen wird (Art. 48 Abs. 4 Grundlagen). Im übrigen darf das Gericht im Rahmen der reformatorischen Rechtsprechung das Urteil der ersten (oder zweiten) Instanz nicht zuungunsten des Angeklagten abändern (Art. 48 Abs. 5).

In den Volksdemokratien verbieten die ČSSR und Polen die reformatio in peius sowohl bei der Berufung als auch bei der Wiederaufnahme, während Ungarn und die DDR sie nur bei der Wiederaufnahme nicht zulassen. Im übrigen folgen die Ostblockländer der Regelung der UdSSR (642).

IV. Die Unabhängigkeit der Gerichte

A. Unabhängigkeit als Voraussetzung der Rechtsstaatlichkeit

"Eine unabhängige Richterschaft ist ein unentbehrliches Erfordernis einer freiheitlichen Gesellschaft im Rechtsstaat. Diese Unabhängigkeit bedeutet, dass die Rechtsprechung frei ist von Eingriffen der Exekutive und der Legislative, nicht aber, dass der Richter willkürlich zu handeln berechtigt wäre. Seine Pflicht ist es, das Gesetz unter Berücksichtigung der ihm zugrundeliegenden allgemeinen Rechtsprinzipien auszulegen ..." (643).

Die Unabhängigkeit der Gerichte ist ein Ausdruck der Lehre von der Gewaltenteilung Montesquieus, die im sozialistischen Staat aber abgelehnt wird. Rein verfassungsmässig scheinen hier die drei Gewalten geteilt zu sein, aber in der Praxis besteht eine Einheit zwischen Legislative, Exekutive und Justiz (Gewaltenkonzentration).

In allen Verfassungen wird die Unabhängigkeit der Gerichte ausgesprochen (644): Der Richter ist unabhängig und nur dem Gesetz unterworfen; er hat sich durch das sozialistische Rechtsbewusstsein leiten zu lassen. Es gilt das Prinzip der freien richterlichen Beweiswürdigung (645). Dies gilt als die wichtigste Garantie der sozialistischen Gesetzlichkeit (646).

Der Begriff der Unabhängigkeit hat aber hier einen andern Aspekt als im Rechtsstaat: Es bedeutet die Unterordnung unter das Gesetz, aber nicht ein Weisungsverbot und die Unabhängigkeit der Person des Richters. In der Praxis wird das Prinzip der Unabhängigkeit verunmöglicht durch das System der Wahl und Abberufung der Richter, die Kontrolle der Gerichte durch die Staatsanwaltschaft und durch die Präsidien des Obersten Sowjets (in den Volksdemokratien durch die Staatsräte oder Präsidialräte) und nicht zuletzt durch die Kontrolle der höhern Gerichte und der Gesellschaftsorgane.

B. Die gesellschaftliche Kontrolle der Richter

Hier spielt auch wieder die Auffassung über den Charakter der Wahlen eine Rolle: Als Richter ist jeder Sowjetbürger über 25 Jahre, der das Aktivbürgerrecht besitzt, wählbar (647). Praktisch bleibt aber dem Wähler nur die Alternative, entweder den von der Partei auf Grund von Listen nominierten Kandidaten die Stimme zu geben, oder sie abzulehnen. Das Recht der Partei zur Kandidatenstellung wird aus den Art. 126 und 141 der Verfassung hergeleitet, die die Parteiführung im Staat und in der Gesellschaftsorganisation zum tragenden Pfeiler der Staatsverfassung machen.

Die Volksrichter und Volksbeisitzer (Schöffen) haben sich unmittelbar den Wählern gegenüber zu verantworten: Aufgrund der Art. 33 der Grundlagen der Gerichtsverfassung vom 25.12.1958 (bzw. Art. 17 der Gerichtsverfassung der RSFSR), haben die Berufsrichter (Volksrichter) systematisch Rechenschaft über ihre Tätigkeit abzulegen. Ebenso sind die Volksbeisitzer (narodnye zasedateli), die die Aufgabe haben, das Gerichtswesen zu popularisieren (648), und den Kontakt zwischen Gericht und Bevölkerung herzustellen, als Laienrichter (Schöffen) den Wählern verantwortlich und rechenschaftspflichtig.

Die Volksgerichte (Rayon- oder Stadtgerichte) werden aus Berufsrichtern und Laienrichtern gebildet. Im Gericht erster Instanz findet sich nur ein Berufsrichter, dem zwei gleichberechtigte Schöffen beigegeben sind. Im Gegensatz zum Volksrichter, der von den Wählern ernannt wird, wird der Schöffe durch die Produzentenkollektive gewählt (649). Die Gleichberechtigung der Schöffen (die ein gleiches Stimmrecht haben) und der Berufsrichter wurde in der DDR sogar verfassungsrechtlich verankert (Art. 96 Abs. 2): Die Laienrichter sollen ein Bindeglied zwischen Gesellschaft und Gericht darstellen (650) und illustrieren die Tendenz der Vergesellschaftlichung der Justiz. Neuerdings werden Forderungen laut, die das Schöffengericht in ein Geschworenengericht umwandeln wollen, das nur über die Schuldfrage zu entscheiden hätte (651).

Sowohl der Berufs- als auch der Laienrichter sind durch die Wähler jederzeit abberufbar, wenn sie das Vertrauen missbrauchen (!) oder sich eine unwürdige Handlung zu Schulden kommen lassen (652). Diese Möglichkeit der Abberufung widerspricht dem rechtsstaatlichen Grundsatz der Unabsetzbarkeit der Richter, die ihre Unabhängigkeit verstärken soll. Nur in Ausnahmefällen sollte bei Pflichtverletzung eine Amtsenthebung möglich sein (653).

Doch das rechtsstaatliche Prinzip der Unabsetzbarkeit der Richter wird in den sozialistischen Ländern als Verletzung des Prinzips der Volkssouveränität angesehen, da der Richter dadurch der Verantwortlichkeit entzogen würde. Ein Richter, der das Vertrauen des Volkes geniesse, brauche sich vor der Abberufung nicht zu fürchten (654). Gerade die Möglichkeit der Abberufung ermöglicht es, den Richter in Abhängigkeit einer herrschenden Minderheit zu bringen, denn das Abberufungsverfahren gestaltet sich derart, dass der Antrag der Kreationsorgane (Wählerversammlung usw.) zuerst von den Sowjets geprüft wird, die dann endgültig über die Zulassung des Antrages entscheiden. Die Abberufung selbst erfolgt in einer öffentlichen Versammlung durch öffentliche Abstimmung (655).

Dieses Procedere ermöglicht es, der Partei nicht genehme Personen abzuberufen, während Vertrauensleute der Partei nicht abgesetzt werden können.

C. Die Abhängigkeit der Justiz von der Partei

Die Führung und Kontrolle der Partei im Staat stehen im Widerspruch zum Prinzip der Unabhängigkeit der Gerichte. Die Abhängigkeit der Gerichte von der Partei ist eine Folge des konstitutionellen Grundsatzes der führenden Rolle der Partei in Staat und Gesellschaft (Art. 126) und wird ideologisch damit begründet, dass der Richter dem Gesetz unterworfen sei, das den Willen des Volkes ausdrücke, der Volkswille wiederum werde durch die Partei repräsentiert (656). Die Gesetze seien folglich so anzuwenden, dass die Parteipolitik verwirklicht werden kann.

Noch 1924 plädierte Krylenko für die volle richterliche Unabhängigkeit, aber Kalinin forderte vom Richter, dass er ein guter Marxist sein müsse, der politisch urteile. Der Richter ist folglich an die Direktiven der Partei direkt gebunden (Parteilichkeit): Der Unterschied zwischen bürgerlicher und sozialistischer Demokratie besteht gerade in der Parteilichkeit (657).

Art. 112 der Verfassung, so wird gesagt, bedeute nicht, dass der Richter unabhängig von den politischen Parteidirektiven und von den Interessen der Werktätigen und der Sowjetführer sei, denn der Richter diene, anders als im Westen, nicht dem Rechtsstaat, sondern dem sozialistischen Staat. Auch die Justiz hat Klassencharakter. Das sowjetische Justizrecht sei das Recht des Aufbaus des Sozialismus und deshalb immer politisch engagiert. Die richterliche Unabhängigkeit bedeute nicht Freiheit von jeglicher Einflussnahme auf den Richter, was unmöglich sei, die Richter müssten vielmehr die gerechten Forderungen der Gesellschaft an die Justiz im Auge behalten. In keinem Lande seien die Richter unabhängig von der herrschenden Klasse (658).

Die Haltung der Gerichte und der Richter wird so durch die Partei beeinflusst. Vor allem die Strafjustiz ist ein integraler Bestandteil der allgemeinen Partei- und Staatspolitik, die ständig den Bedingungen und Ansprüchen des sozialistischen bzw. kommunistischen Aufbaus angepasst wird und sich mit der Veränderung dieser Bedingungen (Basis) wandelt. So bestimmt die Partei etwa, wann ein Delikt nicht mehr sozialgefährlich ist und welches besonders gefährliche soziale Gruppen sind. Auch die richterliche Ermessensfreiheit innerhalb des Strafrahmens wird missachtet, wenn bindend verfügt wird, dass gewisse häufig vorkommende Delikte strenger zu sanktionieren seien (659).

Die gleiche Auffassung besteht in den Volksdemokratien (660), aber hier wurde das Prinzip der Parteisuprematie erst in den späteren Verfassungen verankert, da die ersten Grundgesetze zu einer Zeit erlassen wurden, da die Herrschaft der kommunistischen Partei noch nicht gefestigt war.

Die eigentliche Grundlage für die Einflussnahme der Partei findet sich jedoch nicht in der Verfassung, sondern im "innern Staatsrecht", im Parteistatut. Diese Einflussnahme geschieht durch Parteianweisungen, die eine Art Parteigewohnheitsrecht entstehen lassen, ferner durch die Parteikontrolle, die als Maxime in jedem Statut vorgesehen ist (661). Ein direktes Kontrollrecht wird durch Art. 59 des Statuts ausgeschlossen, jedes Mitglied hat sich aber einer straffen Parteidisziplin zu unterwerfen,und die Tatsache, dass zwischen KP und Justizorganen eine gewisse Personalunion besteht, da viele Richter zugleich Parteimitglieder sind (Monopol der Kaderpolitik!), verstärkt noch den Einfluss der Partei.

Die Parteidisziplin kommt zum Ausdruck im demokratischen Zentralismus, der eine "unbedingte Verbindlichkeit der Beschlüsse der übergeordneten Organe für die untergeordneten" fordert (662). Die Auslese der Kader durch die Partei erfolgt nach politischer und erst in zweiter Linie nach fachlicher Eignung (663).

Eine gewisse Einflussnahme politischer, nicht administrativer Art, ist zwar auch im Rechtsstaat, z.B. beim schweizerischen Bundesgericht möglich, da die Bundesversammlung Kreationsorgan ist, die Einflussnahme erstreckt sich aber im Unterschied zu den sozialistischen Ländern, nicht auf die Urteile, sondern beschränkt sich auf den Geschäftsgang und die Justizverwaltung (664).

Die Rechtsprechung im Rechtsstaat verändert sich ebenfalls mit den veränderten gesellschaftlichen Anschauungen, sie ist aber nicht so flexibel wie im sozialistischen Staat, da im Rechtsstaat das Prinzip der Rechtssicherheit entgegensteht.

Die permanente Verletzung der Verfassung im sozialistischen Staat wird durch die Ideologie gerechtfertigt. Seit 1958 gibt es jedoch Stimmen, die für eine Einschränkung der staatlichen Kontrolle im Sinne des Art. 112 der Verfassung eintreten.

D. Die Abhängigkeit von der Staatsanwaltschaft (Prokuratur)

Der Generalstaatsanwalt der UdSSR, der vom Obersten Sowjet der UdSSR gewählt wird (Art. 114 Verf), hat die Aufgabe, über die Einhaltung der Gesetze zu wachen und die Tätigkeit der Amtspersonen der ganzen Union zu beaufsichtigen (Art. 113 Verf). Er übt eine allgemeine Aufsicht über die Rechtspflege aus. Diese Aufsicht soll eine Garantie der einheitlichen dialektischen Anwendung der Gesetze und Verordnungen durch die Gerichte sein (665). Der Staatsanwalt ist der "Hüter der sozialistischen Gesetzlichkeit" (allgemeine Aufsicht) (Art. 97 Verf DDR) und hat im Sowjetsystem zum Teil die Funktion für die fehlende Verwaltungsgerichtsbarkeit übernommen (666). Im Rahmen der speziellen Aufsicht kann er in allen Stadien des Verfahrens Massnahmen treffen, um die Verletzung der Gesetzlichkeit zu verhindern (staatsanwaltlicher Protest).

Einerseits ist der Staatsanwalt Prozesspartei und dem Gericht als solche untergeordnet, andererseits muss er aber auch die Aufsicht über das Gericht ausüben, da er über die Einhaltung der sozialistischen Gesetzlichkeit wachen soll. Obwohl diese Kollision der Interessen kritisiert wird, betont die Literatur, dass die allgemeine Aufsicht Gewähr biete für die Aufrechterhaltung der Gesetzlichkeit, der ja auch der Richter unterworfen sei (667).

Eine Folge dieser Aufsicht ist, dass der Richter es oft nicht wagt, ein vom Plädoyer der Anklage abweichendes Urteil zu fällen. Die Meinung wird praktisch so vom Staatsanwalt aufoktroyiert (sog. "Anklageurteil"), obwohl das Plädoyer ausdrücklich als unverbindlicher Urteilsvorschlag definiert wird (668).

Auch durch das Rechtsmittelverfahren riskiert der Richter, kritisiert zu werden, wenn er nicht dem Antrag folgt und infolgedessen sein Urteil kassiert wird.

Nicht nur der Richter, sondern auch der Staatsanwalt seinerseits untersteht natürlich wieder den Parteiorganen, die ihn leiten und kontrollieren.

E. Die Abhängigkeit von andern Staatsorganen

Die direkte und indirekte Abhängigkeit der Gerichte von den übrigen Staatsorganen ist vielfältig.

Kraft des Kontrollrechtes des Obersten Sowjets kann die Legislative Untersuchungs- und Revisionskommissionen einsetzen und Rechenschaftsberichte von allen Institutionen und Amtspersonen verlangen (Art. 51 Verf).

Eine Ingerenz des Justizministeriums besteht nur noch in den Volksdemokratien, da diese Aufgabe in der Sowjetunion den juristischen Kommissionen bei den Ministerräten übertragen wurde (669).

Ausser der Staatsanwaltschaft trägt eine andere Institution zur Vereinheitlichung und Zentralisation der Rechtsprechung bei: Die 1962 gegründeten Organe der Volkskontrolle. Diese Komitees für Volkskontrolle, deren Zentralstelle beim ZK der KPdSU ist, hat nicht nur wie der Staatsanwalt bei Verletzung der Gesetzlichkeit Protest zu erheben, sondern kann darüber hinaus verbindliche Anweisungen erteilen, Rechenschaftsberichte fordern und Bussen aussprechen. Diese Komitees, die die Aufgabe haben, die zentralisierte Ordnung in Staat, Wirtschaft und Gesellschaft zu sichern, sind von den Staatsorganen unabhängig, unterstehen jedoch der Partei.

Endlich unterliegen die Gerichte der Einmischung der Sowjets (Räte) verschiedenen Ranges, was mit der Auffassung der Wahlen zusammenhängt. Da die Gewaltenteilung abgelehnt wird, haben die Volksrichter eine Rechenschaftspflicht ihren Wählern gegenüber. Die höhern Gerichte (Gau-, Stadt-, Gebietsgerichte), das Oberste Gericht der Republik und das Oberste Gericht der UdSSR unterstehen der Leitung und Kontrolle der entsprechenden Kreationsorgane, d.h. den Sowjets, den Präsidien der Obersten Sowjets usw. (Art. 34 Grundlagen Gerichtsverf.).

F. Die Abhängigkeit der niederen Gerichte von den höheren

Da der Grundsatz des demokratischen Zentralismus auch für die Gerichte gilt (670), liegt es auf der Hand, dass die niedern Gerichte unter der Leitung und Kontrolle der ihnen übergeordneten Gerichte stehen, was besonders durch die Institution der Grundsatzentscheidung zum Ausdruck kommt.

Das Oberste Gericht hat eine gewisse rechtsschöpfende Funktion, obwohl Art. 32 der Verfassung bestimmt, dass die gesetzgebende Gewalt ausschliesslich durch den Obersten Sowjet ausgeübt wird (671).

Die richtungsweisenden Erläuterungen des Plenums des Obersten Gerichtshofes seien zwar keine Normativakte, kämen diesen aber sehr nahe (672). Die Frage, ob diese Grundsatzentscheidungen verbindliche Rechtsquellen darstellen oder nicht, ist in der sowjetischen Literatur streitig. Die untern Gerichte weigern sich oft, die richtungsweisenden Erläuterungen zu befolgen oder ihre Allgemeingültigkeit anzuerkennen.

Die Grundsatzentscheide könnten eine Verletzung des Grundsatzes nullum crimen sine lege bedeuten, da das Oberste Gericht unter dem Vorwand der Gesetzesinterpretation neue Rechtsnormen erlassen oder ein Gesetz verbessern kann, obwohl an sich nur die authentische Gesetzesinterpretation durch die Legislative zulässig wäre. Die Auffassung, dass ein Gesetz abgeändert werden müsse, wenn es hinter den Forderungen des Lebens zurückgeblieben sei, d.h. wenn der Ueberbau hinter der Basis zurückbleibt, hat eine Rechtsunsicherheit zur Folge.

Präjudizien haben im Rechtsstaat zwar keine Normativkraft, aber indirekt wird die Rechtsprechung der niedern Gerichte doch beeinflusst, weil die Gerichte, wenn sie nicht den Richtlinien des höchsten Staatsgerichtes folgen, riskieren, im Wege des Instanzenzuges desavouiert zu werden. Immerhin haben sich die Entscheide innerhalb der Auslegung der Gesetze zu halten.

Grundsatzentscheidungen erscheinen in den sozialistischen Ländern nicht als verbindliche Rechtsquellen, aber bewirken indirekt die Leitung und Kontrolle der Rechtsprechung der niedern durch die höhern Gerichte. Im übrigen kann sich die Einrichtung der Grundsatzentscheide positiv auswirken, indem sie zur Rechtsfortbildung beiträgt.

V. Ergebnisse

Zusammenfassend kann man sagen, dass es trotz wesentlicher Fortschritte bis jetzt noch nicht gelungen ist, das Rechtsschutzinteresse des Individuums und die staatlichen Zwangsmassnahmen zum Schutze der Gesellschaft miteinander in Einklang zu bringen. Dies wird immer noch als wichtigstes Problem im sowjetischen

Strafprozessrecht angesehen (673).

Einerseits sollen die Rechtsgüter des Menschen (wie Freiheit, Unantastbarkeit) nicht ohne Grund verletzt werden, andererseits verlangt die Gesellschaft Schutz vor gesellschaftsgefährlichen Handlungen. Die sowjetische Rechtslehre steht im allgemeinen auf dem Standpunkt, dass die Interessen des Staates den gesetzlichen Interessen des Individuums entsprächen (674). Kaminskaja weist jedoch darauf hin, dass die Notwendigkeit und die Gesetzlichkeit (also anders gesagt, die Interessen des Staates und des Individuums), sich manchmal widersprächen. Der Staat müsse, sogar auf Kosten der objektiven Wahrheit, gesetzliche Massnahmen beschränken, um die individuellen Rechte zu schützen. Eine Kollision zwischen den Interessen des Bürgers und des Staates solle nach Möglichkeit vermieden werden. So hält die Autorin es für unrichtig, dass man Zeugen zwingen könne, sich einer psychiatrischen Begutachtung und Untersuchung zu unterziehen, da die menschliche Würde durch eine solche Massnahme tiefgreifend verletzt werde. Ferner sei eine bessere Regelung der Schadenersatzpflicht bei gesetzlichen Massnahmen, die einen Bürger grundlos treffen, anzustreben: Das Entschädigungsrecht beschränkt sich gegenwärtig auf einen zweimonatigen Arbeitslohn, ungeachtet des materiellen und immateriellen Schadens (Genugtuung).

Interessant sind diese Ansichten vor allem deshalb, weil sie die im Osten ständig betonte Interessenidentität zwischen Individuum und Gesellschaft - wenigstens in gewissen Fällen - in Frage stellt.

Zusammenfassend können folgende positive Züge des heutigen sowjetischen Straf- und Prozessrechtes genannt werden (675): Als Urteilsgrundlage wird heute die Schuld anerkannt. Das Analogieprinzip, wonach analogieweise neue Tatbestände geschaffen werden konnten, ist abgeschafft, der Grundsatz nulla poena sine lege und nulla poena sine foro hat sich durchgesetzt. Heute gilt das Verbot, die Beweislast auf den Angeklagten, resp. den Verteidiger abzuwälzen.

Verschiedene Justizgrundsätze, wie die Unabhängigkeit der Richter, die Gleichheit vor dem Gesetz (Sozialgefährlichkeit!), die Bestimmung, dass eine Untersuchungshaft nur mit Bestätigung der Staatsanwaltschaft erfolgen darf, werden in den Verfassungen und Gerichtsorganisationsgesetzen (676), leider oft nur theoretisch, erwähnt. In der DDR wird die Zulässigkeit der Untersuchungshaft vom Richter geprüft (Art. 100 Verf.), da aber der Richter, wie erwähnt, nicht unabhängig im Sinne der Lehre von der Gewaltenteilung ist, wird der Wert dieser Bestimmung in der Praxis stark herabgemindert.

Unter den negativen Aspekten seien erwähnt:
Die lockeren Tatbestände, besonders bei den Staatsverbrechen, die Aufrechterhaltung des Begriffes der Sozialgefährlichkeit, die grossen Unterschiede in Bezug auf die Sanktionen und Strafmaxima bei den Staatsverbrechen und den andern Delikten, die Aufschluss über die unterschiedliche Einschätzung der verschiedenen Rechtsgüter geben.

Infolge der parteilichen Rechtsprechung leidet die Rechtssicherheit, da die Rechtsnormen laufend an die aktuellen politischen und ökonomischen Verhältnisse angepasst werden. (Als Beispiel sei die Todesstrafe erwähnt, die 1947 abgeschafft, 1950 aber wieder eingeführt und seitdem auf verschiedene neue Straftaten ausgedehnt wurde (677).)

Wenn auch gegenwärtig die Strafjustiz immer noch im Zeichen des politischen Engagements steht (eine Aenderung ohne Veränderung der gesamten Gesellschafts- und Staatsstruktur scheint aber zweifelhaft), lässt sich doch seit der Justizreform (1958/1961) eine Tendenz zur Liberalisierung feststellen, was das Streben der "neuen Klasse" nach mehr Rechtssicherheit und Rechtsschutz zum Ausdruck bringt. Einige Ansatzpunkte zu einer rechtsstaatlichen Strafjustiz sind vorhanden (678).

Letzten Endes sind es jedoch nicht so sehr deklarative Grundsätze in der positiven Gesetzgebung, als vielmehr die Achtung der Persönlichkeit und der Menschenwürde des Angeklagten durch die die Strafgesetze anwendenden Organe, die die Rechtswirklichkeit und damit die Lage des Beschuldigten und des Verurteilten mitbestimmen.

VI. Der Schutz des Bürgers vor rechtswidrigen Verwaltungsakten

A. Verwaltungsrechtsschutz als Forderung des Rechtsstaates

Ein Rechtsstaat verlangt eine ausgebaute Verwaltungsgerichtsbarkeit. Dem beschwerten Bürger soll gegen rechtswidrige Verwaltungsakte Rechtsschutz, entweder im Weg der unabhängigen Verwaltungsgerichtsbarkeit (externe Kontrolle) oder im Beschwerdeweg (interne Kontrolle) gewährt werden (679).

B. Verwaltungsgerichtsbarkeit

Im Gegensatz zur Sowjetunion, kannten Polen, Ungarn und die ČSSR eine eigentliche Verwaltungsgerichtsbarkeit, die entsprechenden Institutionen wurden aber 1949/50 aufgehoben.

Die Aufhebung der Verwaltungsgerichtsbarkeit wurde von János Beér, einem ungarischen Juristen, wie folgt gerechtfertigt: Das Verwaltungsgericht sei in mancher Hinsicht ein Verfassungsgericht gewesen. So habe der Richter die Möglichkeit gehabt, im Widerspruch zum marxistisch-leninistischen Grundsatz der Volkssouveränität, Rechtsnormen zu kontrollieren und zu überprüfen (680). Diese Verwaltungsgerichte hätten sich gegen die revolutionäre Umgestaltung ausgewirkt.

Nach der Machtergreifung durch die Kommunisten wurde die Verwaltungsgerichtsbarkeit allgemein aufgehoben (681). Dies steht im Widerspruch zu den Forderungen Engels, der in einem Brief an Bebel sagte, primäre Bedingung jeder Freiheit sei, dass sich jeder Beamte für seine amtliche Tätigkeit vor dem Gericht verantworten müsse (682).

Nach der Abschaffung der Verwaltungsgerichtsbarkeit blieb nur der verwaltungsinterne Weg, da aber die Notwendigkeit einer richterlichen Ueberprüfung von Verwaltungsakten infolge der oft ungenügenden Ausbildung der Verwaltungsbeamten und der steten Aenderung der Rechtsnormen auf der Hand liegt (683), tauchte in neuester Zeit die Idee der Verwaltungsgerichtsbarkeit in den Volksdemokratien wieder auf.

Die Generalklausel, die die Anfechtung aller Verwaltungsakte vor einem Verwaltungs- resp. ordentlichen Gericht vorsieht, kennen nur Jugoslawien (seit 1957) und Rumänien (seit 1967) (684). Die Generalklausel wird aber eingeschränkt durch die Aufzählung einzelner Materien, die von der Anfechtung ausgeschlossen sind (Generalklausel mit negativer Enumeration): In Jugoslawien sind diese Einschränkungen für den Rechtsschutz des Bürgers vor Grundrechtsverletzungen ohne Bedeutung, aber Rumänien schliesst vor allem das Polizeirecht, inbegriffen die Landesverteidigung und die Staatssicherheit, aus.

In den andern Ländern besteht nur eine beschränkte Verwaltungsgerichtsbarkeit.

Die UdSSR, Ungarn, Bulgarien, Polen und die ČSSR folgen der Enumerationsmethode, die die einzelnen anfechtbaren Materien enumerativ aufzählt (positive Enumeration).

In der Sowjetunion ist eine Anfechtung von Verwaltungsakten bei den Gerichten (685) nur in Bezug auf Wahlen (Art. 233 ZPO RSFSR), die Auferlegung von Verwaltungsbussen (Art. 237), Steuerangelegenheiten und die Eintreibung von Versicherungsbeiträgen (Art. 240) möglich. Ferner können Verwaltungsakte in Bezug auf Wohnstreitigkeiten angefochten werden (686).

In Ungarn (687) beschränkt sich die richterliche Ueberprüfung von Verwaltungsakten auf Angelegenheiten in Bezug auf: 1. die Richtigstellung eines Eintrages in den Personalausweis, in das Heirats- oder Geburtsregister; 2. Entscheide oder Verfügungen über die Inanspruchnahme einer Wohnung, ferner in Bezug auf einen abschlägigen Bescheid über einen Wohnungstausch; 3. die Aufhebung eines Entscheides über Vermögenskonfiskation; 4. den Bescheid oder die Verfügung, in denen über Grundbesitz oder andere Vermögensgegenstände eigentums- oder nutzungsrechtlich verfügt wird und 5. den Bescheid betreffs Steuererhebung oder die Abgabepflicht hinsichtlich des Rechtsgrundes der Veranlagung. Das Verwaltungsgericht darf die angefochtenen Entscheide nicht abändern, sondern sie nur aufheben und zurückweisen (kassatorische Funktion) (Art. 55 Abs. 2).

In Bulgarien besteht die Möglichkeit, in Angelegenheiten der Erbschaftssteuer und des Wohnrechts, bei Unregelmässigkeiten in Bezug auf Wählerlisten und im

Zivilstandsregister, ferner bei Streitigkeiten um die Entschädigungssumme bei Enteignung, die Gerichte anzurufen (688).

Die DDR deklarierte das Prinzip der Verwaltungsgerichtsbarkeit in der alten Verfassung (1949) in Art. 138: "1. Dem Schutz des Bürgers gegen rechtswidrige Massnahmen der Verwaltung dienen die Kontrolle durch die Volksvertretungen und die Verwaltungsgerichtsbarkeit. 2. Aufbau und Zuständigkeit der Verwaltungsgerichte werden durch das Gesetz geregelt."

Diese Bestimmung war aber ohne praktische Bedeutung. Verwaltungsgerichte gab es nur in Thüringen, Brandenburg, Mecklenburg und Sachsen. Durch eine interne Anweisung des Ministers des Innern des Jahres 1952 wurden die Verwaltungsgerichte im Zuge der Neugliederung der Verwaltung aufgehoben, ohne die Verfassung oder das Verwaltungsgesetz zu ändern (689). Die Bestimmung von Art. 138 wurde nun in der neuen Verfassung (1968) gestrichen.

Seit 1952 ist also in der DDR eine richterliche Ueberprüfung von Verwaltungsakten nicht mehr möglich.

C. Verwaltungsbeschwerde

1. Förmliche Verwaltungsbeschwerde

Auch die verwaltungsinterne Kontrolle ist nicht in allen Ländern, sondern nur dort zugelassen, wo das Verwaltungsverfahren kodifiziert wurde, also in der ČSSR, in Jugoslawien, Ungarn und Polen (690).

Der verwaltungsinterne Weg der förmlichen Verwaltungsbeschwerde ist unbefriedigend, da durch eine höhere Instanz innerhalb derselben Verwaltungsorganisation in eigener Sache entschieden wird. Der verwaltungsinterne Weg bietet zwar den Vorteil, dass die Beschwerdeinstanz, anders als ein Gericht, oftmals die unerlässliche Sachkenntnis hat, aber eine objektive Beurteilung eines Streitfalles ist wohl nur durch die von der Verwaltung unabhängigen Gerichte möglich.

2. Petitionsrecht

Eine Ueberprüfung von konkreten Verwaltungsakten kann auch durch die "formlose" (-mündliche oder schriftliche) Eingabe (Anzeige, Petition) verlangt werden, die an keine Frist gebunden ist und nicht ein Rechtsmittel, sondern ein Rechtsbehelf ist. Das Eingaberecht wurde in der UdSSR durch den Ukas des Präsidiums des Obersten Sowjets vom 12.4.1968 (über das Verfahren bei der Bearbeitung von Vorschlägen, Eingaben und Beschwerden der Bürger) (691) geregelt.

Die Behörden sind verpflichtet, die Eingaben und Klagen innerhalb einer Frist von einem Monat zu prüfen und zu beantworten (Art. 9 Abs. 1).

Wenn schon die Verwaltungsbeschwerde nicht unbedingt als wirksamer Schutz gegen Willkürhandlungen der Verwaltung erscheint, so ist das Einschreiten der Behörden aufgrund der formlosen Eingabe umsomehr dem Zufall überlassen.

D. Die Staatsanwaltschaft

Einen gewissen Ersatz für die fehlende Verwaltungsgerichtsbarkeit (und die Verfassungsgerichtsbarkeit) kann man in der Institution der Staatsanwaltschaft sehen, deren Hauptaufgabe die Kontrolle der Gesetzmässigkeit der Verwaltung ist (692).

Die Staatsanwaltschaft ist wie erwähnt im Rahmen der allgemeinen Aufsicht verpflichtet, bei den Verwaltungsorganen Protest zu erheben, wenn Akte gesetzeswidrig oder politisch unrichtig sind (693).

Im Rahmen der speziellen Aufsicht kann der Bürger an den Staatsanwalt gelangen, wenn er durch rechtswidrige Verwaltungsakte beschwert ist (Art. 14). Der Staatsanwalt erhebt dann den Aufsichtsprotest. Dies ist ein ausserordentliches, d. h. auch gegen rechtskräftige Anordnungen zulässiges Rechtsmittel, das an keine Frist gebunden ist.

Aber auch im Falle eines Protestes ist es fraglich, ob die angefochtenen Akten abgeändert werden, da der Staatsanwalt nicht die Befugnis hat, sie selbst zu kassieren, sondern nur den Antrag auf Abänderung stellen kann.

Die Prüfungsbefugnis des Staatsanwaltes ist also kein zuverlässiges Mittel gegen Willkür: der Prokuror kann nur den Antrag zur Abänderung des Verwaltungsaktes stellen, dem aber in praxi oft nicht gefolgt wird (694). Der Staatsanwalt als politische Behörde, die streng zentralisiert ist, ist zudem dem Obersten Staatsanwalt der UdSSR untergeordnet, dieser wiederum dem Obersten Sowjet bzw. dem Präsidium des Obersten Sowjet (695). Diese Hierarchie bewirkt, dass die Staatsanwaltschaft neben der Aufsicht über die Einhaltung der Gesetzlichkeit, vor allem auch die staatlichen Interessen wahrnehmen muss, was sie in einen Interessenkonflikt bringt.

Trotzdem bedeutet die staatsanwaltliche Aufsicht und die Möglichkeit der Beschwerde, durch die eine verwaltungsinterne Normenkontrolle ausgeübt werden kann, einen (wenn auch ungenügenden) Ersatz für diejenigen Länder, in denen eine eigentliche Verwaltungsgerichtsbarkeit fehlt.

§ 9 BRIEF- UND POSTGEHEIMNIS

I. Der Begriff

Das Brief- und Postgeheimnis ist eine Emanation des Rechts der Unverletzlichkeit der Person und eine Erweiterung der Privat- und Geheimsphäre des Individuums. Es soll den Bürger vor Beschlagnahme und Einsichtnahme in die Korrespondenz schützen und sowohl das geschriebene als auch das gesprochene Wort (Telefongeheimnis) vor unbefugter Kenntnisnahme durch Dritte bewahren.

Wenngleich das Brief- und Postgeheimnis sowohl in den Verfassungen (696), als auch in StGB und ZGB garantiert wird, wurde bisher diesem Grundrecht wenig Aufmerksamkeit gewidmet, da es eine Hierarchie der Verfassungsnormen, d.h. erst- und zweitrangige Normen gebe: Es unterliege keinem Zweifel, dass es in der Zeit nach Inkrafttreten der (ungarischen) Verfassung vollständig begründet gewesen sei, die ausführlichere Auslegung von konstitutionellen Thesen auf die wichtigsten Probleme des gesellschaftlichen und staatlichen Lebens zu beschränken (697). Es sei selbstverständlich, dass der Schutz des Briefgeheimnisses seine Grenzen haben müsse, denn jedes Freiheitsrecht müsse notwendigerweise eingeschränkt werden, wenn die Gewährung des Freiheitsrechtes für höhere Interessen gefährlich sei. Diese Beschränkungen seien einerseits allgemeiner Natur - d.h. sie beziehen sich auf alle Grundrechte - andererseits aber von speziellem Charakter (bezogen nur auf das Briefgeheimnis): "Das Briefgeheimnis als subjektives Recht darf nicht auf Kosten der bestehenden Gesellschaftsordnung ausgeübt werden, es darf nicht als Werkzeug zum Sturz des Staatssystems dienen. Das sind allgemein geltende Grundprinzipien, die man in jedem Rechtssystem ... auffinden kann." (698)

Art. 128 der sowjetischen Verfassung dehnt den Begriff der Unverletzlichkeit der Person (Art. 127) aus auf das Briefgeheimnis und die Unverletzlichkeit der Wohnung. Ob nach dem Wortlaut des Grundgesetzes der UdSSR, die im Gegensatz zur neuen ostdeutschen Verfassung (Art. 31 Abs. 1) nicht von Post- und Fernmeldegeheimnis, sondern allgemein von Briefgeheimnis spricht, nur die Beschlagnahme der Korrespondenz oder auch die Briefzensur, d.h. die Einsichtnahme in die Korrespondenz ohne Beschlagnahme, verboten ist, bleibt kontrovers (699).

Obwohl die Briefzensur als ein Mittel des totalitären Staates in praxi nie in Frage gestellt wurde (700), verbietet m.E. der verfassungsrechtliche Begriff Briefgeheimnis nicht nur die Beschlagnahme, sondern auch jede Einsichtnahme in die Korrespondenz. Nach Art. 31 der Verfassung der DDR ist es den Angestellten der PTT verboten, vom Inhalt verschlossener Postsendungen oder von Nachrichten Kenntnis zu nehmen, den Inhalt von offenen Postsendungen oder von Nachrichten andern mitzuteilen oder bekanntzugeben, wer Anlagen der deutschen Post zur Nachrichtenbeförderung, Nachrichtenübermittlung, Postkleingutförderung oder Geldübermittlung nutzt oder genutzt hat (701).

Bei Verletzung des Grundrechtes wird in der DDR der fehlbare Beamte und jede Drittperson strafrechtlich verantwortlich (Drittwirkung der Grundrechte) (702). Damit ist eindeutig gesagt, dass das Grundrecht als subjektives Recht des Bürgers (theoretisch und gegenüber Drittpersonen) anerkannt ist.

Demgegenüber kennt das sowjetische Strafrecht keinen Tatbestand, der das unbefugte Oeffnen von Briefschaften durch Postbeamte unter Strafe stellte.

II. Beschränkungen

Art. 31 Abs. 2 des ostdeutschen Grundgesetzes erwähnt zwei Kriterien, die eine Einschränkung des Grundrechtes rechtfertigen: 1. eine strafrechtliche Verfolgung und 2. die Sicherheit des sozialistischen Staates (703).

Beide Beschränkungen bedürfen einer gesetzlichen Grundlage (Gesetzesvorbehalt), dürfen aber das Grundrecht in seinem Wesensgehalt nicht antasten (704).

A. Strafverfahren

§ 115 der StPO vom 12.1.1968 bzw. § 47 Ziff. 4 des Gesetzes vom 12.1.1968 (DDR) über den Vollzug der Strafen mit Freiheitsentzug und über die Wiedereingliederung Strafentlassener in das gesellschaftliche Leben (705) bestimmen, dass eine Beschränkung des Grundrechtes nur in unumgänglichen Fällen zulässig ist und von den verantwortlichen Organen (Richter, Staatsanwalt usw.) auf ihre Zweckmässigkeit und Notwendigkeit hin überprüft werden muss (706).

Die sowjetische Verfassung verweist, ohne Einschränkungen zu erwähnen, auf ausserverfassungsrechtliche Normen (Art. 128). Art. 35 Abs. 3 der Grundlagen des Strafverfahrens (707), resp. Art. 174 Abs. 1 StPO RSFSR vom 1.1.1961 erklären eine Beschlagnahme der Korrespondenz in den Post- und Telegraphenämtern nur auf Anordnung der Gerichte oder mit Billigung des Staatsanwaltes in der Voruntersuchung für zulässig. Die Voraussetzungen für eine Beschlagnahme sind aber weit gefasst: Die Sendung muss nur "Bedeutung für die Sache haben" (Art. 167 Abs. 1 StPO RSFSR).

B. Staatssicherheit

Schwerwiegender sind die Einschränkungen im Hinblick auf die Sicherheit des sozialistischen Staates. Trotz der strafrechtlichen Bestimmungen und Voraussetzungen, die das Briefgeheimnis schützen sollen, bestehen in allen grösseren Postämtern SSD-Kontrollstellen, die auch das Telefon überwachen (708).

In Ungarn, wo das Grundrecht nicht durch formelles Gesetz, sondern durch Verordnung des Postministers geregelt wurde (709), existiert eine allgemeine Briefkontrolle - vor allem in Bezug auf die Auslandskorrespondenz - die aufgrund von Stichproben im Staatsinteresse durch die politische Polizei vorgenommen wird. Der Staatssicherheitsdienst hat auch in Ungarn in jedem grössern Postamt Auffangstellen. Einen Einblick in das Wesen der Briefkontrolle in Ungarn bekam man nach der ersten siegreichen Periode des ungarischen Aufstandes von 1956: Es gibt spezielle Personenregister. Die Korrespondenz, vor allem diejenige mit dem Ausland, wurde fotokopiert und aufbewahrt. Alle diese Dokumente sind in die Hände der Aufständischen gefallen.

Einerseits wird in der DDR die Drittwirkung des Grundrechtes anerkannt (Bestrafung der das Postgeheimnis verletzenden Beamten), andererseits wird ein Postangestellter, der sich etwa unter Berufung auf die konstitutionellen Grundrechte weigert, die Korrespondenz der SSD herauszugeben, entlassen oder gemassregelt (710).

Der Begriff der Staatssicherheit, deren Schutz einen Einbruch in die Grundrechte rechtfertigt, ist viel zu elastisch (dieses Problem besteht übrigens auch im Rechtsstaat), als dass der Bürger wirksam gegen staatliche Ingerenz durch die SSD-Organe (politische Polizei) in die Geheimsphäre geschützt werden könnte.

III. Schlussfolgerung

Die Rechtsstaatlichkeit verlangt, dass die Privatsphäre des Menschen und damit auch das Brief- und Postgeheimnis unverletzlich sind. Niemand darf wegen Meinungen, die er in seiner Korrespondenz äussert, verfolgt werden.

Das Briefgeheimnis wird zwar im Sowjetsystem durch Verfassung und Strafgesetz geschützt, die strafrechtlichen Voraussetzungen, die eine Preisgabe des Briefgeheimnisses im Strafverfahren für die Verwaltung und die Justiz rechtfertigen, gelten aber nicht für den Staatssicherheitsdienst. Die Generalklausel der Staatssicherheit bewirkt, dass in den sozialistischen Ländern das private Interesse am Brief- und Postgeheimnis immer noch dem staatlichen Interesse an politischer Sicherheit geopfert und untergeordnet wird.

Es bleibt zu hoffen, dass die Einsicht, dass das Grundrecht des Brief- und Postgeheimnisses ein subjektives Recht des Bürgers ist, und, im Einklang mit dem Verfassungswortlaut, nur unter gesetzlich genau definierten Voraussetzungen beschnitten werden darf, sich auch in der Praxis durchsetzen wird.

§ 10 UNVERLETZLICHKEIT DER WOHNUNG

I. Der Begriff

Das Recht auf Unverletzlichkeit der Wohnung als Teilaspekt der Unverletzlichkeit der Person, leitet sich aus dem Hausrecht her, das auch strafrechtlich gegen Verletzung durch Privatpersonen geschützt wird (Hausfriedensbruch).

Das Grundrecht wird verletzt, wenn eine Person (in unserem Falle eine Amtsperson) unberechtigt, d.h. ohne Bewilligung des Hausherrn, in die Wohnung eindringt oder unbefugt darin verweilt (711). Als Wohnung gilt nicht nur das Haus, sondern jeder Ort privaten auch nur zeitweiligen Aufenthaltes (712). Die Unverletzlichkeit der Wohnung verbietet es also staatlichen Organen, vor allem Haussuchungen und Verhaftungen ohne gesetzliche Rechtfertigungsgründe vorzunehmen.

Die Unverletzlichkeit der Wohnung wird in Art. 128 der sowjetischen Verfassung erwähnt (713). Wie beim Briefgeheimnis wird aber auch dieses Grundrecht nicht expressis verbis garantiert, sondern es wird auf ausserverfassungsrechtliche Normen hingewiesen: "Die Unverletzlichkeit der Wohnung der Bürger und das Briefgeheimnis werden durch das Gesetz geschützt."

Genauso unklar wie die sowjetische Regelung war diejenige in der ersten (zaristischen) Verfassung von 1906, wo es in Art. 75 hiess (714): "Das Heim jedes Bürgers ist unverletzlich. Die Durchführung einer Haussuchung und Beschlagnahme in einem Hause ohne Zustimmung des Besitzers ist nur in Uebereinstimmung mit den Umständen und in dem im Gesetz definierten Verfahren erlaubt." Der Schutz der bürgerlichen Rechte war der Willkür der ordentlichen kaiserlichen Gesetzgebung ausgeliefert, denn ein Gesetz, das von beiden Kammern der Duma (Parlament) angenommen und vom Zar bestätigt wurde, konnte die Rechte des Bürgers, ohne formell gegen die Verfassung zu verstossen, abändern.

Die Verfassung der DDR (1968) schützt die Unverletzlichkeit der Wohnung ausdrücklich (Art. 37 Abs. 3) und bestimmt, dass die Rechte der Bürger nur im Zusammenhang mit einem Strafverfahren insoweit eingeschränkt werden dürfen, als dies gesetzlich zulässig und unumgänglich ist (Art. 99 Abs. 4).

II. Beschränkungen

A. Beschränkungen durch das Strafrecht

Eine Einschränkung (durch Haussuchung) darf nur aufgrund gesetzlicher Bestimmungen im Rahmen einer Strafuntersuchung erfolgen. Die Grundlagen über die Gesetzgebung des Strafverfahrens der UdSSR regeln in Art. 35 Abs. 1 die Haussuchung, die nur im Rahmen der Voruntersuchung von den Ermittlungsorganen und dem Untersuchungsführer (sledovatel` ist kein Untersuchungsrichter!) mit Billigung des Staatsanwaltes durchgeführt werden darf. In Fällen, die keinen Aufschub dulden, kann eine Haussuchung jedoch sofort vorgenommen werden, muss aber innert 24 Stunden dem Staatsanwalt mitgeteilt werden (Abs. 2). Es braucht also keine richterliche Anordnung oder Genehmigung wie z.B. in der BRD (715), da die Organe der Voruntersuchung nicht unabhängig wie der Richter, sondern - als Verwaltungsorgane - dem Staatsanwalt unterstellt sind (Art. 112 Verf).

Die StPO der RSFSR setzt voraus, dass die Haussuchung nur in Gegenwart des Wohnungsinhabers (Art. 169 Abs. 2) und zur Nachtzeit nur in Angelegenheiten, die keinen Aufschub dulden, durchgeführt werden darf (Art. 170 Abs. 1).

Die jetzige positive Regelung bedeutet immerhin einen Fortschritt im Vergleich zu früher, wo eine Genehmigung des Staatsanwaltes nicht verlangt wurde (716). Ein Positivum in der neuen Regelung besteht ferner darin, dass diese Vorschriften, die eine Einschränkung des Grundrechtes zulassen, nicht nur wie früher für die ordentlichen Ermittlungsbehörden, sondern auch für die Organe des Staatssicherheitsdienstes, die bei Staats- und politischen Verbrechen als Ermittlungsorgane fungieren, gelten. Da die Organe des SSD in Art. 28 der Grundlagen des Strafverfahrens expressis verbis als Ermittlungsorgane genannt sind, gelten die allgemeinen Vorschriften auch für sie.

Während eine Haussuchung nach sowjetischem Recht nach freiem Ermessen angeordnet werden kann (freilich unter der Bedingung der Billigung des Staatsanwaltes und mit dem Recht zur Beschwerde), verlangt die ostdeutsche Literatur, dass gesetzliche Beschränkungen des Grundrechtes nur dann erfolgen dürfen, wenn andere, weniger einschneidende Massnahmen nicht zu einem Ergebnis führen (Prinzip der Proportionalität) (717).

B. Verfahren ausserhalb des Strafprozesses

Im ordentlichen Strafverfahren sind Vorschriften für die Ermittlungsorgane und den Staatsanwalt aufgestellt, die eine gewisse Garantie gegen willkürliche und sachlich nicht gerechtfertigte Anordnungen bieten.

Nicht erfasst werden aber Haussuchungen durch Staatsakte ausserhalb des Strafverfahrens. Art. 128 der Verfassung bezieht sich also nur auf willkürliche Handlungen der Ermittlungsorgane (sowohl der ordentlichen als auch der SSD) und der Staatsanwälte im Strafverfahren.

Gegen Präventivmassnahmen des SSD, der aufgrund von Dienstanweisungen handelt, gibt es aber praktisch weder Garantien noch Beschwerderecht (718).

III. Schlussfolgerung

Obwohl die Garantien gegen willkürliche Verletzungen des Grundrechtes durch Haussuchungen bescheiden sind, muss man doch betonen, dass die heutige Regelung im Vergleich zur Vergangenheit einen Fortschritt bedeutet.

Im übrigen ist es klar, dass die rechtsstaatliche Auffassung "my home is my castle" in einem sozialistischen Staat nicht geteilt wird, denn die ideologische Einflussnahme des totalitären Staates wird (abgesehen vom Strafverfahren) auch vor der Privatsphäre des Menschen nicht haltmachen.

§ 11 EHEFREIHEIT

I. Der Begriff

"Die Familie ist die natürliche und grundlegende Einheit der Gesellschaft und hat Anspruch auf Schutz durch Gesellschaft und Staat" (Art. 16 Abs. 3 Menschenrechtskonvention der UN).

Die Ehefreiheit gehört nicht zu den traditionellen Grundrechten der Staatsverfassungen, sondern wurde durch die Weimarer Verfassung neu in den Katalog der Freiheitsrechte aufgenommen (719).

Ob die Ehefreiheit ein ewiges Naturrecht mit überpositivem Rang darstellt oder durch Mehrheitsbeschluss abgeändert werden kann, bleibt kontrovers (720). Ohne auf diese Frage eintreten zu wollen, muss man doch Staat und Gesellschaft das Recht zubilligen, die zwischenmenschlichen Beziehungen, resp. die Verpflichtungen, die sich daraus ergeben, in dieser oder jener Form zu regeln.

So finden sich in fast allen Verfassungen der europäischen Staaten Bestimmungen, die den Schutz von Ehe und Familie zum Inhalt haben (721).

Unter Ehefreiheit verstehen wir das Recht der heiratsfähigen Bürger, unter Vorbehalt der staatlichen Gesetze frei und unbeschränkt ihren Ehegatten wählen und eine Familie gründen zu können, wobei keine politischen und rassischen Gesichtspunkte, sowie Ueberlegungen der Partei- oder Klassenzugehörigkeit in Angelegenheiten der Ehe und Ehescheidung eine Rolle spielen sollen (722). Die Ehe darf nur aufgrund der vollen und freien Willensübereinstimmung der zukünftigen Ehegatten geschlossen werden (Art. 16 Abs. 2 Erklärung der Menschenrechte), wobei beide Ehepartner gleichberechtigt (723) sein sollen. Bei der Ausgestaltung der Ehegesetzgebung sollen willkürliche Diskriminierungen durch den Gesetzgeber unterlassen werden (Art. 14 EMRK).

Die Ehefreiheit ist wie die Eigentumsgarantie doppelgesichtig: sie bedeutet zugleich ein Freiheitsrecht und eine Institutsgarantie (724), die den Staat verpflichtet, eine Regelung zu treffen gegen die Beseitigung oder Unterhöhlung der Ehe; das Grundrecht der Ehe darf als Institution nicht abgeschafft werden.

Eine umstrittene Frage stellt die Beschränkung des Eherechtes dar. Wie jedes Freiheitsrecht, unterliegt auch die Ehefreiheit Beschränkungen, doch sollten diese auf ein Minimum herabgesetzt werden. Im Falle eines Interessenkonfliktes zwischen Bürger und Staat muss eine Güterabwägung stattfinden, wobei ein besonderes Gewaltverhältnis des Staates zum Bürger keineswegs den Vorrang vor dem Freiheitsrecht beanspruchen darf. (Denken wir nur an die faktische Unmöglichkeit der Strafgefangenen, eine Ehe einzugehen, oder an die Ehebeschränkung für die zaristischen Offiziere.) Partsch betrachtet die Beschränkung des Eherechtes als zulässig, wenn ein besonderes Gewaltverhältnis diese Einschränkung fordert (725). Aber ein besonderes Gewaltverhältnis dürfte wohl selten eine Beschränkung rechtfertigen, da gerade auch das Interesse des Staates eher für die Ehefreiheit spricht und ein erzwungenes Zölibat kaum gerechtfertigt werden kann: Gerade das Beispiel der Strafgefangenen zeigt, dass der Einfluss der Frauen wesentlich zur Resozialisierung beitragen kann.

II. Die Entwicklungstendenz in den sozialistischen Ländern

A. Die Utopisten und Sozialisten

Zuerst wollen wir uns kurz mit der Auffassung der Utopisten befassen und uns nachher der interessanten Entwicklung, die die Eheinstitution in der Sowjetunion durchgemacht hat, zuwenden.

Charles Fourier (1772-1837), der französische Philosoph und sozialistische Utopist, bemühte sich um ein System, worin "alle menschlichen Leidenschaften ihren legitimen Platz und ihre absolute Befriedigung im Rahmen des Gemeinwohls finden." Jedem Geschmack musste Rechnung getragen werden in der "le phalanstère" genannten Genossenschaft, die 1800 Mitglieder zählte (726). Das Ziel für Fourier war, den menschlichen Instinkt von seinen Hemmungen zu befreien, in denen er den Ursprung allen Uebels sah. Mit der vollkommenen Befriedigung der Leidenschaften, die "von Gott kommen", sollte die Harmonie wieder hergestellt werden. Fouriers Ideen treffen sich mit denen Proudhons, eines andern Utopisten des 19. Jahrhunderts. Das soziale Hauptanliegen Fouriers war die Abschaffung des Staates und die Gründung einer ökonomischen Organisation, verbunden mit der Institution der freien Liebe, die es ermöglichen sollte, das Empfinden des einzelnen zur Brüderschaft aller Menschen hinzuführen. Die sapphischen Formen der Liebe bilden nach ihm den Uebergang von der Freundschaft zur Liebe.

Im kommunistischen Manifest von 1848 schrieb Marx: "Die bürgerliche Familie wird wegfallen mit dem Verschwinden des Kapitals. Die Familie ist demnach nur ein dem Gesellschaftsprozess untergeordnetes Element" (727). Auch Engels glaubte, dass sich die Familie mit dem Uebergang der Produktionsmittel in das Gemeineigentum auflösen würde. Sowohl Marx als auch Engels sprachen sich für die Monogamie aus, wandten sich aber gegen die Unlösbarkeit der Ehe, weil sie eine Erfindung zum Schutz des Familieneigentums darstelle: "Die bürgerliche Ehe ist Sozialismus der verheirateten Frauen." Andererseits rief Engels in "Die Frau und der Sozialismus" (1883) auf zur Befreiung von der Ausbeutung und forderte Gleichberechtigung und Schutz für die Mütter (728).

Im Gegensatz zur Entwicklung in den ersten Jahren nach der bolschewistischen Revolution wandten sich die Sozialisten aber gegen die freie Liebe und die Geburtenbeschränkung. Liebknecht und Bebel nannten die Antikonzeption "schmutzige

Praktiken und widerwärtige Präventivmassnahmen", und Engels sah darin eine Blasphemie gegen die Natur und die Menschheit (729). Dies zeigt, wie sehr die frühen Sozialisten noch im mittelalterlich-christlichen Denken, das sie doch so sehr bekämpften, befangen waren.

B. Die freie Liebe (Revolutionsjahre)

Die Idee der freien Liebe in den ersten chaotischen Jahren der Revolution erschien als Inbegriff der vollen Freiheit. Sexuelle Beziehungen seien ebenso belanglos und einfach, wie ein Glas Wasser herunterzuschlucken (730). Die Kinder wuchsen in Waisenhäusern auf, während die Jugendlichen sich in sog. Kommunen zusammentaten. In der ersten Phase der Geschichte der Ehe, in der die kommunistische Jugend begeistert die sexuelle Freiheit genoss (731), wurde die freie Liebe propagiert. Lenin meinte, "es sei unmöglich, Demokrat und Sozialist zu sein, ohne dass man gleichzeitig die absolute Freiheit der Ehescheidung fordert" (732).

Die erste Phase stellt einen Generalangriff der Revolution auf die alte Familienordnung dar (733), die Marx und Engels als Produkt der feudal-kapitalistischen Weltordnung betrachteten (734), und die deshalb als Institution absterben sollte. Erst 1927 hiess es wieder: "Das Wort Ehe bleibt weiter bestehen und die Ehe bleibt auch weiter die Quelle gewisser Rechte und Verpflichtungen" (735).

C. Registrierte und nichtregistrierte Ehe (1919-1936)

Mit der Trennung von Kirche und Staat wurde auch die obligatorische Zivilehe eingeführt (736) und die kirchlichen Sondergerichte, denen die Judikatur in Ehesachen übertragen war (737), wurden aufgehoben.

Die Familiengesetzbücher von 1918 und 1926 fassten die Ehe als privaten und im Sinne der Privatautonomie freien Vertrag auf (738).

Zwei Eheformen wurden unterschieden: die registrierte und die faktische, nichtregistrierte Ehe, die gleichberechtigt nebeneinander bestanden. Bei der registrierten Ehe mussten sich die Brautleute in das Register auf dem Standesamt einschreiben, was für den Bestand der Ehe beweiskräftig war. Aber daneben war auch die faktische Ehe, die formlos durch das Zusammenleben zustande kam, anerkannt. Bei dieser nichtregistrierten Ehe entschied das Gericht unter freier Beweiswürdigung, ob die Ehe zustandegekommen war (739). Indizien waren die Kohabitation, verbunden mit einem gemeinsamen Haushalt oder der finanziellen Unterstützung, die eine Absicht des Zusammenlebens erkennen liessen. Dieser Beweis des gemeinsamen Lebens genügte für das Gericht, um eine nicht registrierte Ehe anzunehmen (740).

Wie die Eheschliessung, so war auch die Scheidung ein rein formaler Akt vor dem Standesamt, das die Scheidung auf einseitigen Antrag hin registrierte (741). Es genügte die Willensäusserung eines Ehepartners. Scheidungsgründe gab es keine. Die Scheidung war rein privat und aussergerichtlich (742), doch musste bei Widerspruch des einen Ehegatten ein gerichtliches Verfahren stattfinden (743).

Im Gegensatz zu den frühen Sozialisten wurde die Abtreibung durch Gesetz (1920) zugelassen; Chruschtschow wandte sich 1957 wie die Sozialisten - allerdings aus andern Motiven - gegen die bürgerlichen Ideologen, die eine Geburtenbeschränkung fordern: "Je zahlreicher die Geburten, umso mächtiger wird unser Land sein" (744).

D. Aufwertung der Ehe (1936-1944)

Die ursprüngliche Uninteressiertheit der Gesellschaft an Form und Bestand der Ehe (745) wich in der zweiten Periode einer teilweisen Wiederherstellung der alten Ordnung, bedingt durch den moralischen Zerfall des Volkes, der sich in Scheidungs- und Abtreibungsziffern spiegelt (746).

Anfang der 30er Jahre finden wir eine Wiederbelebung der Familie, sei es der chaotischen Zustände wegen oder unter dem Druck des traditionell familienliebenden russischen Volkes (747), jedenfalls setzte sich das "Menschliche gegen das Ideologische" durch und führte zur Anerkennung der Mutter und Ehefrau. Die Abtreibung wurde verboten. Das uneheliche Kind hatte nun einen Unterhaltsanspruch dem Vater gegenüber (748). Die Pravda führte in einem Artikel vom 26.5.1936 aus: "Die sog. freie Liebe und das lockere Sexualleben sind ausgesprochen bourgeois und mit den sozialistischen Moralgrundsätzen unvereinbar!" (749)

Durch Bundesgesetz vom 27.6.1936 (750) wurde die Ehescheidung erschwert, indem die Scheidungsgebühren erhöht wurden und die Scheidung in den Personalausweis eingetragen wurde, was oft das berufliche Weiterkommen erschwerte. Nichtbezahlen von Alimenten zog Strafen nach sich (751).

E. Endgültige Festigung

In der dritten Periode setzten sich die Familienliebe der Russen und die Tradition endgültig durch.

Durch Unionsgesetze bzw. Ukase vom 8.7.1944 (752), 10.11.1944, 14.3.1945 und 15.2.1947 (753) wurde die faktische Ehe abgeschafft und nur noch die registrierte Ehe anerkannt (Ukas vom 8.7.1944, Ziff. 19). Die Scheidung wurde erschwert: Einem Auflösungsbegehren hatte ein Aussöhnungsversuch vorauszugehen, wobei der Scheidungsgrund angegeben werden musste. Die Scheidung wurde nun dem

Gericht übertragen, das die Scheidung erst nach Deponierung von einer Gebühr von 100 Rubeln und nach Scheitern der Vermittlungsversuche aussprechen durfte (Ziff. 24). Die Gleichberechtigung der unehelichen mit den ehelichen Kindern wurde beseitigt, und Vaterschaftsklagen und Klagen auf Alimentenzahlung verboten (754). Anstelle der Unterhaltsleistungen des Vaters wurde eine staatliche Rente ausgesetzt. Ferner galt ein Eheverbot für Sowjetbürger mit Ausländern. Dieses Verbot wurde aber 1953 nach Stalins Tod wieder aufgehoben (755).

Die Ehe wurde nun wieder als lebenslängliches Bündnis und als eine der wesentlichsten Grundlagen der sozialistischen Gesellschaft aufgefasst. Heute wird die Auffassung von Marx und Engels, wonach Ehe und Familie ein Produkt der feudal-kapitalistischen Weltordnung sei, kritisiert. Erst und nur der sozialistische Staat sei in der Lage, die Ehe aus ihrer kapitalistischen Verzerrung zu befreien und sie als wahre auf gegenseitiger Zuneigung beruhende und auf Kinderzeugung gerichtete Lebensgemeinschaft zu erkennen (756). Die Ansicht, dass der Institution der Ehe und Familie als "die kleinste Zelle der Gesellschaft" eine grosse gesellschaftliche Bedeutung zukommt und deshalb durch die staatliche Ehegesetzgebung gefördert und geklärt werden muss, wird heute im sozialistischen Lager allgemein vertreten (757).

III. Die positive Regelung in der Sowjetunion

A. Die Prinzipien

Die Ehefreiheit ist zwar nicht verfassungsrechtlich verankert, da Art. 122 Abs. 2 der Verfassung an und für sich die Gleichberechtigung der Frau zum Inhalt hat, aber daraus wird auch ein Grundrecht zum Schutz der Familie und damit der Ehe abgeleitet (758).

Am 1. Oktober 1968 traten die Grundlagen der Gesetzgebung der UdSSR und der Unionsrepubliken über Ehe und Familie in Kraft (759), die das Ende der dritten Periode und damit eine endgültige Festigung der Ehe und Familie in der Sowjetunion bedeuten. Die nähere Ausgestaltung bleibt den in den einzelnen Republiken zu erlassenden Familiengesetzbüchern überlassen.

In der Präambel der Grundlagen heisst es unter anderem (760): "Die Sorge für die sowjetische Familie, in welcher die gesellschaftlichen und individuellen Interessen der Staatsbürger harmonisch verbunden sind, ist eine der wichtigsten Aufgaben des Sowjetstaates ... Die sowjetische Gesetzgebung über Ehe und Familie ist berufen, zur endgültigen Befreiung des Familienlebens von materiellen Berechnungen, zur Beseitigung der Ueberreste der ungleichen Lage der Frauen im Alltagsleben und zur Heranbildung der kommunistischen Familie aktiv beizutragen, in welcher die tiefgreifendsten individuellen Gefühle der Menschen vollständig befriedigt werden."

Art. 1 der Grundlagen sieht die Aufgabe der sowjetischen Gesetzgebung über Ehe und Familie in der Festigung der Familie, im Aufbau der Familienverhältnisse auf der Grundlage des freiwilligen Ehebündnisses von Frau und Mann, der von materiellen Berechnungen und Ueberlegungen (!) freien Gefühle, der gegenseitigen Liebe, Freundschaft und Achtung aller Mitglieder der Familie, in der Erziehung der Kinder durch die Familie in Verbindung mit der gesellschaftlichen Erziehung, im allseitigen Schutz der Interessen von Mutter und Kind, sowie in der Erziehung des Gefühls der Verantwortung für die Familie.

Die Gleichberechtigung von Mann und Frau (Art. 3), die Freiheit und Freiwilligkeit der Eheschliessung, die Monogamie (761), das Recht auf Scheidung und der Schutz von Mutter und Kind (Art. 5), sind die Prinzipien des sowjetischen Familienrechtes (762).

B. Ehevoraussetzungen und Ehehindernisse

Der Leichtsinn bei der Eheschliessung soll vermieden werden, deshalb schreibt Art. 9 Abs. 4 der Grundlagen vor, dass die Ehe erst nach Ablauf eines Monates seit dem Begehren um Eheschliessung auf dem Standesamt geschlossen werden darf (Verkündung), worin man einen gewissen Ersatz für das dem sowjetischen Recht unbekannte Verlöbnis sehen kann. Die Praxis der Republiken zeigte, dass etwa 10% der Brautleute, die sich angemeldet hatten, nicht zur Registrierung erschienen, weil das Heiratsversprechen offenbar nicht gründlich genug überdacht wurde (763).

Eheliche Rechte und Pflichten entstehen nur durch die unter feierlichen Umständen auf dem Standesamt (ZAGS) registrierte Ehe (Art. 9). Die Registrierung erfolgt im Interesse des Staates und der Gesellschaft und zum Schutz der persönlichen sowie Vermögensrechte und der Interessen der Eheleute und der Kinder.

Die Voraussetzungen zur Eheschliessung sind:
1. Der Konsens der Brautleute (Art. 10 Abs. 1) und die Registrierung der Ehe (Art. 9 Abs. 1). Die faktische Ehe ist nicht mehr möglich.
2. Die Heiratsmündigkeit, die für Mann und Frau bei 18 Jahren liegt, wobei die Gesetzgeber der Unionsrepubliken die Altersgrenze bis auf 16 Jahre herabsetzen können (Art. 10 Abs. 1). So besteht nach der bis zum Inkrafttreten der entsprechenden neuen republikanischen Familiengesetzbücher bestehenden Regelung in der Ukraine, der Moldau und in Armenien ein Heiratsmündigkeitsalter von 16 Jahren (764).

Ehehinderungsgründe sind (Art. 10 Abs. 3):
1. Bigamie,
2. Blutsverwandtschaft in direkter Linie,
3. Das Verwandtschaftsverhältnis der Geschwister und Halbgeschwister,
4. Adoptivverhältnis,

5. Geisteskrankheit und Schwachsinn, die aufgrund einer gerichtlichen Feststellung eheunfähig machen.

Die Ehe kann ungültig erklärt werden, wenn die in Art. 10 genannten Hinderungsgründe nicht beachtet wurden, ferner wenn die Ehe ohne Absicht der Familiengründung erfolgte (sog. fiktive Ehe) (Art. 15).

C. Rechte und Pflichten

Mit dem Abschluss der Ehe entstehen Rechte und Pflichten sowohl für den Mann als auch für die Frau, die völlig gleichberechtigt sind. So sind beide Teile verpflichtet, einander materiell zu unterstützen (Art. 13 Abs. 1) und für die Kinder aufzukommen (Art. 18). Bei Unterlassen der Unterhaltszahlung kann der bedürftige Ehegatte (die Frau auch während der Schwangerschaft und ein Jahr nach der Geburt des Kindes) seinen Unterhaltsanspruch gerichtlich feststellen lassen (Art. 13 Abs. 1).

Die Gleichberechtigung der Frau innerhalb der Ehe zeigt sich auch darin, dass Entscheidungen über Fragen der Familie und der Kindererziehung letztlich gemeinsam getroffen werden müssen und nicht der Wille des Mannes (als Familienoberhaupt) entscheidend ist (Art. 11 Abs. 3). Im Unterschied zur patriarchalischen Regelung der westeuropäischen Staaten, haben in der Sowjetunion beide Ehegatten die Freiheit der Berufsausübung und des Wohnsitzes (Art. 11 Abs. 4). Ein gemeinsamer Haushalt entsteht nur im Einverständnis beider, ebenso kann der Mann seine Frau nicht zwingen, ihm nachzufolgen, d.h. der Mann besitzt nicht das Recht, die eheliche Wohnung zu bestimmen, wie das bei uns der Fall ist (765). Bei der Eheschliessung steht es jedem Ehegatten frei, seinen Familiennamen beizubehalten, oder den Namen des Ehegatten beizufügen (Doppelnamen) (Art. 11). Die Eheschliessung bedingt ferner keine Aenderung in der Staatsangehörigkeit (Art. 31).

Der gesetzliche Güterstand stellt eine Mischung aus Gütergemeinschaft und Gütertrennung dar: Das während der Ehe erworbene Vermögen bildet gemeinsames Eigentum der Eheleute, die das gleiche Recht zum Besitz, zur Nutzung und Verfügung (Art. 12 Abs. 1) haben (Errungenschaftsgemeinschaft). Das von den Eheleuten in die Ehe eingebrachte Vermögen, sowie während der Ehe anfallende Geschenke und Erbschaften bleiben im Eigentum des betreffenden Ehegatten (Gütertrennung) (Art. 12 Abs. 4) (766).

D. Scheidung

Zur Freiheit der Ehe gehört auch die Möglichkeit, unter bestimmten Voraussetzungen eine Ehe, die als Vertrag aufgefasst wird, aufzulösen. Wenn die Familie zerfällt, soll die Ehe nicht mehr aufrechterhalten werden. Eine solche Ehe wird durch das weitere Zusammenleben nicht besser (767). Deshalb wurde die Scheidung im Vergleich zu früher erschwert, andererseits aber vereinfacht.

Früher war die Scheidung ausschliesslich Angelegenheit der Gerichte. Nun ist eine Konventionalscheidung (d.h. mit Einverständnis beider Ehegatten) möglich: Die Ehe kann auf dem Standesamt geschieden werden (Administrativscheidung) (Art. 14 Abs. 7 und 8), Voraussetzung ist jedoch, dass keine minderjährigen Kinder vorhanden sind und - wie erwähnt - der Konsens der Ehegatten vorliegt.

Tadesvosjan wirft die Frage auf (768), ob eine solche Vereinfachung des Scheidungsverfahrens nicht zu einer leichtsinnigen Lösung der Ehe führe. Die Scheidungsurkunde wird jedoch erst drei Monate nach der Unterbreitung des gemeinsamen Scheidungsbegehrens ausgestellt (Art. 14).

Im übrigen kann eine Ehe auf ein- oder beidseitiges Begehren hin nur nach vorangegangenem Versöhnungsversuch durch das Gericht, nach den Regeln des Zivilprozesses geschieden werden (gerichtliche Scheidung), wenn das Gericht feststellt, "dass das weitere Zusammenleben der Eheleute und die Aufrechterhaltung der Familie unmöglich wurde" (Art. 14).

Das sowjetische Recht kennt keine speziellen Scheidungsgründe, mit Ausnahme der Geisteskrankheit und der Verurteilung eines Ehepartners zu einer Freiheitsstrafe von mindestens drei Jahren (Art. 14), aber die Grundlagen und die Gerichtspraxis legen den Urteilen das Zerrüttungsprinzip zugrunde (769): "Das Gericht scheidet eine Ehe, wenn es aufgrund des konkreten Sachverhaltes zu der Ueberzeugung gelangt, dass die Scheidungsklage aus wohlbedachten und triftigen Gründen erhoben ist und eine Aufrechterhaltung der Ehe gegen die Grundsätze der kommunistischen Moral verstossen und keine Grundlage für ein normales Zusammenleben und die Erziehung der Kinder bilden würde" (770).

Im Gegensatz zu den westlichen Ländern, wo im Zivilprozess die Verhandlungsmaxime gilt, beherrscht die Inquisitionsmaxime den sowjetischen Zivil- und somit auch den Ehescheidungsprozess (771). Das Verfahren im Scheidungsprozess ähnelt somit demjenigen der westeuropäischen Staaten, die um der materiellen Wahrheit willen und im öffentlichen Interesse, die Verhandlungsmaxime zugunsten der Offizialmaxime durchbrechen. Trotz gegebener objektiver Zerrüttung ist das Scheidungsurteil zu versagen, wenn dadurch das Wohl der Kinder in seelischer oder erzieherischer Hinsicht erheblich benachteiligt würde.

Erschwert wird die gerichtliche Scheidung insofern, als der Ehemann kein Recht hat, während der Schwangerschaft und während eines Jahres nach der Geburt des Kindes ohne Einverständnis der Frau die Scheidung zu beantragen (Art. 14 Abs. 5). Dies bedeutet einen weitgehenden Schutz der Ehefrau.

E. Unehelichenrecht

Das umstrittene Problem der unehelichen Kinder wird in den Grundlagen neu gelöst.

Vor 1968 hatten die ausserehelich geborenen Kinder keine Rechte gegenüber ihrem Erzeuger, selbst die Feststellung der Vaterschaft und die freiwillige Anerkennung waren nicht möglich ("la recherche de la paternité est interdite!") (772). Die Mutter hatte die Wahl, das Kind in ein staatliches Heim zu geben oder eine Rente bis zum 12. Lebensjahr des Kindes zu beziehen.

Die Rechte des Kindes entstehen nun mit der Registrierung der Ehe (legitimatio per subsequens matrimonium) (Art. 16). Vater und Mutter eines unehelichen Kindes können auf dem Standesamt eine gemeinsame Erklärung über die Vaterschaft abgeben (freiwillige Anerkennung). Falls der Vater sich weigert, eine Erklärung abzugeben, kann die Mutter mit einer Vaterschaftsklage an das Gericht gelangen (gerichtliche Zusprechung) (Art. 16). Das Gericht berücksichtigt bei der Feststellung folgende Umstände: Das Zusammenleben mit der Mutter oder die gemeinsame Erziehung bzw. den Unterhalt des Kindes (Art. 16). Der Gesetzgeber missbilligt also leichtsinnige Beziehungen.

Die aufgrund einer gemeinsamen Erklärung der Eltern oder eines Gerichtsentscheides anerkannten ausserehelichen Kinder geniessen die gleichen Rechte wie die ehelichen Kinder (Art. 16). Die Gleichstellung der unehelichen Kinder besteht sowohl in materieller als auch in juristischer Hinsicht. Der sog. "Strich" in der Geburtsmatrikel des ausserehelichen Kindes wurde beseitigt. Auch erbrechtlich sind die unehelichen mit den ehelichen Kindern völlig gleichgestellt (Art. 16). Es sei erwähnt, dass z.B. nach dem schweizerischen ZGB (Art. 461 Abs. 2) ein aussereheliches Kind mit dem Vater nur als verwandt angesehen wird, wenn es der Vater freiwillig anerkennt oder durch Urteil dem Vater mit Standesfolge zugesprochen wurde. Bei Konkurrenz mit ehelichen Nachkommen des Vaters erbt aber das Kind auch in diesem Falle nur die Hälfte (Halbe Hand) (Abs. 3). Praktisch sind Vater und Kind nur durch den Alimentationsanspruch verbunden, was eine krasse Benachteiligung der ausserehelichen Kinder bedeutet.

F. Beschränkungen der Ehefreiheit

1. Beschränkt wird das Eherecht durch die gesetzlichen Ehehinderungsgründe (vgl. unter Ehevoraussetzungen).
2. Ein besonderes Gewaltverhältnis bewirkt nicht die Einschränkung der Ehefreiheit. Es ist auch einem Strafgefangenen erlaubt, vom Recht eine Ehe einzugehen, Gebrauch zu machen. Den ledigen Gefangenen wird erlaubt, sexuelle Beziehungen zu einer Frau zu unterhalten, allerdings unter der (erniedrigenden) Voraussetzung, dass sich die betreffende Frau mit einem Dokument über ihre Beziehungen

vor der Einlieferung des Delinquenten in das Straflager ausweist (773).
3. Die Ausübung der Ehefreiheit kann durch die Beschränkung eines andern Grundrechtes, nämlich der Freizügigkeit, praktisch illusorisch gemacht werden; da aber im sowjetischen Familienrecht ein gemeinsamer Wohnsitz oder Haushalt nicht zwingend vorgeschrieben ist, scheint diese mögliche Beschränkung keine grosse Bedeutung zu haben.

IV. Das Eherecht in den Volksdemokratien

Aus den volksdemokratischen Regelungen, die im allgemeinen dem sowjetischen Vorbild folgen, seien zwei Beispiele herausgegriffen.

A. DDR

Die ostdeutsche Regelung ist im allgemeinen ähnlich wie die sowjetische. Das Recht zur Ehe ist in der Verfassung verankert (Art. 38). "Die Familie ist die kleinste Zelle der Gesellschaft. Sie beruht auf der für das Leben geschlossenen Ehe und auf den besonders engen Bindungen, die sich aus den Gefühlsbeziehungen zwischen Mann und Frau und den Beziehungen gegenseitiger Liebe, Achtung und gegenseitigen Vertrauens zwischen allen Familienmitgliedern ergeben", heisst es in der Präambel zum Familiengesetzbuch (774).

Aus Art. 38 Abs. 3 der Verfassung wird die Gleichberechtigung und das Verbot der Diskriminierung der ausserehelichen Kinder abgeleitet (775). Das neue Familiengesetzbuch vom 20.12.1965 hat den Begriff "ausserehelich" aufgegeben, um die ausserhalb der Ehe geborenen Kinder rechtlich und gesellschaftlich gleichzustellen.

In Anlehnung an das sowjetische Vorbild, prüfen auch die DDR-Gerichte bei der Scheidung, ob die Ehe für die Eheleute, die Kinder und nicht zuletzt für die Gesellschaft noch einen Sinn habe, wobei auch die unzumutbaren Härten für den andern Teil und das Wohl der Kinder nicht entgegenstehen dürfen (776). Auch hier fehlen spezielle Ehescheidungsgründe. Der allgemeine Zerrüttungsgrund wird aber oft missbraucht und eine Ehe auch bei politischen Differenzen, Zonenflucht usw. geschieden, da nach ostdeutscher Auffassung eine Ehe niemals zum Hemmschuh in der gesellschaftlichen Weiterentwicklung der Eheleute werden darf, denn die Ehe hat auch (oder hier gerade) gesellschaftliche Ziele und Ideale zu fördern und ist nicht nur eine individuelle Angelgenheit der Eheleute. Eine zerrüttete Familie beeinträchtigt die Arbeitsleistung des Bürgers, deshalb hat der Staat an der Scheidung ein Interesse (777).

B. Jugoslawien

Das jugoslawische Eherecht weicht in den Grundzügen nicht von demjenigen der UdSSR ab, doch weist das Scheidungsrecht einige Besonderheiten auf (778).

Das jugoslawische Ehegesetz kennt einen allgemeinen und besondere Scheidungsgründe. Der allgemeine (Zerrüttungs-) tatbestand wird in Art. 56 wie folgt formuliert: "Falls infolge der Unvereinbarkeit der Persönlichkeiten, fortgesetzter Uneinigkeit, unversöhnlicher Feindseligkeit oder irgend eines andern Grundes, die ehelichen Beziehungen derart sind, dass ein Zusammenleben untragbar ist, kann jeder Ehegatte die Scheidung verlangen."

Die speziellen Scheidungsgründe sind: Ehebruch, Nachstellung nach dem Leben des Ehegatten, physische und psychische Grausamkeit, unheilbare Geisteskrankheit, Verlassung, Abwesenheit und besondere Delikte (vor allem Staatsdelikte).

V. Zusammenfassung

Gerade auf dem Gebiet der Ehefreiheit zeigt sich die wechselvolle Taktik des Kommunismus. Obwohl bisher niemand nachgewiesen hat, dass mit einer freien Geschlechtsmoral, d.h. mit der Auflösung der Ehe und Familie und der Propagierung der freien Liebe die bestehende Gesellschaftsordnung zerstört würde (779), zeigt doch das sowjetische Experiment, dass die Auflösung der Familie gewisse negative Auswirkungen zeitigte. Wenn Marx und Engels die Auflösung der Familie als der ökonomischen und erzieherischen Einheit forderten, weil ihnen die Familie als ein Mittel, das Privateigentum an den Produktionsmitteln aufrechtzuerhalten, erschien, so hat man in der UdSSR andere Mittel gefunden, das Privateigentum auszuschalten, ohne zum radikalen Mittel der Familienauflösung greifen zu müssen.

"Man kann kein Demokrat und Sozialist sein, wenn man heute nicht die vollständige Freiheit der Scheidung verlangt, denn die Ablehnung dieser Freiheit ist die Unterdrückung der unterjochten Geschlechter der Frauen" (780); "Das Recht auf Scheidung wie ausnahmslos alle demokratischen Freiheiten, ist im Kapitalismus schwer zu verwirklichen" (781). Diese Aussprüche Lenins kennzeichnen die erste Phase der sowjetischen Ehepolitik, die noch im Banne der Idee der freien Liebe stand, die nach Marx und Engels erforderte, dass eine Verbindung von Mann und Frau als gleichberechtigte Partner auf gegenseitiger Zuneigung beruhe, dass sie frei eingegangen und frei eingehalten werde (782). Freie Liebe bedeutet an und für sich die grösste "Ehe"freiheit in einem weitern Sinne, da aber in diesem Falle die Institutsgarantie wegfällt, entfällt auch der Schutz von Mutter und Kind, und ohne gesetzlichen Zwang werden die Verpflichtungen, die sich aus dem Zusammenleben ergeben, offenbar nicht erfüllt, so wie Marx und Engels glaubten. Deshalb zeigt die zweite Phase des sowjetischen Eherechtes Ansätze zu einer Erschwerung der Ehescheidung und bald pries schon Volffson die Familie als sozialistische Form des Heimes (783).

So entwickelte sich das Eherecht von der anfänglich propagierten freien Liebe bis zur endgültigen Festigung der Ehe und Familie, die nun prinzipiell für das Leben geschlossen resp. begründet wird.

Die letzte Entwicklung, die vorläufig mit dem Erlass der Grundlagen über die Ehe von 1968 zum Abschluss gekommen ist, zeigt eine den ersten Jahren der kommunistischen Herrschaft in Russland entgegengesetzte Tendenz: Das Normale, Uebliche ist nun die Ehe, die gefördert wird, wogegen die Ehescheidung als etwas Ausserordentliches angesehen wird.

Zusammenfassend lässt sich sagen, dass die Ehefreiheit, d.h. das Recht, sowohl eine Ehe frei einzugehen, als auch die Ehe aufzulösen, gewährleistet ist.

Die positive Regelung stellt eine gerechte Interessenabwägung dar und schützt nicht zuletzt vor allem die Interessen der Frau, indem die Scheidungsfreiheit einerseits beschränkt wird: Die ordentliche Scheidungsklage muss beim Gericht erfolgen, das nach dem Zerrüttungsprinzip entscheidet, ob die Fortsetzung der Ehe subjektiv und objektiv zumutbar ist. Der Ehemann kann nicht auf Scheidung klagen, wenn die Frau schwanger ist oder während eines Jahres nach der Geburt des Kindes. Andererseits wird die Scheidung erleichtert (Administrativscheidung) vorausgesetzt, dass beide Ehegatten einverstanden sind (Konsens) und die Gesellschaft kein Interesse an der Aufrechterhaltung der Ehe hat (keine minderjährigen Kinder): Eine Ehe, die leichtsinnig eingegangen wurde, oder deren Grundlagen zerstört sind und im Einverständnis beider Ehepartner aufgelöst werden kann, wird so nicht durch Gesetz zwangsweise zusammengehalten.

So haben sich im positiven Recht die konservative traditionsreiche Familienliebe der Russen mit modernen Auffassungen von Ehe und Scheidung verbunden. Die Entwicklung zeigt, dass unter dem Druck der gesunden Volksauffassung die Einsicht sich durchgesetzt hat, dass die Freiheit von Ehe und Familie ein schützenswertes Rechtsgut, ein Grundrecht ist, das nun aus der Verfassung hergeleitet wird.

§ 12 FREIZUEGIGKEIT

I. Die Freizügigkeit im engern Sinn

A. Begriff und Entwicklungstendenz

Art. 13 Abs. 1 der Menschenrechtskonvention der UN erklärt das Recht auf Freizügigkeit und damit auf die freie Wahl des Wohnsitzes und des Aufenthaltsortes innerhalb eines Staates als Menschenrecht. Ebenso soll der Mensch das Recht haben, ein Land, selbst das eigene, zu verlassen oder in sein Land zurückzukehren (Abs. 2).

Der indische Delegierte wies darauf hin, dass die Verletzung dieses Rechtes auch andere Grundrechte in Mitleidenschaft ziehe: Die Freiheit der Rede, die Versammlungsfreiheit und die Menschenrechte überhaupt würden illusorisch, falls das Recht auf Freizügigkeit nicht garantiert werde (784).

Wenden wir uns zuerst dem Recht auf Freizügigkeit im engern Sinn zu.

Unter Freizügigkeit verstehen wir das Recht des Bürgers, sich an einem beliebigen Ort innerhalb des Staatsterritoriums aufzuhalten oder sich dort dauernd niederzulassen, sofern er die gesetzlichen Erfordernisse erfüllt.

Die schweizerische BV gewährt dieses Recht (Niederlassungsfreiheit) in Art. 45 jedem Bürger, sofern er die in der Verfassung aufgestellten Bedingungen erfüllt (785). Anders als in den sozialistischen Ländern, ist die Freizügigkeit in einem liberalen Staat Grundbedingung für die Marktwirtschaft, denn ohne Freizügigkeit wäre eine Handels- und Gewerbefreiheit kaum denkbar.

Unter den sozialistischen Verfassungen gibt es nur eine einzige - abgesehen von der jetzt ausser Kraft stehenden tschechoslowakischen Verfassung von 1948 (§ 7) - die die Freizügigkeit erwähnt: diejenige der DDR (Art. 32). Die Entwicklung tendiert aber auch hier auf Abschaffung dieses Rechts, wie wir es am Beispiel der ČSSR ersehen können, dessen erste Verfassung die Freizügigkeit unter Vorbehalt des "öffentlichen Interesses" garantierte; das zweite Grundgesetz von 1960 aber enthält keinen Hinweis mehr auf dieses grundlegende Menschenrecht.

Art. 32 der neuen DDR-Verfassung gewährt das Recht auf Freizügigkeit ausdrücklich nur innerhalb der Staatsgrenzen im Rahmen der Gesetze. Ueber die Auswanderungsfreiheit, die in der alten Verfassung genannt wurde, schweigt sie sich aus (786). Die Beschränkungen der Freizügigkeit innerhalb des Staatsgebietes der DDR sind aber gleich wie in den andern Ländern der Volksdemokratie (787).

Das Recht auf Freizügigkeit gehört zu den in der sowjetischen Verfassung nicht erwähnten Grundrechten, aber in den Grundlagen ZGG der Union und der Republiken vom 8.12.1961 (Art. 9) und in dem im Anschluss daran erlassenen neuen ZGB der RSFSR vom 11.6.1964 (788) wird im Kapitel über die Rechtsfähigkeit das Recht des Bürgers, den Wohnsitz zu wählen, garantiert (Art. 10). Den Grund, warum die Freizügigkeit nicht in die Verfassung aufgenommen wurde, sieht Maurach darin (789), dass dieses Grundrecht praktisch durch die Einführung des Passsystems aufgehoben oder doch in nuce angetastet wurde.

B. Beschränkungen der Freizügigkeit im engern Sinn

Beschränkt oder ganz aufgehoben wird das Recht der Freizügigkeit durch direkte oder indirekte Massnahmen.

1. Indirekte Massnahmen

Unter den indirekten Massnahmen sind vor allem die Erschwerung des Arbeitsplatzwechsels, resp. der Kündigung seitens des Arbeitnehmers (790) und die prekären Wohnverhältnisse (791) in den Ostblockländern zu nennen. Durch die öffentliche Wohnwirtschaft und die Zuteilung der Wohnungen wird die Ausübung des Grundrechts in der Praxis stark erschwert.

2. Direkte Massnahmen

a) Das russische Passsystem

In der Sowjetunion wurde die Bewegungsfreiheit beschränkt oder gar verunmöglicht durch die Einführung des Passsystems (792). Das Dekret von 1932 sprach das Wohnrecht in den Grossstädten und deren Umgebung den "Nichtwerktätigen" ab. Bürger, die das 16. Altersjahr vollendet haben, und in Städten, städtischen Siedlungen, Bezirksstädten sowie in bestimmten Landesbezirken des Leningrader bzw. Moskauer Gebietes wohnen, müssen sich mit einem gültigen Passport legitimieren können. Nur der Inhaber eines Passes geniesst das Recht auf Freizügigkeit (mit Ausnahme der Verbotszonen Mittelasiens und der Grenzgebiete) (793). Bürger ohne Pass, das ist meist die Landbevölkerung (Kolchosbauern), bedürfen bei Verlegung des Wohnsitzes in städtische Siedlungen und Grossstädte einer administrativen Genehmigung (794).

Diese, vor allem im Hinblick auf den Kampf gegen die Landflucht bestehenden Einschränkungen machen es für den Grossteil der Bevölkerung fast unmöglich, den Wohnsitz frei zu wählen (795).

Die Freizügigkeit, die durch das Passsystem von 1932 erheblich beschränkt wurde (796), verliert noch mehr an Wert, weil Pässe nicht an jedermann, der die gesetzlichen Erfordernisse erfüllt, erteilt werden: Die Passerteilung ist vom Gutdünken der Polizeibehörden abhängig, wobei auch die Staatssicherheitspolizei eingeschaltet wird (797).

Die Sanktionen gegen passlose Leute lassen sich am besten am Beispiel der Zigeuner, einem Volk von absoluter Ungebundenheit, die die Freizügigkeit uneingeschränkt für sich in Anspruch nehmen wollen, aufzeigen: Sie werden durch Gerichtsbeschluss als Schmarotzer bestraft (798) und bis zu 5 Jahren Verbannung verurteilt, wenn sie sich weigern, ihre nomadenhafte Lebensweise aufzugeben (799).

Nach Stalins Tod wurden die Passbestimmungen nicht mehr so rigoros gehandhabt, und heute kann man Kritik an dem System des Passports, der eine Art Personalausweis darstellt, lesen. Es bleibt zu hoffen, dass das, auf zaristischer Grundlage beruhende, Passsystem verschwinden wird, und dem russischen Bauern endlich die Bewegungsfreiheit zuerkannt wird, die Lenin schon vor der Oktoberrevolution forderte (800).

Ausländer geniessen in der Sowjetunion im allgemeinen das Recht auf Freizügigkeit, wie auch alle andern Grundrechte, die dem Sowjetbürger zukommen (801), sofern die Sowjetbürger die gleichen Rechte im betreffenden ausländischen Staat geniessen (Prinzip der Gegenseitigkeit). Ausnahmen können durch den Gesetzgeber vorgesehen werden, wenn die ausländischen Staaten entsprechende Beschränkungen der Grundrechte für sowjetische Staatsangehörige vorsehen (802).

b) Verbot der Niederlassung in gewissen Ortschaften der Volksdemokratien

Die Niederlassung in den Industriezentren und Grossstädten ist nur mit einer speziellen befristeten Erlaubnis (provisorische Aufenthaltsbewilligung) möglich. Die polizeiliche Anmeldung erfordert eine Niederlassungsbewilligung, die vom örtlichen Rat erteilt wird, sonst wird der Bürger nach Ablauf der provisorischen Aufenthaltsbewilligung polizeilich ausgewiesen. Die Niederlassung wird andererseits nur gewährt, wenn der Bewerber eine Arbeitsstelle nachweisen kann.

Diese Rechtsnormen wurden nicht zuletzt erlassen, um der Landflucht und der Fluktuation der Arbeitskräfte vorzubeugen (803). Dem Zustrom der Landbevölkerung in die Grossstädte konnte aber trotzdem nicht Einhalt geboten werden, deshalb greift man nun zur Massnahme der Dezentralisation (Deglomeration) der Industrie (804).

In Warschau sind die Bedingungen für die polizeiliche Anmeldung noch erschwert: Der Bewerber muss nachweisen, dass er während mindestens 5 Jahren in Warschau gearbeitet hat und eine Wohnung besitzt (805). Dabei gibt es bevorzugte Berufe, die aufgrund einer jährlich vom Stadtrat zusammengestellten Liste ermittelt werden (806).

Die Handhabung der Aufenthalts- und Niederlassungsbewilligungen kann es mit sich bringen, dass sogar Eheleute nicht zusammenleben können, weil die Frau, die ausserhalb der Hauptstadt lebt, umsonst versucht, eine Bewilligung zur polizeilichen Anmeldung zu erhalten, um mit ihrem Mann leben zu können (807).

Auch in der DDR wird die verfassungsrechtliche Freizügigkeit durch Gesetz beschränkt, um "den Zuzug in bestimmte Orte, besonders in Grossstädte, zu beschränken, damit die Bevölkerungsdichte dort gesteuert und Störungen der öffentlichen Ordnung sowie unhygienischen, gesundheitsschädlichen Wohnverhältnissen vorgebeugt wird" (808).

c) Grenzzonen und Grenzstreifen

Eine weit empfindlichere Beschränkung der Freizügigkeit bedeuten die Grenzzonen und Grenzstreifen, die es in allen sozialistischen Ländern gibt und die nur mit spezieller Erlaubnis betreten werden dürfen.

Die DDR-Verfassung, die in Art. 32 die Freizügigkeit im Rahmen der Gesetze gewährleistet, sieht den Grund für die Beschränkung des Grundrechtes durch Schaffung von Grenzzonen darin, "die Sicherheit der Staatsgrenze zu gewährleisten, besonders angesichts der aggressiven Politik des westdeutschen Staates, die mit fortwährenden Grenzprovokationen verbunden ist" (809).

Grenzzonen (pas graniczny, határövezet) sind spezielle Gebiete, die einer besonderen Verwaltungsordnung unterstellt sind und deren Tiefe verschieden ist, je nachdem, ob das Grenzland ein kapitalistisches oder ein "befreundetes" Land ist. In Polen beträgt z.B. die Zone etwa 30 km entlang der Grenze.

Eine ständige Aufenthaltsbewilligung für die Grenzzone wird nur an Personen erteilt, die ihren Wohnsitz oder ihren Arbeitsplatz in der Zone haben. Eine befristete Bewilligung kann an solche Personen erteilt werden, die persönlicher oder dienstlicher Angelgenheiten wegen sich in die Grenzzone begeben müssen (810). Solche Bewilligungen müssen alle Personen haben, die das 14. Altersjahr vollendet haben. Die kompetente Behörde, die den Ausweis ausstellt, ist die Kreis- oder Komitatspolizeikommandantur.

Die oben erwähnten Bewilligungen berechtigen indes nicht zum Aufenthalt in der Grenzstreife. Die Aufenthaltsbedingungen sind hier noch strenger.

Die Grenzstreife ist ein schmaler Streifen entlang der Grenze. Obwohl Polen nur "befreundete" Nachbarländer hat, besitzt es eine Grenzstreife von 2-6 km Tiefe (strefa nadgraniczna). In Ungarn erfolgt die Kontrolle der polizeilichen

Erlaubnis für den Aufenthalt in der Grenzzone (határövezet) und in der Grenzstreife (határsáv) gegenüber Oesterreich im Zug oder auf der Strasse (811).

Es ist verboten, eine fremde Person in der Grenzzone oder Grenzstreife zu beherbergen (dies gilt sowohl für Hotels als auch für Privatpersonen), die keine Aufenthaltsbewilligung vorweisen können. Zuwiderhandlungen werden bestraft. Jede Person, die unerwünscht ist, kann aus diesen Zonen ausgewiesen werden (812). Ständiger Wohnsitz in diesen Zonen erfordert eine Erlaubnis der Abteilung für innere Angelegenheiten des zuständigen Kreisrates.

In der DDR besteht eine Sperrzone von 5 km zwischen Lübeck und Hof, die die Freizügigkeit innerhalb des Landes beschränkt (813). Früher konnten hier die Gerichte, ohne dass ein bestimmter Straftatbestand vorlag, auf Aufenthaltsbeschränkung erkennen, "wenn die Fernhaltung der Person von bestimmten Orten und Gebieten im Interesse der Allgemeinheit ist oder eines einzelnen geboten oder die öffentliche Sicherheit und Ordnung bedroht ist" (814). Diese Massnahme kann nun in der DDR nach dem neuen StGB vom 12.1.1968 nur noch als Zusatzstrafe ausgesprochen werden (815).

II. Die Ausreise- und Auswanderungsfreiheit

Dem Recht der Freizügigkeit ist auch das Recht der Auswanderung immanent (816), d.h. sowohl das Recht, die Grenze nur vorübergehend zu überschreiten, als auch das Land für immer zu verlassen.

Als einzige Verfassung garantierte die ostdeutsche nicht nur die Freizügigkeit im engern Sinn, sondern sogar die Auswanderungsfreiheit (817): "Jeder Bürger ist berechtigt auszuwandern." Der entsprechende Artikel der Verfassung von 1968 (Art. 32), erwähnt die Auswanderungsfreiheit nicht mehr, da nach ostdeutscher Auffassung die Freizügigkeit nur innerhalb der Staatsgrenzen geschützt wird, und das Betreten und Verlassen des Staatsgebietes nicht unter den Begriff Freizügigkeit fällt. Die Ein- und Ausreise wird durch ein besonderes Passgesetz geregelt (818).

Beschränkungen der Ausreise- und Auswanderungsfreiheit

Die Ausreise bzw. Auswanderung unterliegt noch weitgehenderen Beschränkungen als die Freizügigkeit innerhalb des Staatsterritoriums.

1. Unter den sozialistischen Ländern garantieren nur Polen (Gesetz vom 17.6. 1959, Art. 4 Abs. 1) und Ungarn (GV Nr. 4/1970) (819) das Recht des Bürgers auf einen Pass. Die Passorgane sind aber berechtigt, von diesem Grundsatz abzuweichen. Die Klausel, die eine Verweigerung des Passes gestattet, ist in Polen so allgemein gehalten ("Interesse der Gesellschaft", "Staatssicherheit"), dass die Verweigerung praktisch ohne triftigen Grund, d.h. willkürlich erfolgen kann. So wird im Gegensatz zu Art. 4 Abs. 1 des genannten Gesetzes die Passerteilung zu einem diskretionalen Recht der Polizei (820).

Es gibt verschiedene Arten von polnischen Pässen:
1. Der Privatpass, gültig für ein Jahr, eine Verlängerung bis auf höchstens 5 Jahre ist möglich. 2. Der Kollektivpass für 3-50 Personen, 3 Monate gültig, ohne Verlängerungsmöglichkeit. 3. Die Dienstpässe, die wiederum unterteilt sind in a) Ministerialpässe, die ausschliesslich für Beamte der Zentralbehörden oder für offizielle Delegierte an ausländischen Konferenzen bis auf 2 Jahre mit Verlängerungsmöglichkeit bis auf 5 Jahre, ausgestellt werden und b) Dienstpässe für Dienstreisende mit einer Gültigkeitsdauer von maximal einem Jahr. Das Gesetz schreibt vor, dass die Reisedokumente binnen 7 Tagen nach der Rückkehr vom Ausland der ausstellenden Behörde abzuliefern sind (821).
2. In Ungarn wurde die Passerteilung durch die Passverordnung Nr. 1/1961 des Innenministeriums (822) liberalisiert; die Freizügigkeit wurde aber dennoch nicht zu einem subjektiven Recht des Bürgers.

Erst in diesem Jahr (1970) erfolgte eine gesetzliche Neuregelung und vollständige Kodifizierung in Bezug auf die Passerteilung durch GV Nr. 4/1970, VO Nr. 4/1970 und AusführungsVO Nr. 2/1970 (VO des Innenministers). Die GV Nr. 4/1970 stellt die Regel auf, dass "jeder ungarische Bürger das Recht hat, einen Pass zu erhalten und ins Ausland zu reisen, unter der Voraussetzung, dass er die in den Rechtsnormen aufgestellten Bedingungen erfüllt" (§ 3 Abs. 1).

Diese Formulierung lässt vermuten, dass in Ungarn die Passerteilung nun zu einem neuen subjektiven Recht ausgestaltet wird. De lege ferenda wird es von Interesse sein, ob das Recht auf die Freizügigkeit seinen Platz in der neuen ungarischen Verfassung, die Ende 1970 oder zu Beginn des Jahres 1971 zur Annahme vorgelegt werden soll, finden wird. Die noch in Kraft stehende Verfassung von 1949 kennt das Recht auf Freizügigkeit und die Auswanderungsfreiheit nicht.

Privatpässe, die vom Innenministerium ausgestellt werden, sind 5 Jahre gültig (früher 1 Jahr) (§ 1 Abs. 1 GV). Der Inhaber eines gültigen Passes muss zudem eine Ausreisegenehmigung beantragen, die Auskunft über Zweck und Dauer der Reise gibt (§ 1 Abs. 4). Diese zusätzliche (früher schon erforderliche) Ausreisebewilligung ("ablak") kann in praxi den subjektiven Charakter des in der GV ausgesprochenen Rechts stark beschränken. Die Zukunft wird zeigen, ob die Passerteilung dadurch immer noch ein diskretionales Recht des Innenministeriums ist, umsomehr als der Antragsteller zur Passerteilung ein curriculum vitae und eine Empfehlung seines Arbeitgebers beifügen muss (Ausf. VO § 3 Abs. 4-5). Eine weitere Einschränkung erfolgt dadurch, dass der Inhaber eines Touristenpasses dem Gesuch eine Devisenerklärung der Ungarischen Nationalbank beifügen muss, wobei für Reisen ins westliche Ausland pro Person nur 100 Dollar bewilligt werden (§ 9 Abs. 1b-d).

Die Ausstellung eines Passes wird denjenigen Personen verweigert: a) deren Aufenthalt im Ausland die Sicherheit der Republik gefährdet; b) die Institutionen oder Personen, die sich gegenüber den sozialistischen Staaten feindlich verhalten, besuchen wollen; c) gegen die ein Strafverfahren hängig ist oder die eine Strafe verbüssen; d) die unter polizeilicher Ueberwachung stehen oder von ihrem Wohnort verbannt sind; e) die Personen mit illegalem Auslandsaufenthalt besuchen wollen oder deren Verwandte sich illegal im Ausland aufhalten; f) und die nicht über die nötigen finanziellen Mittel verfügen, um eine Reise zu finanzieren (GV § 3 Abs. 1).

Durch eine extensive Auslegung dieser Bestimmungen kann das (nun) subjektive Recht des Bürgers auf den Pass praktisch auch in Ungarn in das Ermessen des Innenministers gelegt werden.

3. In der DDR benötigt man für jeden Grenzübertritt einen Pass mit eingetragenem Visum (823). Die Grenze darf nur an den hiezu vorgesehenen Grenzübergängen überschritten werden (824). Auch für Reisen in die BRD braucht es Personalbescheinigungen. Es gibt aber keine gesetzlichen Bestimmungen, die besagen, welche Voraussetzungen erfüllt sein müssen, damit eine Reise in die BRD bewilligt wird (825). Je nach der Politik der SED wechselt die Genehmigungspraxis. Einen subjektiven Anspruch auf freie Reise in die BRD könne der Bürger, so heisst es, erst in einem "einheitlichen sozialistischen Deutschland" geltend machen (826).

Zum Betreten von Westberlin brauchen Ostdeutsche nach Errichtung der Sperrmauer von 1961 eine Genehmigung der Volkspolizei. Auch für Westberliner besteht Passierscheinpflicht für den Sowjetsektor.

Rentner von 60 bzw. 65 Jahren können bis zu 4 Wochen pro Jahr in die BRD reisen, bei schwerer Erkrankung der Verwandten ist eine 2. Reise möglich. Für bestimmte Personengruppen ist die Reise in die BRD oder in Nato-Länder prinzipiell untersagt: so dürfen Angestellte des öffentlichen Dienstes seit 1950 den Berliner Westsektor nicht mehr betreten. Seit 1957/58 dürfen diese Angestellten, ferner Schüler und Studenten, keine Privatreisen mehr in die BRD unternehmen.

Zu der willkürlichen Behandlung der Genehmigungen kam 1952 noch die Abriegelung der Zonengrenze und 1961 die Errichtung der Sperrmauer. Obwohl zunächst keine Strafbestimmungen aufgestellt wurden, um die Bürger zu erfassen, die versuchten, die Grenze illegal zu überschreiten, wurden sie aufgrund von Art. 6 der alten Verfassung (Boykotthetze) (827) verurteilt. Aus Art. 6 wurde sogar gefolgert, dass auch Vorbereitungshandlungen strafbar seien. Eine Sanktion brachte erst das Passgesetz von 1957, das das Ueberschreiten der Grenze mit 3 Jahren Gefängnis bestraft. Nach diesem Passgesetz ist bloss der Versuch der Flucht strafbar (§ 8 Abs. 3), aber auch Fluchtvorbereitungen werden häufig erfasst, da diese als Versuch angesehen werden, ohne dass man sich im Urteil mit der Frage auseinandersetzt, wo die straflose Vorbereitungshandlung aufhört und der strafbare Versuch als Anfang der Tatausführung beginnt. Der Kreis der Vorbereitungshandlungen wird weit gezogen: So können Geldabheben, verdächtige Sendungen, Erschleichen von Genehmigungen als Versuch strafbar sein.

4. In der Sowjetunion, die geschlossene Grenzen hat, gibt es kein Recht auf Ausreise oder Auswanderung. Dieses Prinzip wird nur ausnahmsweise und nur zugunsten eines begrenzten Personenkreises im Hinblick auf Auslandreisen durchbrochen (828). Die Zahl der bewilligten Auslandreisen wird in Polen, Ungarn und der ČSSR jährlich mitgeteilt, in der UdSSR niemals, deshalb ist es schwierig, sich über den sowjetischen Touristenverkehr ein Bild zu machen.

5. Auch in der ČSSR wurde der gesetzliche Anspruch auf einen Pass (unter Vorbehalt des Staatsinteresses) (829), durch die Administrativbehörden, die über die Erteilung zu entscheiden hatten und einen Antrag ohne Begründung ablehnen konnten, zu einem diskretionalen Recht gemacht.

Das Aktionsprogramm der KPČ von 1968, das den staatsbürgerlichen Freiheitsrechten im Gegensatz zur Vergangenheit vermehrte Aufmerksamkeit schenkte (830), sah deshalb vor, dem Individuum die Bewegungsfreiheit, die Freiheit zu reisen, die Niederlassung und die Auswanderung zu garantieren, d.h. die Freizügigkeit sollte als Rechtsanspruch gelten und zu einem subjektiven Recht ausgestaltet werden (831). Nach der Invasion der Warschaupaktstaaten im August 1968 wurde die liberale Handhabung der Passerteilung wieder rückgängig gemacht. Durch diese "befristeten" Abänderungen der geltenden Gesetzesbestimmungen (832) wird die Ausreise ins kapitalistische Ausland wieder stark eingeschränkt, indem Reisen, die nicht im Einklang mit den Staatsinteressen stehen, unerwünscht sind: So Privatreisen zu Studienzwecken oder Reisen, die nicht durch Devisen gedeckt sind. Die Passstelle kann bei Auslandreisen verlangen, dass ihr Einladungsschreiben und Stellungnahmen der Armee, der Schule oder des Betriebes, in dem der Gesuchsteller arbeitet, eingereicht werden.

Auch in der Tschechoslowakei wurde das Recht auf Freizügigkeit vollständig ausgehöhlt, da die Erteilung der Pässe und der Ausreisevisa wieder ein diskretionales Recht der Behörden ist. Die kompetente Behörde entscheidet nach freiem Ermessen, wobei natürlich unter Ermessen nicht der rechtsstaatliche Begriff zu verstehen ist, der sich Recht und Billigkeit unterordnen soll, sondern es werden als Kriterien rein politische Klassengesichtspunkte herangezogen, wodurch das Grundrecht der Freizügigkeit nach rechtsstaatlicher Auffassung generell eingeschränkt oder ganz aufgehoben wird.

6. Der Passzwang bedeutet an und für sich keine Beschränkung der Freizügigkeit, sofern die Abgabe des Passes im Sinne der Gleichberechtigung an jeden Bürger erfolgt unter Vorbehalt eines besonderen Gewaltverhältnisses, das die Beschränkung des Rechts rechtfertigt (z.B. Militärdienst, Strafverbüssung, Beamtenverhältnis). Auch im Rechtsstaat gibt es den Passzwang, aber während es hier ein subjektives Recht des Bürgers ist, wird die Passerteilung bzw. die Ausreisebewilligung in den sozialistischen Ländern nach politischen Gesichtspunkten gehandhabt. Berücksichtigt wird vor allem die Loyalität des Antragstellers (833).

Der Gesuchsteller, dessen Antrag auf Passerteilung abgelehnt wird, hat auch kein rechtliches Gehör, wie es das rechtsstaatliche Willkürverbot verlangt: eine administrative Massnahme soll begründet werden. Da auch keine Anrufung des Richters wegen Verletzung des Grundrechtes möglich ist (fehlende Verfassungsgerichtsbarkeit), kann die kompetente Behörde willkürlich entscheiden.

III. Schlussfolgerungen

Die Bewegungsfreiheit ist in den sozialistischen Staaten nach rechtsstaatlicher Auffassung nicht gewährleistet oder doch stark beschränkt, so dass von einem Grundrecht auf Freizügigkeit und Auswanderung kaum gesprochen werden kann. Mit Ausnahme der DDR wird denn dieses Recht in den Verfassungen auch nicht erwähnt.

Nach kommunistischer Auffassung sind aber die Grundrechte "immanent zweckgebundene Persönlichkeitsrechte, die nur Schutz geniessen, wenn das Verhalten des einzelnen im Sinne der kommunistischen Weltanschauung zielkonform sei" (834). Ein Grundrecht geniesst also nur Rechtsschutz, wenn es nicht "rechtsmissbräuchlich", bzw. gegen die Zielsetzungen der marxistischen Ideologie angerufen wird. Grundrechte können nicht gegenüber dem kapitalistischen Ausland in Anspruch genommen werden, was die Handhabung des Rechts auf Freizügigkeit deutlich zeigt. Nach kommunistischer Auffassung wird deshalb durch die einschränkenden Passgesetze kein Grundrecht in seinem Wesensgehalt angegriffen. Das Recht der Freizügigkeit ist, wie jedes Grundrecht im Sozialismus, zweckgebunden und "elastisch".

4. KAPITEL

POLITISCHE RECHTE

§ 13 VEREINIGUNGSFREIHEIT

I. Der Begriff

"Jeder Mensch hat das Recht auf Versammlungs- und Vereinigungsfreiheit zu friedlichen Zwecken. Niemand darf gezwungen werden, einer Vereinigung anzugehören" (835).

Die Vereinsfreiheit umfasst nicht nur das subjektive Recht der Bürger, sich zwecks kultureller, gesellschaftlicher oder wirtschaftlicher Betätigung in Organisationen zusammenzuschliessen, einen Verein zu gründen und ihm eine autonome Satzung zu geben (836), sondern auch die negative Vereinsfreiheit, d.h. die Freiheit, sich von einer Vereinigung oder Interessengruppe fernzuhalten.

Die Versammlungsfreiheit wird oft als ein der Vereinsfreiheit schon immanentes Grundrecht angesehen (837), die Versammlungsfreiheit ist aber von der Vereinsfreiheit verschieden: Das Recht, sich in einem Verein zu versammeln (offen oder geschlossen), wird durch die Vereinigungsfreiheit gedeckt, die allgemeine Versammlungsfreiheit ausserhalb eines Vereins aber nicht. Aus diesem Grunde wird z.B. in der BV die Versammlungsfreiheit in Art. 56 nicht erwähnt (838).

Wir behandeln hier nur die Vereinsfreiheit im engern Sinn (unter Ausschluss der religiösen Vereinsfreiheit) (839); für die Versammlungsfreiheit, die wir unter das Recht der freien Meinungsäusserung subsumieren, verweisen wir auf das betreffende Kapitel.

In allen osteuropäischen Staaten wird die Vereinsfreiheit als Grundrecht in den Verfassungen genannt (840), die Beschränkungen des Grundrechts werden in den Verfassungstexten selbst erwähnt.

Art. 126 des sowjetischen Grundgesetzes, der die Vereinsfreiheit zum Inhalt hat, ist einer der wichtigsten Artikel der Verfassung. Er scheint das subjektive öffentliche Recht der Bürger auf freiwilligen Zusammenschluss zu gewährleisten, aber bei näherer Betrachtung wird es klar, dass das sowjetische Vereinsrecht nicht die Freiheit umfasst, Vereine mit beliebigen Zielsetzungen zu bilden, die Vereine werden im Gegenteil praktisch auf Initiative der KP gegründet. Private Vereine im rechtsstaatlichen Sinne existieren nicht (841). Die Vereine stellen nur Transmissionsriemen der Partei (Gewerkschaften, Komsomol usw.) dar, deshalb kann von einer eigentlichen Vereinsfreiheit auch nicht gesprochen werden.

Die Existenz der Vereinigungen ist nur gewährleistet unter der Bedingung, dass ihre Interessen mit denjenigen von Staat und Partei übereinstimmen.

Art. 126 ist übrigens (neben Art. 141 Abs. 2) der einzige Verfassungsartikel, in dem die KP expressis verbis erwähnt wird. Hier wird die Führungsrolle, das Monopol der Partei auch gegenüber dem Staat deklariert. Braga leitet dieses staatsrechtliche Monopol der Partei aus einem weisungsgebundenen Auftrags- und Treuhandverhältnis zwischen Partei und Staat ab (842).

II. Die verfassungsrechtlichen Schranken der Vereinsfreiheit

Die Verfassung der UdSSR nennt in Art. 126 selbst die wichtigste Beschränkung, der das Vereinigungsrecht unterliegt: Es darf nur ausgeübt werden "in Uebereinstimmung mit den Interessen der Werktätigen".

Ferner nennt die Verfassung eine Kautel, die auf den ersten Blick eher liberal erscheint: Eine Vereinigung soll "zur Entwicklung der organisatorischen Selbsttätigkeit und der politischen Aktivität der Volksmassen" (Art. 126), bzw. "der Initiative der Werktätigen bei der Organisierung ihrer politischen Tätigkeit" (843), "zur Entwicklung der politischen, gesellschaftlichen, wirtschaftlichen und kulturellen Aktivität der Werktätigen" (844), bzw. "zur Entfaltung der gesellschaftlichen Tätigkeit" (845) beitragen.

Das Recht, sich in Organisationen zu vereinigen, wird gewährleistet "zur aktiven Teilnahme am politischen, gesellschaftlichen, wirtschaftlichen und kulturellen Leben" (846), "... zum Aufbau des Sozialismus ..." (847) und "... zur Ausdehnung der kulturellen und erzieherischen Arbeit, zur Festigung der internationalen Solidarität ..." (848).

Die bulgarische Verfassung gestattet Vereinigungen unter der Bedingung, dass die Tätigkeit der gesellschaftlichen Organisationen nicht gegen die konstitutionell verankerte staatliche und gesellschaftliche Ordnung gerichtet ist (Art. 88).

Der Staat stützt sich bei der Erfüllung seiner Aufgaben auf die Organisationen der klassenbewussten Werktätigen (849), welchen - gemäss der neuen tschechoslowakischen Verfassung von 1960 - staatliche Aufgaben übertragen werden sollen (Art. 5).

Das Subjekt des Grundrechtes ist im Rechtsstaat der Bürger; die ungarische Verfassung jedoch, deren Wortlaut für den "sozialistischen" Gehalt dieses Grundrechtes typisch ist, garantiert nicht allen Bürgern, sondern nur den Werktätigen, und sogar nur den "klassenbewussten" Werktätigen dieses Recht (§ 56 Abs. 2).

Die einzige Schranke der ostdeutschen Verfassung bildete bis 1968 das Strafgesetz: "Alle Bürger haben das Recht, zu Zwecken, die den Strafgesetzen nicht zuwiderlaufen, Vereine oder Gesellschaften zu bilden." (850) Diese liberale Fassung wurde aber nicht in die neue Verfassung von 1968 aufgenommen: Der entsprechende neue Text (Art. 29) lautet nun: "Die Bürger der Deutschen Demokratischen Republik haben das Recht auf Vereinigung, um durch gemeinsames Handeln in politischen Parteien, gesellschaftlichen Organisationen, Vereinigungen und Kollektiven ihre Interessen in Uebereinstimmung mit den Grundsätzen und Zielen der Verfassung zu verwirklichen."

Auch hier offenbart sich die Tendenz der neuen DDR-Verfassung, die Diskrepanz zwischen Verfassung und Verfassungswirklichkeit, die für das alte Grundgesetz typisch war (851), zu beseitigen, indem die Grundrechte in möglichst allgemeiner und nichtssagender Formulierung und immer unter Vorbehalt der Interessen der Werktätigen aufgezählt werden. So erscheinen die zahlreichen, die Grundrechte beschränkenden Gesetze und Verordnungen nicht mehr verfassungswidrig, sondern sie stützen sich direkt auf die Verfassung, die Grundrechte nur in Uebereinstimmung mit der sozialistischen Ordnung zulässt.

Auch die neue Verfassung der ČSSR (1960) gewährleistet dieses Grundrecht nur in Uebereinstimmung mit den Interessen der Werktätigen (Art. 5), während das alte Grundgesetz von 1948 die Vereinsbildung der Bürger (unter Voraussetzung der Wahrung der öffentlichen Ordnung und des Friedens) allgemein gewährleistete (§ 24 Abs. 1).

Auch in den Volksdemokratien sind die Vereine also blosse Transmissionsriemen, "demokratische" Massenorganisationen, um den Willen der Parteiführung auf die Bevölkerung zu übertragen, da es keine Parallel- oder Konkurrenzunternehmen zu den von der Partei lancierten gibt (852).

Während die Schranken der Vereinsfreiheit in rechtsstaatlicher Konzeption Rechtswidrigkeit und Staatsgefährlichkeit (853) sind, greifen die Beschränkungen im Sowjetsystem den Wesensgehalt des Grundrechtes selbst an, da nicht bloss Rechtswidrigkeit und Staatsgefährlichkeit entscheidende Kriterien sind; es wird vielmehr einer Vereinigung, die nicht im Interesse des Staates (d.h. der Partei) ist, die Konzession nicht erteilt (854), resp. wird eine solche Vereinigung aufgelöst. Die Rechtswidrigkeit liegt also schon darin, dass der Verein nicht den Interessen des Staates und der Werktätigen, bzw. der kommunistischen Ideologie dient.

Das "Interesse der Werktätigen" bedeutet eine solche Generalklausel, mit der nach Belieben missliebigen Vereinigungen die Existenz versagt werden kann, so dass von einer Vereinsfreiheit kaum noch gesprochen werden kann: Der Staatsbürger kann nur solche Interessen haben, welche mit jenen der sozialistischen Gesellschaft zusammenfallen (Festigung der Volksdemokratie bzw. Aufbau des Sozialismus und des Kommunismus). Nur zu diesem Zweck kann er die Vereinsgründung beantragen (855); die Entscheidung über die Nützlichkeit für die Interessen der Werktätigen liegt so im freien Ermessen der Behörden.

III. Entstehung der Rechtspersönlichkeit der Vereine

A. Das Prinzip der Konzession

Ein Verein wird nur dann anerkannt, wenn er eine juristische Person ist (856). Vereine ohne Rechtsfähigkeit (die in der Schweiz der einfachen Gesellschaft gleichgestellt sind) (857), gibt es nicht im Sowjetsystem.

Die Gesetzgebung der Union und der RSFSR unterscheiden drei Entstehungsarten der juristischen Person (858):

1. Die auf staatliche Anordnung ins Leben gerufenen Organisationen. Ihre Entstehung stellt einen Akt der Staatsverwaltung dar (Unternehmungen, wirtschaftliche Organisationen usw.),

2. die aufgrund staatlicher Konzession (Bewilligung) entstehenden Vereinigungen im engern Sinn, d.h. Zusammenschlüsse der Bürger oder juristischer Personen (freiwillige Vereinigungen) (859) und

3. die vom Gesetz vorgesehenen Zusammenschlüsse auf Initiative der Gründer entstehen schon mit der Registrierung der Statuten (Normativsystem). Die staatlichen Organe beschränken sich hier auf die Prüfung der Anforderungen (z.B. Minimalmitgliederzahl, Vermögen usw.). Nach dem Normativsystem entstehen z.B. die Kolchosen (860).

Ebenfalls durch Registrierung entstehen private Vereinigungen in der DDR (861), aber selbstverständlich wird auch hier ein Missbrauch der Vereinsfreiheit "gegen die Interessen der Werktätigen" nicht geduldet (862).

Während für die Entstehung der Rechtspersönlichkeit nach schweizerischem Recht der Wille, als Körperschaft zu bestehen, aus den schriftlichen Statuten ersichtlich sein muss (Art. 60 Abs. 1 und 2 ZGB) (Prinzip der freien Bildung), besteht also im Osten für die Begründung von Vereinen mit nichtwirtschaftlichen Zielen (Museen, gelehrte Gesellschaften, öffentliche Büchereien usw.) das Konzessionssystem, d.h. die Persönlichkeit wird aufgrund eines staatlichen Aktes verliehen. Für die wirtschaftlichen Vereinigungen (Genossenschaften, Kolchosen, Produktions- und Absatzgenossenschaften) besteht das Normativsystem: Die Statuten müssen von der Verwaltungsbehörde bestätigt und in ein Register eingetragen werden.

B. Die Auflösung der Vereinigung

Ein Verein kann nicht erst aufgelöst werden, wenn er verbotene oder strafbare

Ziele verfolgt, resp. wenn sein Zweck widerrechtlich oder unsittlich ist (863), sondern schon dann, wenn das Ziel des Vereins nicht positiv den Bedingungen von Verfassungsartikel 126 entspricht, d.h. wenn er in seiner Tätigkeit von den satzungsgemässen Zwecken oder von den Interessen des Staates abweicht (864). Art. 18 des alten ZGB der RSFSR von 1922 wurde zwar nicht in das neue ZGB (1964) aufgenommen, aber die Grundsätze für eine zwangsweise Auflösung des Vereins sind die gleichen wie für die wirtschaftlichen Vereinigungen (865).

So kann einer Vereinigung, die nicht den verfassungkonformen Zielen dient, nach freiem Ermessen die Existenz versagt werden.

IV. Die Vereinigungen als Transmissionsriemen

A. Die einzelnen gesellschaftlichen Organisationen

Wie wir gesehen haben, liegt die Bedeutung der Vereinigungen, resp. der Massenorganisationen für den Staat in der "Transmission", d.h. "der Umsetzung der Dynamik der den Staat leitenden KP durch Heranziehung der in diesen verschiedenen Organisationen zusammengefassten Massen zum Dienst an Partei und Staat, durch ihre psychologische Beherrschung und Kontrolle" (866).

Diese Massenorganisationen, zu denen der Beitritt teilweise ein Recht, teilweise (indirekt) eine Pflicht darstellt (867), wodurch auch die negative Vereinsfreiheit verletzt wird, sind die "Hebel oder Transmissionen - das sind jene Massenorganisationen des Proletariates - ohne deren Hilfe die Verwirklichung der Diktatur unmöglich ist ..." (868).

Art. 126 der sowjetischen Verfassung erwähnt enumerativ folgende Organisationen, zu denen sich die Bürger zusammenschliessen können, die aber in der Praxis durchwegs durch den Staat und die Partei gegründet werden:
- Gewerkschaften,
- genossenschaftliche Vereinigungen (869),
- Jugendorganisationen (870),
- Sport- und Verteidigungsorganisationen,
- Kulturvereinigungen und
- technische und wissenschaftliche Gesellschaften.

B. Die Rolle der KP

"Keiner politischen Partei darf durch Gesetz oder Vorschriften der Verwaltung eine Vorrangstellung im Staatsapparat eingeräumt werden", heisst es in Punkt 8 der Grundsätze der Rechtsstaatlichkeit der Internationalen Juristen-Kommission (871).

Gerade die Privilegierung einer Partei aber ist der Zweck des zweiten Satzes von Verfassungsartikel 126 der UdSSR: "Die aktivsten und zielbewusstesten Bürger aus den Reihen der Arbeiterklasse, der werktätigen Bauernschaft und der schaffenden Intelligenz vereinigen sich freiwillig in der KP der Sowjetunion, die der Vortrupp der Werktätigen in ihrem Kampf für den Aufbau der kommunistischen Gesellschaft ist und den leitenden Kern aller Organisationen der Werktätigen, der gesellschaftlichen sowohl wie der staatlichen, bildet".

Wir haben diesen Satz deshalb vollständig zitiert, weil er den wichtigsten Teil der ganzen Verfassung ausmacht. So wird der Artikel über die Vereinigungsfreiheit zum "leitenden Kern" aller sozialistischen Verfassungen, dem die übrigen Artikel hierarchisch untergeordnet sind: Die Grundgesetze haben den Zweck, die Grundlagen des sozialistischen Gesellschafts- und Staatslebens zu garantieren.

In diesen Bestimmungen finden sich die Grundsätze, denen alle subjektiven öffentlichen Rechte des Bürgers untergeordnet sind: 1. die aktivsten und zielbewusstesten Bürger vereinigen sich in der KP und 2. die Partei ist der leitende Kern.

Die Parteileitung der gesellschaftlichen Organisationen erfolgt in drei Formen: 1. Die Partei kann in allen Gesellschaftsorganisationen Parteigruppen oder Zellen, die an Parteianweisungen gebunden sind, errichten, um die Vereinigungen zu kontrollieren (872). 2. Im Zentralkomitee der Kommunistischen Partei (ZK der KP) existiert eine spezielle Abteilung für die Leitung der Gesellschaftsorganisationen. 3. Um die Parteileitung zu garantieren, werden im zentralen Apparat aller gesellschaftlichen Organisationen Partei-Grundorganisationen errichtet, die die Staatsorgane zu leiten und zu kontrollieren haben.

Auch in den Volksdemokratien herrscht praktisch das Einparteiensystem (873). Zwar gibt es in einigen Ländern das Mehrparteiensystem. In der DDR z.B. gibt es neben der SED einige andere politische Parteien (CDU, LDP, NDP, DBP) (874), die aber eigentlich nur Transmissionsriemen darstellen (875). Die Merkmale des "sozialistischen Mehrparteiensystems" (Polen, ČSSR, DDR, Bulgarien, Nordvietnam, Nordkorea) sind die Führungsrolle der KP und das Verbot der Opposition (876), die verfassungswidrig ist.

Bedeutsam für die Parteistruktur jener Volksdemokratien, die theoretisch ausser der KP andere Parteien zulassen, ist das Recht der die Aufsicht ausübenden Staatsorgane, eine gesellschaftliche Organisation aufzulösen, wenn ihre Tätigkeit nicht mehr ausgeübt wird (877). Nach 1948 wurde aber in Ungarn die Tätigkeit der nichtkommunistischen Parteien (878) verunmöglicht, indem ihnen weder Räumlichkeiten noch Presse zur Verfügung gestellt wurden. Alle Organisationen und politischen Parteien, die dem Staate missliebig waren oder eine auch nur potentielle Gefahr für das Regime darstellten, wurden auf diese Weise aufgelöst (so z.B. die während des ungarischen Aufstandes von 1956 gebildeten Arbeiterräte).

V. Koalitionsfreiheit (Gewerkschaftsrecht)

Unter Koalitionsfreiheit versteht man die Freiheit der Arbeitnehmer, sich in Gewerkschaften zusammenzuschliessen, bzw. die negative Freiheit, keiner Gewerkschaft anzugehören (Aussenseiter).

"Die Freiheiten und Rechte des arbeitenden Menschen können nur verwirklicht werden, wenn sie durch eine freie Gewerkschaftbewegung gestützt sind. Eine Gewerkschaft ist dann frei, wenn sie jedem Zugriff der öffentlichen Gewalt entzogen und für alle zugänglich ist, die die Bedingungen zum Beitritt erfüllen. Der Beitritt zu einer Gewerkschaft darf nicht zur Pflicht gemacht werden" (879).

In den westlichen Demokratien ist dies eine Frage des Privatrechts, da Schutz nicht gegen Eingriffe des Staates, sondern der Arbeitgeber gewährt werden soll (880).

Da es in den sozialistischen Ländern (mit Ausnahme einiger Volksdemokratien) keine privaten Arbeitgeber mehr gibt, hätte eine privatrechtliche Koalitionsfreiheit hier keine Bedeutung, umso notwendiger aber erscheint das Recht, freie Gewerkschaften zu bilden, um die Interessen der Arbeitnehmer gegenüber dem Staat, der einziger Unternehmer ist, wahrzunehmen.

Dies war auch der Sinn der ursprünglich gegründeten Gewerkschaften in der Sowjetunion. Bis 1905 waren Gewerkschaften (professional'nye sojuzy) in Russland nicht zugelassen, existierten aber illegal (881). Ein Vereinsgesetz von 1906 liess sie indessen zu unter der Voraussetzung der Registrierung bei den Verwaltungsbehörden. Die Gewerkschaften führten in der Folge einen Kampf um den Arbeitsschutz, die Tarifpolitik und vor allem um ihre Selbständigkeit, die nach der Revolution von Trotzkij, der die Gewerkschaften verstaatlichen wollte, angefochten wurde. Auf dem X. Parteikongress von 1921 wurde den Gewerkschaften formal Unabhängigkeit vom Staat zugesichert, was sich aber nur als Mittel erwies, um die Gewerkschaften durch die Partei besser beherrschen zu können, denn schon auf dem XI. Parteikongress von 1922 wurde ihnen das Recht auf die Produktionskontrolle und das Streikrecht abgesprochen. Das höchste Organ der Gewerkschaften, der Zentralbundesrat der Gewerkschaften, wurde 1933 mit dem Volkskommissariat (Ministerium) für Arbeit verschmolzen.

Die Gewerkschaften sind ausserparteiliche gesellschaftliche Organisationen der Arbeiter und Angestellten (882); sie haben den Status einer juristischen Person und unterstehen demzufolge dem Vereinsrecht (Art. 102 ZGB RSFSR). Spontan gebildete freie Gewerkschaften existieren aber nicht. Die Gewerkschaftsbildung erfolgt in der Praxis derart, dass die Gründung auf Verwaltungsanordnung erfolgt und dann in das Gewerkschaftsregister eingetragen wird (883).

Von den Gewerkschaften werden alle Betriebe umfasst, in denen Lohnarbeit verrichtet wird, selbst die öffentlichen Dienste (PTT usw.), ferner die Angestellten der Verwaltung (884). Eine Ausnahme bilden die Kolchosbauern, da die Artel` nicht Lohnarbeiter im Sinne des Gewerkschaftsrechts beschäftigt. Für sie gilt das Kolchosstatut.

Das Mitspracherecht der Gewerkschaften wurde 1958 vermittelst ihrer Organe (FZMK = Fabriks-, Betriebs- und Lokalkomitees) auf dem Gebiet des Arbeitsschutzes erweitert.

Der Ukas vom 15. 7. 1958 schreibt vor, dass die Betriebsleitung den Werktätigen nur mit Zustimmung der FZMK kündigen darf (Ziff. 10). Das FZMK ist das wichtigste Schlichtungsorgan bei Arbeitsrechtsstreitigkeiten. Eine wichtige Funktion des Staates wurde ebenfalls "vergesellschaftlicht", d. h. in die Kompetenz der Gewerkschaften gelegt: Die ganze Regelung der Sozialversicherung wurde vom Staat auf die Gewerkschaften übertragen. Die Gewerkschaften nehmen ferner teil bei der Ausarbeitung der Produktionspläne (Ziff. 2 Ukas vom 15. 7. 1958) und der Verwaltung von Erholungsheimen und Kulturhäusern (Ziff. 12).

Die Arbeitsbedingungen werden zusammen mit den Betrieben in Kollektivverträgen geregelt (Ziff. 3 und 4). Die Gesamtarbeitsverträge (Tarifverträge) sind im Grunde genommen aber nichts anderes als dem Arbeiter einseitig vom Staat vorgeschriebene Arbeitsverträge, die es verunmöglichen, den Vertragsinhalt und die Arbeitsbedingungen frei zu vereinbaren (885).

Im Prinzip gilt die Freiwilligkeit des Beitritts zur Gewerkschaft, aber es gibt praktisch keine Aussenseiter, da den Organisierten und den Aussenseitern im Betrieb eine unterschiedliche Stellung zukommt. Die in den Gewerkschaften organisierten Arbeitnehmer geniessen weit bessere Unterstützungs-, Versicherungs- und Urlaubsbedingungen (886), deshalb gibt es verständlicherweise keine Unorganisierten. 1961 soll es über 60 Millionen Gewerkschaftsmitglieder gegeben haben (887).

Im Aufbau der Gewerkschaften und hinsichtlich der Wahl der Funktionäre gilt ebenfalls das Prinzip des demokratischen Zentralismus (888).

Wie wir gesehen haben, sind den Gewerkschaften auch staatliche Verwaltungsaufgaben (z. B. Sozialversicherung) übertragen, ferner haben sie die Interessen des Staates an der Schaffung der materiell-technischen Grundlage des Aufbaus des Kommunismus (Bestimmungen zur Erhöhung der Normen und der Produktivität) wahrzunehmen. Gleichzeitig sollen sie aber auch Interessenvertreter der Werktätigen sein.

Diese Kumulierung von Interessen, die einander zum Teil widersprechen, macht es für die Gewerkschaften schwierig, eine wirklich freie Interessengruppe der Arbeiter darzustellen. Die Delegierung von staatlichen Aufgaben an die Gewerkschaften ist ein Ausdruck der zunehmenden Tendenz, Staatsfunktionen an Gesellschaftsorgane zu übertragen, was als Symptom des Absterbens des Staates gewertet wird (889).

Wie in der Sowjetunion, so sind auch in den Volksdemokratien die Gewerkschaften primär Interessenvertreter des Arbeitgebers Staat. Art. 44 und 45 der DDR-Verfassung gewähren den Gewerkschaften das Mitbestimmungsrecht in Staat, Wirtschaft und Gesellschaft (Art. 44 Abs. 1); die Gewerkschaften nehmen teil an der Planung und Leitung der Volkswirtschaft und an der Entwicklung der Arbeits- und Lebensbedingungen der Werktätigen (Abs. 3). Das Gewerkschaftsmonopol hat aber der Freie Deutsche Gewerkschaftsbund (FDGB), in dem alle andern Gewerkschaften zusammengeschlossen sind (Art. 44 Abs. 1).

Nach marxistischer Auffassung sind die Interessen der Arbeitgeber mit denen der Arbeitnehmer identisch, da sich die Produktionsmittel im Eigentum des Volkes befinden und eine Erhöhung des Sozialproduktes, resp. die Festigung des sozialistischen Eigentums, automatisch zu einer Steigerung des persönlichen Eigentums und damit des Lebensstandards der Arbeiter führen soll (890). Der Wohlstand des Bürgers ist aber neben der Erhöhung des Sozialproduktes vor allem auch eine Frage der Verteilung. Solange die Unsicherheit des persönlichen Eigentums besteht (891), scheint es eher zweifelhaft, ob die Interessen des Arbeitnehmers mit den Forderungen der Gesellschaft nach Erhöhung der Produktion und der Produktivität und damit nach Steigerung der Arbeitsintensität, identisch sind.

Diese Interessenidentität ist, wie Müller mit Recht sagt (892), eine Fiktion, denn in jeder Sozialordnung existieren, unabhängig vom Eigentumssystem, Spannungsverhältnisse zwischen Arbeitgeber und Arbeitnehmer. Doch in den sozialistischen Staaten wird dieses Spannungsverhältnis negiert und als typische Erscheinung des kapitalistischen Wirtschaftssystems hingestellt (893).

Die Gewerkschaften erscheinen nicht als Verbände, die den Schutz des schwächeren Teils, des Arbeitnehmers, zum Zweck haben (894), sondern als Intessengruppen und als wichtigste Transmissionen der Partei, um die Normen der Leistungssteigerung durchzusetzen. Sie stehen nicht schützend vor dem Arbeiter, sondern antreibend hinter ihm (895).

VI. Die Uebertragung von Staatsfunktionen auf die Gesellschaftsorgane

Die Vereinigungsfreiheit im Sowjetsystem dient nicht dem Zweck, der in der Deklaration der Menschenrechte der Vereinten Nationen vorgesehen ist, sondern zur Festigung der Parteiherrschaft.

Die Vereine sind mehr oder weniger politisch gefärbte Massenorganisationen, Transmissionen, um mit Lenin zu sprechen, die die Aufgabe haben, die kommunistische Ideologie ins Volk zu tragen, den gesellschaftlichen, wirtschaftlichen und kulturellen Zielsetzungen des sozialistischen Staates und der Entwicklung der sozialistischen bzw. kommunistischen Gesellschaftsordnung zu dienen (896). So ist der Dienst am Staat und an der Gesellschaft Aufgabe und zugleich Bedingung ihrer Existenz.

Da die Interessen der KP mit denjenigen der Werktätigen nach kommunistischer Auffassung identisch sind, kann aus marxistischer Sicht auch das subjektive Recht des Bürgers auf Vereinsbildung kurzerhand abgetan werden.

Die Bedeutung der Gesellschaftsorganisationen (Vereinigungen) wird noch erhöht, wenn man in Betracht zieht, dass parallel mit dem Aufbau des Vollkommunismus (d.h. mit dem Absterben des Staates) staatliche Funktionen auf sie übertragen werden sollen, womit der Parteieinfluss noch verstärkt wird (897). Zum ersten Mal tauchte dieser Grundsatz im tschechoslowakischen Grundgesetz von 1960 auf (Art. 5). Die Partei kann ihre Forderungen besser vermittelst gesellschaftlicher Organe durchsetzen als durch Staatsorgane, denn die Verwaltungsorgane des Staates unterstehen dem Recht und dem Gesetz, während bei den Gesellschaftsorganen ausserrechtliche Normen relevant sind, die aber allmählich zu Rechtsnormen erhoben werden, ohne dass dabei der Weg, der für die Gesetzgebung vorgeschrieben ist, befolgt werden muss.

Neben den Gesellschaftsorganisationen spielen bei der Uebertragung der Staatsfunktionen vor allem die sog. "selbsttätigen" Gesellschaftsorgane eine Rolle, die entweder aufgrund eines von einem Staatsorgan bestätigten Statutes arbeiten (z.B. Kameradschaftsgerichte) oder denen Verordnungen der Regierung oder Massnahmen der lokalen Staatsorgane zugrundeliegen (Gefängnisaufsichtskomitees, Volksbrigaden, Eltern-, Strassen-, Hausblock- und Hauskomitees usw.). Ferner gibt es Organe ohne Statut, wie die Frauensowjets, Sowjets der Arbeiterveteranen usw. und solche die ad-hoc gebildet werden.

Die staatsrechtliche Rolle der von der Partei beherrschten Gesellschaftsorganisationen und selbsttätigen Organe wird somit noch erweitert, da sie sich direkt an der Rechtssetzung - in Umgehung der staatlichen Verwaltungsorgane, die an das Gesetz gebunden sind - beteiligen, wie wir im Falle der Gewerkschaften gesehen haben.

Die Gesellschaftsorganisationen beteiligen sich auch innerhalb der staatlichen Organe, indem sie ständige Kommissionen in den Sowjets (Räten) unterhalten (898). Diese Kommissionen fluktuieren und können so kaum zur Verantwortung gezogen werden.

So wird der gesamte Staatsapparat, sowohl die Legislative (Sowjets), die Exekutive (Exekutivkomitees) als auch die Justiz von der Partei resp. ihren Transmissionen, den Gesellschaftsorganisationen beherrscht und kontrolliert.

Das Recht auf freie Vereinsbildung wurde am meisten im sozialistischen Sinne umgeformt, so dass sein Inhalt keinerlei Aehnlichkeit mit den entsprechenden Grundrechten der westlichen Demokratien mehr aufweist: Die Vereinigungen sind der verlängerte Arm der Partei.

§ 14 DIE FREIHEIT DER MEINUNGSAEUSSERUNG

I. Der Begriff

Die Allgemeine Erklärung der Menschenrechte der Vereinten Nationen befasst sich in Art. 19 mit dem Recht der freien Meinungsäusserung, das gewährleisten soll, Nachrichten und Meinungen in jeder Form kennenzulernen und weiterzugeben, auch in Fällen, in denen die Nachrichten aus dem Ausland stammen.

Die Freiheit der Meinungsäusserung umfasst die Informationsfreiheit (durch Presse und andere Kommunikationsmittel), die eine Zensur und die Störung von Rundfunksendungen verbietet (899), die Freiheit der Berichterstattung, der Rede und der Kritik und die Freiheit in Wissenschaft und Kunst. Die Versammlungsfreiheit, die ermöglicht, seine Meinung in Versammlungen, Kundgebungen und Demonstrationen frei zu äussern, ist ebenfalls ein Teilaspekt der Meinungsäusserungsfreiheit.

Alle diese Rechte sollen es dem Bürger ermöglichen, seine Meinung frei zu bilden und zu äussern, was für freie Wahlen und die Heranbildung einer informierten und verantwortungsbewussten Bevölkerung und Wählerschaft unerlässlich ist (900).

In allen sozialistischen Verfassungen ist die Rede- und Pressefreiheit der Hauptpfeiler der persönlichen Freiheit. Sie ist die "wichtigste Garantie der sozialistischen Demokratie" (901). Art. 125 der Verfassung der UdSSR und Art. 85 der alten rumänischen Verfassung garantieren die Rede- und Pressefreiheit, die Kundgebungs- und Versammlungsfreiheit und die Freiheit von Strassenumzügen und -demonstrationen, also beinahe den vollständigen Katalog der Rechte der freien Meinungsäusserung.

In den Grundgesetzen der sozialistischen Länder wird die Kundgebungsfreiheit der Rede- und Pressefreiheit gleichgestellt, und die Verfassungen von Polen (Art. 71 Abs. 1), Bulgarien (Art. 55) und Albanien (Art. 20) erwähnen denn auch nur die Kundgebungsfreiheit. Unter dem Rubrum "Freiheit der Meinungsäusserung" stand § 18 der alten tschechoslowakischen Verfassung, und das Recht der "Rede-, Presse- und Versammlungsfreiheit" wird in der ungarischen Verfassung erwähnt (§ 55). Die neue ostdeutsche Verfassung weist auch hier den umfassendsten Grundrechtskatalog der sozialistischen Staaten auf: In Art. 28 wird die Versammlungsfreiheit, in Art. 27 allgemein das Recht der Meinungsäusserung erwähnt (Abs. 1). Abs. 2 desselben Artikels gewährleistet sogar die Freiheit der Presse, des Rundfunks und des Fernsehens.

II. Die Rede-, Presse- und Versammlungsfreiheit

A. Die konstitutionellen Beschränkungen

Alle diese Verfassungsartikel verlangen eine dialektische Anwendung und Auslegung, denn sie werden nur unter Vorbehalt garantiert: Die Beschränkungen werden im Unterschied zu den andern Grundrechten schon im Verfassungsartikel selbst genannt.

Die konstitutionellen Einschränkungen sind folgende: 1. Kundgebungen und Demonstrationen sind nur möglich in Uebereinstimmung mit den Interessen der Werktätigen (902). 2. Es soll dadurch die Entwicklung der Persönlichkeit und die schöpferische Aktivität der Staatsbürger gefördert werden (903). 3. Durch Kundgebungen und Demonstrationen soll die Teilnahme des Volkes an der Staats- und Wirtschaftsverwaltung und am kulturellen Aufbau des Landes garantiert werden (904). 4. Die wichtigste Beschränkung besteht aber darin, dass Kundgebungen und Demonstrationen, wie überhaupt das Recht der Meinungsäusserung, der Festigung der sozialistischen (sowjetischen bzw. volksdemokratischen) Ordnung beitragen sollen (905).

Die polnische, bulgarische und albanische Verfassung erwähnen lediglich das Recht der Kundgebungsfreiheit ohne spezielle Beschränkungen, die Praxis ist aber dieselbe wie in den übrigen Ländern.

Die neue DDR-Verfassung gewährleistet das Recht auf freie Meinungsäusserung innerhalb der Grundsätze der Verfassung (Art. 27 Abs. 1), was nichts anderes bedeutet, als dass dieses Grundrecht, als Ausfluss des Rechts des Bürgers auf die Mitgestaltung des sozialistischen Staates (Art. 21), nur im Rahmen der Interessen der Werktätigen ausgeübt werden kann. Wenn das neue ostdeutsche Grundgesetz die (in den andern Verfassungen erwähnte) Beschränkung durch die "Interessen der Werktätigen" nicht mehr erwähnt, so beruht dies auf der Tatsache, dass die Fiktion der Interessenidentität nun auch seine verfassungsrechtliche Ausgestaltung erfahren hat: "Die Realität des Rechts auf freie Meinungsäusserung im Sozialismus beruht auf der Ueberwindung des Gegensatzes von Staat und Bürger, auf der grundlegenden Uebereinstimmung der Interessen der Werktätigen mit den gesellschaftlichen Erfordernissen (906).

Der Wortlaut von Art. 125 der sowjetischen Verfassung dagegen ist (noch) kontradiktorisch: Die Grundrechte der Meinungsäusserung werden den Bürgern garantiert und dadurch gewährleistet, "dass den Werktätigen (also nicht allen Bürgern, Anm. M.H.) und ihren Organisationen die Druckereien, Papiervorräte, öffentlichen Gebäude, Strassen, das Post- und Fernmeldewesen und andere materielle Bedingungen, die zu ihrer Ausübung notwendig sind, zur Verfügung gestellt werden". Die Freiheit der Meinungsäusserung wird also gewissermassen "vermaterialisiert".

Die Entwicklungstendenz des Grundrechtes lässt sich am Beispiel der tschechoslowakischen Verfassung aufzeigen: Während die alte Verfassung von 1948 die Meinungsfreiheit noch im Rahmen der Gesetze (öffentliche Ruhe und Ordnung) (§ 24 Abs. 1) und ohne Nachteil für die Person garantierte (§18), folgt Art. 28 Abs. 1 des neuen Grundgesetzes von 1960 dem sowjetischen Beispiel: "Der Staat garantiert jedem Staatsbürger auf dem Gebiet des gesellschaftlichen Lebens die Freiheit der Meinungsäusserung, besonders Rede- und Pressefreiheit, in Uebereinstimmung mit den Interessen des werktätigen Volkes."

Das Vorbild des Art. 125 des Grundgesetzes der UdSSR von 1936 war die Verfassung der RSFSR von 1918, dessen Art. 14 lautete: "Um den Werktätigen wirkliche Freiheit ihrer Meinungsäusserung zu sichern, beseitigt die RSFSR die Abhängigkeit der Presse vom Kapital und übergibt der Arbeiterklasse und der besitzlosen Bauernschaft alle technischen und materiellen Mittel zur Herausgabe von Zeitungen, Broschüren und Büchern, sowie aller andern Druckerzeugnisse und gewährleistet deren freie Verbreitung im ganzen Lande." Und Art. 15: "Um den Werktätigen wirkliche Versammlungsfreiheit zu sichern, stellt die RSFSR in Anerkennung des Rechts der Bürger der Räterepublik auf freie Veranstaltung von Versammlungen, Kundgebungen und Prozessionen und dgl. der Arbeiterklasse und der besitzlosen Bauernschaft alle für die Abhaltung von Versammlungen geeigneten Räume mit Einrichtungen, Beleuchtung und Beheizung zur Verfügung" (907).

Rede-, Presse- und Versammlungsfreiheit sind also nicht nur durch Gesetzesvorbehalte (z.B. der Strafgesetzgebung) beschränkt, sondern schon dadurch, dass sie nur im Interesse der Werktätigen ausgeübt werden können.

Auf dem Höhepunkt der Liberalisierung in Polen konnte man in der Trybuna Ludu lesen: "Wie die andern demokratischen Einrichtungen, wird auch die Redefreiheit gewöhnlich für das werktätige Volk und für die fortschrittlichen Funktionäre garantiert, bzw. auf sie beschränkt" (908). Nicht einmal theoretisch wird die Freiheit der Meinungsäusserung für die Klassenfeinde garantiert, denn sie bilden nach marxistischer Auffassung nicht das "Volk". Lenin lehnte die Freiheit auch für eine potentielle Opposition ab, die Pressefreiheit unterstütze die Macht der Weltbourgeoisie (909). "Bei uns gibt es keine Pressefreiheit für die Bourgeoisie, keine Pressefreiheit für die Menschewiki und Sozialrevolutionäre (Bauernpartei), wir haben uns niemals verpflichtet, allen Klassen Pressefreiheit zu gewähren" (910).

Der Pressefreiheit wird ein rein materieller Inhalt verliehen: Pressefreiheit wird verstanden als freie Verfügungsgewalt über die Produktionsstätten des Papiers und der Zeitungen (911).

B. Die Presse als Erziehungs- und Lenkungsmittel

Die Presse ist im Osten ein Erziehungs- und Propagandamittel (912). Die Aufgabe der Massenmedien besteht vor allem darin, die Masse zum sozialistischen Denken und Handeln zu erziehen. Die Presseäusserungen müssen "parteilich" sein.

Die "Parteilichkeit (partijnost`)" der Presse bedeutet, dass die führende Rolle im Pressewesen der Partei zukommt, dass die Auffassungen aller Redaktionsmitglieder und Mitarbeiter koordiniert werden. Die Presse hat Massencharakter: sie wird für die Massen und durch Teilnahme der Vertreter der Massen geschrieben (freiwillige Arbeiter- und Bauernkorrespondenten). Parteilichkeit bedeutet ferner, dass die Presse die Wahrheit darstellen soll, die aber dialektisch ist: Verschiedene Fakten sollen nicht voneinander getrennt, sondern in ihrem Zusammenhang mit jenen Tatsachen dargestellt werden, die zur geprüften Frage gehören (913).

Die Idee der Pressefreiheit widerspricht der Tatsache, dass das gesamte Pressewesen direkt oder indirekt mit der Partei verbunden und ihr untergeordnet ist; so besteht selbst für klassentreue Werktätige Freiheit der Meinungsäusserung nur im Rahmen des Programms oder innerhalb der Generallinie der KP.

Diese Unterordnung der Presse unter die Partei ergibt sich nicht direkt aus der Verfassung, sondern aus dem Parteistatut, dessen Art. 35 besagt: "Das ZK der KPdSU ... bestimmt die Redaktionen der zentralen Zeitungen und Zeitschriften, die seiner Kontrolle unterstehen." Art. 42 Abs. b garantiert den leitenden Organen der republikanischen, Grenzgebiets-, Gebiets-, Bezirks- und Stadtorganisationen der Partei das gleiche Recht über die Presse in den territorialen Verwaltungseinheiten. Sie haben die örtliche Presse, das Fernsehen und den Rundfunk zu leiten und zu kontrollieren (Art. 45 und 49). Art. 59 des Parteistatuts räumt den Grundorganisationen der Partei auch in den Zeitungsredaktionen und Druckereien ein unbeschränktes Kontrollrecht ein. Aus diesen Bestimmungen ist ersichtlich, dass sich die Partei die Leitung und Kontrolle des gesamten Pressewesens vorbehält, während die Ernennung der Chefredaktoren und Mitarbeiter der Zeitungen nur bei Parteizeitungen direkt von den Parteiorganen erfolgt. Selbst die Wandzeitungen in den Betrieben, die die Werktätigen zur Kritik an betrieblichen Missständen erziehen sollen, werden als Parteimonopol aufgefasst (Art. 57 des alten Statuts). Im neuen Parteistatut von 1961 findet sich indessen kein Hinweis mehr auf diese Art "Presseerzeugnis", aber die Parteileitung wird indirekt garantiert.

Ein Beschluss des ZK der KPdSU vom 13.7.1940, der noch in Kraft ist, verpflichtet die ersten Sekretäre des Parteikomitees der Bezirke und Städte, die Lokalpresse persönlich (!) zu leiten und täglich zu kontrollieren und die Wahl von politisch und fachlich gebildeten Leuten in den Redaktionen zu sichern (914).

Die KP errichtet verschiedene Organe für die Leitung und Kontrolle der Presse: So die Presseabteilung des Departements für Agitation und Propaganda (Agitprop) im Zentrum der Partei mit Filialen. Im ZK der KPdSU gibt es drei Abteilungen: je eine für Zentralzeitungen, für Zeitungen der Unionsrepubliken und der Gebiete und für ausgewählte Betriebszeitungen.

Die Partei gibt eine Liste mit Direktiven geheimer Natur heraus, in denen die Fragen, die in der Presse nicht erörtert werden dürfen, enthalten sind (915).

Wenn eine Presse von der Parteilinie abweicht, werden Massnahmen gegen die Redaktion getroffen (916): Personen, die in Opposition zur Parteilinie stehen, wird eine Verteidigung in der öffentlichen Presse nicht erlaubt.

Die Presse ist aber nicht nur der Partei unterstellt, sondern sie ist zugleich auch eine staatliche Institution, sie ist also doppelt abhängig: von der Partei und vom Staat. Das Staatskomitee für die Presse beim Unionsministerrat leitet und kontrolliert die republikanischen Staatskomitees aufgrund des demokratischen Zentralismus und der doppelten Abhängigkeit (917).

Nach dem Gesagten wird es klar, dass im Sowjetsystem keine private Presse existiert, da eine Einzelperson oder ein privates Kollektiv keine Erlaubnis, eine periodische Schrift zu drucken, erhält. Es gibt nur Partei- und staatlich kontrollierte Presse, die relativ zentralisiert sind (918).

C. Die Zensur

Die Staats- und Parteigebundenheit der Presse hat die Zensur zur Folge. Unter Zensur verstehen wir die Verpflichtung, Druckerzeugnisse vor dem Druck einer öffentlich-rechtlichen Institution zur Genehmigung vorzulegen. In der Sowjetunion (und zum Teil auch in den Volksdemokratien), ist aber der Staat direkt oder indirekt einziger Buch- und Zeitschriftenverleger, Herr des Theaterwesens und des Senderechtes, deshalb tritt die Zensur nach aussen nicht so sehr in Erscheinung, trotzdem ist das dem Druck vorangehende Placet des Staates Bedingung für die Veröffentlichung. Da die Presse und der Rundfunk Sache der Staats- und Parteiorgane ist und es keine privaten Druckereien und Betriebe gibt, kann man aber eigentlich auch nicht von einer Vorzensur sprechen. In diesem Sinne stimmt die Wirklichkeit mit der Verfassung überein, wenn es in Art. 9 Abs. 2 der alten ostdeutschen Verfassung hiess: "Eine Pressezensur findet nicht statt." (Denn die SED ist einziger Verleger der Tageszeitungen.)

In der DDR, wo es noch privaten Buchhandel und privates Verlagswesen gibt, unterliegen Druckerzeugnisse, die nicht aus den Staats- oder Parteibetrieben kommen, selbstverständlich einer staatlichen Aufsicht, die vom Ministerium für Kultur ausgeübt wird: Jeder Verlag muss einen Jahresplan mit den Themen vorlegen und bestätigen lassen. Einzelne Manuskripte können vor dem Druck durch das Ministerium geprüft werden (919). Als einschneidende Massnahme für die Verlage ist die Papierkontingentierung zu nennen. Antiquariate dürfen nur "positive" Literatur führen.

Alle Druckerzeugnisse in den sozialistischen Ländern müssen also genehmigt werden. Die Druckgenehmigung wird nur in Uebereinstimmung mit den Grundsätzen des sozialistischen Aufbaus erteilt.

Obwohl Produktion und Zensur in der gleichen Hand vereinigt sind, gibt es im Innenverhältnis eine Trennung: auch die von der öffentlichen Hand verlegten Werke bedürfen der politischen oder militärischen "Vorzensur".

Die direkte Zensur erfolgt in der UdSSR seit 1949 durch die staatliche Zensurstelle, die GLAVLIT (Oberverwaltung für Literatur und Verlagsangelegenheiten). Sie trägt auch Sorge, dass gewisse Fragen, die tabu sind, nicht behandelt werden (z.B. Militär- und Produktionsfragen) (920). In Ungarn wurde die Liste über Berichte, die Staatsgeheimnis sind und demnach nicht erörtert werden dürfen, in einer Regierungsverordnung veröffentlicht (921).

Die Druckgenehmigung allein bietet jedoch noch keine Gewähr für das Erscheinen des Werkes. Oft wird ein Druckerzeugnis erst nachträglich als "antidemokratisch" erkannt, und die bereits den Bibliotheken und Buchhandlungen ausgelieferten Werke eingezogen. (Von Beschlagnahmung kann man deshalb nicht sprechen, weil es die Monopolstellung des Staates und der Partei gestattet, die Werke ohne Formalitäten einfach aus dem Verkauf oder der Ausleihe zurückzuziehen.)

Im Westen sind letztlich finanzielle Kriterien (Profit) entscheidend für die Veröffentlichung eines Werkes, im Osten sind es politische und parteiliche.

Das Aktionsprogramm der KPČ vom 19.4.1968 forderte die freie Meinungsäusserung, die Freiheit der Information und ein Pressegesetz (922). In der Folge wurde in der ČSSR die Zensur aufgehoben und jegliche Einmischung seitens der staatlichen Organe in die Tätigkeit der Massenkommunikationsmittel verboten. Auch die zentrale Presseverwaltung und die Zentralstelle der Tschechoslowakischen Buchkultur, die das Verlagswesen und den Buchhandel durch Direktiven leitete, wurden aufgehoben (923). Das Pressegesetz war eine der wesentlichsten Gründe für die Invasion der Warschaupaktstaaten, da die allgemeine Presse- und Meinungsäusserungsfreiheit den monolithischen und monopolistischen Charakter von Partei und Staat gefährdet und zu einer pluralistischen (d.h. nicht mehr sozialistischen) Demokratie führt. Die Entwicklung in der ČSSR hat gezeigt, dass heute nicht die Renaissance des Marxismus, sondern die Schwächung des Marxismus als Dogma eine "objektive Gesetzmässigkeit" darstellt (924).

Nach den Ereignissen im August 1968 wurde das liberale Pressegesetz kassiert. Im Zusammenhang damit befasste sich ein Artikel in "Neue Zeit" (925) mit der Pressefreiheit: Die Pressefreiheit nach westlichem Muster sei eine Waffe der Bourgeoisie, um die antisozialistischen Kräfte für ihre Zwecke zu missbrauchen, schreibt der Verfasser. Die Presse sei in der ČSSR dazu missbraucht worden, eine Oppositionspartei zu konstitutionieren und die sozialistische Ordnung anzugreifen (926). So sei die Presse zu einer Tribüne antisozialistischer Ideen geworden, weil sie der Kontrolle der Partei der Werktätigen und ihrer Organisationen entzogen worden sei. Auf die Forderung, "die reine Demokratie" und die völlige Pressefreiheit zu verwirklichen, entgegnet der Verfasser, dass es keine "reine

Demokratie" gebe. Im Westen gebe es nur die bürgerliche Demokratie und im Osten nur die sozialistische, d.h. die Demokratie für die Werktätigen.

Lenin äusserte sich über die Pressefreiheit in einem Streit mit Mjasnikow, der Pressefreiheit von den Monarchisten bis zu den Anarchisten forderte, dahingehend, dass es ein Fehler sei, wenn die Pressefreiheit nicht vom Klassenstandpunkt aus betrachtet werde: "An Absolutes glauben wir nicht, wir lachen über die reine Demokratie." Die Pressefreiheit in den kapitalistischen Ländern diene lediglich dazu, Zeitungen zu kaufen, Schriftsteller zu kaufen, die öffentliche Meinung im Interesse der Bourgeoisie zu bestechen, zu kaufen und zu fabrizieren (927). Eine freie Presse gebe es im Westen nur für die Millionäre, was durch die Konzentration der Presse (z.B. Springerkonzern in der BRD, Thomson in Grossbritannien) illustriert werde. Zwar führten die Pressemagnaten oft eine oppositionelle Kritik gegen die Regierung, was als Ausdruck der Pressefreiheit angesehen werde, diese Kritik beschränke sich aber auf die personelle Kritik und lasse die Grundlagen des Systems unberührt. (Der Autor wirft also gerade das vor, was im Osten die Existenzbedingung - freilich mit umgekehrter Zielsetzung - der Presse ausmacht.) (928)

Gerade die Ereignisse in der ČSSR hätten Lenins These bestätigt und gezeigt, dass im Osten die Bourgeoisie zwar geschlagen, aber nicht vernichtet sei. Die Pressefreiheit für den Klassenfeind fordern, käme der Forderung gleich, den Sozialismus zu beseitigen.

Die Ereignisse in der ČSSR, die ihre Ursache vor allem in der Abschaffung der Pressezensur hatten, haben gezeigt, dass es in einem Staat marxistischer Prägung eine Pressefreiheit im Sinne der Menschenrechtskonvention nicht geben kann, ohne die sozialistische zugunsten einer pluralistischen Demokratie aufzugeben.

D. Die Freiheit der Kritik

Einerseits wird die Kritik in Parteibeschlüssen gefördert, oder sogar verlangt, andererseits werden aber solche Aeusserungen strafrechtlich oder disziplinarisch (Entlassung) geahndet.

Die Abgrenzung zwischen erlaubter und strafbarer Kritik ist nirgends getroffen. Eine harmlose Aeusserung über die Parteipolitik kann als Aufwiegelung gegen die Grundinstitutionen des Staates betrachtet werden (929).

Die einzelnen Tatbestände der Delikte, die hier in Frage kommen, sind sehr verschwommen: Bei den besonders gefährlichen Staatsverbrechen (930) sind die Tatbestandselemente (Art. 1-10): Unterhöhlung und Schwächung der Sowjetmacht (Art. 3), gegenrevolutionäre Absicht (Art. 68 StGB RSFSR), Kriegspropaganda in jeder Form (Art. 8 bzw. Art. 71 des StGB), antisowjetische Agitation und Propaganda (Art. 7 bzw. Art. 69 StGB).

Das ungarische StGB unterscheidet in Art. 127 verschiedene Formen der Aufwiegelung: 1. Aufwiegelung gegen die ungarische Nation. 2. Gegen die ungarische Volksrepublik und ihre Staatsordnung, gegen irgendwelche Grundinstitutionen dieser Staatsordnung, der Verfassung oder der Grundsätze der Verfassung, 3. gegen Beziehungen der Freundschaft oder Zusammenarbeit, gegen Bündnisse oder gegen internationale Beziehungen der ungarischen Volksrepublik, 4. gegen irgendein Volk, irgendeine Nationalität, irgendein Bekenntnis oder gegen eine Rasse, sowie - wegen ihrer sozialistischen Ueberzeugung - gegen einige Gruppen oder Personen (931).

Nach den richtungsweisenden Erläuterungen des ungarischen Obersten Gerichtes ist Aufwiegelung ein Gefährdungsdelikt, also wird der tatsächliche Erfolg, resp. die Aufwiegelung nicht gefordert für die Vollendung des Deliktes (932).

Die Linie der KP, der auch der Richter unterworfen ist, ist schwankend: eine heute als antisowjetisch betrachtete Aeusserung kann morgen schon als fortschrittlich gelten und umgekehrt. Einige Beispiele aus der Gerichtspraxis mögen diese schwankende Linie illustrieren: Ein Tischler in der DDR wurde mit vier Jahren Kerker bestraft, weil er sich einem Kollegen gegenüber geäussert hat, er arbeite lieber als Eisenbahner, als sich um politische Angelegenheiten zu kümmern. (Er wurde wegen faschistischer Propaganda verurteilt.) (933) Eine Ehrverletzung gegen Mitglieder einer LPG oder eines Lokalrates wurde in Ungarn als politisches Delikt aufgefasst und als Aufwiegelung bestraft (934). Eine Kritik an der UdSSR wurde als Aufwiegelung gegen die eigene (!) Volksdemokratie qualifiziert (935).

Bei der strafrechtlichen Beurteilung wird auch die Persönlichkeit des Angeklagten berücksichtigt. So wurde ein Arbeiter, der sich über ein mangelhaftes Fernsehgerät beklagte und die DDR als "Gauner- und Lumpenstaat" bezeichnete, von der Anklage der Staatsverleumdung freigesprochen, weil er sonst ein guter Arbeiter sei. Ein anderer Kritiker wurde indessen bestraft, weil er sagte, alle VEB-Betriebe arbeiteten unrentabel (936).

Politisch unerwünschte Aussagen können auch bestraft werden, wenn der Täter zur Zeit der Tat völlig betrunken, also zurechnungsunfähig war (937). Der Begriff der Oeffentlichkeit wird extensiv ausgelegt: öffentlich verleumdet auch, wer damit rechnen muss, dass durch die Wiedergabe an eine Person ein unbestimmter Personenkreis die Aeusserung erfährt.

Eine Kritik im Zusammenhang mit der Parteipolitik wird niemals geduldet. Kritik (und Selbstkritik) steht dem Bürger offen, um persönliche und sachliche Mängel in der Verwaltung, Missstände in der Wirtschaft, die Bürokratie, die Verletzung des Gesetzes durch Amtspersonen, antigesellschaftliche, amoralische Verhaltensweisen von Einzelpersonen, die Verletzung der Prinzipien des sozialistischen Zusammenlebens bzw. der Normen der kommunistischen Moral (938), Vetternwirtschaft, Njekul`turnost` usw. zu tadeln (939).

Eine Kritik darf also nur die Abweichungen von der Parteilinie erfassen, d.h. sie muss aufbauend sein, nicht nur negativ, sie soll die Errungenschaften im allgemeinen erkennen und auf Korrektion ausgerichtet sein. Erlaubt ist eine Kritik an der Unvollkommenheit des Systems, am System selbst jedoch niemals.

Im Unterschied zur früheren Periode des Personenkultes, unterdrücken heute aber nicht so sehr die höhern Organe, als vielmehr die niederen die Kritik. Die höhern Organe müssen sich oft gegen die untern wenden und die Unterdrückung der Kritik bekämpfen, solange nicht Kritik an der Parteilinie geübt wird (940). In Ungarn verlangte der damalige Vizeministerpräsident Marosán György (freilich umsonst) eine Atmosphäre, in der jedermann ohne Furcht seine Meinung äussern könne (941).

Das polnische Oberste Gericht fand in einem Grundsatzentscheid das scheidende Kriterium zwischen erlaubter und strafbarer Kritik in der bona fides: Es sei zu untersuchen, ob der Kritiker das öffentliche Interesse fördern wolle oder nicht (942): "Es ist keine Ehrverletzung oder Verleumdung, wenn jemand über eine dritte Person etwas Unrichtiges behauptet, wenn er dies bona fide tat und der Ueberzeugung war, das öffentliche Interesse dadurch gefördert zu haben." (943)

Trotz der Tendenz, die Kritik an Missständen zu erlauben und dem Recht der Meinungsfreiheit mehr Inhalt zu geben, bleibt der Kern des Grundrechtes unangetastet "sozialistisch". Eine wesentliche Besserung im Sinne einer Liberalisierung ist - ausser während der kurzen Zeitspanne des "Prager Frühlings" - bis jetzt noch nicht eingetreten. In der Sowjetunion ist man bis jetzt nicht über die Kritik am Stalinismus hinausgekommen. Die Grenzen der "sozialistischen" Kritik wurden nur in der ČSSR überschritten (Pressegesetz).

"Kritik ist in der Sowjetunion, soweit sie an die Oberfläche dringt, Bestandteil eines Systems der manipulierten Meinungsbeeinflussung; sie ist Teil einer gesteuerten, gesiebten und dosierten "Informationspolitik", abgestimmt auf die obrigkeitlich fixierte Aufnahmefähigkeit des Volkes und zugeschnitten auf die Schaffung dessen, was man vielleicht als die "Illusion der Meinungsfreiheit" bezeichnen könnte. Offiziell zugelassene Kritik ist stets zweckgerichtet" (944).

E. Die Versammlungsfreiheit

Das Recht der Versammlungsfreiheit (Kundgebungsfreiheit) ist ebenso beschränkt wie die Pressefreiheit und kann nur im Rahmen der Interessen der Werktätigen und zur Festigung der sozialistischen Ordnung ausgeübt werden (945).

Es können somit nur gesellschaftliche Organisationen, die dem kommunistischen Aufbau dienen, von diesem Recht Gebrauch machen, während die Versammlungen der religiösen Vereinigungen nur innerhalb der Kirchenräume auf Grund der Kultusfreiheit geduldet werden (946). Das Recht auf öffentliche Kundgebungen oder Prozessionen wird ihnen untersagt (947).

Oeffentliche Versammlungen und Kundgebungen unterliegen der Anmeldepflicht (948). So kann die Polizei nach freiem Ermessen eine ihr nicht genehme Veranstaltung verhindern und die Versammlungsfreiheit zu einem diskretionalen Recht machen.

Versammlungsfreiheit bedeutet im Sowjetsystem letztlich die Freiheit resp. Verpflichtung des Bürgers, an den von der KP und den andern gesellschaftlichen Organisationen lancierten Kundgebungen teilzunehmen und für den sozialistischen Staat Partei zu nehmen: "Die Versammlungsfreiheit gehört zu den Freiheiten, die die Werktätigen der Deutschen Demokratischen Republik im Kampf um die Beseitigung der imperialistischen Herrschaft, mit der Errichtung der sozialistischen Ordnung errungen haben. Sie kann daher keine Freiheit für eine dem Sozialismus feindliche Betätigung sein" (949).

F. Die Freiheit von Rundfunk und Fernsehen

Art. 27 Abs. 2 der Verfassung der DDR erwähnt neben der Pressefreiheit ausdrücklich die Freiheit des Rundfunks und des Fernsehens.

Diese Kommunikationsmittel können noch besser als die Presse der Erziehung der Massen im Sinne des Sozialismus dienen. Sie sollen ihre Aufgabe "im Kampf gegen die bürgerliche Ideologie" haben (950).

So können westliche Sender in der DDR zwar empfangen werden, aber sie werden durch Störsender gestört. Das Anhören oder Ansehen westlicher Rundfunk- und Fernsehsendungen ist zwar nicht verboten, aber durch das Berichten oder durch Einladungen zu solchen Sendungen macht sich der Bürger strafbar (951).

Auch die Freiheit von Rundfunk und Fernsehen bedeutet nur die Freiheit, ungehindert die Verwirklichung der in der Verfassung festgelegten Ziele und Aufgaben, d.h. die Verwirklichung des Kommunismus zu propagieren (952).

G. Das Petitionsrecht (953)

Verwandt mit dem Recht auf Kritik ist das Petitionsrecht, das dem Bürger erlaubt, Eingaben (Art. 103 Abs. 1 Verf. DDR), Wünsche und Beschwerden (Art. 32 Albanien, Art. 73 Ziff. 1 Polen) und Bitten (Art. 89 Bulgarien) den zuständigen Organen der Staatsgewalt zu unterbreiten. Die Petitionen sollen "rasch und gerecht" und innerhalb der gesetzlichen Frist geprüft werden (Art. 103 Abs. 2 DDR, Art. 73 Ziff. 2 Polen). Art. 103 Abs. 1 (Verf. DDR) verbietet eine Benachteiligung im Falle der Wahrnehmung dieses Rechts.

In der UdSSR wird das Petitionsrecht zwar nicht im Grundgesetz, aber im Ukas vom 12.4.1968 (954) anerkannt. Es wurde ein Zentralamt für Beschwerden und Mitteilungen (zajavlenie) im Ministerium für Kontrolle geschaffen. Sogar anonyme Mitteilungen sind möglich (955). Diese "Popularbeschwerden" können, als Form der Mitgestaltung des Bürgers, an den Staatsanwalt, der der Hüter der sozialistischen Gesetzlichkeit ist, gerichtet werden. Es ist vorgesehen, das praktisch bestehende Petitionsrecht auch in der UdSSR de lege ferenda als Grundrecht auszugestalten und in die Verfassung aufzunehmen (956).

III. Die Freiheit von Wissenschaft und Kunst

Nicht erwähnt in den sozialistischen Verfassungen sind die Freiheit der Wissenschaft und der Kunst, sowie die Lehrfreiheit, die alle einen Teilaspekt der Meinungsäusserungsfreiheit darstellen. Das zu schützende Rechtsgut ist die freie Tätigkeit von Künstlern und Wissenschaftern und das Recht, die Ergebnisse dieser Tätigkeit ungehindert verbreiten zu können.

Gerade hier kommt der Zusammenhang zwischen kommunistischer Ideologie und der totalitären Rechtsanwendung deutlich zum Ausdruck (957).

Als Ausnahme erwähnten nur die alten Verfassungen der ČSSR und der DDR diese Grundrechte. Die erste tschechoslowakische Verfassung vom Jahre 1948 gewährleistete in § 19 in den Schranken des Strafgesetzes Freiheit der schöpferischen geistigen Tätigkeit ... und der wissenschaftlichen Forschung und der Verbreitung ihrer Ergebnisse sowie die Freiheit der Kunst. Auch Art. 34 Abs. 1 der ostdeutschen Verfassung besagte noch, dass die Kunst, die Wissenschaft und ihre Lehre frei seien, in der neuen Verfassung jedoch wurde dieser Artikel gestrichen und der Wortlaut den Realitäten angepasst. Zwar wird in Art. 18 des neuen Grundgesetzes von 1968 die Förderung von Kunst und Wissenschaft zu einem nationalen Anliegen erklärt, aber wie Abs. 2 besagt, beruht das künstlerische Schaffen "auf einer engen Verbindung der Kulturschaffenden mit dem Leben des Volkes". Daraus ist kaum eine Freiheitsgarantie für Wissenschaft und Kunst herauszulesen. Kulturelle Erzeugnisse, die der militaristischen oder revanchistischen Propaganda dienen, werden strafrechtlich verfolgt (958).

Auch an Wissenschaft und Kunst werden die Anforderungen der Partijnost` (Parteilichkeit) gestellt. Parteigebundenheit bedeutet, dass jedes Ereignis vom Klassenstandpunkt aus analysiert werden muss. Die abstrakte, objektivistische und neutrale Darstellung der Wissenschaft ist damit unvereinbar. Nur was dem Geist des Marxismus-Leninismus, von der Partei interpretiert, entspricht und den Interessen der Werktätigen dient, kann Anspruch auf Freiheit erheben. Innerhalb dieses eng abgesteckten Rahmens der politischen Generallinie muss sich sowohl Wissenschaft als auch Kunst bewegen. Da aber diese Generallinie dynamisch ist, sind die Grenzen für die Meinungsäusserungsfreiheit auch hier verrückbar. Die wechselnde Linie der Partei ist Ausdruck der marxistischen Weltanschauung, die kein starres, festgefügtes Dogma, sondern eher eine Kampftaktik ist, die oft die überraschendsten Wendungen nimmt (959). So kann es vorkommen, dass jahrelange Forschungen auf einem Gebiet abgebrochen werden, wenn sie nicht mehr parteikonform sind.

Kurz nach der Revolution wiesen die Geistes- und Naturwissenschaften noch Selbständigkeit auf, sie sind aber heute gezähmt und der Parteilichkeit unterworfen. Die Unterwerfung der Wissenschaft und Kunst erlebte seinen Höhepunkt in den Jahren 1949/50 unter Schdanow. Nach Stalins Tod war eine gewisse Lockerung bemerkbar.

Die Beispiele für Eingriffe der Partei in die freie Forschungsarbeit sind zahlreich, wir erinnern hier nur an den Forscher Lysenko (Vererbungslehre), an Tarlé und Pokrowskij auf dem Gebiet der Geschichte, an Korowin, den Völkerrechtler, an den Philologen Marr und an den Nationalökonomen Varga (960).

Die Mittel, um missliebige Forschungen abzuwürgen, sind gewöhnlich Zurechtweisung und Massregelung. Die Wissenschafter werden der Häresie beschuldigt und ihre Lehren als obsolet abgetan. Ein interessanter Widerspruch in der Stalin-Aera ergab sich dadurch, dass einerseits an Lehrstühlen der Universitäten Einstein gelehrt wurde, und die sowjetischen Wissenschafter die Atombombe entwickelten, andererseits aber die Relativitätstheorie als im Widerspruch zum dialektischen Materialismus offiziell abgelehnt wurde (961). Unter Stalins Nachfolger verstummte die Kritik an der Relativitätstheorie und man war bemüht, sie als Bestätigung der Lehren des dialektischen Materialismus zu betrachten. Dies geschah aber nicht aus Gründen der wissenschaftlichen Objektivität, sondern aufgrund wissenschaftlicher Notwendigkeit. Hierin liegt auch die Chance, dass mit der Notwendigkeit des wissenschaftlichen Denkens sich auch ein freies Denken entwickelt.

Was die Kunst anbelangt, so konnten die Künstler in den ersten Jahren nach der bolschewistischen Revolution (im sog. "silbernen Zeitalter") noch frei Werke von grosser schöpferischer Kraft hervorbringen, wir erinnern an die Dichter Majakowskij, Jessenin, Blok, an die Theaterleute Stanislawskij, Nemirowitsch-Dantschenko, Wachtangow und Tairow, ferner an das Habimah-Theater (962). Auch die zaristische russische Ballettradition, die zuerst als "bourgeoise" Einrichtung angesehen wurde, konnte sich dank Lunatscharskij, dem ersten Kultusminister (Volkskommissar für Kultur), der ein ausgesprochener Ballettomane war, erhalten (963).

Nach und nach wurde, parallel mit den Wissenschaften, jedoch die Freiheit der Kunst unterdrückt und völlig in den Dienst der ideologischen Schulung gestellt. Dem l'art pour l'art wurde der Kampf angesagt. Schdanow forderte, dass alle Literatur Parteiliteratur werden müsse (964). Schriftsteller, die gegen die Parteilichkeit verstiessen, wurden gemassregelt und zu einem Reuebekenntnis verpflichtet: Erst nach dem Reuebekenntnis durften wieder Werke von ihnen erscheinen (965): So der ukrainische Satiriker Soschtschenko, die Dichter Fadejew, Simonow (dessen Drama "Russische Menschen" vom ebenfalls gemassregelten Pudowkin verfilmt wurde) (966), Katajew, dessen Theaterstück "Der Kreidestrich" auch im Westen bekannt wurde, ferner die grosse Lyrikerin Anna Achmatowa und ihr Mann, der Dichter Gumiljow, der als Konterrevolutionär erschossen wurde. Anna Achmatowa war Mitbegründerin des "Akmeismus" und setzte sich mit der Theorie, dass die Kunst um der Kunst willen und das Schöne um des Schönen willen da sei, in krassen Gegensatz zu der von der Partei geforderten engagierten Literatur.

Zwar war die russische Literatur immer eine "engagierte" (967), und gerade deshalb immer in Konflikt mit den Zensurstellen. Wenn die Zensur auch nicht unbedingt der Kunst abträglich zu sein braucht (sie zwingt die Künstler oft, neue Formen zu entwickeln, zu Fabel und Verfremdung Zuflucht zu nehmen), so unterscheidet sich doch die kommunistische Einflussnahme auf die Literatur von der zaristischen dadurch, dass im Zarenreich ein Werk wohl inhaltlich, aber niemals der Form willen zensiert wurde. So konnte sich damals ein Dichter vor politischen Verwicklungen bewahren, indem er dem l'art pour l'art huldigte, unter den heutigen Verhältnissen aber wird er in diesem Falle des Formalismus und der Volksfremdheit beschuldigt. Eine solche Massregelung mussten sich die berühmten Filmregisseure Eisenstein und Pudowkin, die Musiker Schostakowitsch, Prokofjew und Chatschaturjan gefallen lassen (968).

Der Marxismus-Leninismus fand die ihm adäquate Kunstform im sog. sozialistischen Realismus, der (von Maxim Gorkij vertreten), von Stalin zur allein gültigen Form erhoben wurde. Dies gilt sowohl für die Literatur, Musik und Malerei, als auch für Architektur und Skulptur. Der sozialistische Realismus verlangt die Darstellung des "grossen, kühnen, starken" Menschen der neuen Menschheit (969), also eine Art "positiven" Held, im Gegensatz zum eher "negativen" Held der traditionellen russischen Klassiker (Oblomow, Rudin, Onegin usw.). Die Zustände sollen nicht so geschildert werden, wie sie in der Realität, sondern wie sie in der Zukunft, in der "klassenlosen" Gesellschaft sein werden.

Eine gewisse Liberalisierung konnte man in den Jahren des sog. "Tauwetters" (ottepel`) nach Stalins Tod 1953 feststellen. Ein Roman von Ilja Ehrenburg gab dieser Periode den Namen, in der viele Dichter, die auch im Westen bekannt wurden, schöpferisch tätig waren: Boris Pasternak, Wladimir Dudinzew, Vera Panowa, Ewgenij Ewtuschenko u.a.

Diese Tauwetterperiode war jedoch nur von kurzer Dauer und musste erneut einer starren Kulturpolitik weichen, was durch die Massregelung des Nobelpreisträgers Pasternak, die Verurteilung der Schriftsteller Amalrik, Martschenko, Daniel und Sinjawskij (970) und den Ausschluss von Solschenizyn aus dem Schriftstellerverband illustriert wird.

Freiheit von Wissenschaft und Kunst gibt es im Sowjetsystem nur innerhalb der Grenzen des sozialistischen Humanismus und Realismus. Wissenschaft und Kunst haben den Zielen des Marxismus-Leninismus und damit der KP zu dienen.

Dies bedeutet für Wissenschaft und Kunst eine ebensolche einseitige Verengung und Verarmung, wie sie durch das katholisch-christliche Dogma für die Kunst vor der Renaissance und für die Wissenschaft vor der Aufklärung bewirkt wurde.

IV. Zusammenfassung

Freiheit der Meinungsäusserung kann nur beanspruchen, was dem Interesse oder der Festigung des sozialistischen Systems dient. Wer über die Generallinie, die Verfassungskraft hat (vgl. Art. 125 Verf UdSSR), hinausgeht, kann sich nicht auf das Grundrecht berufen und macht sich womöglich der staatsfeindlichen Propaganda oder Agitation schuldig (Art. 7 Gesetz über Staatsverbrechen). Verboten ist nicht nur eine Agitation, die einen gewaltsamen Umsturz bezweckt, sondern jede Propaganda, die auf eine Systemänderung abzielt. Kleinere "Vergehen" werden aber nicht immer strafrechtlich, sondern mit andern, nicht minder wirksamen Mitteln, sanktioniert: Mit Disziplinarmassnahmen, Entzug von Bewilligungen, mit Rede- und Druckverbot.

Die Kundgebungsfreiheit besteht nicht für den einzelnen Bürger, denn die Versammlungen und Kundgebungen sind Sache der öffentlichen Organisationen. Religiöse Umzüge und Prozessionen werden, da sie nicht zur Festigung des sozialistischen Systems beitragen, nicht bewilligt. Oft wird auch die negative Versammlungsfreiheit durch politische oder berufliche Diffamierung missachtet (971). In der Geschichte des Kommunismus wurde nur ein einziges Mal eine freie Demonstration erlaubt: in Ungarn am 23. Oktober 1956. Die Folge davon war, dass nach den ersten Schüssen der AVO (Staatsschutzpolizei) der Volksaufstand ausbrach.

Auch Kunst und Wissenschaft dienen der "Transmission" und werden infolgedessen reglementiert durch eine staatliche Kunstpolitik, die verfassungsmässig verankert ist (vgl. z.B. Art. 18 Verf. DDR).

Die Freiheit der Meinungsäusserung bezieht sich nur auf parteikonforme Aeusserungen. Der Inhalt der Meinungsäusserung ist zweckgebunden, wie alle Grundrechte im Kommunismus.

Die Widersprüche, die sich bei oberflächlicher Betrachtung der Verfassungen ergeben, lösen sich auf, wenn man bedenkt, dass alle Beschränkungen, denen die in der Verfassung genannten Grundrechte unterliegen, nach kommunistischer Auffassung unbeachtlich sind, da sie allen Grundrechten schon immanent sind. Grundrechte dürfen nur in Uebereinstimmung mit den Interessen der Werktätigen und zum Zweck der Festigung des sozialistischen Systems ausgeübt werden.

Freiheit der Meinungsäusserung ist im Sowjetsystem kein neutraler, abstrakter Begriff, sondern weist stets einen Klasseninhalt auf. Gerade dieses Grundrecht kann nicht isoliert vom Klassencharakter betrachtet werden: Wer die Wahrheit und die geschichtliche Notwendigkeit (im marxistischen Sinne) negiert, äussert sich nicht frei, sondern er betreibt Hetze und verfällt der Unfreiheit (972).

Die entsprechenden Artikel der Verfassungen, die die Meinungsäusserung zum Inhalt haben, tönen eher nach einem Recht zur Konfiszierung des Materials, das zur Ausübung der Rechte erforderlich ist, und nicht wie ein Freiheitsrecht (973).

Der Begriff der Meinungsfreiheit im Sowjetsystem verengt sich zum Recht, die Parteilinie zu befolgen und Kritik anzubringen an allem, was den Fortschritt des sozialistischen Systems hindert. "Freie Meinungsäusserung im Sozialismus ist damit das Recht des Bürgers, zur Erkenntnis der Wahrheit als der objektiven Grundlage des gesellschaftlich richtigen Verhaltens und Handelns beizutragen; es umfasst und schützt alle zur Heranbildung einer richtigen gesellschaftlichen Meinung notwendigen Formen der Meinungsäusserung" (974).

"Die Freiheit der Presse, des Rundfunks und des Fernsehens zu sichern heisst deshalb vor allem, keinerlei Missbrauch der Massenmedien für die Verbreitung bürgerlicher Ideologien zu dulden und ihre Tätigkeit bei der Verbreitung der marxistisch-leninistischen Ideologie, als Form des schöpferischen Meinungsaustausches der Werktätigen, bei der Organisierung des gemeinsamen Handelns der Bürger für die gemeinsamen sozialistischen Ziele voll zu entfalten" (975).

Eine echte Meinungsfreiheit kann sich aber nach liberaler Auffassung nur da entfalten, "wo die Einsicht in die Ergänzungsbedürftigkeit der eigenen Wahrheitsbehauptung sich auswirkt" (976).

§ 15 GLAUBENS- UND GEWISSENSFREIHEIT

I. Der Begriff

"Jeder Mensch hat Anspruch auf Glaubens-, Gewissens- und Religionsfreiheit, dieses Recht umfasst die Freiheit, seine Religion oder seine Ueberzeugung zu wechseln, sowie die Freiheit seine Religion oder Ueberzeugung allein oder in Gemeinschaft mit andern, in der Oeffentlichkeit oder privat, durch Lehre, Ausübung, Gottesdienst und Vollziehung von Riten zu bekunden" (977).

Glaubens- und Gewissensfreiheit bedeuten nicht dasselbe: Die Glaubensfreiheit bezieht sich auf die religiöse Freiheit (im Sinne der re-ligio, der "Wiederbindung" des Menschen an Gott), die Gewissensfreiheit auf die Freiheit anderer, auch agnostischer und atheistischer Anschauungen. Schon die Weimarer Verfassung machte die Gewissensfreiheit zu einem selbständigen Grundrecht (978).

Nach rechtsstaatlicher Ansicht bedeutet Glaubens- und Gewissensfreiheit, dass der Staat keine religiöse Meinung noch eine andere Anschauung vorschreiben darf (Verbot des Weltanschauungsstaates) (979). Religion ist in diesem Sinne Privatsache. Der Bürger soll in Wort und Schrift seiner religiösen oder einer andern Ueberzeugung freien Ausdruck geben können, unter der Einschränkung, dass sie nicht die öffentliche Sicherheit und Ordnung und die guten Sitten verletzt. Ebenso deckt die Glaubens- und Gewissensfreiheit (Art. 49 Abs. 1 BV) die Verkündung einer Lehre, die den herrschenden moralischen Anschauungen widerspricht, sofern nicht der Lehre in der Praxis Folge geleistet wird (980).

Gewissensfreiheit bedeutet also sittliche Handlungsfreiheit, sofern nicht gegen die Rechtsordnung verstossen wird.

Die Glaubens- und Gewissensfreiheit umfasst auch die Kultusfreiheit, d.h. die freie Handlung der Gottesverehrung. Eine andere Kulthandlung, z.B. eine freidenkerische ist nicht geschützt durch Art. 50 Abs. 1 der BV, wohl aber durch das Strafgesetz (Art. 261 StGB) (981).

Wie jedes Freiheitsrecht, so wird auch die Glaubens- und Gewissensfreiheit nur innerhalb der staatlichen Ordnung garantiert, denn die Berufung auf die Grundrechte entbindet nicht von der Erfüllung der staatsbürgerlichen Pflichten (Art. 49 Abs. 5 BV). Der Gesetzgeber sollte aber schon bei der Ausgestaltung der bürgerlichen Pflichten auf die Glaubens- und Gewissensfreiheit, resp. auf Gewissenskonflikte im Sinne des Gleichheitsgedankens Rücksicht nehmen (982).

II. Die Trennung von Kirche und Staat

Die Gewissensfreiheit wird garantiert durch die Trennung von Kirche und Staat (983).

Art. 124 der Sowjetverfassung spricht diese Trennung von Staat und Schule von der Kirche aus. Die Trennung, die in den westlichen Ländern zur freien Entfaltung der Kirchen führt, sollte im Osten aber den endgültigen Tod der Kirche bewirken (984). Der Staat hat hier eine institutionalisierte Kontrolle über die Kirche, die Ernennung von Geistlichen ist vom staatlichen Placet abhängig.

Die Akzente in Art. 124 Verf. sind zugunsten des antireligiösen Bekenntnisses verschoben, dem in jeder Hinsicht ein freies Betätigungsfeld gesichert wird (985). Die Gewissensfreiheit, resp. Religionsfreiheit bezieht sich nur auf die Ausübung religiöser Kulthandlungen, nicht aber auf das öffentliche Bekenntnis (986) oder die religiöse Propaganda. Andererseits ist die antireligiöse Propaganda ausdrücklich in Art. 124 erwähnt:

"Zum Zwecke der Gewährleistung der Gewissensfreiheit für die Bürger sind in der UdSSR die Kirche vom Staat und die Schule von der Kirche getrennt. Die Freiheit der Ausübung religiöser Kulthandlungen und die Freiheit antireligiöser Propaganda werden allen Bürgern zuerkannt."

Art. 124 dient vor allem dazu, Gewissensfreiheit, d.h. die Freiheit vom religiösen Gewissen und die atheistische Propaganda zu gewährleisten. Die Akzente sind hier also gerade umgekehrt gesetzt als in den westlichen Staaten, wo die Glaubens- und Gewissensfreiheit vor allem der freien Betätigung der Kirchen dient (987), und der Staat die christliche Glaubenslehre als Fundament der Gesellschaft anerkennt (988).

Die Glaubens- und Gewissensfreiheit wird aber doch - rechtswidrig - suspendiert, auch im Falle einer bloss virtuellen Bedrohung des Staates, wie das Verbot der Societas Jesu in der Schweiz beweist (Art. 51 Abs. 1 BV). Obwohl der Jesuitenorden ein Gegner der Glaubens- und Gewissensfreiheit ist, da er den konfessionslosen Staat und die Gleichberechtigung der Kirchen bekämpft (989), scheint der Ausnahmeartikel heute nicht mehr aktuell zu sein (990).

Die Glaubens- und Gewissensfreiheit im rechtsstaatlichen Sinne sollte die völlige Gleichberechtigung sowohl der religiösen als auch der areligiösen Bekenntnisse verwirklichen.

Von einer Gleichberechtigung in der sowjetischen Rechtswirklichkeit kann schon aus Art. 122 und 123 der Verfassung nicht geschlossen werden, da die Gleichberechtigung zwar ohne Unterschied des Geschlechts, der Rasse und der Nationalität, nicht aber der Weltanschauung garantiert wird.

Das Entgegenkommen der sozialistischen Verfassungen den religiösen Bekenntnissen gegenüber, die mit der Ideologie des Marxismus-Leninismus nicht zu vereinbaren sind, geschieht nicht aus Erwägungen der Menschenrechte, sondern es handelt sich hierbei um rein taktische Massnahmen, um die christlichen Konfessionen in die allgemeine Aufbauarbeit des Sozialismus einzuspannen: "In der Deutschen Demokratischen Republik beweist die aktive und schöpferische Mitarbeit der christlichen Bürger bei der Gestaltung der sozialistischen Gesellschaft, dass sie in dieser Gesellschaft und in diesem Staat ihre religiöse Freiheit gewahrt wissen. Sie sehen, dass ihre von Frieden, Menschlichkeit und Nächstenliebe geprägten ethischen Auffassungen mit den Grundsätzen und Zielen der sozialistischen Gesellschaft übereinstimmen und dass in der sozialistischen Menschengemeinschaft erstmalig die Ideale des Humanismus und der Friedensliebe, der Freiheit und der Achtung der Würde des Menschen verwirklicht werden" (991).

Dass von einer Glaubens- und Gewissensfreiheit im sozialistischen Staat nicht gesprochen werden kann, leuchtet ein, wenn man bedenkt, dass sich der Staat in Fragen der Weltanschauung nicht neutral verhält, sondern mit allen Mitteln die Verwirklichung der marxistisch-leninistischen Weltanschauung durchsetzen will. Eine vollständige Glaubens- und Gewissensfreiheit ist aber nicht möglich in einem Weltanschauungsstaat, sei nun die Anschauung religiös oder areligiös.

Die betreffenden Grundrechte in den sozialistischen Verfassungen beziehen sich daher nur auf die religiöse Gewissensfreiheit, da es eine Freiheit vom Gewissen nur im Sinne der Freiheit vom religiösen Gewissen, nicht aber Freiheit von der marxistisch-kommunistischen Weltanschauung geben kann.

"Die philosophische Grundlage des Marxismus bildet ... der dialektische Materialismus, der die historische Tradition des Materialismus des 18. Jahrhunderts völlig übernommen hat - eines Materialismus, der unbedingt atheistisch und jeder Religion feindlich ist ... Die Religion ist das Opium des Volkes - dieser Ausspruch von Marx ist der Eckpfeiler der ganzen Weltanschauung des Marxismus in der Religionsfrage" (992).

Der philosophische und der dialektische und historische Materialismus beruhen auf dem Axiom des Primates der Materie im Gegensatz zum Idealismus (Dualismus), der eine ausserhalb der Materie stehende Kraft (Geist) annimmt, der die Natur erschaffen habe. Der Materialismus, der sich zum Monismus bekennt, sieht den Geist, resp. das Bewusstsein und Denken als Funktion der Materie. Schon die marxistische Lehre von Basis und Ueberbau (993) beantwortet die Frage nach der Zukunft der Religion im Sowjetsystem: Die Wirtschaft ist die Basis, die juristischen, politischen, religiösen, philosophischen, künstlerischen und literarischen Anschauungen und Strömungen stellen Elemente des Ueberbaus dar. Jede Wirtschaftsform entwickelt die ihr eigenen Elemente des Ueberbaus, die aber ihrerseits die Entwicklung der Basis fördern (bzw. fördern sollen!). Es besteht also eine Wechselwirkung zwischen Basis und Ueberbau. Mit der Aenderung der Basis verändert sich auch der Ueberbau. Nach dem Verschwinden des kapitalistischen Wirtschaftssystems müsste auch die Religion verschwinden, was sich aber bisher als Irrtum erwiesen hat.

III. Die Entwicklung in der Sowjetunion seit 1906

A. Das Staatskirchentum

Die Verfassung von 1906 verankerte die Einheit von Staat und Rechtgläubiger Kirche im Zaristischen Russland (Art. 62). Nur der russisch-orthodoxen Kirche war eine Missionstätigkeit erlaubt, während die andern Bekenntnisse nur geduldet und gewisse Sekten verboten waren.

B. Die Periode von 1917 - 1927

Diese Zeitspanne steht im Zeichen der Schwächung der Kirche. Während in den westlichen Demokratien durch die Trennung von Kirche und Staat der Kirche ein Eigenleben zugesichert wird, begnügte sich der sozialistische Staat nicht mit der Verwirklichung der Trennung. Das Ziel war die völlige Zerschlagung des russisch-orthodoxen Staatskirchentums und der Kampf gegen die Kirche im allgemeinen und gegen jedes religiöse Bekenntnis.

Durch das Dekret vom 23.1.1918 (994) wurden die Grundzüge für das Verhältnis von Kirche und Staat festgelegt. Die Artikel 2 f. sprechen die Trennung und die völlige Gewissensfreiheit aus, d.h. jeder Bürger hat das Recht, "sich zu einer beliebigen Religion oder zu gar keiner zu bekennen". Art. 3 gewährleistet die Kultusfreiheit, die freie Ausübung religiöser Kulthandlungen, soweit nicht die öffentliche Ordnung gestört oder in die bürgerlichen Rechte eingegriffen wird. Art. 9 verbietet den religiösen Schulunterricht, privater Unterricht ist aber weiterhin erlaubt. Auf die Kirchgemeinde ist das Vereinsrecht anwendbar (Art. 10), aber die Kirche besass damals keine Rechtspersönlichkeit und demzufolge auch kein Eigentum (Art. 12). Eine spezielle Verfügung der Lokalbehörden musste für die Benutzung der Räumlichkeiten und der Kultgegenstände, die im Volkseigentum standen (Art. 13) eingeholt werden (Leihe) (995).

Alle späteren Rechtsnormen sind im Grunde genommen Paraphrasen dieser Verordnung aus dem Jahre 1918.

C. Die Periode von 1927 - 1939

War die erste Periode im Kampf gegen die Kirche noch durch die schwache Stellung des kommunistischen Regimes und ihre mannigfaltigen Schwierigkeiten

(Kriegskommunismus und NEP-Periode), die gezwungenermassen eine gewisse Mässigung auferlegten, gekennzeichnet, so stand die nun folgende Zeitspanne von 1927-1939 ganz im Zeichen der Verfolgung und Vernichtung.

1929 wurde Art. 13 der Verfassung der RSFSR geändert: Nun war nur noch die Freiheit der Ausübung religiöser Kulthandlungen und der antireligiösen Propaganda gewährleistet, während noch 1918 der gleiche Verfassungsartikel die Freiheit der religiösen und der antireligiösen Propaganda allen Bürgern zuerkannt hatte. Der neue Artikel 13 wurde in dieser Form auch in die neue Verfassung der Union (1936) aufgenommen (Art. 124).

Der Beschluss des VCIK (Allunions-Exekutivkomitee) und des Volkskommissarenrates der UdSSR vom 8.4.1929 (996), der auch heute noch in Kraft steht, schreibt für alle Kultarten Registrierungszwang bei den örtlichen Verwaltungsbehörden (Lokalsowjet) vor (Art. 4). Die Tätigkeit nichtregistrierter Religionsgemeinschaften ist verboten. Die Registrierung kann erst erfolgen, wenn mindestens 20 Personen sich zu einer religiösen Gemeinschaft zusammenschliessen und Antrag stellen. Dann wird ihnen ein Grundstück zur Verfügung gestellt (997) und Mobiliar auf Grund eines Vertrages zur unentgeltlichen Nutzung überlassen (Art. 26 ff.), wobei aber Art. 36 den Widerruf durch höhere Organe gestattet, wenn die Räumlichkeiten mit Rücksicht auf staatliche oder gesellschaftliche Interessen nicht mehr überlassen werden können. Bei vorzeitiger Aufkündigung des Vertrages sind das Mobiliar, die Kirchenglocken usw. dem Staatsfonds zu übergeben (Art. 38) (998).

Die Registrierung zieht nicht den Status einer juristischen Person nach sich, die Rechtspersönlichkeit wurde den Kirchen aber am 31.1.1945 zuerkannt.

Art. 17 der erwähnten Verordnung verbietet den Kirchen: 1. Die Bildung mutueller Hilfsvereine und Produktionsgenossenschaften, ferner die aufgrund eines öffentlich-rechtlichen Vertrages anvertrauten Objekte anders als für religiöse Zwekke zu gebrauchen (Kampf gegen die Tote Hand); 2. die mutuelle Hilfe an die Mitglieder; 3. Die Religionsgemeinschaft darf keine Bibliotheken, Lesesäle, Kinderspielplätze und Sanatorien unterhalten, ferner darf sie keine Ausflüge und Bibelstunden für Kinder, Frauen und Jugendliche (die aufgrund der Statistiken offenbar für religiöse Anschauungen besonders anfällig sind), veranstalten. Art. 18 verbietet weiter den Unterricht an Schulen und Erziehungsanstalten, mit Ausnahme der speziellen Schulen und theologischen Kurse für die Ausbildung der Geistlichen. Das Kollektenrecht und die Tätigkeit der religiösen Vereinigungen ist aber auf den Ort der Registrierung beschränkt, deshalb sind u.a. auch keine Visitationen der Bischöfe möglich. Lokale Konferenzen und Kongresse oder solche auf Republiks- oder Unionsebene sind von einer Genehmigung des VK des Innern (nach 1946 Innenministerium) abhängig (Art. 20). Art. 64 endlich sichert die Aufsicht der Lokalsowjets über die Gemeinschaften.

Da durch Dekret vom 27.12.1932 der Passzwang eingeführt wurde (Nichtwerktätige, d.h. also auch Geistliche, hatten in Grossstädten und in ihrer Umgebung kein Wohnrecht), wurden die Kirchgemeinden voneinander isoliert.

Der 1932 gegründete "Bund militanter Gottloser" sah einen antireligiösen Fünfjahresplan vor, dessen einzelne Ziele wie folgt umschrieben wurden: Entfernung der äussern religiösen Zeichen und Symbole, Einstellung der Ausbildung von Geistlichen, keine religiöse Literatur, Ausmerzen der religiösen Elemente in Familie und antireligiöse Propaganda auf dem Gebiet der ganzen Sowjetunion, ferner die Liquidierung der Gotteshäuser (999).

D. Periode nach 1939

Diese Epoche der Kriegsjahre war gekennzeichnet durch die Politik der Ausnützung der Kirche. Wenn seit dem Jahre 1943 eine Verbindung mit dem Moskauer Patriarchen der Rechtgläubigen Kirche hergestellt wird und beim Rat der Volkskommissäre ein Rat für Angelegenheiten der Rechtgläubigen Russischen Kirche und 1944 ein Beirat für die Angelegenheiten der nichtrechtgläubigen Bekenntnisse gebildet wurde (1000), so bedeutet dies die vollständige Unterstellung der Kirche, da die staatspolitische Bedeutung dieser "Räte" die einer Zentralstelle ist.

Wie schon bemerkt, bezieht sich der Glaubensberechtigungsartikel (Art. 123) nicht auf das religiöse Bekenntnis, und so konnte der Kampf gegen die Religion auch auf strafrechtlichem Gebiet aufgenommen werden: Bis 1961 galt die Sozialgefährlichkeit des Täters (und der Tat) als Tatbestandselement eines jeden Deliktes (1001). Aufgrund dieser subjektiven Sozialgefährlichkeit (das religiöse Bekenntnis war ein Indiz dafür), konnten Bürger deportiert werden.

Der Kampf gegen die Kirche nahm nach dem Kriege immer mehr ideologische Formen an. Mittel dazu war die Agitation, deren Hauptorgane das Institut für Philosophie der Akademie der Wissenschaften der UdSSR und die spezielle Abteilung für Atheismus und die Lehrstühle der Universitäten waren (und sind) (1002). In den Lehrerseminarien wurde eine spezielle Disziplin für atheistische Propaganda errichtet, was dem Staat umso notwendiger erschien, als auch heute noch die Kindererziehung infolge der Arbeitstätigkeit der Frauen in den Händen vor allem der babuschki (Grossmütter) liegt, die ihre Enkel mit religiösen Ideen vertraut machen (1003).

Der Kampf gegen die Religion wurde meist nicht von Parteileuten, sondern von parteilosen Aktivisten auf gesellschaftlicher Ebene geführt. In den Bibliotheken und Klubs wurden spezielle Atheistenecken eingerichtet (1004). Kampagnen gegen Trauerzüge und Gottesdienste wurden unternommen, da die Werktätigen deswegen ihrer Arbeit fernblieben. Die christlichen Sakramente, wie Taufe, Ehe usw. suchte man durch Namensgebungsfeste und Ehekombinate zu ersetzen. Die Bemühungen, die kirchlichen Feiertage (Ostern, Weihnachten, Neujahr) abzuschaffen, sind jedoch bisher fehlgeschlagen (1005). 1954 wurden die "militanten Gottlosen" wegen Missbräuchen aufgelöst und durch die "Gesellschaft für die Verbreitung politischer und wissenschaftlicher Kenntnisse" ersetzt, die seit 1959 eine eigene Zeitschrift ("Nauka i religija") besitzt. Dadurch sollte eine umfassende wissenschaftlich-atheistische Propaganda gewährleistet werden (1006).

IV. Die heutige Lage der Kirche in der UdSSR

Religionsverbände bedürfen für ihre Tätigkeit - wie erwähnt - einer staatlichen Erlaubnis, die erteilt wird, wenn sie 20 Mitglieder (bei "Bekenntnisgruppen" weniger) umfassen. Wenn die Gemeinde als solche registriert ist, geniesst sie den Status einer juristischen Person (1007). Die Gebäude der Kirchen sind Staatseigentum und werden unentgeltlich zur Nutzung überlassen, wogegen die Kultgegenstände Kircheneigentum sind. Im übrigen vergleiche man die Bestimmungen der Dekrete vom 23.1.1918 und vom 8.4.1929, die auch heute noch für die juristische Stellung der Kirche massgebend sind.

Die Anzahl der Kirchen und Kapellen in der UdSSR beträgt 37000 (wovon 20000 russisch-orthodoxe, 5400 protestantische, 8000 Moscheen, 1235 katholische, 400 Gebetshäuser, 20 buddhistische Sanktuarien, 100 Tempel des armenischen Ritus und 400 Adventistenräume). Klöster besitzt nur die russisch-orthodoxe Kirche. Die Prawoslawe Kirche besitzt ausserdem 8 Seminarien (Mittelschulen für die Ausbildung der Geistlichen) und zwei theologische Akademien (1008).

Der Kirchgemeinderat und die Hauptgeistlichen werden von einem Bischof ernannt. Mehrere Gemeinden sind zu einer Diözese zusammengefasst, die wiederum aus Eparchien, die einem Eparchialbischof unterstehen, bestehen. Das Oberhaupt dieser Hierarchie ist der Patriarch von Moskau. Die höchste vollziehende und repräsentative Gewalt stellt der Heilige Synod dar (1009).

Durch die schon erwähnte Institution des Rates für Angelegenheiten der Rechtgläubigen Russischen Kirche und den Beirat für die Angelegenheiten der nichtrechtgläubigen Bekenntnisse sichert sich der Staat die Aufsicht über die Kirche. Es besteht also kein Konkordat des Staates mit der Kirche wie z. B. in Italien (Lateranverträge), sondern die Beziehungen haben den Charakter der Unterstellung der Kirche unter den Staat.

Im Gegensatz zu den meisten Volksdemokratien erhält die Kirche auch keine staatlichen Subventionen und ist infolgedessen auf private Spenden angewiesen (1010). Andererseits werden die Einnahmen - ausser den Löhnen der Pfarrer - nicht besteuert.

In der Sowjetunion soll es in den 30000 Pfarreien, die zu mehreren Bistümern - gewöhnlich mit den Verwaltungsgebieten (oblast`) identisch - zusammengefasst sind, 30 Millionen Gläubige geben. Diese Zahl wurde auf der Prager Weltfriedenskonferenz der Christen 1961 angegeben (1011). Es ist aber äusserst schwierig, die Anzahl der Kirchenmitglieder in einem sozialistischen Staat festzustellen, da es nach dem Dekret des Volkskommissarenrates vom 5.2.1918 verboten ist, in Urkunden Angaben über die Religion aufzunehmen (1012). Diese auf den ersten Blick rechtsstaatliche Garantie (der Bürger ist nicht gehalten, gegenüber amtlichen Behörden Angaben über sein Glaubensbekenntnis zu machen), verliert seine Bedeutung aber, wenn man sich vergegenwärtigt, dass zur Gründung von religiösen Gemeinschaften eine Registrierung mit Einreichung der Mitgliederlisten vorgesehen ist, die es dem Staat erlauben, die Weltanschauung der Bürger zu kontrollieren (1013).

Eine Folge des Kampfes gegen die Kirche ist die starke Verbreitung der Sekten in Russland. 80-90% der Sektenmitglieder sollen Frauen sein (Putzfrauen, Krankenwärterinnen, Wächterinnen), wovon wiederum 10-15% Jugendliche, meist Mädchen (1014). In der russisch-orthodoxen Kirche wird die Zahl der Frauen auf 75-80% geschätzt (1015), 85% der Anhänger der Rechtgläubigen Kirche sind Menschen von über 50 Jahren (1016).

Die Kirchgemeinde ist wie erwähnt dem Vereinsrecht unterstellt. Das in Art. 125 der Verfassung garantierte Recht auf Vereinigung kann aber nur in Uebereinstimmung mit den Interessen der Werktätigen (= der Partei) und zum Zweck der Festigung des sozialistischen Systems (Art. 125/126 Verf.) ausgeübt werden. Zum Schein duldet die Verfassung die Prawoslawe Kirche, während kleine Sekten aber verfolgt werden (z.B. die Zeugen Jehovas und die Pfingstgemeinde). Wenn sich die Kirche aber dem kommunistischen Aufbau entgegenstellt, wird sie als Staatsfeind betrachtet und aufgelöst: Art. 18 des ZGB RSFSR von 1922 (vgl. Art. 39 ZGB 1964) (1017) erlaubt die Auflösung eines Vereins durch Verwaltungsakt, wenn die Vereinigung von den Interessen des Staates oder von den satzungsgemässen Zwecken abweicht.

Auf strafrechtlichem Gebiet wurden die Sanktionen wegen Verletzung der konstitutionell ausgesprochenen These von der Trennung von Kirche und Staat (vgl. Dekret vom 23.1.1918) durch die Ukase Nr. 220 und 221 von 1966 verschärft: Ukas Nr. 221/1966 über die Anwendung des Art. 142 des StGB RSFSR lautet: "Unter Verletzung der Gesetze über die Trennung von Kirche und Staat und der Schule von der Kirche ... wird verstanden:

- die zwangsläufige Sammlung und Besteuerung zugunsten religiöser Organisationen oder Pfarreien,
- die Anfertigung zwecks massenhafter Verbreitung <u>oder</u> massenhafter Verbreitung von Aufrufen, Briefen, Flugblättern und andern Dokumenten, welche zur Nichtachtung der Gesetzgebung über die religiösen Kulte auffordern (Anm.: z.B. Ausflug für Kinder, oder eine Zusammenkunft für Kinder zwecks Religionsunterricht, Bibellesung usw.),
- betrügerische Handlungen zwecks Herbeiführung von religiösen Aberglaubens unter den Massen der Bevölkerung,
- die Organisation und Durchführung von religiösen Versammlungen, Umzügen und anderen Kultzeremonien, welche die gesellschaftliche Ordnung verletzen (Anm.: z.B. Gottesdienst zur Arbeitszeit usw.),
- die Ablehnung der Aufnahme von Staatsbürgern zur Arbeit oder in die Schule,

die Entlassung von der Arbeit oder der Ausschluss aus der Schule, der Entzug der gesetzlich vorgesehenen Erleichterungen und Vorteile der Staatsbürger, sowie andere bedeutende Einschränkungen der Rechte der Staatsbürger, wegen ihres Verhältnisses zur Religion." (1018)

Es muss betont werden, dass der letzte Absatz dieses Ukases den demokratischen Charakter des Staates ausdrücken soll, aber es ist nirgends verboten, dass der Werktätige infolge "Umorganisation" seine Stelle verliert und Kinder und Jugendliche wegen des "numerus clausus" (Platzmangel) nicht an Mittel- und Hochschulen aufgenommen werden!

Für die Kirche besteht heute nur die Freiheit der Kultausübung in den dazu vorgesehenen Räumlichkeiten, wogegen die antireligiöse Propaganda, die in den Händen des ZK der KPdSU liegt, unbeschränkt ist. In Schulen und Lehranstalten darf kein religiöser Unterricht erteilt werden und auch ausserhalb der Schulräumlichkeiten ist ein Unterricht an Minderjährige verboten, wenn er "Gruppencharakter" hat. Erlaubt ist hingegen die religiöse Erziehung der Kinder durch Eltern und Verwandte im Rahmen der Familie (1019).

Die Kirche in der UdSSR befindet sich in einer schwierigen Lage. Einerseits will die offizielle Kirche das Vertrauen des Staates gewinnen, verliert aber andererseits durch ihre politische Haltung Mitglieder (1020), die sich in den schwer überschaubaren Sekten zusammenschliessen. Dass die Sekten auch heute noch eine grosse Rolle spielen, zeigt auch der Roman von Nikolaj Ewdokimow, "Xenia, die Sünderin" (1021).

Die heutige Lage der Kirche im Staat stellt einen Kompromiss dar, der das Ergebnis des bisher misslungenen Versuchs ist, die Kirche in der UdSSR ganz auszurotten. Nach leninistisch-stalinistischer Anschauung sind der Materialismus und der wissenschaftliche Sozialismus unvereinbar mit dem Aberglauben der Religion. Nach marxistischer Lehre ist auch die Religion nur Ueberbau: mit der Aenderung der Basis, d.h. der ökonomischen Verhältnisse, ändert sich auch der Ueberbau, somit sei die Religion zum Absterben verurteilt, was sich aber bis jetzt, vielleicht gerade wegen der Verfolgung, als Irrtum herausgestellt hat.

Wie wir gesehen haben, erfolgte die geplante Entmachtung der Kirche in der Sowjetunion schrittweise durch die Verdrängung des Religionsunterrichtes in den staatlichen Schulen, durch die Entziehung öffentlich-rechtlicher Befugnisse (Laisierung) und durch Unterbinden oder Beschränken des privaten Unterrichtes und durch Säkularisierung (Vermögenskonfiskation). Ferner wurden Inkompatibilitäten aufgestellt: die Zugehörigkeit zu einer Religionsgemeinschaft ist unvereinbar mit einer Parteistellung. Sogar der Kirchenbesuch und die Teilnahme an religiösen Zeremonien ist für die Mitglieder der KPdSU und des Komsomol aufgrund des besonderen Gewaltverhältnisses verboten. Praktisch wurde die Kirche aber nur finanziell und juristisch entmachtet und von der Schule ferngehalten, ohne dass es gelungen wäre, sie aus dem Leben zu verdrängen. Oft wurden z.B. während der Kriegsjahre, um traditionsverbundene Bevölkerungsgruppen für den

Vaterländischen Krieg zu gewinnen, Vereinbarungen getroffen und die Kirche dazu missbraucht, Friedenskampagnen zu starten, um gute Beziehungen zur Russischen Kirche ausserhalb der UdSSR und zu den islamischen Völkern zu entwickeln.

Wenn die antireligiöse Propaganda heute mit mehr Zurückhaltung betrieben wird, so ist der Grund eher darin zu suchen, dass man den Kampf nun auf der (erfolgreicheren) psychologischen Ebene führt, da - nach einem Artikel in der Prawda vom 8.1.1969 zu schliessen - der Kampf gegen die Kirche entartete. Fleissige Gläubige, die trotz ihres Bekenntnisses ihre Bürgerpflichten erfüllen, sollen nicht beleidigt werden, kränkende Ausfälle gegenüber Geistlichen, sowie administrative Einmischungen in die Kirchenangelegenheiten (1022) seien zu unterlassen (1023). Statt dessen soll die wissenschaftliche Weltanschauung herangezogen werden. Die abstrakte Kritik der 20er Jahre soll einer konkreten Arbeit, die sich dem Niveau des Publikums anpasst, weichen. Es wird Kritik geübt, dass sich die antireligiöse Propaganda nur auf Vorträge beschränkt, die die Abkehr des Menschen von der Religion zum Inhalt habe. So erfolge eine Trennung ohne etwas Neues zu schaffen, das auf die Gefühle der Massen wirke: "Wenn ihr euch nur mit zerstörerischer Arbeit, mit der Zerstörung der gegenwärtigen religiösen Weltanschauung beschäftigen werdet, ohne an ihre Stelle etwas gegeben zu haben, so kann man mit Sicherheit behaupten, dass das Christentum ... dem Einfluss der Sekten zum Opfer fallen wird ..."

Das wichtigste Mittel im Kampf gegen die Religion wird infolgedessen offiziell und heute in der Erhöhung der Kultur und in der kommunistischen Erziehung gesehen. Soziologische Forschungen des Institutes für wissenschaftlichen Atheismus der Akademie der Wissenschaften sollen Auskunft geben über den Stand der Religiosität der Bevölkerung.

Die Kirche in der Sowjetunion sollte heute die Rolle eines Gesellschaftsorgans spielen, das im Namen des unorganisierten gläubigen Volkes die Innen- und Aussenpolitik der Partei unterstützt. Auf internationaler Ebene wird ihr die Aufgabe zugeteilt, die Friedenspolitik und die friedliche Koexistenz zwischen Ländern mit verschiedenen Staats- und Wirtschaftssystemen zu propagieren.

V. Die Lage in den Volksdemokratien

A. Die allgemeine Lage

Die Unterschiede im Verhältnis Staat-Kirche zwischen der UdSSR und den einzelnen Volksdemokratien haben nur vorübergehende Bedeutung und sind auf die verschiedene politisch-gesellschaftliche Lage der einzelnen Staaten zurückzuführen.

Im Unterschied zur UdSSR sind in den Volksdemokratien kirchliche Schulen zugelassen aufgrund eines Vertrages zwischen Kirche und Staat, ferner hat die Kirche das Recht, an Kinder Religionsunterricht zu erteilen. Die kirchlichen Schulen werden zwar von der Kirche verwaltet, stehen aber unter Staatsaufsicht (1024).

Da die Beziehungen Staat-Kirche in den einzelnen Ländern Aehnlichkeiten aufweisen, können wir die Rechtslage für diese Länder (ausser der DDR, die wir gesondert behandeln) wie folgt zusammenfassen:

Die Entwicklung der Kirche in den Volksdemokratien lässt sich gleich wie in der UdSSR ebenfalls in drei Perioden einteilen: In der ersten Periode von 1945-49 wurde die Kirche geschwächt, worauf sie für staatliche Zwecke tauglich gemacht wurde (1949-1953). Die letzte Zeitspanne ist gekennzeichnet durch die endgültige Ausnützung der Kirche für den staatlichen Dienst.

Der Staat übernimmt das Patronat über die Kirche, nachdem die Konkordate mit dem Heiligen Stuhl gekündigt wurden (1025). Es gibt spezielle Staatsorgane als Kontaktstellen, die dem Ministerrat untergeordnet sind (1026). In Ungarn wurde die Kirche erst 1957 vollkommen der staatlichen Oberaufsicht unterworfen.

Nach den Verfassungen sind Staat und Kirche getrennt (1027), in Wirklichkeit jedoch ist die Kirche dem Staat völlig untergeordnet. Die Autonomie der nationalen Kirchen wurde aufgehoben, bei den übrigen (katholische Kirche) sind Kontakte mit den ausländischen Zentralstellen nur mit Vermittlung des Staates erlaubt.

In Ungarn und Polen haben die Kirchen mit dem Staat je einen Vertrag abgeschlossen (1028), der die Anerkennung der Gesellschafts- und Staatsordnung seitens der Kirche, den Eid der Bischöfe und Pfarrer auf die Verfassung (1029) zum Inhalt hat. Die Kirche soll die Staatspolitik fördern und Geistliche, die gegen die staatlichen Interessen verstossen, zur Verantwortung ziehen, sonst wird die Absetzung gefordert (1030). Die Kirche muss an der Friedenskampagne teilnehmen (1031).

Die Kirchgemeinde, die dem Vereinsrecht untersteht, besitzt Rechtspersönlichkeit und somit auch das Recht, Eigentum an Gebäuden und Produktionsmitteln (z. B. Boden) zu haben, da der Boden in den Volksdemokratien nicht wie in der UdSSR Staatsmonopol ist. Trotzdem kommt es vor, dass Gerichte in einem Urteil kirchliches Eigentum zum Staatseigentum erklären (1032).

Die Kirche darf nur ihren Kult ausüben, alle andern Tätigkeiten, die nach staatlicher Auffassung nicht mit der Religionsausübung im Zusammenhang stehen, werden als Missbrauch des Grundrechtes angesehen, der aufgrund von Verfassungsbestimmungen bestraft werden kann ("Missbrauch der Kirche und der Religion für politische Zwecke") (1033). Diese Verfassungsartikel verhindern, zu aktuellen Ereignissen und Problemen Stellung zu nehmen. Der "politische Gottesdienst" (Karl Barth), die Predigt, die auf die Wirklichkeit Bezug nimmt und sich gegen die staatliche Politik auswirkt, ist so verunmöglicht (1034). Jede Bemerkung kann als Aufwiegelung bestraft werden. Als Beispiel sei das tschechoslowakische Gesetz Nr. 23 vom 6.9.1948 angeführt: "Wer sein religiöses Amt oder ähnliche Funktionen missbraucht, um das politische Leben in <u>ungünstiger</u> (!) Weise gegen die volksdemokratische Ordnung zu beeinflussen, wird mit Zuchthaus von einem Monat bis zu einem Jahr bestraft" (Art. 28). Aehnliche Sanktionen findet man in allen volksdemokratischen Gesetzen.

Andererseits wird aber auch in den Volksdemokratien die antikirchliche und atheistische Propaganda (1035) immer mehr vom Staat unterstützt und von der Partei gelenkt. Während die Propaganda der christlichen Lehre strafrechtlich verboten ist, wird die antireligiöse Propaganda des Staates geschützt. 1954 verzichtete man auf die strafrechtlichen Sanktionen, die durch die sog. "Ueberzeugung" ersetzt wurden. Die stärkste atheistische Propaganda wird heute in Polen durchgeführt, weil hier die Kirche 1956 ein etwas freieres Statut erhielt.

Die Glaubens- und Gewissensfreiheit würde den Staat auch verpflichten, den Religionsfrieden zu wahren, statt dessen wurden in Polen die römischkatholische und die altkatholische Nationalkirche gegeneinander aufgehetzt (1036).

Im Unterschied zur sowjetischen Verfassung, die eine Gleichberechtigung der Gläubigen mit den übrigen Staatsbürgern nicht vorsieht, wird diese Gleichberechtigung - mit Ausnahme der neuen Verfassung der ČSSR von 1960 - verfassungsmässig verankert (1037). Eine gewisse Ausnahme von der Gleichberechtigung der verschiedenen Glaubensbekenntnisse untereinander besteht in Bulgarien, wo der Prawoslawen Kirche - im Widerspruch zu Verfassungsartikel 71 - eine privilegierte Stellung eingeräumt wurde (1038).

Die Trennung von Staat und Kirche, die in den Verfassungen und in den Verträgen als Prinzip ausgesprochen wird, ist in praxi nicht durchgeführt, weil die Bestätigung der Ernennung oder der Wahl von kirchlichen Würdenträgern dem Staate vorbehalten ist (1039). Der Staat behält sich das Recht der Präsentation in Bezug auf die zu wählenden Geistlichen vor (1040). In Rumänien ist es sogar möglich, katholische Würdenträger einseitig abzusetzen (1041). Das bulgarische Gesetz vom 16. 2.1949 über die Verantwortung der kirchlichen Leitung dem Staat gegenüber, garantiert die staatliche Ingerenz: Auf Vorschlag des Aussenministeriums (ersetzt durch die Verwaltung für kirchliche Angelegenheiten beim Ministerrat) können Geistliche oder andere Diensttuende, die die Gesetze, die öffentliche Ordnung oder die guten Sitten verletzen oder gegen die demokratischen Einrichtungen des Staates arbeiten, entlassen oder ins Provisorium versetzt werden (Art. 12) (1042).

In Polen konnte 1956 eine gewisse Verbesserung der kirchlichen Lage dadurch erzielt werden, dass die lokalen Vertreter des Staatsamtes für kirchliche Angelegenheiten abgeschafft und die staatliche Ingerenz bei der Bekleidung von Kirchenämtern gelockert wurde (1043). Aber auch in Polen führte dieser Kampf nicht zu einer völligen Unabhängigkeit der Kirche.

Durch die materielle Hilfe, die der Staat der Kirche (z.B. als Entschädigung für konfiszierte Vermögensobjekte) gewährt, gerät die Kirche immer mehr in Abhängigkeit. Diese materielle Unterstützung erweist sich oft als Erpressungsmittel. Die Kirchen können auch in den Volksdemokratien nur überleben, weil sie sich für staatliche Zwecke nützlich machen.

B. Die DDR

Eine Sonderstellung - zumindest theoretisch - geniesst die Kirche in der DDR, die übrigens als einzige in der Verfassung die Trennung von Staat und Kirche nicht vorsieht.

Während in der alten Verfassung vom 7.10.1949 das Verhältnis der Kirchen umfassend geregelt war (1044), wird im neuen Grundgesetz von 1968 nur noch die Glaubens- und Gewissensfreiheit (Art. 20 Abs. 1) und das Recht des Bürgers, sich zu einem religiösen Glauben zu bekennen und religiöse Handlungen auszuüben (Art. 39 Abs. 1) erwähnt. Die weitere Ausgestaltung der Beziehungen von Staat und Kirchen, die ihre Tätigkeit in Uebereinstimmung mit der Verfassung und den gesetzlichen Bestimmungen ausüben (Art. 39 Abs. 2), wird Vereinbarungen, die "eine weitere gute Entwicklung der Beziehungen der Kirchen zum sozialistischen Staat" fördern sollen (1045), vorbehalten.

Religiöse Gemeinschaften, die unter dem Schutz von Art. 29 (Vereinigungsfreiheit) stehen, bedürfen aber der Registrierung, die selbstverständlich nur dann erfolgen kann, wenn die Interessen der Vereinigung "in Uebereinstimmung mit den Grundsätzen und Zielen der Verfassung" (d.h. des kommunistischen Aufbaus) stehen (1046). Das Recht zur Vereinsbildung wurde den Sekten teilweise verwehrt: Die Wachtturmgesellschaft (Zeugen Jehovas) wurde am 31.8.1950 aus der Liste der erlaubten Religionsgemeinschaften gestrichen und verboten, da sie angeblich dem USA-Spionagedienst dient. Die Betätigung der Gesellschaft wird mit Zuchthaus bestraft. Das Verbot wurde ausgesprochen unter Hinweis auf Art. 41 Abs. 2 (der alten Verfassung), der den Missbrauch von Religionsgemeinschaften, religiösen Handlungen und des Religionsunterrichts zu verfassungswidrigen oder parteipolitischen Zwecken verbietet (1047).

Als Positivum sei vermerkt, dass es seit 1964 für Bürger, die aus einem Gewissenskonflikt den Militärdienst verweigern, immerhin möglich ist, waffenlosen Dienst in einer Baueinheit der Nationalen Volksarmee zu leisten, wenn sie "aus religiösen oder ähnlichen Gründen den Wehrdienst mit der Waffe ablehnen" (1048). Dies bedeutet eine gewisse gesetzgeberische Rücksicht auf Gewissenskonflikte im Sinne der Gleichberechtigung, das Motiv für den Zivildienst dürfte hier aber eher darin zu suchen sein, dass - wie Art. 19 der ersten Verfassung der RSFSR von 1918 verkündete - der Wehrdienst mit der Waffe als Ehrenpflicht nur den Werktätigen vorbehalten sein solle.

Die Bestimmungen der alten Verfassung, die den Religionsunterricht in den Schulräumen gestatteten (Art. 44), den Religionsgemeinschaften den Gottesdienst auch in Spitälern, Strafanstalten und öffentlichen Gebäuden erlaubten (Art. 46) und allgemein einen grosszügigen Freiheitskatalog ausmachten, wurden nicht in die neue Verfassung aufgenommen, um Verfassung und Verfassungswirklichkeit, so scheint es, in Uebereinstimmung zu bringen: Tatsächlich wurden diese in der alten Verfassung erwähnten Rechte für die Religionsgemeinschaften in der Praxis stark beschränkt, so dass die verfassungsmässige Verankerung keine grosse Bedeutung hatte. So wurde Art. 44, der den Religionsunterricht garantierte, in der Praxis durch die Verordnung zur Sicherung von Ordnung und Stetigkeit im Erziehungs- und Bildungsprozess der allgemeinbildenden Schulen vom 12.2.1958 (1049) eingeschränkt: Unterrichtsräume für den Religionsunterricht werden nur zur Verfügung gestellt, wenn der Unterricht an Kinder unter 14 Jahren (Religionsmündigkeit in der DDR mit 14 Jahren) erfolgt (§ 5 Satz 2), Unterricht an ältere Schüler ist nur in Räumen ausserhalb der Schule gestattet. Der Religionsunterricht darf erst frühestens zwei Stunden nach dem übrigen Unterricht erteilt werden (§ 2 Satz 2). Eine ähnliche Regelung existiert auch in Ungarn (1050).

Das Recht auf ungestörte Religionsausübung wird auch in der Praxis gewährleistet, da es selten vorkommt, dass Gottesdienste behindert werden (1051). Eine indirekte Behinderung und Einschränkung der Kultusfreiheit ist aber dennoch möglich, da Kulthandlungen nur in eigens dazu bestimmten Räumen (d.h. in kircheneigenen Räumen) abgehalten werden dürfen, und eine Baubewilligung für neue Gebäude versagt werden kann.

Wie in der UdSSR, beschränkt sich auch in der DDR und den übrigen Volksdemokratien die Religionsfreiheit, die unter strafrechtlichem Schutz steht (1052), in der Praxis auf die freie Kultausübung, da sich der Staat bewusst in den Dienst einer Weltanschauung stellt und den "politischen Missbrauch der Religion" nicht duldet (1053).

VI. Ergebnisse

"Gewissensfreiheit bedeutet die Freiheit des Menschen, so zu denken wie er will und seiner innern Ueberzeugung entsprechend zu handeln", heisst es in einem Artikel von Tancer (1054). Gewissensfreiheit bedeute aber nicht Verantwortungslosigkeit, d.h. Freiheit von jeglichem Gewissen.

Die Gewissensfreiheit wird im sozialistischen Staat als eine Seite der geistigen Freiheit betrachtet. Geistige Freiheit bedeutet aber im marxistischen Sinne die Gesamtheit der Ueberzeugungen, die die objektive Wirklichkeit, die objektiven Gesetze der Wirklichkeit widerspiegelt und setzt voraus, dass der Mensch seine Ideale bewusst verwirklicht. Die Freiheit besteht also darin, dass der Mensch die objektive Wirklichkeit, die Gesetzmässigkeiten erkennt und gemäss dieser Einsicht handelt. Das bedeutet nichts anderes, als dass Freiheit, und damit Freiheit des Gewissens, nur derjenige hat, der die Ideale der marxistischen Weltanschauung befolgt und diese Ideale, die gemäss einer objektiv gesetzlichen Notwendigkeit die Menschheit unausweichlich zur kommunistischen Gesellschaftsordnung führen sollen, durch seine Einsicht und Handlungsweise beschleunigen hilft (1055).

Gewissensfreiheit bedeutet also im Sowjetsystem die Freiheit vom Gewissen und zwar vom religiösen Gewissen. Die Gewissensfreiheit ist heute nurmehr ein Instrument, um die Propagierung der marxistisch-atheistischen Weltanschauung sicherzustellen, da die Religionsgemeinschaften ihre Freiheit praktisch nur in der Kulthandlung verwirklichen können.

Die Gewissensfreiheit kann nach Tancer in einer Klassengesellschaft nicht absolut sein, da die Freiheit des einen die Unfreiheit des andern bedeute. Im Bürgertum sei die Religion die Waffe zur Erhaltung des ausbeuterischen kapitalistischen Systems. Das Bürgertum sei nicht in der Lage gewesen, die Gewissensfreiheit zu verwirklichen und nur in einem sozialistischen Staat sei dies möglich: "Die geistige Freiheit ist in einem Staate nicht möglich, welcher irgendeiner Religion Vorteile gewährt, da diese nicht nur die Beschränkungen der Freidenker, sondern auch die Einschränkung der elementaren Religionsfreiheit nach sich zieht" (1056). Die Religion werde - so heisst es - in der Bourgeoisie mit der Politik verflochten und den Staatsbürgern aufgedrängt. Gerade dies geschieht aber im sozialistischen System, wo der Staat, wenn auch nicht eine religiöse, so doch eine areligiöse Weltanschauung den Bürgern aufoktroyiert, um den Menschen "von den Fesseln der religiösen Weltanschauung zu befreien". Anstelle der "geistigen Diktatur" in der Feudalherrschaft ist die geistige Diktatur des Marxismus getreten: "Der Kommunismus aber schafft die ewigen Wahrheiten ab, er schafft die Religion ab, statt sie neu zu gestalten" (1057).

Dass die Gewissensfreiheit auch die Freiheit des Verzichtes auf jegliche Religion bedeutet, wird heute auch in den Rechtsstaaten anerkannt, womit die Forderung von Marx, der die Gewissensfreiheit unter zwei Aspekten betrachtete, zum Teil verwirklicht ist: Marx forderte die Freiheit für jegliche religiöse Ueberzeugung und die Freiheit der unbeschränkten Propaganda gegen die Religion.

Wenn aber der Sowjetstaat den christlich-religiös fundierten Staat durch den marxistisch-weltanschaulichen Staat ersetzt und die Propaganda gegen die Kirche privilegiert, andererseits aber die Kirche von der Möglichkeit der Propaganda ausschliesst, so setzt er anstelle der Intoleranz des mittelalterlichen christlichen Staates, der die Gewissensfreiheit nicht anerkannte, eine ins andere Extrem verfallende Intoleranz: "Eine atheistische Staatsauffassung und ein materialistisches Menschenbild führen in einer dem Werden und Gestalten der kommunistischen Gesellschaft gewidmeten Staatspraxis zu Religionsverfolgung und damit zu einer 'Gewissensfreiheit' mit atheistischem Vorzeichen, die sich in ihrer Intoleranz in nichts von der 'Gewissensfreiheit' mit religiösem Vorzeichen unterscheidet, die man wegen ihrer zweifellos negativen Züge mit der Abschaffung des Staatskirchentums und der Trennung der Kirche vom Staat beseitigen wollte" (1058).

Gewissensfreiheit bedeutet, dass sich der Staat in weltanschaulichen Dingen neutral verhält (was bisher aber auch im Westen noch nicht voll verwirklicht ist), da ein Rechtsstaat und eine pluralistische Demokratie nicht von einer weltanschaulichen Gruppe für sich in Anspruch genommen werden darf. Der Staatswille soll ein Ergebnis, ein Kompromiss verschiedener antagonistischer geistiger Kräfte sein.

Die Glaubens- und Gewissensfreiheit im Sowjetsystem ist nur im Hinblick auf das areligiöse Gewissen verwirklicht. Die vorübergehende Duldung der Kirche in den Oststaaten ist nicht eine Verwirklichung der in den Verfassungen garantierten Grundrechte, sondern eine vorübergehende (taktische) Konzession an die aktuelle innen- und aussenpolitische Lage.

Die bloss dienende Rolle der Kirche dem Staat gegenüber erklärt sich auch aus der Tatsache, dass die orthodoxe Religion nie im Widerspruch zum Staat stand (1059).

SCHLUSSBETRACHTUNG

Die Frage nach der Möglichkeit zur Konkretisierung der Menschenrechte im Sowjetsystem muss - mit Ausnahme der Ehefreiheit und der Gleichberechtigung der Frau, sowie einiger sozial-ökonomischer Berechtigungen - negativ beantwortet werden.

Obwohl der Grundrechtsstatus des Bürgers heute aktueller ist, und von manchen Autoren eine begrenzte Eigenständigkeit des Menschen und eine von der Gesellschaft unberührte individuelle Sphäre befürwortet wird (Tugarinov, Schaff, Kolakowski, Kosík) (1060), bleibt die Effizienz der Grundrechte im Osten problematisch und sie wird es solange bleiben, als das marxistische Dogma und die Einparteienherrschaft die Grundlage des Staatswesens bilden.

Das Krankheitsbild des Sozialismus/Kommunismus tritt nicht in einzelnen Symptomen, sondern in einem ganzen Syndrom zutage; eine Therapie würde deshalb die Beseitigung der Ursache verlangen, d.h. mit andern Worten die Beseitigung der starren sozialistischen Eigentumsverhältnisse und damit die Auflösung des Marxismus als monolithisches und monopolistisches Dogma.

Alle bisherigen Reorganisationen und Reformen im Osten waren aber bis jetzt nur Aenderungen in der Art der Privilegierung der Partei. Ausnahmen bilden lediglich der gescheiterte Versuch der ČSSR, einen "humanistischen Sozialismus" (Goldstücker) zu verwirklichen, sowie Jugoslawien, dessen Beispiel aufzeigt, dass der Nationalkommunismus zum pluralistischen Denken führt. Die Invasion der Warschaupaktstaaten in die ČSSR im August 1968 hatte ihren Grund in der befürchteten Gefährdung des monopolistischen marxistischen Dogmas und hat gezeigt, dass ein liberaler Sozialismus nicht möglich ist. Der Versuch in der ČSSR und die Staatswirklichkeit in Jugoslawien bedeuten bereits die innere Ueberwindung des Marxismus als Dogma. Der Sozialismus bzw. Kommunismus als monolithisches und monopolistisches System wird durch den Polyzentrismus (Dreiteilung des Marxismus in orthodoxen Kommunismus der Sowjets, Reformkommunismus und Maoismus) und den nationalen Kommunismus, der unweigerlich zum Pluralismus führt, erschüttert. Schriftsteller, Künstler, Soziologen und Historiker arbeiten an der Zerstörung des Dogmatismus (Lukács, Kolakowski, Kosík, Petrovićin). Marković verlangt den "offenen Marxismus", d.h. den Kommunismus, der nicht monolithisch ist, sondern auch in der Konfrontation mit andern Theorien bestehen kann (1061). Die Umschichtung im Osten geschieht durch das Entstehen einer Mittelschicht, die undoktrinär denkt und bestrebt ist, den Lebensstandard zu heben. Diese neue Schicht ist für das Ueberleben der Parteibürokratie einerseits unerlässlich, bewirkt aber andererseits auch ihren Untergang (1062).

Die Schwäche des Marxismus-Leninismus liegt in der einseitigen Betrachtung des Menschen nur vom ökonomischen Standpunkt aus. Die Abhängigkeit des Menschen von ökonomischen Verhältnissen ist zweifellos richtig, aber die Produktionsverhältnisse sind nicht der einzige bestimmende Faktor: Das Scheitern des Versuchs, das kommunistische Modell in die Realität zu verpflanzen, hat seinen Grund im Ausserachtlassen der psychologischen Elemente, der unveränderbaren Triebstruktur des Menschen (Libido, Aggression). Die Wiederzulassung des Privateigentums in Jugoslawien zeigt die Notwendigkeit, die psychologischen Faktoren zu berücksichtigen, deutlich.

Der Sozialismus stellt einen starrköpfigen Versuch dar, eine imaginäre Gesellschaft zu verwirklichen und gründet sich auf die Hoffnung der Veränderbarkeit der menschlichen Natur, die sich aber ungeeignet erweist für ideale Modelle (1063). Die sozialistische Gesellschaft hat sich nicht in der von Marx erhofften Weise entwickelt, sie führte nicht zur Freiheit und Gleichheit, zur "vollkommenen" klassenlosen Gesellschaft, sondern zur Privilegierung der "neuen Klasse" und zur Perpetuierung der Parteiherrschaft. "Das Böse, das der Marxismus aus seinem Hause vertreiben wollte, ist in der Sowjetunion durch die Tür des Stalinismus wieder hereingekommen, dank den Mitteln, deren die Revolution sich bediente, um zur Macht zu gelangen und sich an der Macht zu behaupten" (1064). Raskolnikows Mord an der Wucherin hat sich nicht gelohnt und konnte nicht gerechtfertigt werden.

Auch der Kapitalismus, dessen Untergang von Marx prophezeit wurde, hat sich gewandelt und ähnelt nicht mehr seiner Frühform: Das Privateigentum ist nicht mehr sakrosankt, und unter dem Einfluss des Sozialismus vergrössert sich der Anteil des Arbeiters am Sozialprodukt. Es gibt heute weder den Marxismus noch den Kapitalismus als Modellgesellschaften (1065), obwohl das Denken der Menschen sowohl im Osten als auch im Westen noch von diesen Schemata beeinflusst wird. "Für Menschen wie mich, die wir uns mehr oder weniger von den Dogmen beider Seiten gelöst haben, ist der Einfluss des Kommunismus im Westen ebenso wie die Forderung nach "westlichen" Freiheiten im Osten vor allem ein Beweis dafür, dass sich die Welt als ganzes von utopischen Mythen befreit und auf verschiedene Weise darangeht, als eine weltweite Gemeinschaft der Menschen zu leben, zu denken und zu schaffen ... (1066).

Eine Gesellschaft ohne soziale Unterschiede, in der das ewige Spannungsverhältnis zwischen Individuum und Gesellschaft negiert wird, ist eine Utopie. Nach Aristoteles besteht jede Gemeinschaft aus Individuen mit verschiedenen Bestrebungen, deshalb kann es kein System geben, das für alle gut und annehmbar wäre. Anzustreben ist vielmehr eine Chancengleichheit, resp. ein Chancenausgleich für alle Mitglieder der menschlichen Gemeinschaft. Dies kann nur verwirklicht werden vermittelst institutionalisierter Grundrechte und einer pluralistischen Demokratie, wobei die Notwendigkeiten und Bedürfnisse der Menschen ständig analysiert werden müssen und auf diese Notwendigkeiten einzugehen ist (1067).

Jedes Dogma, sei es religiös oder areligiös gefärbt, stellt eine Gefahr dar für die Freiheit und die Würde des Menschen, denen der Weltanschauungsstaat weniger Ehrfurcht entgegenbringt als den Abstraktionen des gültigen Dogmas. Voraussetzung der Freiheit ist nicht die Uniformität, die den Menschen in ein Denkschema presst, die menschliche Natur vergewaltigt und deshalb zutiefst inhuman ist, sondern die Vielfalt: "Dies einzusehen ist für jeden Idealisten, für jeden Kämpfer, Demokraten und Humanisten im Westen wie im Osten wichtig. Es stellt eine Warnung dar vor der finsteren, irdischen Seite der "vollkommenen" Ideen und "endgültigen" Ideale, jener Seite, die verwirklichbar ist und verwirklicht wird. Jede Idee wird Wirklichkeit in den schmutzigen Fluten des Lebens; und diese Wirklichkeit kann umso grösser sein, je mehr man auf der Reinheit der Idee besteht; umso schmutziger, je mehr die Führer das Schicksal der Idee mit ihren eigenen identifizieren, mit ihren Wünschen, ihrem Ehrgeiz, ihrem Leben, ihrer sog. Verantwortung vor der Geschichte" (1068). "Die Tyrannei beginnt mit den letzten Wahrheiten über die Gesellschaft und den Menschen" (1069). Es gibt keine letzte Wahrheit; Freiheit bedeutet letztlich die Befreiung des menschlichen Geistes von der Tyrannei der Dogmen jeglicher Richtung.

So stellt die "unvollkommene" Gesellschaft, in der die Vielfalt der menschlichen Neigungen und Bedürfnisse zum Ausdruck kommen, die Antithese zur "vollkommenen", klassenlosen Gesellschaft des Kommunismus dar: "Luther glaubte, dass der sündenfreie Mensch keiner Gesetze bedürfe, und Calvin versuchte mit Gewalt, einen solchen Menschen zu schaffen. Die Kommunisten wären im Recht, wenn der sündenfreie, d. h.: ihre klassenlose Gesellschaft möglich wäre, wenn sie die Gesetze der Gesellschaft und die Geschichte vollkommen erfasst hätten und nach ihnen die lebendige gesellschaftliche Realität ausrichten könnten. Vielleicht ist es jedoch gut, dass weder der sündenfreie Mensch Luthers noch die vollkommene kommunistische Gesellschaft möglich ist: mit sündigen Menschen und einer Gesellschaft, die sich nicht auf dem Reissbrett entwerfen lässt, sind wir sicher, nicht in Lethargie und Langeweile unterzugehen, sondern schöpferische menschliche Wesen zu bleiben ..." (1070)

ANMERKUNGEN

1) de Tocqueville, S. 93.
2) Rechtsstaatlichkeit, S. 3 und 4.
3) Oestreich, S. 8.
4) Sandmeier, S. 11.
5) Huber, Die Garantie ..., S. 2a.
6) Idem.
7) Ibid., S. 9a.
8) Oestreich, S. 7.
9) Huber, Die Garantien ..., S. 7a.
10) Grassi, S. 123.
11) Ibid., S. 125.
12) Vgl. Grassi, S. 173.
13) Vgl. dazu Graefrath, S. 77.
14) Vgl. dazu Grundlagen des Marxismus-Leninismus, a.a.O.
15) Grundlagen, S. 52 ff.
16) Ibid., S. 63.
17) Brunner, Grundrechte, S. 65.
18) Grundlagen, S. 94.
19) Brunner, Grundrechte, S. 64.
20) Grundlagen, S. 137.
21) Ibid., S. 47 ff.
22) Roth, S. 157.
23) Zit. nach Roth, S. 164.
24) Brunner, Grundrechte, S. 74.
25) Roth, S. 170.
26) Calamandrei/Barile, S. 714.
27) Vgl. dazu Brunner, Grundrechte, S. 78.
28) Roth, S. 181.
29) Brunner, Grundrechte, S. 85.
30) Grundlagen, S. 817.
31) Révész, Der politische Begriff der Freiheit, S. 157.
32) Roth, S. 195.
33) Révész, Der politische Begriff der Freiheit, S. 157.
34) Roth, S. 195, Anm. 195.
35) Révész, S. 157.
36) Dazu und zum folgenden, Révész, Freiheit, S. 162/163.
37) Vgl. Grundlagen, S. 182 ff.
38) Ibid., S. 183.
39) Imboden, Politische Systeme, S. 45.
40) Ibid., S. 47.
41) Ibid., S. 49.
42) Ibid., S. 50.

43) Imboden, Politische Systeme, S. 51.
44) Ibid., S. 42.
45) Ibid., S. 52.
46) Vgl. dazu Imboden, S. 54 ff.
47) Ibid., S. 61 f.
48) Auch in der sowjetischen Literatur ist diese Frage kontrovers; vgl. dazu Brunner, Grundrechte, S. 47 ff. und S. 90.
49) Dazu, Révész, Recht und Sozialnorm, S. 12 f.
50) Grundlagen, S. 104 ff.
51) Révész, Recht und Sozialnorm, S. 13.
52) Brunner, Grundrechte, S. 94.
53) Ibid., S. 93.
54) Dazu und zum folgenden, Révész, Recht und Sozialnorm, S. 25 f.
55) Brunner, Grundrechte, S. 95.
56) Révész, Recht und Sozialnorm, S. 15 und 20.
57) Ibid., S. 15.
58) Vgl. dazu das Kapitel Vereinigungsfreiheit.
59) Dazu und zum folgenden, Révész, Recht und Sozialnorm, S. 17 und 18.
60) Ibid., S. 24.
61) Ibid., S. 20.
62) Vgl. Brunner, Zur Wirksamkeit der Grundrechte, S. 1.
63) Vgl. dazu Grundlagen, S. 94 ff.
64) Karl Marx, Zur Judenfrage, in: K. Marx/F. Engels, Werke Bd. 1, Berlin 1964, S. 364, zit. nach Kommentar DDR-Verfassung, a.a.O., S. 15.
65) Kommentar DDR-Verf., S. 15.
66) Ibid., S. 15/16.
67) Ibid., S. 14.
68) Brunner, Zur Wirksamkeit der Grundrechte, S. 5.
69) Grundrechte, a.a.O., S. 111.
70) Ibid., S. 100/101.
71) Ibid., S. 63 und 115.
72) Rechtsstaatlichkeit, S. 50.
73) Ibid., S. 52.
74) Csanádi, S. 114.
75) Huber, Die Grundrechte, S. 226.
76) Rechtsstaatlichkeit, S. 56.
77) Vgl. dazu Sigmund Freud, Das Unbehagen in der Kultur, in: Das Unbewusste, Frankfurt/Main 1963, S. 341 ff.
78) Világhy, S. 3.
79) Grundlagen des Marxismus-Leninismus, S. 258 f.
80) Ibid., S. 144.
81) Ibid., S. 817.
82) Ibid., S. 144 ff.
83) Rechtsstaatlichkeit, S. 50.
84) Csanádi, S. 131.
85) Knapp, zit. nach Csanádi, S. 170 Anm. 29.
86) Darüber vgl. weiter hinten.

87) Csanádi, S. 128.
88) Idem.
89) Ungarn § 8 Abs. 2, Albanien Art. 11, Abs. 1, Bulgarien Art. 10 Abs. 1, DDR Art. 14 Abs. 1 und Art. 12 usw.
90) Rechtsstaatlichkeit, S. 50.
91) Ibid., S. 52.
92) Der Begriff öffentlich-rechtlich ist dem Sowjetrecht fremd.
93) Kommentar DDR-Verf. zu Art. 14 Bd. 1 S. 374/75.
94) Roth, S. 288.
95) Vgl. Art. 149 ZGB RSFSR 1964, bzw. Art. 5 Grundlagen ZGG 1961, Sbornik S. 353 ff.
96) Knapp, S. 11 ff.
97) Kommentar DDR-Verf. zu Art. 16 Bd. 1 S. 387.
98) Idem.
99) Pravda 6.12.1964, S. 2-4.
100) Glezerman, S. 29 ff.
101) Geilke, S. 188 Anm. 616.
102) Vgl. dazu Maurach, S. 68.
103) Ibid., S. 69.
104) Izvestija 25.5.1963, S. 1.
105) László, a.a.O. und Neue Zeitung, Bp. 10.8.1962, S. 1.
106) Statisticka ročenka, S. 52.
107) Rocznik statystyczny, S. 436.
108) Hatályos anyagi büntetőjogi szabályok havatalos összeállitása, S. 153-155.
109) Csanádi, S. 128.
110) Dazu und zum folgenden Révész, Die Kolchosen, S. 25.
111) Csanádi, S. 128.
112) Vgl. hinten.
113) Vgl. Csanádi, S. 128 und S. 168 Anm. 22.
114) Seress, S. 602.
115) Gesetz vom 1.7.1957; Piatkowski, S. 661 ff.
116) VO des Landwirtschaftsministeriums 1950.
117) Csanádi, S. 170 Anm. 33.
118) Kemenes, S. 233 f.
119) Djilas, S. 178.
120) Vgl. dazu Djilas, S. 178 ff.
121) Ibid., S. 169.
122) Bruk, S. 59 ff.
123) Vgl. dazu Geilke, S. 59 f.
124) Ibid., S. 185.
125) Csanádi, S. 128.
126) Vgl. Anm. 28.
127) Jodkovskij, S. 13 ff.
128) Ibid., S. 24 und 38.
129) Ibid., S. 44 ff.
130) Vgl. Genkin, S. 283.
131) Jodkovskij, S. 75 ff.

132) Jodkovskij, S. 90 ff.
133) Imboden, Schweizerische Verwaltungsrechtsprechung, S. 293 f.
134) Dazu und zum folgenden Jodkovskij, S. 21, 41, 56 und 85 f.
135) Eörsi, a.a.O.
136) Geilke, S. 185.
137) Galenko, S. 40 und 48.
138) Merkulov, S. 45.
139) Osnovnye zakonodatel'nye akty ..., a.a.O., S. 79 und 83.
140) Valev, S. 195.
141) Konstitucija i osnovnye zakonodatel'nye akty ..., a.a.O., S. 192 ff.
142) Nemzetközi Almanach, s.l. 1967, S. 509; Weltgeschichte, Leipzig 1967, S. 454.
143) Eörsi, S. 630.
144) Kommentar DDR-Verf. Bd. 1 S. 17.
145) Csanádi, S. 157 f.
146) Art. 10 Verf., Art. 105 ZGB RSFSR 1964.
147) Roth, S. 278.
148) Csanádi, S. 129.
149) Ibid., S. 133.
150) Ibid., S. 129.
151) Zit. nach Csanádi, Anm. 24 S. 169.
152) Maurach, S. 73.
153) Novickij, S. 53 f.
154) Uebernommen in ZGB RSFSR 1964 Art. 106 Abs. 4; grosse Familien können mehr beanspruchen (Abs. 5).
155) Art. 182 Abs. 2 ZGB 1922.
156) Zarja vostoka 23.7.1960.
157) Idem, 31.7.1960.
158) Braude, S. 12 ff.
159) Lipin, S. 79 ff.
160) Szikra, S. 39.
161) Grundlagen ZGG 1961 Art. 25; Art. 107 Abs. 1 ZGB RSFSR 1964.
162) Roth, S. 280.
163) In den Lokalsowjets gibt es Aktivistenkomitees, die prüfen, ob ein erstelltes Haus aus unverdientem Lohn usw. erbaut wurde. Der Lokalsowjet hat das Antragsrecht an das Bezirksgericht zur Beschlagnahme.
164) Vgl. dazu Révész, Einfamilienhaus, S. 269 ff.
165) Art. 238 ZGB RSFSR 1964.
166) Vgl. Révész, Einfamilienhaus, S. 275.
167) Idem.
168) Vgl. Csanádi, S. 169 Anm. 23.
169) Roth, S. 281.
170) Vgl. dazu Révész, Mieter und Wohnung, a.a.O.
171) Ibid., S. 47.
172) Trybuna Ludu 17.11.1960.
173) Népszabadság 17.12.1957.
174) Figyelő 7.2.1961.

175) Esti Hírlap 24.7.1960.
176) Trybuna Ludu 20.6.1958.
177) Vgl. die Sperrfrist in der Schweiz für landwirtschaftliche Grundstücke (Art. 218 Abs. 1 OR).
178) Roth, S. 283.
179) Ibid., S. 284.
180) Maurach, S. 73.
181) Devise Chruščevs; Maurach, S. 73; Roth, S. 284.
182) Maurach, S. 73.
183) Art. 25/26 Grundlagen ZGG 1961.
184) Geilke, S. 175.
185) Ibid., S. 28.
186) Truchnin, S. 43 ff.
187) Bekannt sind die satirischen Zeichnungen im "Krokodil", die schildern, wie die Familien die Grossmütter zur Kolchosarbeit schicken, während in der Nebenwirtschaft die kräftigen, jungen Leute arbeiten; das Hofland steht in vollster Blüte, die Kolchosfelder dagegen sind dürr.
188) Roth, S. 287.
189) Dornenvolle sowjetische Agrarpolitik, in: NZZ 16.11.1969.
190) Ibid., S. 20.
191) Ruskol/Liskovec, S. 131 ff.
192) Koči/Zubina, S. 36.
193) Rudé Právo 14.2.1961.
194) Art. 28 Abs. 1-2; Népszava 23.3.1961.
195) NZZ 16.11.1969.
196) Roth, S. 286.
197) Zarja vostoka 13.8.1959.
198) Ukase siehe: Neues Leben, Moskau 18.11.1964, S. 3.
199) Glezerman, S. 29 ff.
200) Vološin, a.a.O.
201) Vgl. § 92 Abs. 3 UZGB 1959.
202) A Magyar Népköztársaság ... Törvénykönyve, S. 77.
203) Idem.
204) Új szó 14.10.1960.
205) Grundlagen des Marxismus ..., S. 813.
206) Révész, Einfamilienhaus, S. 275.
207) Antimonov/Fleišic, S. 4 ff.
208) Maurach, S. 56.
209) Der Umfang ist z.B. in der Schweiz Kriterium bei den Grundwasservorkommen.
210) "Leschosen" (Forstwirtschaften) sind juristische Personen der staatlichen Forstwirtschaft, die die Nutzung haben.
211) Die MTS gewährten technische Hilfe an die Kolchosen, 1958 wurden diese Maschinen-Traktoren-Stationen aufgelöst, bzw. durch ebenfalls staatliche Reparaturwerkstätten ersetzt.
212) Maurach, S. 57.
213) Polen versuchte, 200 000 ha Reserveland und 300 000 Staatsgüter zu verkau-

fen: Trybuna Ludu 11.3.1958; vgl. auch vorne.
214) Medve, S. 213.
215) Maurach, S. 60.
216) Ibid., S. 63.
217) Geilke, S. 188 Anm. 616.
218) Vgl. oben.
219) Maurach, S. 64.
220) Révész, Kolchosen, S. 40.
221) Vgl. hinten.
222) Révész, Kolchosen, S. 34.
223) Z.B. Polen (Art. 5 OR), Ungarn (§ 200 ZGB).
224) Dazu und zum folgenden vgl. Révész, Kolchosen, S. 28.
225) NZZ 16.11.1969.
226) Izvestija 1.3.1958.
227) Genkin, S. 360.
228) Kommunist, Erevan 16.12.1960.
229) Idem.
230) Vgl. dazu Révész, Kolchosen, S. 44 ff.
231) Ibid., S. 38 ff.
232) Truhlař/Novotný, S. 209.
233) Genkin, S. 310 f.
234) Pfuhl, S. 27.
235) Trybuna Ludu 16.11.1960.
236) Figyelő 10.1.1961.
237) Stroitel'naja gazeta 25.9.1960.
238) Roth, S. 276.
239) Sbornik, S. 353 ff.
240) Mit Ausnahme des kustar' (Handwerker), im Kapitel "persönliches Eigentum": Art. 115 ZGB RSFSR 1964.
241) Einleitung zu den Grundlagen und zum ZGB RSFSR usw.
242) Új szó 27.5.1964, S. 5.
243) Geilke, S. 174.
244) Csanádi, S. 161.
245) Venediktov A.V., zit. nach Csanádi, S. 162.
246) Genkin, S. 163.
247) Csanádi, S. 163.
248) Idem.
249) Ibid., S. 164.
250) Idem.
251) Révész, Justiz, S. 134 und 138.
252) Thomson, S. 59.
253) GV Nr. 24/1950.
254) Mezöfy, S. 80 f.
255) Schulz, S. 85.
256) Révész, Justiz, S. 135.
257) Maurach, S. 74.
258) Zalán, S. 321.

259) Dekret vom 27.4.1918; Rechtsnachfolger war der Staat ohne Entschädigung; vgl. Geilke, S. 55.
260) Dekret vom 22.5.1922.
261) Maurach, S. 74.
262) Dazu und zum folgenden, Gsovskij, Bd. 1 S. 628 f.
263) Geilke, S. 99.
264) Sbornik, S. 353.
265) Rabinovič, S. 55 ff.
266) Art. 105 ff. ZGB RSFSR 1964, GK S. 34 ff.
267) Vgl. Kommentar GK zu Art. 527, S. 599.
268) Vorgesehen ist schriftliche Form (eigenhändig und vom Notar beglaubigt (Art. 540), Ausnahme für das Nottestament (Art. 541).
269) Kommentar GK zu Art. 533, S. 606.
270) Gsovskij, Bd. 2 S. 1170.
271) Kommentar GK zu Art. 560, S. 625.
272) Ibid. zu Art. 527, S. 599.
273) Geilke, S. 176 Anm. 560.
274) Zalán, S. 359.
275) Vgl. für Jugoslawien: Gsovskij Bd. 2, S. 1386 f.
276) Kommentar DDR-Verf. Bd. 1, S. 349.
277) Vgl. vorne.
278) Kommentar DDR-Verf. zu Art. 11, S. 350.
279) Zalán, S. 365.
280) Kommentar DDR-Verf. Bd. 1, S. 350.
281) Ibid., Bd. 2, S. 1173 f.
282) Zalán, S. 320.
283) Thomson, S. 57.
284) Kommentar DDR-Verf. S. 349.
285) Rechtsstaatlichkeit, S. 51; Art. 23 Allg. Erkl.
286) Z.B. Italien: Art. 4 Verf. i.V. mit Art. 1 Abs. 1: "Italien ist eine demokratische Republik, gegründet auf der Arbeit". Hier hat das Recht aber nur die Bedeutung eines Prinzips (Calamandrei/Barile, S. 783/84.).
287) Calamandrei/Barile, S. 783 f.
288) Hrn. Eugen Dührings Umwälzung, S. 366.
289) Aleksandrov, S. 8 ff.
290) UdSSR Art. 118; Albanien, Art. 25; Bulgarien Art. 73; Polen, Art. 58; Ungarn § 45; DDR, Art. 24; ČSSR, Art. 21; Rumänien, Art. 18.
291) 2. Thessalonicher Brief, 3, 10.
292) Maurach, S. 79.
293) Ibid., S. 383.
294) Vgl. Kapitel Unverletzlichkeit.
295) Text des Parasitengesetzes der RSFSR in: Pravda vom 5.5.1961, S. 4.
296) Vgl. Geilke, S. 132.
297) Pravda 20.9.1962, S. 1.
298) Deportation bis zu 5 Jahren, verbunden mit Arbeitszwang; vgl. Art. 153 StGB RSFSR.
299) Vgl. das Gesetz Nr. 53/1963 der ČSSR in: Új szó 15.10.1963, S. 5.

300) Sbornik, S. 187.
301) Roth, S. 251.
302) Lenin, Sočinenija, Bd. 4 S. 289 ff.
303) Stalin, Anarchismus und Sozialismus, Werke, Bd. 1, S. 299.
304) BSE Bd. 16, S. 269.
305) Révész, Friedliche Koexistenz, S. 67 f.
306) Vgl. Anm. 304.
307) Vgl. Kommentar DDR-Verf. zu Art. 24 Bd. 2, S. 77.
308) Pravda 9.9.1964, S. 3.
309) Vgl. auch Meinungsäusserungsfreiheit.
310) Geilke, S. 56.
311) Loviant/Paškov, S. 347.
312) GV Nr. 4/1956, Art. 5 Abs. 1, in: Törvények és rendeletek hivatalos gyüjteménye (Amtl. Sammlung von Gesetzen und VO), Bp. 1958, S. 141.
313) Vgl. Art. 6 des Gesetzes über die Staatsverbrechen vom 25.12.1958 (Sbornik, S. 450 ff.), bzw. Art. 69 StGB RSFSR 1960, der den früheren Tatbestand der Sabotage (Art. 58 Abs. 14 StGB 1926) mitumfasst.
314) Révész, Justiz, S. 124 f.
315) Kommentarij k ugolovnogo kodeksu, S. 150 f.
316) Sočinenija Bd. 27, S. 177 ff.
317) Vgl. dazu Grundlagen des Marxismus, S. 810.
318) In Polen wird ebenfalls ein AGB in Kraft treten.
319) Maurach, S. 100.
320) S. unter Koalitionsfreiheit.
321) Vgl. Anm. 322.
322) Salwa/Schubert, S. 109.
323) Mala encyklopedia prawa (Kleine Rechtsenzyklopädie), Warschau 1959, S. 120.
324) Aleksandrov, S. 269 ff.
325) Sbornik, S. 183 f.
326) Sacharov, Dolžnostnoe prestuplenie i disciplinarnyj postupok (Das Amtsdelikt und die Disziplinarvergehen), in: SGiP Nr. 2/1955, S. 60.
327) Vgl. Grundlagen des Marxismus, S. 810 und 812.
328) Ibid., S. 810.
329) Art. 118 Abs. 1 und Art. 12 Abs. 2 Verf. UdSSR; vgl. auch Grundlagen des Marxismus, S. 806 und 812 f.
330) Vgl. Mehnert, S. 89.
331) Brunner, Zur Wirksamkeit ..., S. 34.
332) Vgl. Mehnert, S. 88 f., Jurij Jelagin, Kunst und Künstler im Sowjetstaat, Frankfurt und Hamburg 1961, S. 144 f.
333) Ukas vom 26.6.1940.
334) Vgl. Maurach, S. 330 f.
335) Sbornik, S. 183 f.
336) Brunner, Grundrechte, S. 19.
337) Ukas vom 15.7.1958, Art. 10 Abs. 1 (Sbornik, S. 251 ff.).
338) Weltner, S. 47 ff.
339) Für die DDR vgl. Kommentar DDR-Verf. zu Art. 24 Bd. 2, S. 72.

340) Müller, S. 173.
341) Gincburg, S. 875 ff.
342) Usilit` svjaz` justicii s profsojuzami (Den Kontakt zwischen Justizorganen und den Gewerkschaften erweitern), in: SJ Nr. 20/1963, S. 4 ff.
343) Pravda 19.8.1963, S. 4.
344) Népszava 10.5.1960.
345) Szabad föld 23.12.1962, S. 3.
346) Dél-Magyarország, Szeged, 8.5.1960.
347) Népszabadság 31.1.1961.
348) Sbornik, S. 177 ff.
349) Ukas vom 18.3.1955, Sbornik, S. 179.
350) Molodoj Kommunist, Moskau, Nr. 3/1962, S. 27 ff.
351) Komsomol`skaja Žizn`, Moskau, Nr. 1/1964, S. 3 ff.
352) Art. 10 des Ukases vom 2.10.1940, der noch in Kraft steht: vgl. Ukas vom 18.3.1955 (Anm. 349).
353) Magnickaja, S. 108 ff.
354) Kobec, S. 4 f.
355) Rudé Právo 31.10.1962, S. 2.
356) Sbornik, S. 353 ff.
357) Pravda 6.1.1965, S. 4.
358) Révész, Der politische Begriff der Freiheit, S. 164.
359) Vgl. Kommentar DDR-Verf. zu Art. 24 Bd. 2, S. 64.
360) Der Bürger könnte nicht eine ihm vom Staat angebotene Arbeit ablehnen, ohne gegen die Pflicht zur Arbeit zu verstossen.
361) Vgl. Brunner, Grundrechte, S. 18. Dass das Problem der Arbeitslosigkeit auch in einem "sozialistischen" Staat aktuell werden kann, beweist das Beispiel Jugoslawiens, hier werden Arbeitskräfte als "Fremdarbeiter" ins kapitalistische Ausland geschickt, um in einem Wirtschaftssystem zu arbeiten, das der "Ausbeutung" dient!
362) Präambel Abs. 5; Art. 1, 2 und 7 der Allg. Erkl.
363) Müller, S. 23 und 111.
364) Ibid., S. 65.
365) BSE Bd. 13, S. 196 ff.
366) Ungarn § 49, Polen Art. 69, UdSSR Art. 123, DDR Art. 20, Bulgarien Art. 71, Rumänien Art. 17, ČSSR Art. 20.
367) Vgl. Art. 3 Ziff. 4 (Polen), § 4 Abs. 2 (Ungarn) und die Präambeln der Verfassungen.
368) Vgl. dazu und zum folgenden Révész, Justiz, S. 79 ff.
369) Népszabadság 27.10.1957.
370) Idem, 30.6.1957.
371) Trybuna Ludu 18.10.1957.
372) Vgl. Art. 123 UdSSR, Art. 20 DDR.
373) Darüber unten.
374) Trybuna Ludu 19.5.1961, S. 2.
355) Gazdasági ..., S. 73.
376) Vida, S. 413.
377) Révész, Justiz, S. 81 ff.

378) Z.B. Art. 123 UdSSR, Art. 20 DDR.
379) Vgl. Art. 126 Verf. UdSSR, Art. 1 und Art. 3 Abs. 1 DDR usw.
380) Vgl. Kapitel Vereinigungsfreiheit.
381) Révész, Justiz, S. 134; vgl. z.B. die Personalunion zwischen den Aemtern des 1. Sekretärs der KPdSU und des Ministerpräsidenten: Lenin, Stalin, Chruščev.
382) Vgl. dazu und zum folgenden Révész, 50 Jahre Weltkommunismus, S. 130 ff.
383) Partijnaja Žisn' Nr. 3/1962, S. 3 ff.
384) Vgl. Népszabadság vom 18.3.1962, S. 3; 16.3.1962, S. 3 und vom 16.9.1962, S. 3.
385) Idem, 31.1.1962, S. 3.
386) Hojda, S. 723 ff.
387) Vgl. Révész, Justiz, S. 137.
388) Vgl. dazu Einleitung.
389) Sbornik, S. 503 ff.
390) Révész, 50 Jahre ..., S. 132.
391) Révész, Justiz, S. 90.
392) Vgl. dazu und zum folgenden Révész, 50 Jahre, S. 132 f.
393) Partijnaja Žisn' Nr. 2/1963, S. 50 ff.
394) Révész, 50 Jahre, S. 134.
395) Partijnaja Žisn' Nr. 2/1965, S. 39.
396) Népszava, Bp. 6.3.1963, S. 1.
397) Idem.
398) Trybuna Ludu 6.6.1957.
399) Révész, Justiz, S. 91 Anm. 113.
400) Népszabadság 17.4.1962, S. 6.
401) Vgl. auch das Kapitel Unverletzlichkeit.
402) Vgl. z.B. Erlass des Staatsrates der Deutschen Demokratischen Republik über die grundsätzlichen Aufgaben und die Arbeitsweise der Organe der Rechtspflege vom 4.4.1963, Grundsätze I: "In der Deutschen Demokratischen Republik sind ... die Gleichheit aller Bürger vor dem Gesetz ... entscheidende Grundpfeiler der sozialistischen Demokratie ..."
403) Juridičeskij slovar', Bd. 2, S. 19.
404) Piontkovskij, S. 72.
405) Révész, Justiz, S. 97.
406) Art. 37 StGB RSFSR und Art. 32 Grundlagen Strafgesetzgebung UdSSR.
407) Révész, Justiz, S. 103.
408) Maurach, S. 404.
409) Dazu und zum folgenden Maurach, S. 403 f.
410) Maurach, S. 415 f.
411) Levin-Trainin, Sowjetstaatsrecht, S. 324, zit. nach Maurach, S. 416.
412) Révész, 50 Jahre, S. 132.
413) Vgl. Geilke, S. 116 Anm. 340.
414) Prag Dokumente, S. 78.
415) Z.B. DDR Art. 54, Ungarn § 62 etc.
416) Patrzalek, S. 71.
417) Jaroszynski, S. 3 ff.

418) Gleich wie Art. 141 Abs. 2 Verf. UdSSR.
419) Sztandar mlodych, Warschau 25.5.1965.
420) Vgl. Révész, 50 Jahre, S. 96.
421) Vgl. Révész, Die Frau, S. 3.
422) Müller, S. 186.
423) Ibid., S. 183.
424) Révész, Die Frau, S. 3.
425) Maurach, S. 341.
426) DDR Art. 20, Ungarn § 50, Albanien Art. 17, Bulgarien Art. 72, Polen Art. 66, ČSSR Art. 27, Rumänien Art. 23.
427) Brunner, Grundrechte, S. 24.
428) Idem.
429) Vgl. Révész, Die Frau, S. 12 und 14 f.
430) Ibid., S. 60; Mehnert, S. 73/74.
431) Ibid., S. 18.
432) Ibid., S. 4.
433) Ibid., S. 16.
434) Idem.
435) Ibid., S. 17.
436) Vgl. Kommentar DDR-Verf. zu Art. 20 Bd. 2, S. 32 f.
437) Révész, Die Frau, S. 32.
438) Idem.
439) Vgl. Anm. 435.
440) Maurach, S. 341.
441) Révész, Die Frau, S. 27.
442) Ibid., S. 31.
443) Dazu und zum folgenden Révész, Die Frau, S. 29 und 31.
444) Vgl. auch Kapitel Ehefreiheit.
445) Müller, S. 183.
446) Kommentar DDR-Verf. Bd. 2, S. 36.
447) Maurach, S. 342.
448) Révész, Die Frau, S. 35.
449) Ibid., S. 38 und 40.
450) Ibid., S. 66.
451) A.a.O., S. 72.
452) Révész, 50 Jahre, S. 142.
453) Idem.
454) Vgl. z.B. Polen Art. 3 Ziff. 4 und Ungarn § 49 Abs. 2.
455) Grassi, S. 133.
456) Népszabadság 10.11.1957.
457) Zwar gibt es auch im Rechtsstaat noch Verletzungen des Gleichheitsgedankens, wir erinnern nur an die fehlende Gleichberechtigung der Frau (Frauenstimmrecht!) und den Ausschluss der Konkursiten und Armengenössigen vom Wahlrecht (Vermögenszensus), aber diese Erscheinungen stellen doch Ausnahmen dar und werden sicher aufgehoben.
458) Révész, Recht und Sozialnorm, S. 20.
459) Brunner, Grundrechte, S. 24.

460) Geilke, S. 62.
461) Sočinenija, Bd. 31, S. 125.
462) Semenov, S. 22 ff.; vgl. auch Minderheitenschutz.
463) Idem.
464) Maurach, S. 251.
465) Zlatopol`skij, S. 240.
466) Maurach, S. 253.
467) Die unionsrepublikanischen Verf. müssen wiederum den Grundsätzen der Unionsverfassung entsprechen.
468) Animisova, S. 60 ff.
469) Maurach, S. 253.
470) Vgl. etwa das Recht, sich vor Gericht der Muttersprache zu bedienen: Art. 110 der Verf.
471) Maurach, S. 102.
472) Die Unionsrepubliken Weissrussland (Belorussland) und Ukraine sind auch in den Vereinten Nationen selbständig vertreten, wohl eher, um eine Stimmenmehrheit in der Generalversammlung zu erreichen, als aus Ueberlegungen der Eigenstaatlichkeit heraus: Ihre Delegierten stimmen natürlich nach den Instruktionen der Union.
473) Vgl. auch Art. 43 Abs. 1 BV.
474) Dazu und zum folgenden Maurach, S. 101.
475) Fleiner/Giacometti, S. 42.
476) Maurach, S. 103.
477) Vgl. Fleiner/Giacometti, S. 47 f.
478) S. unten.
479) Dasselbe Problem stellt sich übrigens auch im Verhältnis zwischen den Staaten und den supranationalen Organisationen (UN, Europarat, EWG, Montanunion usw.).
480) Maurach, S. 422. Das Aktionsprogramm der KPČ von 1968 verlangte, dass die Nationalversammlung als Parlament mit all seinen Funktionen betrachtet werde und nicht nur die Aufgabe habe, die vorgelegten Entwürfe zu genehmigen, sondern selbst entscheiden solle (Prag, Dokumente, S. 79).
481) Vgl. dazu aber Art. 113 Abs. 1 Ziff. 1 BV.
482) Vgl. Kapitel Vereinigungsfreiheit.
483) Umanskij, S. 133 ff.
484) Jakubovskaja, S. 3 ff.
485) Vgl. dazu Grundlagen des Marxismus, S. 391.
486) Vgl. Kapitel Gleichberechtigung.
487) Maurach, S. 25.
488) Umanskij, S. 140.
489) Juridičeskij slovar`, Bd. 1, S. 248.
490) Ibid., S. 235 f.
491) Dazu und zum folgenden, Manelis, S. 17 ff.
492) Sočinenija, Bd. 27, S. 180 f.
493) Art. 45 Abs. a der Verf. der RSFSR von 1937.
494) Planovoe chozjajstvo, Moskau, Nr. 1/1965, S. 18 ff.
495) Z.B. Ehe- und Familiengesetzgebung, ZGB, StGB, StPO.

496) Vgl. dazu und zum folgenden Maurach, S. 105/106.
497) Ibid., S. 106.
498) Ibid., S. 104.
499) Vgl. dazu und zum folgenden den Artikel "Souveränität und internationale Verpflichtungen der sozialistischen Staaten" von S. Kovalev, in: Pravda 26.9. 1968, S. 4.
500) Idem.
501) Vgl. z.B. DDR Art. 6 Abs. 2 und Art. 7 Abs. 2, die Präambeln der Verf. Polens und Ungarns.
502) Seminar on the Multi-National Society, a.a.O.
503) Vgl. das Beispiel der polnischen Minderheiten in Preussen, Russland und der Oesterreichisch-Ungarischen Monarchie.
504) Z.B. das ungarische Gesetz Nr. 44/1868 (eigentlich nur ein Sprachengesetz).
505) Grassi, S. 138 f.
506) Ibid., S. 139 f.
507) Schulz, S. 75 ff.
508) Vgl. die Verträge zwischen Italien und Oesterreich über die Minderheiten in Tirol (Alto Adige) und den Friedensvertrag mit Ungarn (Grassi, S. 145).
509) Brunner, Grundrechte, S. 11.
510) Maurach, S. 346.
511) Geilke, S. 49.
512) Maurach, S. 347.
513) Ibid., S. 91.
514) Geilke, S. 50.
515) Maurach, S. 93.
516) S. Text bei Maurach, S. 351.
517) Vgl. dazu Geilke, S. 101 und Maurach, S. 348 ff.
518) Geilke, S. 111.
519) Ibid., S. 112.
520) Vgl. auch Souveränität.
521) Vgl. unter Souveränität.
522) Hazard, S. 779/80.
523) Maurach, S. 93.
524) Es gibt über 200 Sprachen in der UdSSR; vgl. Die Sprachen der Völker der UdSSR, Halle (Saale) 1954, S. 3.
525) Maurach, S. 94.
526) Vgl. Anm. 527.
527) Tadesvosjan, Dal'nejšee sbliženie socialističeskich nacij v SSSR (Die weitere Annäherung der sozialist. Nationen in der UdSSR), in: Voprosy filosofii Nr. 6/1963, S. 3 ff.
528) A.a.O., Working Paper Nr. 4, Referat von W. Zeltner, Israel.
529) Maurach, S. 94.
530) A.a.O., Report on the UN Seminar on the Multi-National Society, Kapitel 2.
531) Rocznik, S. 212 f.
532) Brunner, Grundrechte, S. 35.
533) Neuer Weg, Bukarest, 8.5.1966, S. 1-6; vgl. auch unter Souveränität.
534) Vgl. das Dekret vom 21.7.1945 über die Enteignung der Deutschen und Magy-

aren, deren Bodenbesitz an Slawen verteilt wurde (Art. 7): Kapitel Recht auf Eigentum.

535) Uschakow, S. 35 f.

536) Prag, Dokumente, S. 56 f.

537) S. 1.

538) Vgl. den Text in Volkszeitung, Prag vom 1.11.1968, S. 4.

539) Müller, S. 198, Anm. 4.

540) Veiter, S. 188 ff.

541) Art. 40 lautet: "Bürger der Deutschen Demokratischen Republik sorbischer Nationalität haben das Recht zur Pflege ihrer Muttersprache und Kultur. Die Ausübung dieses Rechts wird vom Staat gefördert."

542) Müller, S. 198.

543) Gsovskij, Bd. 1, S. 442.

544) Vgl. Art. 37 Verf. Serbien.

545) Report on the Situation of Nationalities ..., a.a.O.

546) Report, S. 7.

547) Z.B. die Teilung Polens und die Eroberung der Ukraine, vgl. Révész, Friedliche Koexistenz, S. 59 f.

548) Pravda 14.6.1968, S. 2 f.

549) Idem, 22.9.1968, S. 3 f.

550) Idem.

551) Maunz, Theodor, Deutsches Strafrecht, 11. Aufl., München und Berlin 1962, S. 102, zit. nach Roth, S. 404 Anm. 2.

552) Vgl. z.B. Art. 30 i.V. mit Art. 99 und 100 der Verf. DDR, Art. 22 (Albanien), Art. 82 (Bulgarien), Art. 74 Ziff. 1 (Polen), §57 (Ungarn), Art. 31 (Rumänien), Art. 30 (ČSSR).

553) Vgl. Kommentar DDR-Verf. zu Art. 30 Bd. 2, S. 120.

554) Sbornik, S. 427 ff., resp. S. 551 ff.

555) Ibid., S. 450 ff.

556) Der Staatssicherheitsdienst hiess Tscheka, Vetscheka (1919-1922), GPU, OGPU (1922-1934), NKWD (1934-1946), MWD (1946-1954), ferner MGB und seit 1954 KGB (Komitet Gosudarstvennoj Bezopasnosti); vgl. Gsovskij, Bd. 1, S. 564.

557) Geilke, S. 71.

558) Vgl. auch das Kapitel Gleichberechtigung.

559) Rechtsstaatlichkeit, S. 31.

560) Révész, Justiz, S. 99.

561) Szikra, S. 10.

562) Révész, Justiz, S. 23 f.

563) Vgl. für die DDR: Kommentar DDR-Verf., zu Art. 100, Bd. 2, S. 482.

564) Rechtsstaatlichkeit, S. 32.

565) Vgl. Geilke, S. 207 Anm. 669.

566) Vgl. etwa Roth, S. 408 f., Révész, Imre Nagy, S. 45 ff., Mehnert, S. 274 und 276, Maurach, S. 375 ff.

567) A.a.O., S. 272 ff.

568) Ibid., S. 274/75.

569) Geilke, S. 127.

570) Dazu und zum folgenden Maurach, S. 304/305.
571) Vgl. dazu die verfassungsrechtliche Grundlage in Art. 102.
572) Rechtsstaatlichkeit, S. 33.
573) Révész, Justiz, S. 39 Anm. 56.
574) Strogovič, Kurs ugolovnogo processa, S. 83, zit. nach Révész, Justiz, S. 39 Anm. 56.
575) Vgl. dazu Révész, Justiz, S. 39.
576) Ibid., S. 41.
577) Ibid., S. 239.
578) Geilke, S. 36.
579) Révész, Justiz, S. 229 ff.
580) Ibid., S. 239 f.
581) Vgl. Geilke, S. 125 Anm. 385.
582) Révész, Justiz, S. 239.
583) Vgl. auch Art. 6 der Grundlagen des StrVerf.
584) Roth, S. 413 ff.
585) Auch Bettler und Strolche wurden so abgeurteilt; vgl. ferner das Gesetz über die nomadisierenden Zigeuner vom 15.10.1956, Sbornik, S. 187.
586) Komsomol'skaja Pravda 7.9.1960.
587) Šargorodskij/Sluckij/Belaev, S. 259.
588) Dazu und zum folgenden, idem, S. 360 ff.
589) Vasenina, S. 123 f.
590) Vgl. Geilke, S. 123 f.
591) Das Volksgericht ist ein Gericht, das sich aus Berufsrichtern (Volksrichter) und Laienrichtern (Schöffen) zusammensetzt.
592) Geilke, S. 124 Anm. 381.
593) Vgl. dazu und zum folgenden Geilke, S. 132.
594) Rechtsstaatlichkeit, S. 29 f.
595) Ibid., S. 32.
596) Ibid., S. 30.
597) Ebenso Polen; vgl. Révész, Imre Nagy, S. 43.
598) Vgl. Kommentarij k ugolovnogo kodeksu, S. 101.
599) Révész, Justiz, S. 27.
600) Vgl. Art. 21 Abs. 1, Art. 32 Abs. 3 und Art. 33 Abs. 3 Grundlagen.
601) §§126 f. StPO vom 12.1.1968; vgl. Kommentar DDR-Verf. zu Art. 100, Bd. 2, S. 481.
602) Art. 21 des Ukases über die Festigung der Lage der staatsanwaltlichen Aufsicht in der UdSSR vom 24.5.1955; Sbornik, S. 573 ff.
603) Vgl. die Art. 17 ff., 32 ff. (insbesondere Art. 18 und 34) desselben Ukases; Sbornik, S. 577 f. resp. 580 f.
604) Vgl. darüber weiter unten.
605) Kommentar DDR-Verf. Bd. 2, S. 481.
606) SJ Nr. 4/1961, S. 22.
607) Idem, Nr. 4/1965, S. 7 f.
608) Idem, Nr. 16/1963, S. 22 f.
609) Vgl. dazu Révész, Justiz, S. 27.
610) Marcianus libro secundo publicorum, D. 48, 17.1.

611) Brunner, Grundrechte, S. 28.
612) Rechtsstaatlichkeit, S. 28 und 33.
613) UdSSR Art. 111 Verf. und Art. 13 Abs. 1 Grundlagen StrVerf., Art. 102 Verf. DDR usw.
614) Vgl. Art. 21 und 13 Abs. 2 Grundlagen StrVerf. und Kommentar DDR-Verf. zu Art. 102 Bd. 2, S. 487.
615) Ukas vom 24.5.1955.
616) Vgl. unten.
617) Maurach, S. 278.
618) Révész, Justiz, S. 50.
619) Vgl. Révész, Justiz, S. 44 ff., Szikra, S. 16 f., Révész, Imre Nagy, S. 48 ff.
620) Kommentar DDR-Verf. zu Art. 102 Bd. 2, S. 486.
621) Albanien GV Nr. 1601/1953 Art. 16; Rumänien GV Nr. 281/1954 Art. 32; Bulgarien GV Nr. 49/1952 Art. 25.
622) Szikra, S. 17.
623) Vgl. Révész, Justiz, S. 45 und ders., Imre Nagy, S. 50.
624) Maurach, S. 306.
625) Für Ungarn vgl. Révész, Imre Nagy, S. 47 ff.
626) Dazu vgl. Rechtsstaatlichkeit, S. 30 und 34.
627) Art. 469 StPO RSFSR; vgl. Maurach, S. 305.
628) Vgl. dazu Révész, Justiz, S. 24 ff.
629) Ibid., S. 25.
630) Ibid., S. 26.
631) Ibid., S. 25.
632) Idem.
633) S. unten.
634) Révész, Justiz, S. 38.
635) Art. 48 Grundlagen StrVerf.
636) Rechtsstaatlichkeit, S. 34.
637) Révész, Justiz, S. 30.
638) Vgl. dazu Révész, Imre Nagy, S. 54, in Bezug auf die Urteile gegen die ungarischen Konterrevolutionäre.
639) Révész, Justiz, S. 31.
640) Ibid., S. 31 f.
641) Dazu und zum folgenden Révész, Justiz, S. 37 f.
642) Vgl. Révész, Justiz, S. 37/38, S. 38 Anm. 53.
643) Grundsätze für die Richterschaft im Rechtsstaat, festgesetzt auf dem Kongress von Delhi 1959 von der Internationalen Juristen-Kommission, in: Rechtsstaatlichkeit, S. 36.
644) UdSSR Art. 112, DDR Art. 96 Abs. 1, Ungarn § 41 Abs. 2, Rumänien Art. 104, ČSSR Art. 98.
645) Art. 10 bzw. 17 der Grundlagen StrVerf. und Art. 9 Grundlagen über das Gerichtsverfahren vom 25.12.1958, Sbornik, S. 503 ff.
646) Révész, Justiz, S. 171.
647) Art. 9 der Gerichtsverfassung der RSFSR vom 27.10.1960.
648) Révész, Justiz, S. 194.
649) Vgl. Geilke, S. 170 Anm. 542 und S. 171.

650) Kommentar DDR-Verf. Bd. 2, S. 460.
651) Révész, Justiz, S. 195.
652) Art. 35 Grundlagen der Gerichtsverfassung der UdSSR, bzw. Art. 19 Gerichtsverfassung RSFSR.
653) Rechtsstaatlichkeit, S. 37/38.
654) Kommentar DDR-Verf. zu Art. 96 Bd. 2, S. 460.
655) Révész, Justiz, S. 200.
656) Ibid., S. 171 f.
657) Ibid., S. 209.
658) Ibid., S. 214.
659) Maurach, S. 309.
660) Vgl. für die DDR: Kommentar Verf. DDR zu Art. 96 Bd. 2, S. 458 f.
661) Vgl. dazu und zum folgenden Révész, Justiz, S. 210.
662) Vgl. das Kapitel Souveränität.
663) Vgl. Kapitel Gleichberechtigung.
664) Beispiele, dass auch die materielle Rechtsprechung von der Bundesversammlung in der Praxis - verfassungswidrig - überprüft wird, s. bei Fleiner/Giacometti, S. 533, Anm. 90.
665) Révész, Justiz, S. 177.
666) Darüber weiter unten.
667) Révész, Justiz, S. 178.
668) Maurach, S. 304 ff.
669) Dazu und zum folgenden Révész, Justiz, S. 184 ff.
670) Ibid., S. 226.
671) Auch das Präsidium des Obersten Sowjet der Sowjetunion hat die Befugnis, Erlasse herauszugeben und Gesetze zu interpretieren (Art. 49 Ziff. 2 und 3 Verf.).
672) Dazu und zum folgenden Révész, Justiz, S. 218 ff.
673) Kaminskaja, S. 28 ff.
674) Ibid., S. 31.
675) Vgl. Révész, Justiz, S. 54 ff.
676) Vgl. z.B. Art. 111, 112 und 127 der Verf. der UdSSR.
677) Révész, Justiz, S. 57.
678) Mehnert, S. 275.
679) Vgl. Art. 8 der Allg. Erkl. UN und Rechtsstaatlichkeit, S. 25.
680) Beér, S. 25 ff.; in der Schweiz wird bekanntlich ebenfalls unter Berufung auf die Souveränität des Volkswillens einer richterlichen Normenkontrolle durch das Bundesgericht entgegengetreten, vgl. Fleiner/Giacometti, S. 931 ff.
681) In Ungarn durch GV Nr. 2/1949.
682) Marx-Engels, Válogatott levelek (Ausgewählte Briefe), Bp. 1950, S. 348.
683) Zycie Warszawy 28.6.1961, S. 1 f.
684) Vgl. dazu und zum folgenden Brunner, Zur Wirksamkeit ..., S. 26.
685) Vgl. dazu Art. 4 Abs. 3 der Grundlagen des Zivilverfahrens vom 8.12.1961 (Sbornik, S. 526 ff.), resp. Art. 231 ff. der ZPO der RSFSR vom 11.6.1964.
686) Studenikin/Vlassov/Evtišiev, S. 209.
687) Vgl. dazu §§ 55 ff. der GV Nr. 4/1957 vom 2.12.1957.
688) Prawo i zycie 2.1.1966, S. 2.

689) SBZ von A-Z, S. 432.
690) Brunner, Zur Wirksamkeit ..., S. 24.
691) Vgl. Ukase vom 12.4.1968, Sbornik, S. 786 ff.
692) Vgl. z.B. Art. 97 Verf. DDR, Art. 113 Verf. UdSSR.
693) Art. 12 des Statuts über die Festigung der Lage der staatsanwaltlichen Aufsicht vom 24.5.1955, Sbornik, S. 573 ff.
694) Vgl. Zycie Warszawy 26.6.1961, S. 25.
695) Art. 38 ff. Ukas vom 24.5.1955, s. Anm. 693.
696) UdSSR Art. 128, DDR Art. 31, Ungarn §57, Albanien Art. 24, Bulgarien Art. 86, Polen Art. 74 Ziff. 2, ČSSR Art. 31, Rumänien Art. 33.
697) Dazu und zum folgenden Pikler, S. 37 ff.
698) Idem.
699) Vgl. dazu Maurach, S. 381 und Roth, S. 425.
700) Maurach, S. 381.
701) §35 des Gesetzes vom 3.4.1959 über das Post- und Fernmeldewesen; vgl. Kommentar DDR-Verf. zu Art. 31 Bd. 2, S. 126 f.
702) §202 resp. § 135 StGB; vgl. Kommentar DDR-Verf., S. 127.
703) Ebenso Albanien (Art. 24) und Bulgarien (Art. 86).
704) Kommentar DDR-Verf. Bd. 2, S. 128.
705) Ibid., S. 129.
706) Idem.
707) Sbornik, S. 551 ff.
708) Vgl. Müller, S. 118/119.
709) GV Nr. 1/1956 vom 17.3.1956.
710) Katalog der Unrechte, S. 112.
711) Kommentar DDR-Verf. zu Art. 37 Bd. 2, S. 163.
712) Kern, S. 103.
713) DDR Art. 37 Abs. 3, Ungarn § 57, Polen Art. 74 Ziff. 2, Bulgarien Art. 85, Albanien Art. 23, ČSSR Art. 31, Rumänien Art. 32.
714) Hazard, S. 976.
715) Grundgesetz Art. 13 Abs. 2 und § 105 Abs. 1 StPO.
716) Vgl. Roth, S. 423 Anm. 13.
717) Kommentar DDR-Verf. Bd. 2, S. 479.
718) Maurach S. 380/81.
719) Vgl. Partsch, S. 447 und Scheffler, S. 247.
720) Vgl. Partsch, S. 447 Anm. 717, Scheffler, S. 249.
721) Vgl. etwa Grundgesetz Art. 6 Abs. 1, BV Art. 54 Abs. 1, Art. 29 Abs. 1 (Italien).
722) Vgl. Art. 16 Abs. 1 Allg. Erkl.
723) Ein unterschiedliches Heiratsmündigkeitsalter verstösst nicht gegen den Gleichheitssatz, denn Ungleiches ungleich zu behandeln, ist nicht willkürlich.
724) Huber, Die Grundrechte, S. 195.
725) A.a.O., S. 449.
726) Vgl. dazu und zum folgenden Enzyklopädie der Erotik, München-Wien-Basel 1963, S. 230, Bd. 1.
727) Vgl. dazu und zum folgenden Marxismus und Ehe, in: Das Buch der Ehe, Basel 1965, S. 309 f.

728) Ibid., S. 309.
729) Idem.
730) Russland, in: Das Buch der Ehe, S. 356.
731) Idem.
732) Révész, Die Frau, S. 9 Anm. 11.
733) Ibid., S. 8.
734) Maurach, S. 343.
735) Russland, S. 356.
736) Dekret vom 18.12.1917.
737) Geilke, S. 41.
738) Maurach, S. 344.
739) Gsovskij, Bd. 2, S. 1154.
740) Geilke, S. 70 Anm. 154.
741) Révész, Die Frau, S. 9.
742) Maurach, S. 344.
743) Geilke, S. 70.
744) Marxismus und Ehe, S. 310.
745) Maurach, S. 343.
746) Vgl. Révész, Die Frau, S. 8 und 9.
747) Vgl. Mehnert, S. 65 ff.
748) Russland, S. 357.
749) Zit. nach Geilke, S. 85.
750) Idem.
751) Révész, Die Frau, S. 9.
752) Sbornik, S. 409; Das Gesetz kam übrigens unter Verletzung der Länderkompetenzen zustande (Maurach, S. 344), da die Festlegung der Grundlagen für die Gesetzgebung über Ehe und Familie erst 1947 in die Kompetenz der Union gelegt wurde (Art. 14w Verf.).
753) Sbornik, S. 417/418.
754) Geilke, S. 100.
755) Ibid., S. 100 Anm. 271 bzw. 118.
756) Maurach, S. 343 f.
757) Vgl. Kommentar DDR-Verf. zu Art. 38 Bd. 2, S. 165.
758) Brunner, Grundrechte, S. 23.
759) Vgl. Tadesvosjan, S. 102 ff.
760) Izvestija 10.4.1968, S. 4.
761) Dieses Prinzip ist vor allem für die islamische Bevölkerung in den kaukasischen Republiken von Bedeutung.
762) Tadesvosjan, S. 102.
763) Idem.
764) Geilke, S. 178 Anm. 576.
765) Vgl. für die Schweiz: ZGB Art. 160 Abs. 1 und 2; für Italien: Art. 144 Codice civile.
766) Interessanterweise war im Zarismus der gesetzliche Güterstand die "moderne" Gütertrennung (Gsovskij, Bd. 2, S. 1171).
767) Tadesvosjan, S. 103.
768) Idem.

769) Vgl. Maurach, S. 345.
770) Plenarbeschluss OG UdSSR vom 16.9.1949, deutsch in "Familiengesetze sozialistischer Länder", Berlin 1959, S. 63-65, zit. nach Geilke, S. 179 Anm. 580.
771) Vgl. dazu Maurach, S. 345.
772) Vgl. dazu Geilke, S. 180.
773) Vgl. Martschenko, S. 343 ff.
774) Kommentar DDR-Verf. zu Art. 38 Bd. 2, S. 165/66.
775) Ibid., S. 168.
776) Vgl. dazu Müller, S. 188.
777) Ibid., S. 187.
778) Vgl. dazu Gsovskij, Bd. 2, S. 1389 f.
779) Vgl. Alex Comfort, Der aufgeklärte Eros, München 1964, S. 157.
780) Lenin, Sočinenija, Bd. 23, S. 60.
781) Ibid., S. 62.
782) Russland, S. 357.
783) Révész, Die Frau, S. 10.
784) Myres S. Mc Dougal, Die Menschenrechte in den Vereinten Nationen, in: Die Grundrechte, Berlin 1966, S. 519 Anm. 72.
785) Vgl. Fleiner/Giacometti, S. 248 f.
786) S. weiter unten.
787) S. unten.
788) Sbornik, S. 353 ff.
789) Ibid., S. 328.
790) S. unter Recht auf Arbeit.
791) Vgl. das Drama "Der Kreidestrich" ("Eine Schnur geht durch das Zimmer") von V. Kataev, deutsch in: Russisches Theater des XX. Jahrhunderts, München 1960, S. 373 ff.
792) Beschluss des CIK, des Zentralen Exekutivkomitees und des Volkskommissarenrates der UdSSR vom 27.12.1932; vgl. Roth, S. 431; Maurach, S. 328.
793) Vgl. Bert Brecht: "Der Pass ist der edelste Teil von einem Menschen" (Flüchtlingsgespräche, in: Prosa 2, 1965, S. 1., S. 151).
794) BSE Bd. 32, S. 200.
795) Roth, S. 431.
796) Maurach, S. 328.
797) Vgl. Gsovskij, Bd. 1, S. 575.
798) Révész, Justiz, S. 146.
799) Gsovskij, Bd. 2, S. 969; vgl. auch Recht auf Arbeit.
800) Roth, S. 431.
801) Art. 122 Grundlagen ZGG und Art. 562 ZGB RSFSR.
802) Vgl. Kommentar GK zu Art. 562, S. 627.
803) Figyelő Bp. 27.12.1961, S. 2.
804) Esti Hírlap Bp. 26.1.1953, S. 2.
805) Zycie Warszawy 1.5.1962, S. 6.
806) Idem, 28./29.4.1963, S. 4.
807) Gos pracy 8.4.1962, S. 3.
808) Kommentar DDR-Verf. zu Art. 32 Bd. 2, S. 131.

809) Kommentar DDR-Verf. zu Art. 32 Bd. 2, S. 130.
810) Vgl. dazu Starosciak/Iserzon, S. 390 ff.
811) Államigazgatási kézikönyv (Handbuch der Staatsverwaltung), Bp. 1960, S. 116.
812) VO des Innenministers Nr. 1/1954, Art. 39 Abs. 4, in: Sammlung der geltenden Rechtsnormen Bd. 3, S. 135 (Hatályos jogszabályok gyüjteménye 1945-1958), Bp. 1960.
813) Müller, S. 127.
814) Vgl. Anm. 815; ebenso Jugoslawien; vgl. Gsovskij Bd. 1, S. 836.
815) § 51, vgl. Kommentar DDR-Verf. zu Art. 32 Bd. 2, S. 131.
816) Diese Frage ist aber kontrovers, vgl. Roth, S. 432 Anm. 7.
817) Art. 8 bzw. 10 Abs. 3 Verf. 1949.
818) Kommentar DDR-Verf. zu Art. 32 Bd. 2, S. 130.
819) S. unten.
820) Vgl. Prawo i zycie, Warzsawa 16.4.1961, S. 3 und 7 (Boleslaw Weiner).
821) Zycie Warszawy 19.6.1962, S. 1.
822) Magyar közlöny (Amtsblatt) Bp. Nr. 22/1961, S. 174 f.
823) Passgesetze vom 15.9.1954, 30.8.1956 und 11.12.1957.
824) Vgl. dazu SBZ von A-Z, S. 305.
825) Dazu und zum folgenden Müller, S. 121.
826) Müller, S. 122.
827) Inzwischen aufgehoben.
828) Vgl. dazu Roth, S. 433 ff.
829) Vgl. dazu Vilmos Cral in: Új szó 15.5.1968, S. 5.
830) Ibid., S. 5.
831) Prag, Dokumente, S. 72.
832) VO des Innenministers vom 19.11.1968; vgl. Volkszeitung, Prag 29.11.1968.
833) Vgl. für die DDR Müller, S. 119.
834) Müller, S. 127.
835) Art. 20 Abs. 1, resp. Abs. 2 Allg. Erkl.
836) Vgl. Tuor, S. 108.
837) Vgl. Fleiner/Giacometti, S. 378 f.
838) Die BV schützt aber alle jemals aktuell werdenden Grundrechte.
839) Vgl. Kapitel Glaubens- und Gewissensfreiheit.
840) UdSSR Art. 126, Albanien Art. 21, Bulgarien Art. 87, Polen Art. 72, Ungarn § 56, DDR Art. 29, ČSSR Art. 5, Rumänien Art. 27.
841) Vgl. Brunner, Grundrechte, S. 25 f.
842) Ibid., S. 26 Anm. 1.
843) Albanien Art. 21.
844) Polen Art. 72, Ungarn § 56 Abs. 1.
845) ČSSR Art. 5.
846) Polen Art. 72, ČSSR Art. 5.
847) Ungarn § 56 Abs. 2.
848) Idem.
849) § 56 Abs. 2 ungarische Verfassung.
850) Art. 12 Abs. 1 Verf. 1949.
851) Vgl. z.B. den Wortlaut von Art. 12 Verf. 1949 und die VO zur Ueberführung

der Vereine in die Massenorganisationen der SED; dazu Müller, S. 138.

852) Vgl. Müller, S. 138.

853) Vgl. z.B. BV Art. 56; allerdings besteht auch im Rechtsstaat die Gefahr des Missbrauchs, da der Begriff der Staatsgefährlichkeit so verschwommen ist, dass eine missbräuchliche Anwendung des Artikels durch die Behörden, die einen weiten Spielraum des Ermessens haben, geradezu herausgefordert wird (vgl. Fleiner/Giacometti, S. 386).

854) Vgl. weiter unten.

855) Vgl. dazu Cral, S. 5.

856) Vgl. Kommentar GK (ZGB), S. 38.

857) Schweizer ZGB Art. 62.

858) Kommentar GK zu Art. 27, S. 40 f.

859) Ibid., S. 40/41.

860) Ibid., S. 41.

861) VO vom 9.11.1967 zur Registrierung von Vereinigungen; vgl. Kommentar DDR-Verf. Bd. 2, S. 117.

862) Ibid., S. 118.

863) Vgl. Art. 78 schweizer. ZGB.

864) Kommentar GK, S. 49.

865) Vgl. Art. 39 ZGB RSFSR und Kommentar GK, S. 50.

866) Maurach, S. 367.

867) Idem.

868) Stalin, Fragen des Leninismus, Berlin 1946, S. 88, zit. nach Maurach, S. 368.

869) Die genossenschaftlichen Vereinigungen (kooperativnye obedinenija) haben wirtschaftliche Zielsetzungen (Kolchosen und andere Genossenschaften). Sie werden von der Partei geführt und durch Grundorganisationen, die in den Genossenschaften vertreten sind, kontrolliert (vgl. Statut der KPdSU 1961, Art. 59).

870) Die Staats- und Parteijugend ist organisiert im Komsomol` ( WLKSM ) und dessen Unterorganisationen der Jungen Pioniere ( bis 14 Jahre ). Der Komsomol`, der kommunistische Jugendverband nimmt auf freiwilliger Basis Jugendliche von 14-28 Jahren auf, er ist der Gehilfe der KP und setzt sich auch eine vor- und paramilitärische Ausbildung zum Ziel (Organ: Komsomol-skaja Pravda).

871) In: Rechtsstaatlichkeit, S. 8.

872) Vgl. die Statuten der KPdSU 1961; dazu Révész, 50 Jahre, S. 93 ff.

873) Für Jugoslawien vgl. Gsovskij, Bd. 1, S. 453/54.

874) Christlich-Demokratische Union (CDU), Liberal-Demokratische Partei (LDP), National-Demokratische Partei (NDP), Demokratische Bauernpartei (DBP); vgl. Kommentar DDR-Verf., S. 117.

875) Vgl. Müller, S. 138.

876) Révész, Der sozialistische Parlamentarismus, S. 453 ff.

877) In Ungarn gilt eine einjährige Frist als Bedingung: Allamigazgatási kézikönyv, S. 75.

878) Die grösste Partei war die Kleinlandwirtepartei, dann folgte die Bauernpartei und die Sozialdemokratische Partei; vgl. Fázsy Rudolf, Die Geschichte

der Ungarn 876-1956, s.l. 1960, S. 136.
879) Internationale Juristen-Kommission, Konferenz von Dakar 1967, in: Rechtsstaatlichkeit, S. 54.
880) Aus diesem Grund wird dieses Recht z.B. in Art. 56 BV nicht erwähnt.
881) Vgl. dazu und zum folgenden ausführlich Maurach, S. 370 ff.
882) Ziff. 1 des Ukases vom 15.7.1958, Sbornik, S. 252.
883) Maurach, S. 372.
884) Dazu und zum folgenden Maurach, S. 372.
885) Vgl. auch Kapitel Recht auf Arbeit.
886) Maurach, S. 372.
887) Roth, S. 401.
888) Maurach, S. 373.
889) Roth, S. 401.
890) Vgl. Kommentar DDR-Verf. zu Art. 11 Bd. 1, S. 346.
891) Vgl. Recht auf Eigentum.
892) A.a.O., S. 167.
893) Kommentar DDR-Verf. Bd. 2, S. 208 f.
894) Eine löbliche Ausnahme bilden natürlich die Bestrebungen, die materiellen Arbeits- und Lebensbedingungen der Arbeiter zu verbessern (vgl. dazu die Bestimmungen des Ukases Ziff. 3 ff., Sbornik, S. 252).
895) Maurach, S. 374.
896) Vgl. Kommentar DDR-Verf. zu Art. 29 Bd. 2, S. 115.
897) Vgl. dazu Révész, Justiz, S. 229 f.
898) Vgl. z.B. Art. 44 Abs. 3 und Art. 45 Abs. 2 der Verf. der DDR und Kommentar DDR-Verf. Bd. 2, S. 211 f.
899) Rechtsstaatlichkeit, S. 7.
900) Ibid., S. 10.
901) Kommentar DDR-Verf. zu Art. 27 Bd. 2, S. 103.
902) UdSSR Art. 125, Ungarn § 55 Abs. 1, ČSSR Art. 28 Abs. 1.
903) ČSSR Art. 28 Abs. 1.
904) Idem.
905) UdSSR Art. 125 Abs. 1, DDR Art. 28 Abs. 1.
906) Kommentar DDR-Verf., S. 104.
907) Maurach, S. 359/60.
908) Trybuna Ludu 11.10.1957.
909) Lenin über die Presse, S. 16.
910) Stalin, Unterredung mit ausländischen Arbeiterdelegationen, Probleme des Leninismus, Wien-Berlin 1929, S. 69, zit. nach Maurach, S. 360.
911) Neues Deutschland, Berlin/Ost 15.5.1955, zit. in: SBZ von 1955-1956, S. 46; vgl. auch Art. 125 Abs. 3 Verf. UdSSR.
912) Vgl. Kommentar DDR-Verf., S. 109.
913) Lenin über die Presse, S. 13 ff.
914) Borisov/Svinarenko, S. 255.
915) A. Gaev, Cenzura sovetskoj pečati (Die Zensur in der sowjetischen Presse), München 1955.
916) KPSS v rezoljucijach, Bd. 2, S. 1028 ff.
917) Vgl. das Kapitel Souveränität.

918) Jede Zeitung ist ein Organ einer bestimmten gesellschaftlichen Organisation oder des Staates: Pravda (KPdSU; sie geniesst eine Sonderstellung, da nur sie Auslandskorrespondenten hat), Izvestija (Oberster Sowjet), Trud (Gewerkschaften), Krasnaja Zvezda (Armee) usw.
919) Müller, S. 131.
920) Sowjetische "Druck"presse, in: Ostprobleme II/1953, S. 57 ff.
921) Magyar Közlöny Bp. Nr. 82/1963, S. 640 f.
922) Prag Dokumente, S. 71.
923) Vgl. dazu Új szó, Pressburg 14.6.1968, S. 2.
924) Vgl. Djilas, S. 59.
925) Moskau, Nr. 40/1968, S. 1-3: "Echte und falsche Pressefreiheit" (Observator).
926) Vgl. die Aeusserung des Journalisten Liehm: "Dass der Sozialismus die Presse braucht, haben wir bereits gehört, aber braucht die Presse den Sozialismus?"; vgl. Anm. 925.
927) Lenin, Briefe an G. Miasnikov, Werke, Bd. 32, Berlin 1967, S. 529, zit. nach Kommentar DDR-Verf., S. 110.
928) Zycie Warszawy 10.9.1968, S. 3.
929) Révész, Criminal Justice, S. 22 ff. und 29 f.
930) Unionsgesetz vom 25.12.1958, Sbornik, S. 450 ff.
931) Magyar Közlöny Nr. 17/1961, S. 939 ff., ähnlich auch Art. 100 StGB der ČSSR, Sbirka zákonú Československé Socialistické Republiky, Prag 8.12. 1961, Nr. 65/1961.
932) Vgl. Anm. 929.
933) Catalogue of Injustice, Bonn, S. 47.
934) Révész, Criminal Justice, S. 28 ff.
935) Ibid., S. 27.
936) Diese Beispiele bei Müller, S. 132.
937) Dazu und zum folgenden Müller, S. 134.
938) Vgl. die Prinzipien der komm. Moral in: Kommentar DDR-Verf., Bd. 2, S. 21 f.
939) Maurach, S. 365.
940) Die polnische Presse forderte den Schutz der Kritiker: Trybuna Ludu 4.2. 1959.
941) Népakarat 19.11.1957.
942) Trybuna Ludu 9.11.1958.
943) Zycie Warszawy 7.5.1960.
944) NZZ 19.4.1970, S. 17.
945) Art. 125 Abs. 1c und d Verf. UdSSR, Art. 28 Abs. 1 Verf. DDR usw.
946) Vgl. Glaubens- und Gewissensfreiheit.
947) Vgl. Maurach, S. 366; Roth, S. 391/92.
948) Vgl. für die DDR: VO vom 29.3.1951; Kommentar DDR-Verf. Bd. 2, S. 114.
949) Ibid. Bd. 2, S. 113.
950) Ibid., S. 108.
951) Müller, S. 128.
952) Vgl. Kommentar DDR-Verf., S. 109.
953) Vgl. auch das Kapitel Unverletzlichkeit.

954) Vgl. auch das Kapitel Unverletzlichkeit.
955) Sovetskaja prokuratura v važnejših dokumentach, Moskau 1956, S. 102 ff.
956) Roth, S. 443.
957) Müller, S. 195.
958) Kommentar DDR-Verf. zu Art. 18 Bd. 2, S. 412.
959) Vgl. dazu und zum folgenden Maurach, S. 361 ff.
960) Ibid., S. 363.
961) Djilas, S. 107.
962) Jetzt in Israel zu Hause.
963) Horst Koegler, Bolschoj-Ballett, Berlin 1961, S. 15.
964) Maurach, S. 363.
965) Idem.
966) Gregor/Patalas, Geschichte des modernen Films, Gütersloh 1965, S. 71.
967) Vgl. z.B. Pissemskij, Dostojewskij, Tolstoj, Tschechow usw.
968) Winkler, S. 315.
969) Ibid., S. 314.
970) Vgl. Martschenko, S. 359.
971) Müller, S. 137.
972) Ibid., S. 136.
973) Gsovskij, Bd. 1, S. 29.
974) Kommentar DDR-Verf. Bd. 2, S. 106.
975) Ibid., S. 110/111.
976) Müller, S. 136.
977) Art. 18 Allg. Erkl. UN; Art. 9 EMRK.
978) Scholler, S. 93.
979) Fleiner/Giacometti, S. 315 ff.
980) Vgl. BGE 34 I 254 betr. der Verfechtung der Polygamie durch die Mormonen.
981) Fleiner/Giacometti, S. 334.
982) Huber, Die Grundrechte in der Schweiz, S. 205.
983) Vgl. z.B. Constitution Genève 1847, Art. 164 Abs. 2.
984) Gsovskij, Bd. 1, S. 31.
985) Brunner, Grundrechte, S. 25.
986) Wie es Art. 18 der Allg. Erkl. fordert.
987) Art. 49 BV ist aus dem Kulturkampf von 1870 hervorgegangen.
988) Vgl. die Präambel der BV.
989) Fleiner/Giacometti, S. 359 f.
990) Vgl. Der Bund, Bern 18.11.1969.
991) Kommentar DDR-Verf. zu Art. 39 Bd. 2, S. 171.
992) Lenin, Ueber das Verhältnis der Arbeiterpartei zur Religion (1909), zit. nach Maurach, S. 355.
993) Vgl. Grundlagen des Marxismus, S. 144 f.
994) VO des Volkskommissarenrates vom 20.1.1918 (2.2.): "Ueber die Gewissensfreiheit, die Freiheit der kirchlichen und religiösen Vereine"; die Promulgation erfolgte am 23.1.1918 unter dem Rubrum "Ueber die Trennung von Kirche und Staat und der Schule von der Kirche".
995) Vgl. Maurach, S. 356.
996) Vgl. darüber Kommunističeskaja partija ..., S. 78 ff.

997) Gsovskij, Bd. 1, S. 33.
998) Aufgrund der Art. 36/38 wurden 1140 Kirchen geschlossen oder säkularisiert; vgl. Briem, S. 317 ff.
999) Briem, S. 332 f.
1000) Maurach, S. 357.
1001) Vgl. Kapitel Unverletzlichkeit.
1002) 1932 wurde das Museum für Religionsgeschichte und Atheismus gegründet als Organ der Akademie der Wissenschaften: Dvacatipiatiletie Muzeja Istorii Religii i Ateizma Akademii Nauk SSSR, von Šachnovič M.I., in: Voprosy istorii religii i ateizma, Moskau 1958, Bd. 5, S. 410 f.
1003) Vgl. Mehnert, S. 73 f.
1004) Partijnaja Žizn' Nr. 23/1960, S. 76 ff.
1005) Vgl. dazu Mehnert, S. 205 ff.
1006) Vgl. Roth, S. 354/55.
1007) Maurach, S. 358.
1008) Konstantinov, S. 55 f.
1009) Maurach, S. 358.
1010) Roth, S. 356.
1011) Mehnert spricht von 50 Millionen, S. 204.
1012) Istorija sov. konst., S. 109.
1013) Roth, S. 359.
1014) Klibanov/Mitrodin, S. 60 ff.
1015) Muravev/Dimitriev, S. 63 ff.
1016) Suchov, S. 144 ff. (in: Voprosy filosofii Nr. 8/1961).
1017) Dazu und zum folgenden vgl. Vereinigungsfreiheit.
1018) Ukas vom 18. März 1966; Vedomosti Verchovnogo Soveta RSFSR Nr. 12/1966, S. 220.
1019) Anaskin, S. 39 ff.
1020) Sogar der Kommunismus wird durch die Bibel gerechtfertigt: Pravda 8.1.1961.
1021) Deutsch: München 1962.
1022) Patriarch Alexej sagte auf der erzbischöflichen Versammlung in Zagorsk, dass sich der Staat in die innersten Angelegenheiten der Kirche einmische: Die Verhandlungen der Erzbischöflichen Versammlung der Russisch-Orthodoxen Kirche, in: Žurnal Moskovskoj Patriarchii Nr. 8/1961, S. 5 ff.
1023) Dazu und zum folgenden Kurantov/Sumarev, S. 50ff.
1024) Vgl. die ungarische VO Nr. 1-101-11-1/1950 des Unterrichtsministers betr. der Regelung des Religionsunterrichtes. Der Religionslehrer wird vom Exekutivkomitee des Komitatsrates auf Antrag der zuständigen kirchlichen Behörde ernannt (§4). Der Stundenplan muss genehmigt werden (§5).
1025) Vgl. für Polen: Regierungsbeschluss vom 12.9.1945 über die Kündigung des Konkordates mit dem Heiligen Stuhl. Der Grund für die Aufkündigung wurde mit einem Vertragsbruch seitens des Vatikans im 2. Weltkrieg angegeben. Beschluss vom Sejm angenommen am 20.3.1950 und vom katholischen Episkopat im Vertrag mit dem Staat vom 14.4.1950 bestätigt. Vgl. Kleine Rechtsenzyklopädie (Mala encyklopedia prawa), Warschau 1959, Bd. 1, S. 255.
1026) Vgl. für Ungarn das G Nr. 1/1951 über das Amt für Kirchliche Angelegen-

heiten beim Ministerrat, für Polen: G vom 19.4.1950 über die Errichtung des Amtes für kirchliche Angelegenheiten.

1027) Albanien Art. 18 Abs. 2, Bulgarien Art. 78 Abs. 2, Polen Art. 70 Ziff. 2, Ungarn § 54 Ziff. 2, Rumänien Art. 30 Abs. 3.

1028) In Polen gibt es staatlich anerkannte (römischkatholische und 18 andere) und nicht anerkannte Glaubensgemeinschaften (Zeugen Jehovas und einige kleinere Sekten). Die römisch-katholische Kirche besitzt keine privilegierte Stellung. Sie umfasst 60 Bischöfe, 14000 Geistliche, 8000 Mönche und 30000 Nonnen (7 dni w Polsce, 9.4.1961).

1029) Vetö, S. 97.

1030) Vgl. Art. 7 des polnischen Dekretes vom 31.12.1956, in: H. Swiatkowski, Der Staat und die Kirche im Licht des Rechts (Państwo i kosciol w swietle prawa), Warschau 1960, S. 53 f.

1031) Vgl. Vetö, S. 90 ff.

1032) Vgl. ein Urteil, das vom Obersten ungarischen Gerichtshof kassiert wurde (aus dem Jahre 1961), in: Bírósági határozatok Nr. 7/1961, S. 195 f.

1033) Vgl. Albanien Art. 18, Bulgarien Art. 78, Polen Art. 70 Ziff. 3 usw.

1034) Vgl. für Ungarn StGB Teil II §§ 1-12.

1035) Hauptträger der atheistischen Kampagne sind die Staatsorgane und die Gesellschaft für die Verbreitung politischer und wissenschaftlicher Kenntnisse, die Verträge und Veranstaltungen organisiert, während sich der Staat der Kontrolle der Kirche widmet (Új szó, Pressburg, 7.10.1960).

1036) Trybuna Ludu 16.8.1958.

1037) Albanien Art. 15, Bulgarien Art. 71, Polen Art. 69, Ungarn §49, DDR Art. 20 Abs. 1, Jugoslawien Art. 21.

1038) Art. 3 des Gesetzes über die Glaubensgemeinschaften vom 16.2.1949: "Die bulgarische Orthodoxe Kirche ist das traditionelle Glaubensbekenntnis des bulgarischen Volkes. Sie ist mit seiner Geschichte verbunden und als solche kann sie nach Form, Inhalt und Geist eine volksdemokratische Kirche (!) sein."

1039) Vgl. für Polen das Dekret vom 9.2.1953 bzw. die VO des Ministerpräsidenten vom 5.5.1953 über die Bekleidung von kirchlichen Posten, das Einverständnis für die Errichtung, Umorganisation und Aufhebung von Aemtern bei der Ernennung und Absetzung von Funktionären (Regierungspräsidium, Präsidium der Wojwodschaftsräte); auch für die Errichtung, Umorganisation und Aufhebung von Diözesengrenzen und Sitzen bzw. Kirchgemeinden ist das Einverständnis nötig (§12 Dekret vom 31.12.1956). Für die ČSSR: G vom 14.10.1949 Nr. 218/1949 (§7); für Ungarn: GV Nr. 22/1957 über die staatliche Bestätigung der kirchlichen Funktionäre. Die Ernennung des Heiligen Stuhles sind nur mit vorheriger Bestätigung des Präsidialrates gültig (gilt auch für Versetzungen und Absetzungen: § 1). Die Ernennung bzw. Abberufung oder Versetzungen von niedrigen kirchlichen Funktionären (z.B. Gemeindepfarrer) ist von der vorherigen Zustimmung des Kultusministers abhängig (§ 2). Vgl. dazu: Amtliche Sammlung von Gesetzen und VO (Törvények és rendeletek hivatalos gyüjteménye), Bp. 1958, Bd. 1, S. 170; Alberto Galter, Rotbuch der verfolgten Kirche, Köln 1957, S. 195 f.; Klimowiecki/Burda, Staatsrecht (Prawo panstwowe), Warschau 1958, S. 546 f.

1040) Vgl. für Rumänien Statut der katholischen Kirche, 1950 (Art. 13), Bulgarien G über die Kulte vom 17.2.1949 (Art. 9); Galter, S. 248, 293.
1041) Galter, S. 274 f.
1042) Slijepčevič, S. 59 ff.
1043) VO des Ministerrates vom 8.3.1957 (Burda/Klimowiecki, S. 550).
1044) Vgl. dazu Müller, S. 198 ff.
1045) Kommentar DDR-Verf. Bd. 1, S. 174.
1046) Ibid., S. 118.
1047) Müller, S. 198 ff.
1048) Kommentar DDR-Verf. Bd. 2, S. 61.
1049) Müller, S. 203.
1050) VO Nr. 1.101.11.1/1950 des Unterrichtsministers.
1051) Müller, S. 200.
1052) § 133 StGB.
1053) Kommentar DDR-Verf. Bd. 2 S. 172.
1054) A.a.O., S. 23 ff.
1055) Vgl. Grundlagen des Marxismus, S. 130 f.
1056) Tancer, S. 28.
1057) Kommunistisches Manifest, Marx-Engels, Ausgewählte Schriften, Moskau 1951, Bd. 1, S. 41.
1058) Roth, S. 363/64.
1059) Vgl. Moravia, S. 46/47.
1060) Brunner, Zur Wirksamkeit der Grundrechte, S. 10.
1061) Djilas, S. 58.
1062) Ibid., S. 190/191.
1063) Ibid., S. 26.
1064) Moravia, S. 20.
1065) Djilas, S. 27.
1066) Ibid., S. 156/157.
1067) Vgl. Djilas, S. 237/238.
1068) Djilas, S. 220.
1069) Ibid., S. 143.
1070) Ibid., S. 128.

EUROPÄISCHE HOCHSCHULSCHRIFTEN

Reihe II Rechtswissenschaft

Nr. 1 Norbert M. Westenberger, Mainz: Verkehrspsychologische Testverfahren und das Grundgesetz. 104 S. 1967.

Nr. 2 Michel Amaudruz, Genève: La garantie des défauts de la chose vendue et la non-conformité de la chose vendue dans la Loi uniforme sur la vente internationale des objets mobiliers. Etude de droit comparé. 328 p. 1968.

Nr. 3 Hans Egger, Bern: Der Einfluss des Art. 88 SVG auf den Regress der Versicherer. 84 S. 1968.

Nr. 4 Beat Steinemann, Bern: Verkehrsdelikt und Militärstrafrecht. 84 S. 1968.

Nr. 5 Ferdinand Meyer, Zürich: Die Untersuchungskompetenzen des amerikanischen Kongresses. 396 S. 1968.

Nr. 6 Peter Staub, Bern: Die Ergänzung der Motorfahrzeug-Haftpflichtversicherung nach Art. 75 und 76 SVG. 144 S. 1968.

Nr. 7 Paul-Henri Burki, Lausanne: Le problème de l'abus des positions dominantes des grandes entreprises dans le Marché Commun. 148 p. 1968.

Nr. 8 Etienne Grisel, Lausanne: Les exceptions d'incompétence et d'irrecevabilité dans la procédure de la Cour internationale de Justice. 244 p. 1968.

Nr. 9 Michel Béguelin, Bern: Das Gewohnheitsrecht in der Praxis des Bundesgerichts. 152 S. 1968.

Nr. 10 Beatrice Gukelberger, Bern: Die Absichtsdelikte des Schweizerischen Strafgesetzbuches. 96 S. 1968.

Nr. 11 Thomas Geisser, Freiburg: Die Weinbezeichnungen nach schweizerischem, österreichischem, italienischem, französischem und deutschem Recht. 372 S. 1968.

Nr. 12 Hanspeter Kehrli, Zürich: Interkantonales Konkordatsrecht. 200 S. 1968.

Nr. 13 Hansjürg Schnellmann, Zürich: Die Rechtsbeziehungen des Ehemannes zum eingebrachten Gut der Ehefrau. 136 S. 1969.

Nr. 14 Konrad Butz, Zürich: Das Recht der Seefahrt mit Yachten in vergleichender Darstellung. 248 S. 1969.

Nr. 15 Peter J. Bratschi, Bern: Die Bedeutung der Verfassungsinitiative in der Sozialgesetzgebung der Schweiz. 146 S. 1969.

Nr. 16 Felix Wüst, St. Gallen: Die interkantonale Vereinbarung über die Kontrolle der Heilmittel vom 16. Juni 1954. 368 S. 1969.

Nr. 17 Erika Schmidt, Bern: Die Nötigung als selbständiger Tatbestand und als Tatbestandselement im Strafgesetzbuch. 104 S. 1969.

Nr. 18 Paul Ulrich Lanz, Basel: Die Delegation der Befugnisse des Verwaltungsrats. 76 S. 1969.

Nr. 19 Elisabeth Fopp, Zürich: Die Straftaten des alten Menschen. 104 S. 1969.

Nr. 20 Jürg Stucki, Bern: Der Hausfriedensbruch (Art. 186 StGB) verglichen mit den entsprechenden Regeln des amerikanischen Rechts unter besonderer Berücksichtigung des Model Penal Code des American Law Institute. 147 S. 1970.

Nr. 21 Peter V. Saladin, St. Gallen: Das Recht auf Werbung und seine öffentlichrechtlichen Schranken. 356 S. 1969.

Nr. 22 Jenö C. A. Staehelin, Bern: Die gewohnheitsrechtliche Regelung der Gerichtsbarkeit über fremde Staaten im Völkerrecht. Versuch einer Reinterpretation der Praxis. 128 S. 1969.

Nr. 23 Walter A. Stöckli, New York: Church-State and School in Switzerland and the United States. A Study in Comparative Constitutional Law. 52 p. 1969.

Nr. 24 Cécile M. Ringgenberg, Zürich: Die Beziehungen zwischen dem Roten Kreuz und dem Völkerbund. 112 S. 1969.

Nr. 25 Urs Zinsli, Bern: Die Quellenbesteuerung des unselbständigen Erwerbseinkommens in der Schweiz. 216 S. 1970.

Nr. 26 Léon Chaubert, Neuchâtel: L'Union postale universelle. Son statut juridique, sa structure et son fonctionnement. 149 p. 1970.

Nr. 27 Elisabeth Bener-Wittwer, Neuchâtel: Le caractère du droit de marque et les importations parallèles. 196 p. 1970.

Nr. 28 Marx Heinz, Bern: Das dingliche Wohnrecht. 144 S. 1970.

Nr. 29 Hans Engler, Zürich: Die Zivilschutzorganisation in der Schweiz. 168 S. 1970.

Nr. 30 Seref Ünal, Bern: Geschäftsführung und Vertretung bei Kollektivgesellschaften im schweizerischen und im türkischen Recht. 132 S. 1970.

Nr. 31 Susanne Imbach, Bern: Die Heilmittelkontrolle in der Schweiz aus staats- und verwaltungsrechtlicher Sicht. 120 S. 1970.

Nr. 32 Urs Vetsch, Bern: Die staatsrechtliche Beschwerde wegen Verletzung von Konkordaten. 96 S. 1970.

Nr. 33 Markus Boehringer, Bern: Ausführung und Vollzug von Staatsverträgen durch bundesrätliche Verordnungen. 96 S. 1971.

Nr. 34 Georg Lechleiter, Zürich: Das Kind als Gegenstand und Opfer krimineller Misshandlung. 132 S. 1971.

Nr. 35 Bruno Paul Schneider, Bern: Die versicherungsrechtliche Erfassung der Gefahrstatsachen nach schweizerischem und deutschem Recht. 68 S. 1971.

Nr. 36 Ivan Thomas Locher, Bern: Die Selbsthilfe als Voraussetzung staatlicher Hilfsmassnahmen (Art. 31 bis, Abs. 4 BV). 152 S. 1971.

Nr. 37 Conrad Lerch, Zürich: Der Bund und die kantonalen Hochschulen. Gesamtstaatliche Tätigkeit zugunsten von Wissenschaft und Forschung 1740–1970. 324 S. 1971.

Nr. 38 Michael Béky, Zürich: Rechtspolitische Probleme im Zusammenhang mit dem anthropologisch-erbbiologischen Gutachten: Ein Beitrag zur geplanten Teilrevision des schweizerischen Familienrechts. 164 S. 1971.

Nr. 39 Roland Beuttner, Genève: La cession de créance en droit international privé. 160 p. 1971.

Nr. 40 Hans Nater, Zürich: Die Haftpflicht des Geschäftsherrn gemäss OR 55 angesichts der wirtschaftlich-technischen Entwicklung. 142 S. 1971.

Nr. 41 Wolfgang Zoller, Frankfurt: Über die Bedeutung des Art. 80 GG. Gewaltenteilungsgrundsatz und Normensetzung durch die Verwaltung. 186 S. 1971.

Nr. 42 Rudolf Tuor, Bern: Die Berücksichtigung der einheitlichen Mindestgrundsätze über die Behandlung der Gefangenen in der Schweiz. (Dargestellt am Strafvollzug des Kantons Luzern). 292 S. 1971.

Nr. 43 Roland von Büren, Bern: Teilzeitarbeit und temporäre Arbeit als neue Formen von Dienstleistung im schweizerischen Recht. 282 S. 1971.

Nr. 44 Hanns Jürgen Weigel, Frankfurt: Beurteilungsspielraum oder Delegationsbegriff? Der Umfang des verwaltungsgerichtlichen Rechtsschutzes im Hinblick auf das Prinzip der abgeleiteten Staatsgewalt. 180 S. 1971.

Nr. 45 Friedrich Becker, Frankfurt: Das Teilzeitarbeitsverhältnis in arbeitsrechtlicher Sicht. 178 S. 1971.

Nr. 46 Giorgio Bernardoni, Berna: L'azionista unico e l'azionista sovrano nel diritto svizzero e italiano. 112 S. 1971.

Nr. 47 Rudolf Grüninger, Basel: Die Oper im Urheberrecht. 124 S. 1971.

Nr. 48 Johannes Wiederhold, Mannheim: Stiftung und Unternehmen im Spannungsverhältnis. 148 S. 1971.

Nr. 49 Heinrich Ganseforth, Braunschweig: Das Widerstandsrecht des Art. 20 Abs. 4 Grundgesetz im System des Verfassungsschutzes. 186 S. 1972.

Nr. 50 Gerhart Poetzl, Freiburg i.Br.: Die Verwirkung des Namens- und Unterhaltsrechts geschiedener Ehegatten. Ein Beitrag zu den §§ 56, 57 und 66 des Ehegesetzes unter Berücksichtigung des schweizerischen und österreichischen Rechts. 174 S. 1971.

Nr. 51 Antoinette Stucki-Lanzrain, Bern: Die legale Schwangerschaftsunterbrechung. Eine rechtsvergleichende Darstellung von Art. 120 StGB und den entsprechenden Bestimmungen der Vereinigten Staaten von Nordamerika, unter besonderer Berücksichtigung des Model Penal Code. 140 S. 1971.

Nr. 52 Helmut Eichler, Mannheim: Handelsbeeinträchtigung und Wettbewerbsbeschränkung. Eine Studie zu Artikel 85 EWG-Vertrag. 122 S. 1972.

Nr. 53 Konrad Weckerle, Mannheim: Die Verwaltungstreuhand. Die Treugeberrechte bei Insolvenz des Treuhänders. 90 S. 1972.

Nr. 54 Adrian Hungerbühler, Bern: Die Äquivalenz von Leistung und Gegenleistung im Versicherungsvertrag. 112 S. 1972.

Nr. 55 Ulrich Hinkmann, Mannheim: Die Korporationen des Handels und Handwerks in Frankreich vor der Abschaffung durch die Revolution. 118 S. 1972.

Nr. 56 Theophil G. Wirth, St. Gallen: Apotheker und Apotheken im schweizerischen Recht. 228 S. 1972.

Nr. 57 Balthasar Mätzener, Bern: Die Auflösung und Liquidation von Anlagefonds. 140 S. 1972.

Nr. 58 Bruno Bitzi, Freiburg: Der Familienname als Marke unter Berücksichtigung des amerikanischen, deutschen, englischen und französischen Rechts. 136 S. 1972.

Nr. 59 Helga Borrmann, Köln: Pflichtteilsrecht und gesellschaftsvertragliche Fortsetzungsvereinbarungen. 168 S. 1972.

Nr. 60 Alex Barrot, Bern: Die Abwerbung von Arbeitskräften. 180 S. 1973.

Nr. 61 Gero B. Friedel, Frankfurt a.M.: Von nationaler zu supranationaler Wirtschaftsplanung. 196 S. 1972.

Nr. 62 Sophia Wührer, Salzburg: Das Widerstandsrecht in den deutschen Verfassungen nach 1945, ein rechtstheoretisches und rechtspolitisches Problem. 104 S. 1973.

Nr. 63 Jürg Amsler, Bern: Zur Abgrenzung zwischen Diebstahl und Veruntreuung. 160 S. 1972.

Nr. 64 Gero-Falk Borrmann, Köln: Die Beendigung der Geschäftsführerstellung in der GmbH. 150 S. 1972.

Nr. 65 Albrecht von der Heyden, Bielefeld: Das Exportkartell. Eine Untersuchung zu den Grundlagen der Beurteilungskriterien für Exportkartelle im deutschen und englischen Recht der Wettbewerbsbeschränkungen und im Vertrag über die Gründung der EWG. 332 S. 1972.

Nr. 66 Max Hauser: Menschenrechte im Sowjetsystem. 268 S. 1973.

Nr. 67 Jürgen Schmidt, Saarbrücken: Schadenersatz und Strafe. Zur Rechtfertigung des Inhaltes von Schadenersatz aus Verschuldenshaftung. 75 S. 1973.

Nr. 68 Ernst Brückner, Paris: Recours en annulation et recours en constatation dans le contentieux administratif. 122 S. 1973.

Nr. 69 Jürgen Schad, Bern: Die Änderung der Rechtsform der Unternehmung. Eine steuerwirtschaftliche Betrachtung der Umwandlung von Handelsgesellschaften. 146 S. 1973.

Nr. 70 Rainer Stahl, Frankfurt a.M.: Die Bindung der Staatsgewalten an die höchstrichterliche Rechtsprechung. Eine rechtstheoretische Untersuchung auf der Grundlage des Bonner Grundgesetzes. 250 S. 1973.

Nr. 71 Peter Josef Tettinger, Köln: Ingerenzprobleme staatlicher Konjunktursteuerung auf kommunaler Ebene. 404 S. 1973.

Nr. 72 Bruno Gutzwiller, Freiburg: Das Rechtsinstitut der Baulinie speziell dargestellt nach basellandschaftlichem Recht. 184 S. 1973.

Nr. 73 Rolf Benitz, Mannheim: Schadenszurechnung bei qualifiziertem Verschuldenserfordernis. 184 S. 1973.

Nr. 74 Herbert Schorn, Bern: Einkommenssteuerliche Folgen beim Tode des Inhabers einer Einzelfirma und des Gesellschafters einer OHG. 146 S. 1974.

Printed by
CPI books GmbH, Leck